「徳川実紀」を読む

●近世日本の光と影①

安達史人●

静人舎

はじめに

一昨年、『天皇学入門』（批評社、二〇二二）を上梓した。サブタイトルは、「われわれ日本人は、天皇をどう捉えてきたのか」というもので、古代から現代までの文学や思想や時代の記録などの本を読み、そこに描かれた天皇像を通して、日本における天皇制について考えてみよう、という趣旨の本である。その近世篇に、織田信長に関する本「信長記」や「信長公記」、豊臣秀吉に関する「太閤記」などとともに選んだのが、本書でこれから読み解いてゆく「徳川実紀」であった。

ところが「徳川実紀」に現れる天皇像はごく少なく、むしろ、徳川家康がじわじわと、豊臣秀吉の遺児、秀頼を追いつめてゆく、そんなシーンの再現が多いので、結局、この本は前記の本から捨ててしまった。しかし、書かれていたさまざまな情報はどれもおもしろく、別の視点から、日本の近世社会の様相をじっくり観察してみたいと考えたのである。もう一度、「徳川実紀」を最初から読み直し、まったく違った視点で、この本に描かれている近世日本社会を観察してみたいと思ったのだ。そして、改めて読み直しを始めると、期待通り、さまざまな事件や事象、家康の人間像や、追いつめられていく秀頼母子を、しっかりと捉えなおすことができた。

現在刊行されている「徳川実紀」の発想や構成からは、江戸時代という、ある種、特殊でもある世界の様相が、じわじわと看取されるであろうと思う。吉川弘文館から出ている原典は、「東照宮御実紀巻一」から始まる。東照宮とは、徳川家康が死んだあと、東照宮大権現という神名が天皇から贈られたのであったが、この大権現を祀る神社を東照宮とよび、この書では、死後の神としての家康を東照宮、と略式でよんでいる。そして、その日記ふうの記録を、「東照宮御実紀」とよび、以下、多くの将軍たちとその時代の出来事や思想を集めた日誌、日記などの記録・資料に、全体として、「徳川実紀」という書名をつけたのであろう。

わたしは、この「実紀」の記事を追いながら、近世日本社会に起こった出来事や、社会現象その他について、特徴的な記事を選んで紹介し、かつ自分の意見をそれぞれ書いた。日本史的には、織田信長、豊臣秀吉、徳川家康の順に施政者が変わってきたのであるが、最後にその名を不動のものとした家康が、その支配力を強力に、かつ広範囲に拡大していった時代と、それ以降をしっかりと捉えて描いているのが、「徳川実紀」なのである。

この本では、家康の全国制覇と、幕府、藩などの規定がしっかりと制定されていくあたりからこの文章を始めたいと考え、家康の、少年時代から始まる人質合戦の中でも、人質時代などは飛ばして、ごく概略だけ紹介し、むしろ、「江戸」時代初期の政治より、江戸時代の文化的、社会学的展開のおもしろさに注目し、ぎっしり並んだ多くの記事のなかから、そのような特徴的な記事を選んで載せることにした。

そのなかでも最も大きなふたつのテーマは、江戸時代の「鎖国」と大いに関係があるが、東南アジア諸国との交易と、どんどん侵入してくるキリスト教の宣教師と、信者になる日本の多くの人々への過酷な弾圧であり、このふたつの出来事に出遇うことが多かった。

徳川家康に関する本は多いが、文献史料もしっかり使用しながら、解りやすく家康の時代を描いている徳富蘇峰の『近世日本国民史　徳川家康』一〜三（講談社学術文庫、一九八二）が便利である。この本は、「実紀」と同様に、多くの江戸時代の文献史料をベースにして、さらに著者の見解を述べたものである。わたしは、この著者、蘇峰については、小説家の徳富蘆花の兄でジャーナリストといったことしか知らなかったが、この時代の日本の知識人の考えかたや思考法といったものに改めて感心した。一読をお勧めします。

「徳川実紀」を読む◉近世日本の光と影　目次

3 行政人間としての秀忠と近世初期文化

●徳川幕府初代の家康がかつて戦闘家であり、二代目の秀忠はもともと政治家的な存在であった

台徳院殿御実紀巻五　慶長十二年〔一六〇七〕正月に始まり、六月に終わる

台徳院殿御実紀巻六　慶長十二年七月に始まり、十二月に終わる

台徳院殿御実紀巻七　慶長十三年〔一六〇八〕正月に始まり、六月に終わる

台徳院殿御実紀巻八　慶長十三年七月に始まり、十二月に終わる

台徳院殿御実紀巻九　慶長十四年〔一六〇九〕正月に始まり、六月に終わる

4 徳川幕府治世の定着と鎖国への道

●法制度の確立と、オランダに限られたか、ヨーロッパへの窓とドア

5 豊臣秀頼の運命と徳川幕府の永遠性

●「犬追うもの」／追いつめられる子犬、秀頼、かたや獲物を追いつめる騎馬の武士

この本を読んでくださる読者のかたへ

この本では、基本テクストとして、『新訂増補國史大系　徳川實紀　第一篇〜』（吉川弘文館、一九二九）を使用しました。凡例と奥付に、編集者として黒板勝美氏の名まえがあるので、吉川弘文館のこの本は、黒板氏の校訂作業が加わっているものと考えられる。本文の、大坂冬の陣における家康の陣地の表記「茶磨山」などの「磨」の横には、〔臼〕と訂正の文字が入れてある。これは、黒板氏ないし、その配下の研究者が入れたのであろう。

わたしの、文章引用に関する注意書きは下記のごときものである。ひたすら読者の読みやすさをおもんぱかっての作業である。

1――本文の引用のさいは、旧仮名遣いを改め、新仮名遣いを基本として使用しました。そして以下に書く、いろいろな改定を加えたので、本文をなにかに引用される時は、吉川弘文館の「徳川實紀」（以下、「実紀」と略称する）をご利用願います。

2――難解な漢字を使用することが多い原典なのですが、「徳川實紀」の原典の印象も残すため、漢字は原典の文字を採用し、適宜、ルビをふりました。原典にルビはまったく入っていません。

3――日常的な漢字、あるいは平仮名表記の漢字は、適宜、平仮名にし、かつ平仮名を漢字にしたところもあります。たとえば、「たまふ」は、「給う」、「事」は「こと」とひらいたところもあります。

4――本文記事に関しては、必ず、何月何日と明記しています。〔同日〕、〔続き〕などもありますが、すべて、

同じ日の記事です。〈同月〉とあるのは、前文に三月〇日、とあれば、三月をしめします。

5――「実紀」本文記事は、すべて、文末に、引用文書名を記していますが、この本では略しました。

6――記事中、行頭に★印をつけたところは、原典からの引用文であることをしめしています。同様に、◎以下の文章は、原文を要約して解りやすくしたり、筆者の所感や、感想などを述べたところです。

7――記事中、〔 〕でくくったところは、筆者が補った文字です。また《 》でくくったところは、原典の記号をそのまま使用したものです。ただし、原典では太い（ ）が使われています。《 》がそうで、原典のなかでも、原典の著者が、世に伝うるところ、うんぬん、とある伝聞記事を示しています。

8――筆者が、（ ）でくくったのは、引用文中の中略箇所、以下略などの部分です。

9――文中、多くの大名から武将まで、たとえば、板倉伊賀守勝重、藤堂和泉守高虎のように官職名が入っていますが、煩雑で文章も長くなるので、すべての官職名は取ることにしました。ただし、時々出てくる貴族などは、武家と違うことが解るように官職名は残しました。たとえば、烏丸大納言光宣卿、勧修寺宰相光豊卿などがその例です。

10――引用文中、「大坂」、「大坂城」とありますが、「大坂」から「大阪」に変わったのは、明治初年からで、地域はまったく同一です。

以下に、徳川家康とその時代について短く、自分の意見を書き、その作業を続けるという、はるかな遠い旅に出発したいと思う。前記の「実紀」は、A５判の大型の本で、これが全十五巻もあるのだ！　本文は二段組み、活字はびっしりと埋まっている。ああ！

「実紀」は徳川幕府がみずから作った幕府関係の歴史書であり、そういう意味では、鎌倉幕府が作った「吾妻鏡」と同じ性格の本である。しかし「吾妻鏡」はやや編集上の作為があり、のちの何度かの編纂作業によって記事の順番が変わったり、内容に変化があったり、書かれた当初の、いわば原型がどのくらい確保されているのか、鎌倉幕府の実態をどの程度正確に伝えているのか、疑問視もされているようである（奥富敬之『吾妻鏡の謎』歴史文化ライブラリー277、吉川弘文館、二〇〇九）。

たとえば源頼朝は落馬して死んだという伝承があるが、現在の「吾妻鏡」には、頼朝の死の記述はないのである。むしろ源氏が三代（頼朝、頼家、実朝）で滅亡し、頼朝を中心人物にして鎌倉幕府が展開した時、頼朝を支援した関東の豪族たちが、二代目将軍の頼家の時代から始めた合議制的な幕府のありようが（評定衆による合議制によって治世のすべてが決定される）、北条氏が執権となって展開する治世の方向性になった。

しかし、北条氏は、なぜか彼ら自身は征夷大将軍の官職を要求することなく、「執権」と称して、京都から、もともと天皇の息子のひとりを征夷大将軍として鎌倉におよび、幕府活動を展開しようとしたのだが、当時の後鳥羽天皇からはその要請を断られ、摂関家の幼い男子を将軍として関東に招聘して展開した。そして、「吾妻鏡」はそんな経緯には触れずに、頼朝をある意味では美化し、以後、幕府の中心勢力になった北条家の方針の正当性が強調されていくようになったと思われる。

「実紀」はその点である程度信用できる本ではないだろうか。多くの文献史料（吉川弘文館の本では最初に「引用書目」として、全部で六百六十冊近い書名を出してあり、本文中には、その略記として、「慶長日記」とか「慶長見聞録」とか、各記事の出典の文書名を明記している）を使い、そしてつぎつぎに登場する将軍たちを正確に復元している。

各記事にも作為はなく、この「実紀」以前に、戦国時代から江戸時代初期の時代の早い文献として、大久保彦左衛門が徳川家康の出現から、家康が成長していく過程を、戦闘家でもあった著者が剛腕を振るうように書いた「三河物語」（寛永三年〔一六二六〕成立か）という本もあった。この本を読んで、「三河物語」から「実紀」の初期の記事を合わせて、徳川家康という稀代の武家を分析し、それらの作業を通して、日本近世社会を、自分の眼で視てみたいとも考えたのだ。

「実紀」は、江戸幕府初代の将軍、徳川家康から十代将軍家治までをまず書いている。十一代家斉《いえなり》の項は、未定稿のままにとどまった、と電子辞書の「日本歴史大事典」には書かれているが、続けて、『続徳川實紀』という本が近代になって刊行されたとある。

もともと、わたしは『天皇学入門』を書くにあたり、徳川幕府の捉えていた天皇像や天皇観を探るために「実紀」を読んだので、「実紀」もまた、将軍でいえば、徳川家康とその子、二代目将軍秀忠の項しか読んでいなかったのである。今回、もう少し丁寧に全体を読み直そうと、吉川弘文館の『新訂増補　國史大系』の「徳川實紀」と『続徳川實紀』を新たに買い需《もと》めたようなわけである。

徳川幕府末期、欧米諸国から開国を迫られた幕府は、幕府だけで決定できなかったためか、京都朝廷にお伺いをたてたと、ある本にあったが、天皇の位層は、この鎖国ニッポンにとっては国難の時代に、天皇の政治的意味とともに大きく変わったのである。つまり平安時代後期以降、無力だった天皇から、強力な指導者へと。明治維新以後の天皇は、古代の天皇以上に、その権限や財産を拡大したのである。いや、させられたのである。天皇は不思議な運命のもと、浮上と落下と再浮上を演じたのであった。

徳川幕府初代の将軍、徳川家康は多くの正統な系譜を持たなかった武家たちが、いずれも源氏の後裔であることを誇りのようにしていたのと同様に、公式文書には源家康、とサインした。このような傾向は室町幕府時代から戦国時代を通して、連綿として継承されていたのである。家康の戦国時代での活動を描いている「三河物語」は、武人としての源氏の大まかな流れから、初期の家康の紹介へと展開している。そして、三河の徳川氏に関して、ちらっと、荒っぽく紹介している。三河は、現在の名古屋市のある愛知県の東南部にあった。すなわち織田信長の登場した地域、尾張の東側のあたりに、徳川家康の出生地、居住地があり、家康は信長とは早く同盟し、ともに戦ってきた。

岩波書店発行の「日本思想大系」本の『三河物語　葉隠』（一九七四）の補注には、本文中の「徳の御代」について〈徳川の「川」の字が欠落しているか〉、《徳河郷に居住の時代。この説話によれば、徳川氏の本貫〈徳川氏族の興った地〉は上野国新田郡徳河郷で、その先祖は新田義貞の配下に属していたが、義貞の敗死後、本貫を離れて諸国を流浪し、時宗の僧となった約十代目の徳阿弥が西三河の松平郷に至ってここに定住し、還俗して初代松平親氏と称したということになっている。但し、説話であって史実と見ることはできない》、とある。

つまり徳川時代は三河から始まったのであるが、その源を尋ねると新田義貞の生まれ育った上野国《かみつけの》の徳河郷から出発している、という。これは、徳川家がまごうことなく源氏の子孫であることを証明すべく、同じく源氏を名乗った新田氏と本貫を同じくするのだ、という大久保彦左衛門一流の系譜論的説であった、と思う。当時の新興の武家たちの多くが、もともと名も知れぬ農民やその他の雑民、地方豪族ともいうべきいろいろな人間たちであったろうから、多くは、少し名まえが出てくると、その家系の純粋さを証明しようと系図を作ったのである。そういう意味では、家康も信長も少々過去に遡りうる武家の生まれであったのに対し、秀吉は完全な雑民の生まれであったようだ。

講談社学術文庫の日置昌一編『日本系譜綜覧』（一九九〇）の徳川家系図によれば、遠い祖先を新田義重とし、十六代として家康は登場している。「実紀」では、祖父の清康、父の廣忠を簡単にさりげなく紹介し、その子として、家康が誕生するのだが、烈祖東照宮とよばれ、誕生にまつわる奇瑞がさまざまあるが、薬師十二神将の寅神を授けられたという夢をみて母は身ごもったとある。竹千代となづけられた、とあり、その誕生譚は案外あっさりしていた。

徳川幕府と天皇の関係早分かり事典のような本があった。「歴史読本」一九九九年六月号で、「徳川15代将軍家と天皇家」という特集号である。これには平井誠二「特集セミナー、近世　朝幕関係の基礎知識」という特集ページがあり、冒頭に「朝幕関係用語・役職事典」があった。そして、「院政」から始まって、「改元」「行幸」「禁中並公家諸法度」「禁裏」などの用語が解りやすく解説してある。

「禁裏御料」という用語があるのだが、禁裏は禁中と同様、皇居というのか、天皇の領域をいうのだが、その禁裏経営のために幕府がどの程度の補助費を出していたのか、簡単に触れている。

それによると、《皇室の所領のこと、江戸時代の天皇・公家衆は幕府からすべての所領を支給されていた》とある。所領とは、領地のことかと思ったのだが、ここでは特別な用語らしく、領地からあがる石高、米の取れ高のような、収入に関わる概念のようだ。だいたい、大名などに与えられる何万石という単位は、それに見合う領地を指しているのだろう、と思っていたのだが、もし、〈石〉というのが、ある農地から収穫される米の量であるとするなら、加賀百万石とよくいうが、加賀（石川県）はすぐ南に位置する越前（福井県）などと較べて特別に土地が広いわけでもなく、むしろ水田用の農地は狭かったであろう。

越前は徳川家の親藩大名で、新井白石の「藩翰譜」によると、家康の長男だが、豊臣秀吉の養子になった秀康が、慶長六年に、家康によって福井藩の城に入った時、六十七万石を領し給う、と書かれている。その後、いろいろと変動はあったと思う。

ところで、わたしはこの石高の正確な意味が識りたいのであるが、江戸時代経済学のような本でもあたらない限り、解らないのである。松下志朗『幕藩制社会と石高制』(塙書房、一九八四)という本を買ったのだが、石高制はさっぱり解らないので、読みやめている。歴史の本では簡単に大名や御家人の石高が何万石などと書かれているのだ。いわば、江戸幕府から出ている給料のように。

話が飛んでしまったが、そのような所領なるものを、右の文章に続けて、《家康が一六〇一年(慶長六)に献上した一万石を本御料《ほんごりょう》といい、秀忠(家康の子、二代目将軍)が一六二三年(元和九)に皇女誕生祝いとして献上した一万石を新御料、綱吉(五代目将軍)が一七〇五年(宝永二)に献上した一万石を増御料《ましごりょう》と書いている。この三万石の外に、公家領四万石、その他が三万石、合計十万石(のち十二万石)であった》とある。

引用文中の家康に関しては、「実紀」にはこのような記述はなかった。しかし、単純化していうと、この十万余石が天皇・朝廷の総年収ということになるのだろうか。十万石の大名と同じくらいの経済的レヴェルである。現在の天皇家も国家から年間、巨額の生活その他の費用が提供されていると思う(この天皇に提供される金額は、結局、国民の税金ということになるのだろう)。しかし、この江戸時代の石高というものの構造やすべてがはっきりと、現在の自分には解らない、というのがわたしの実感である。長い前置きになったが、そろそろ、本文に侵入していきたいと思う。

家康以下の各将軍たちの辿った彼らと彼らの時代の様相を描きながら、あまりない天皇に関する記事や、変わった出来事の記述などを抽出していく。たとえば徳川時代の鎖国主義以前の、諸外国との交流、キリシタン禁制のハードな実際、さまざまに出されている法令あるいは法度《はっと》、あるいは武士、町民たちの犯罪など、それからごく最初には、家康と二代目将軍秀忠らの、関ヶ原から大坂冬の陣、夏の陣など、豊臣秀頼との抗争についても簡単に記事を拾った。ほかの本、「信長公記」や「太閤記」などの扱いと変えて、江戸時代初期の社会的様相をかいつまんで紹介したのである。

本文の引用のさいは、例によって、読みやすさのために、手を加えているので、厳密には本文どおりでない（だから、「実紀」を引用しようとする時は、必ず、吉川弘文館発行の原典を利用していただきたい）。

なお「実紀」は、以下にその名まえを出すように、家康の記録を「東照宮御実紀」とし、息子で二代目将軍秀忠を、「台徳院殿御実紀」のように書いている。これらは、諡号《しごう》といって死後に与えられた名まえを題名にしている。本章でも引用文の旧漢字の多くは新漢字に改め、読点や送り仮名、人名にルビなどを、必要に応じて補った。漢字を平仮名にした箇所もある。ただし、原典を離れたわけでは決してない。

1 徳川家康治世の日本社会の展開

●アジア諸国との交易、キリスト教徒への弾圧、そして学問好き人間としての家康像

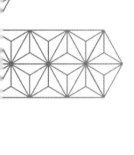

東照宮御実紀巻三

天正六年〔一五七八〕に始まり、十六年〔一五八八〕に終わる

●徳川時代の始まり

★天正十年十月には勅使〈天皇からの使者〉、〈家康のいた〉浜松へ参向ありて〈やって来て〉、〈家康を〉正下の四位〈官位には、一般的には、正四位の下と言った。ひとつの官位に、正と従、上と下があったから、四位といっても正確には四通りの順位があったのである〉に加階し給い〈官位の上がったことを言い渡した〉、右近衛権中将《うこんえのごんのちゅうじょう》に進ませらる〈官位には、位の位置を示す言葉と、職名を示す官職があった。官位、官職というべきだが、官位で両者を言う研究者もいるので、困る〉。〈中略〉〈家康は〉十二月四日浜松へ帰らせ給い、勅使を饗応せられ、猿楽など催され、勅使には引き出物かずかずにて、めでたく帰洛せしめらる〈勅使を京都に帰らせた〉。十二年二月二十七日、三位の昇階し給い、参議〈官職だが、あまり実質的ではない〉をかけ給う。

◎この官位と官職は朝廷の定めたものであり、家康のように自らを確立していわば、日本国王になったような存在に対して、おちぶれた天皇から官位、官職を貰う必要もなかった。多分に古代からの日本社会の慣習で、戦国時代以降、武家の社会が日本政治を左右するようになっても、天皇の出す官位、官職を否定する存在は出現しなかったのである、日本社会では。

ともかく、この官位授与は、家康にとっての天皇との関わりの最初であった。この時は天皇そのものに出遇ったわけではないが、天皇の派遣した使者を勅使というのは天皇の代理であり、天皇そのものであったと

もいえる。武家たちの官位、官職の授与は天皇の役割のひとつであり、天皇の権限は、平安時代の、藤原氏による政治の開始以来、天皇は実権を喪失し、現代の憲法のもとの「シンボル」的存在とほぼ同様に、天皇家の存在をどうにか保ってきた。それは、武家が日本の政治を牛耳るようになっても同様で、天皇の数少ない権限のひとつが、このような官位官職の授与であった。この官職は平安時代以降、変動はなく天皇と朝廷が各貴族たちに与えた官位や官職と同様の名称をそのまま使用している。

徳川時代になると、彼ら武家の実力からいって、こんな官位、官職はなんの意味もなかったと、わたしなどは考えるのであるが、家康以下、誰もこの「制度」を無用のものとすることはなかったのである。その点は不思議であるし、有名な江戸町奉行の大岡越前守忠相《えちぜんのかみただすけ》のように、地域名としての「越前」とはなんの関係もないのに越前守はおかしい！　いろんな大名が実際の領地と無関係の、たとえば「讃岐の守」、だとか「備前の守」だとかいった官職をもらっていたのだが、実際は別の領地があったから、この官職名もまったく無意味であった。徳川幕府も天皇によるこのような官位、官職の授与を否定しなかったわけだ。

家康はまず、正四位の下という官位を得、右近衛府の権中将となった。といっても、名乗りだけであって、朝廷に勤めることになったわけではないのだ。家康はこの勅使の来た日、甲州にいたのだが、慌てて帰って来て、勅使を接待して猿楽などをやらせ、宴会をやったであろう。またお礼のため過剰な金銭、品物を勅使に渡した。これを文化人類学的には「ポトラッチ」などというのだが、家康をはじめ徳川幕府は天皇、朝廷へのポトラッチ作戦をやめなかったのである。

大小の武将たちが全国にひしめいていた頃、官位、官職に就くことは世に出る第一歩の義務でさえあった。もちろん無冠の武将もいたであろうけど。家康の正四位の下という官位は、古代の国司階級よりほんのわずかだけ、上位であった。国司たちは「従五位の下」とかいった官職であったから。この記事のすぐあとに、豊臣秀吉が、織田信長を死においやった明智光秀を討ったことや、秀吉の関白就任のことが述べられ、当分、秀吉が家康の前に立ちはだかっていたことを書いている。

●幕府と天皇、朝廷の関わり

★天正十四年。都には此《この》ほど、御位ゆづりあり〈天皇の譲位があった〉。《正親町《おおぎまち》院御譲位、後陽成院《ごようぜいいん》御即位》、関白〈豊臣秀吉〉は内大臣より太政大臣にのぼり、氏をも豊臣と賜わる。

◎ちょうどこの頃であった。正親町天皇が譲位、後陽成天皇が即位した（天正十四年〈一五八六〉）。このふたりの天皇は、戦国時代のさなかに、天皇という特異な位置にあった、幸か不幸か。天皇と朝廷は衰退して、時の有力武家たちの援助なしには成立しなかった。天皇はお礼をこめて、秀吉に豊臣というめでたい雰囲気の姓を進呈したのである。家康は以後、そんな時代の天皇につきあうことになる。

★天正十五年八月八日。〈家康は〉従二位権大納言に遷《うつ》らせ給う〈昇進した〉。この程、駿府〈今の静岡市〉にても、長丸君《きみ》〈家康の息子、二代目将軍秀忠〉加冠し給い〈元服され〉、従五位下、蔵人頭《くろうどのかみ》に叙任せられ、関白〈秀吉〉一字を進《まい》らせられ、秀忠〈秀吉の秀を加えた〉と名乗らせ給い、その日また、侍従に任じ給う。

◎親子そろって昇進したわけだが、このような、天皇からの官位、官職の名乗りを貰う習慣は、江戸末期まで続いたと思われるが、無意味なものだった、とわたしなどは常々、思っている。今や武家の時代、天皇から官位、官職を貰って、それがどうなるというのか。もともと武家の起こりは、京都朝廷の中級貴族から始まった。源氏や平氏がそうで、彼らは貴族として、それぞれ、ごく低い官位、官職を持っていたのである。

たとえば、鎌倉幕府を作った源頼朝の弟の義経は、朝廷と無縁に地方武士として生きてきたので、官位、官職と無縁であったが、壇ノ浦の決戦で平氏を滅亡させ、京都に帰ると、当時の天皇領域のトップであった後白河法皇（法皇とは天皇の父、上皇であり、さらに出家した人を法皇とよんだ）から、判官、検非違使の尉という官職を貰っている。

それに対し、兄、頼朝は中級貴族の息子で平治の乱で敗れて、伊豆に流されたわけだが、すでに官位、官職は持っていた。平氏追討の功によって、征夷大将軍という武官としてもっとも名誉ある官職を貰い、鎌倉幕府を起こしたあと、権大納言《ごんのだいなごん》、初代将軍以前に、後白河上皇から右近衛大将《うこんえのだいしょう》という官職を貰っている。そんなふうに、朝廷出身武士は、官位、官職を帯びていたのだ。

しかし、鎌倉幕府の大勢の武士たちは関東の地方武士で、多くは官位、官職と無縁であった。このような武士の二重性のような性格はずっと長く保持され、多くの武士が新たに官位、官職を天皇から貰ったのだ。とはいえ、武家中心の時代になると、天皇制そのものがほとんど無意味な存在であり、形式的な意味しか持たなくなったと思うのだ。そんな時代に、武士そのものが官位、官職を否定しなかったのは、やはり、古きよき時代として天皇制のもとの社会を懐かしんだのであろうか。わたしなどは、どこかで、ふっきれてもよかったのでは、と思ってしまうのである。

東照宮御実紀巻五

慶長八年〔一六〇三〕二月に始まり、四月に終わる

●家康の征夷大将軍宣下までの、秀吉との確執などのさまざまな経緯はすべて省略することにして、この文章を徳川幕府時代の始まりから筆を起こそうと、それ以前の原稿を思い切ってすべて消去したのは、信長、秀吉、家康らの間の長い確執の時代は、世によく知られた出来事の集積の時代であったからだ。そして「実紀」には、家康以降の徳川家の血統の連続と、そこで、多くの将軍のそれぞれの性格や特徴がはっきりと、描かれているからだ。

彼らが長く継承してきた文化で、まず目につくのはいずれも鷹狩りなどの狩猟であって、これらにはもともと擬似戦争という性格がかつてはあり、単なる野遊びや狩猟の練習という以上の意味があって、武家の時代の始まり以降、武将や将軍たちから好まれていた。ほかには、江戸城の一角で全国の主要な大名たちとの会食、宴会、そして猿楽の徒がよばれて、猿楽（申楽）が好まれ、有名な申楽師たちによる興行が行われたこと、そのあとは、宴会であって、あまり乱痴気騒ぎのような表現はみられないが、夜を徹して遊宴の場となったであろうことはまちがいない。

正月など、連歌の会などもあったようだが、まず、狩りの嫌いな将軍はいなかった。これは、鎌倉時代以来、擬似戦争として、彼らの戦闘感覚を鈍らせないような、そんな役割りを、鷹狩りその他は有していた。しかし、これは、厳密には、頼朝時代の富士山中に入っての巻き狩りのような大掛かりな狩りをいうのであって、江戸周辺の高田馬場付近だとか、現在の山手線の駅のある周辺は、当時の鷹狩の地であった。そういう意味で

は家康以下、将軍たちの鷹狩りなどは、主として鷹の華麗な技を鑑賞するような具合でなかったろうか。鷹狩りの専門家を連れての狩りであったのだから。まあ、それはいいとして、将軍たちが、しだいに軟弱になっていった経過はあったのではないか、と思われる。

江戸や大坂の市民に出される法令の骨子は、喧嘩狼藉の禁止であったが、ぜいたくの禁止もあった。将軍たちのさまざまな遊びは、相当、ぜいたくなものだったのではないか、と想像され、やはり持てる者と持たざる者たちの間の隔絶は大きかった、と思わざるをえない。しかし、江戸時代の武家社会と町人世界は画然と分かれていて、優位にある武家たちの奢侈を止めるのは、上層部の禁欲的な武家だけであったのではないか、という気もしないではない。一般民衆が武家の遊びに文句を言う筋合いではなかったのだ。

ただし、ここでは純粋に、「徳川実紀」に現れる、彼らの像、江戸時代の映像を、「実紀」の文章から掬いあげてみたいと思う。

その中でも、めだっているのは、やはり「徳川家康」という個人の卓越さであって、二代目、三代目の将軍たちは、家康の足元にも及ばない感じをわたしなどは受けている。家康は戦国時代を終えると、生まれつきだったのかもしれないが、相当な勉強家になり、儒学の林羅山（「実紀」本文中では林道春と書かれている）を手もとにおき、和漢の書を集めさせ、かつ、羅山を師匠として、これらの書物の講義を受け、かつ勉強した。また、江戸幕府の先蹤《せんしょう》ともいえる鎌倉幕府の作った「吾妻鏡」も手もとにおき、よく読んだという。彼の蒐集した和漢の書籍は膨大なもので、江戸城内にあった紅葉山文庫に収められたとされる。その後はどうなったのか。

●家康と天皇、彼らはどんな関係を持とうとしたのか？

★二月十二日。〔家康に〕征夷大将軍の宣下あり。禁中、陣儀〔陣の儀と読むか？〕行わる。

◎家康に征夷大将軍の宣下つまり天皇からの任命があった。陣の儀とは、朝廷の陣の座で会議があって決まったということか。これは平安時代以降の閣議決定みたいなもので、少数の上級貴族たちが天皇の前にあった陣の座で簡単に協議し、ほかの貴族たちの賞罰その他が決められていたのだ。

「実紀」の文中にある「陣儀」はそういう古くからの儀礼的協議が今もあることを示唆していると思う。手もとの『江戸時代用語考証事典』（池田正一郎著、新人物往来社、一九八四）にもこの項目は載っていない。よく使っている電子辞書の日本歴史大事典にも広辞苑にも載っていないのだが。あるいは陣の座で儀式が行われたということだろう。「実紀」にはふだん使わない漢字熟語がしばしば登場するのだ。

◎同日の記事に、《そもそも、征夷の重任は日本武尊〔やまとたけるの尊〕をもて濫觴《らんしょう》〔始まり〕とするといえども》とあるように（記事は、征夷大将軍の歴史を描く）、征夷大将軍というのは、古くは京都方面にあった日本の中心領域から、日本列島全域の先住民であった地方豪族を、大和朝廷が征服してゆく活動の軍事責任者であった。ヤマトタケルが神話的な存在だったとしても、彼の物語の中に、大和朝廷の全国制覇の軍事活動が象徴的に描かれているのである。

現実的には、この官職が登場するのは、関東から東北にかけて住んでいた地方豪族（蝦夷たち。北海道にはアイヌがいたが、古代から長く知られていない存在であった）を征服すべく、この「征夷大将軍」という軍事的役割の首長が貴族のなかから選ばれ、決められて、関東、東北へと侵攻した。古代の坂上田村麻呂、中世には源頼朝などが天皇から任命されたもので、主として東北蝦夷を根源とする反乱軍あるいは関東以北の実力者たちの征討責任者に与えられた重要なポストであった。上述したように、これらの軍事的存在のみならず、すべての官職は、天皇から命じられる、というありようを江戸時代とはいえ継承されてきたのだ。これでは、武士の時代といいながら、最も重要な官職は天皇によって決められる、つまり、天皇制はなくなることはなかったし、今もその基本構造は同じなのである。

★〔続き〕陣〔の〕儀終りて、勧修寺宰相光豊卿、勅使として巳の一点〔朝の六時ということか〕に伏見城〔家康の居城〕に参向あり〔やって来た〕。

◎朝廷の上級官吏たちはそれぞれ轅《ながえ》に、つまり轅のついた車に乗って、家康のいた伏見城にやって来た。皆、正装である。勧修寺光豊が勅使として、朝早く家康のいた伏見城に現れたわけである。かつては、武家のほうから、朝廷までこの任官の報せをお伺いに出向いたものだが、徳川幕府と、朝廷／天皇の関係は逆転していたから、朝廷から天皇の代理としての勅使が出向したわけである。

★〔続き〕そもそも、征夷〔大将軍〕の重任は日本武尊《やまとたけるのみこと》をもって濫觴《らんしょう》〔始まり〕とするといえども、文屋綿丸《ふんやのわたまろ》、坂上田村麻呂、藤原忠文らは、禁中に召し宣下ありしなり。幕府に勅使を遣《つか》わされて宣下せらる事は、鎌倉右大将家〔源頼朝〕に、もといす〔もと、とす〕。〔勅使がやって来たというのは、関東の鎌倉にいた源頼朝が初めてである。この時、後白河法皇が高倉天皇の父として政治を行っていたのである。これを院政といった〕。その時は〔頼朝の時は、頼朝のいた鎌倉の〕鶴岡八幡宮に勅使を迎え、三浦義澄、比企能員、和田宗実、郎従十人、甲冑《かっちゅう》〔を〕よろいて〔甲冑を着た正装で〕参り、その宣旨をうけとり。〔以下略〕

◎征夷大将軍というのは、そもそも古代の、西国や東国を制覇した神話的物語としてのヤマトタケルに始まり、蝦夷征討の将、坂上田村麻呂らに引き継がれ、源頼朝、足利将軍たちへと継承されてきたのだ。そんな歴史的過程がある重要なポジションなのだ、と「実紀」の著者は家康の征夷大将軍への任官が、どんなに大きな出来事であるかを、せつせつと訴えているかのようだ。そして家康は、勅使一行たちを大いに御馳走した。勅使とは天皇の代理であり、記号論的には天皇が関東にいた武家の地にやって来て宣旨をくだした、ということになる。家康に対して、天皇側がいかに卑屈だったかということを示してもいるわけだ。これは天皇家や朝廷にとっての経済的問題でもあり、彼らも確かな収入源を確保しておきたかったわけだ。江戸時代の天皇や朝廷は、徳川幕府からの贈与金によって成立していたのである。

★三月二十一日。〔家康は〕伏見城より御入洛ありて〔京都市内に入ること〕、二条の新御所に入らせ給う。（中略）いまの二条城なり。伝奏、そのほか、月卿雲客これを迎えまいらすとて、大仏堂西門辺まで出でて拝謁す。

◎《御入洛》とあるのは、京都に入ったということである。家康は京都からやや南方にある、酒造りで有名な伏見に城を持っていた。その伏見城から、京都の町にある二条通りに新御所を造った。これを二条城という、家康あるいは江戸幕府の京都における拠点となった。源頼朝が、関東の鎌倉の地に鎌倉幕府を開いてから はこの地を拠点とし、京都の平氏の拠点であった六波羅に、六波羅探題を作って、当時の後白河法皇の支配する京都の街を監視したように、伏見城や二条城は、家康の関西における拠点であると同時に、秀吉の遺児、秀頼の意向を探るため、こういった拠点が必要であったのだ。もちろん、秀頼のみならず、関西以西を監視、管轄するためには、このような拠点が関西に必要であったのだ。

この二条城の地はかつて、秀吉の建てた豪華絢爛たる聚楽第であった所だという。聚楽第同様に、二条城には、天皇の記号論的存在の、朝廷の上級官吏たちが訪れたので、家康は大仏堂まで出迎えに行ったという。

実紀本文の「伝奏《でんそう》」は、『新訂　官職要解』（和田英松、所功校訂、講談社学術文庫、一九八三）によれば、武家から願い出ることを天皇に伝える役割の朝廷の官吏であり、月卿雲客《げっけいうんかく》は朝廷の上級官吏たちをいった。徳川幕府は天皇や朝廷に対して、厳しい政策で臨んだが、その基本的態度は、決して、蔑《ないがし》ろにしようというわけではなかった。彼らのプライドは守ってやっていたのだ。将軍が家康、秀忠、家光と移っていっても、天皇、朝廷と幕府の関係はそれなりに緊密であった。基本的には、天皇の代理でもある勅使が、徳川幕府を訪れるということで、武家が京都朝廷に赴き、官位官職を授与される、というかつての関係が逆転しているわけだ。

★同月二十五日。将軍〔家康〕、宣下御拝賀として御参内あり。

◎征夷大将軍の宣旨を貰った家康は、天皇のもとへと一応あいさつに行く。この行列は凄かった。ざっと百人くらいの家康の家臣や親藩大名たちがぞろぞろと家康の前後を取り囲んで行列するわけだ。これらの人びとの名まえが列記されているが、略す。この時は、家康の方から京都に行き、朝廷に天皇を訪問するという形式をとっている。

★〔続き〕禁廷〔天皇の御所〕唐門に、公卿出迎えられ、〔中略、家康は天皇に拝賀するまえに正装に着替えた〕主上〔天皇〕もことに龍顔うるわしく、本朝百有余年の兵革を撥正し〔日本における最近の戦争の時代に終止符を打つかのように〕四海〔日本全体〕、太平の基《もとい》を開くこと〔一応、平和な環境を現出すること〕、ひとえに将軍〔家康〕の武徳による、と詔《みことのり》〔天皇の言葉〕あり。

◎戦国時代が終わったわけではなかったかもしれない。この時代、天皇は家康の武徳〔武力的世界の道徳心〕が、こんな天下泰平の時代を招いたのだといって、龍顔〔天皇の貌やようすを、竜というもっとも高貴な存在としての動物の形姿を借りて、上機嫌の天皇を形容したのであった〕をほころばして悦んだのであろう。そしてまた家康のポトラッチが展開する。

★〔続き〕主上〔天皇〕へ銀千枚、ならびに小袖、親王へ百枚、女院へ二百枚、ならびに小袖、女御へ百枚、ならびに新大典侍《だいないしのすけ》の局〔内侍の二等官〕へ三十枚、（以下略）
◎ポトラッチは続く。この徳川家から天皇関係者への贈与というしきたりは、以降、天皇と家康が出遇うたびに繰り返される習慣となっていた。
★同月二十六日、こたび叙任せし四位、五位の武家、拝賀のため参内す。
◎この家康の拝賀のさい、四位や五位に叙任された家康の家臣たちも、また天皇のもとへと参内した。彼らなりのポトラッチはまたまた行われたであろう。
★同月二十七日、八条式部卿智仁親王、伏見中務卿邦房親王、九条関白兼孝公、（中略、上卿たちが何人も続く）公卿殿上人、二条の御所〔二条城〕に参向ありて、今度の宣下を賀せらる〔褒めたのだった〕。摂家〔摂関家〕、親王は上段、それ以下は下段にて御対面あり。
◎翌日は、公卿たちが、二条城を訪れ、将軍宣下のお祝いを述べるためやって来た。家康は彼らをもさまざまにもてなし、またポトラッチを展開したであろう。天皇そのものは出向かなかったが、皇族が、天皇のかわりに家康のもとを訪れたわけだ。
★〔続き〕この日、江戸にて内藤清成、青山忠成、私領の農民へ令せしは〔命令したのは〕、御領、私領の〔幕府や大小名たちの領地の〕農民ら、その他の代官ならびに領主を怨望して〔うらみに思って〕、その地を逃《にげ》去《さ》る時は、代官、領主よりその事を注進するとも、みだりに還住〔帰ってきてまたもとに戻ること、か〕せしむべからず〔戻って来させてはいけない〕。逃散《とうさん》〔逃げ去った時〕の年貢、未進あらば〔年貢を納めていないなら〕、奉行所において、隣郷《りんごう》〔隣りの村〕の賦役〔いろいろ意味があるが、税金未納のための肉体労働か〕をもて、おのおの算勘し〔計算し〕その事、終るまで何地《いずち》〔どの地であろうと〕にも居住せしむべし。領主の事を訴えんと思う者は、あらかじめその地を退去すべく思い定めてのち、訴え出《い》でべし。さもなくて、みだりに領主の事を、目安をもって〔訴状をもって〕訴え出ること、停禁たるべし〔今後は絶対してはならない！〕。

◎以下、以上のような農民への命令が続く。ここでは、農民が重い貢納のため、逃散《ちょうさん》〔逃散〕といって、村落から逃亡することを禁じていた。大きな都市に、これらの民が逃げこんで仕事を探す、そういった現実の問題をなるべく出したくなかったのだろう。日本は基本的に農業国であり、農地からの収税によって国家は成り立っていたのだから、農民の村からの逃亡は、絶対に許してはいけなかった。国家成立の基本であったのだから。また、訴状なども、語句の解釈で、どちらが正しいか、決めがたいこともあり、とりあえず、村落の逃散を防ぎたかったのである、幕府は。

そして、この項の後半に《みだりに農民を誅する事（責めたり殺したりすること）厳禁なり》とあって、農民を殺すなりして減らすことは、稲作という農業立国であった日本国家にとっての、大きな損失であったのだ。だから、農民を甘やかさず、しかし上手に操って毎年の米の生産量を確保したかったわけだ。

●江戸に現れた阿国歌舞妓といわれる芸能

★同月二十八日（あるいはこの春、か）。この頃、江戸、彌《いよいよ》大都会となりて、諸国の人、輻輳《ふくそう》し〔江戸の街に溢れるように増えて混雑し〕、繁盛おおかたならず。四方の游民ら〔無職の人びとが、あるいは芸能などで諸国を遊行する人たち〕、身のすぎわい〔なりわい、か〕をもとめて、雲霞《うんか》のごとく集まる。京より、国という女、下り〈江戸にやって来て〉、歌舞妓〈現在は歌舞伎、と書くので、この「妓」という字に注目。朝鮮半島の歴史的存在であった、妓生《キーセン》の「妓」という字と同じ字を使っている！〉という戯場〈舞台、劇場〉を開く。貴賤〈上層階級の人たちも、下層階級の人たちも〉珍しく思い、見る者、堵のごとし〈劇場は大繁盛した〉。諸大名家々、これを召し寄せ〈自分の城によび〉、その歌舞をもてはやすこと、風習となりけるに、大納言殿〈二代目将軍、秀忠〉もそのこと、聞し召したれど、一度も召されず、衆人〈江戸の民衆〉、その厳格に感ぜしとぞ〈秀忠のその、ある種の禁欲性に感動したという。が、本当だろうか、呆れたのではないか？〉。

◎江戸に住む人々が増え、はやりだした江戸の街に、あのいわゆる、お国歌舞伎のお国、いわゆる「出雲の阿国」がやってきた、というのである。お国そのものか（史実的にも、わたしは踊り子の集団の女性主導者の女性が、出雲のお国と名乗っていたのでは、と考えているのだが）、江戸に現れて、歌舞伎（妓）の興行をやりだしたところ、大繁盛。武家も町人も金持ちも貧乏人も、これを見ようと集まったというのだが、わたしがかつて考えたのは、京都の四条河原などに舞台を作って、歌舞音曲を披露した女性集団は、音楽に合わせての舞踏はやれたが、歌舞伎のような芝居はやれなかったのでは、ということである。

ちゃんとした芸能史の勉強をしたことはないのだが、アジアの朝鮮半島の国や中国などの演劇は、主として男たちが演じていて、ある時、中国の京劇の俳優がすべて男であることを識って愕然としたことがある。ああ、日本の歌舞伎と同じではないか、日本の歌舞伎は男だけの集団での芸能である。朝鮮半島でも若い男が中心になって男寺党《ナムサダン》というグループを作って、各地を廻って、芸能を披露して歩いていたのである。

だから、かどうか、お国の芸能も、最初は女たちが男装し、まだ月代《さかやき》を剃ってない若衆のような女性たちが「若衆歌舞伎」と称して、踊りを披露していた。東アジアだけの芸能者のありようかどうか、まではわたしも把握できていないのだが。インド以西ではどうだったのか、とか。
◎芸能の民、に関しては、江戸社会の被差別民とも関係があり、そんな項目が見つかれば、また江戸の芸能について、考えたいと思っている。
◎有吉佐和子氏の『出雲の阿国』（全三巻、中央公論社、一九六九）という小説を読んで、疑問点も多くて読みやめてしまったのだが、興味ある方は、眼をとおしてください。研究書には、『出雲のおくに――その時代と芸能』（小笠原恭子、中公新書、一九八四）がある。

●豊臣家のその後の展開

★四月二十二日。豊臣大納言秀頼卿、正二位内大臣に昇進せらる。よりて広橋大納言兼勝卿、勧修寺宰相光豊卿、大坂〔城〕へ参向あり。秀頼卿にはこの時、十一歳なり。
◎大坂城ではまだ十一歳の、秀吉の遺児、少年はすくすく育っていた。すなわち、豊臣秀頼が健在で、正二位内大臣となっている。天皇は、家康にも接近しているが、豊臣秀吉の遺児を忘れたわけでは決してなかった。秀吉派の武将たちはしっかりといたのであり、幼い秀頼を保護し守護していたのだ。天皇側はこの十一歳の少年秀頼のもとにも、こちらから出向いているのである。当時の天皇の政治的位相が了解されるであろう。

●天主教／キリスト教、禁制の展開

★同月二十二日。また長崎の地は、天主教〔キリスト教〕の淵藪《えんそう》〔ものごとの寄り集まる所〕なればとて、天正十六年（一五八八）豊臣家の頃は、鍋島飛騨守某といえる者に所管せしめられ、文禄元年（一五九二）

より寺澤広高に所治せしめられる。しかりといえども、邪風〔キリスト教の布教と流行〕いよいよ盛んにしてやまず。こたび、改めて、小笠原為信を、その地の奉行に仰せつけられ、法印に叙せらる。これ、長崎奉行の権輿《けんよ》〔始まり、事の起こり、発端〕とぞ聞こえし。

◎キリスト教の宣教師たちの東アジアから東南アジア一帯での活動が盛んになり、日本では、織田信長の時代前後から、宣教師たちが、九州の地に現れて、民衆の病気治療にあたるとか、救世主の存在について説くとか、民衆社会に浸透していったのである。

他方、地方の領主などをも教化し、大名やその妻などがキリスト教化される例も増えていった。信長は鷹揚で宣教師に会ったりもしているし、キリスト教会が、京都あたりまで進出していた。秀吉の時代になると、しだいに、彼ら、主としてイスパニア（スペイン）人宣教師たちの背後に、ヨーロッパ植民地主義政策のアジア進出を感じたに違いない秀吉や家康は、しだいにキリスト教の日本社会での拡大を危惧するようになったのである。

家康の時代になると、明確に日本人のキリスト教化を禁じる方向に方針を定め、キリスト教宣教師や日本人信徒に厳しい禁止制度を確立しようとしたのだ。長崎は、江戸時代になって、オランダ商館の建設と商業を許諾した地域であり、キリスト教が紛れこんでくる可能性のある地域だったから、長崎奉行を置いて、厳しく監視するようになったのだ。

東照宮御実紀巻六

慶長八年五月に始まり、九月に終わる

●家康の勉強好きと徳川家の活動

★五月十九日。大内〈内裏〉より、広橋大納言兼勝卿、勧修寺宰相光豊卿、〈天皇の〉お使いとして、薫袋《かおりぶくろ》五十、進《まい》らせらる。この日、神龍院梵舜、伏見城にのぼり〈家康に〉拝謁し、神祇道ならびに日本紀〈六国史〉の事ども、尋ね問わせ給う。

◎天皇の代理としての公卿が家康を訪ねてくる。しかし、御土産にする金品はもちろんなく、ふだん使っている香りの袋を持参したという。天皇の貧しさを如実に物語っている。ついで現れた神龍院梵舜は、電子辞書の「日本歴史大辞典」によると、神道家で僧侶、と書かれている不思議な人物である。家康が重用した僧侶は金地院崇伝であったが、梵舜の名まえも時々出てくる。家康の知識的師範のひとりだったのであろう。「日本紀」「六国史」と通称されている、「日本書紀」以下、「続日本書紀」、「日本後紀」、「続日本後紀」、「文徳実録」、「三代実録」六冊を併せて称する言葉で、家康は梵舜から、これらの日本の最古典〈天皇を中心として、日本歴史を述べた国家的な本〉の講義を受け、質疑応答したのであろう。家康の勉強好きの一端が表れている。

★六月六日。武田信吉君〈家康の五男〉の老臣らより、藤沢の道場へ制札を建てる。その文にいう。寺中において屠殺する〈動物を殺す〉か、竹木、斬伐するか〈竹林や樹木を切り倒すか〉、門内にて蹴鞠、相撲などすべて狼藉のふるまいするにおいては、厳科〈厳しい罰〉に処すべしとなり。

◎武田信吉は徳川家康の五男で、のち、御三家のひとつとなる水戸藩の藩主である。彼が若い頃の逸話であ

ろう。藤沢の道場なるものが、筆者には不明だが、とりあえず、大きな寺院であったか、この寺の敷地内において、動物を殺したり、竹林や樹木をかってに伐ることを厳しくいさめ、かつ、蹴鞠《しゅうきく》や相撲などを禁じている。動物（寺院内の諸動物）の刺殺を禁じ、樹木をかってに伐るな、相撲などに興じてもいけない、と厳しく咎めている。

以下、「実紀」は、二代目将軍の秀忠の時代以降、さまざまな禁止事項を法令として提出している。これを「法度《はっと》」といった。そのいわば第一弾である。しばしば、喧嘩口論、竹林や樹木のかってな伐採を固く禁じているが、これらについて詳細は、わたしには不明である。竹は工芸（近世には細工といわれ、いわゆる被差別民の仕事となる）、樹木は建築用材としも重要ではあったのだが。

●徳川家と、豊臣秀頼の婚姻

★七月二十八日。千姫君《時に七歳》〔二代目将軍、徳川秀忠の娘〕この日、内大臣〔豊臣〕秀頼公の大坂城に御入輿《にゅうよ》あり〔秀頼の正妻として嫁入りした〕。伏見より御船にて大坂にいたらせたまう。御供船《おんともぶね》数千艘引きつづく。

◎徳川家康は、まだ七歳の孫娘千姫を秀頼（この年十二歳か）のもとに輿入れさせた。この幼いふたりがふつうの結婚生活を送れたわけではないだろうが、ともかくこの輿入れにはいろんな意味で家康の画策があったのだろう。豊臣秀吉の遺児であり、そして豊臣家の血統を伝える正統な、豊臣家二代目の秀頼と、現在日本の覇者、家康の孫娘を政略結婚させることで、秀頼を懐柔し、あたかも東西の二大陣営が両立、さらに合体したかの印象を世間に喧伝できたのだろう。そしてまた、秀頼母子を監視し、ある意味では徳川家の勢力伸長に資することもできたのである。

当時の武将たちにとって、結婚というのは、いわば「人質」として娘を相手側にさし出すことでもあり、相手の自由をある程度、束縛し、かつ親戚ということで油断させることができた。人質になったのは、娘だけではなく、家康自身、幼、少年時代、戦国武将今川義元のもとに、人質生活を送ったのであった。また江戸幕府の時代になると、地方の大名たちは正妻を江戸屋敷に住まわせられた。これは、幕府の「人質」になっていることであったのだ。右の記事はつぎのように続く。

★〈続き〉この頃、大坂にては、姫君ご入輿〈輿入れ〉ありては、ますます〈徳川〉将軍家より秀頼公を輔《ほ》導《どう》せられ、後見、聞こえ給い〈いろいろと面倒をみた〉、四海〈日本社会全体〉いよいよ静謐《せいひつ》〈世の中がうまくおさまること〉たるべしといえども、〈徳川氏の〉将軍家の威徳、年を追って盛大になり。ことに、〈征夷大〉将軍の重職を宣下ありて、諸国の闕地《けっち》〈主のいなくなった土地など〉はことごとく、一門譜第〈徳川家及び、その配下の武家たち〉の人々を封ぜられ〈それらの土地を彼らに与え、支配下に置いた〉、天下の諸大名はみな妻子を〈人質として〉江戸に出し置いて、その身〈大名自身〉、年々参覲す〈上京し、江戸城に一年間隔で滞在する。いわゆる参勤交代〉。これを思うに天下は、終《つい》に、徳川家の天下となりぬ。

◎家康の思いどおり、世界は家康を中心に展開する、という世の中が始まった、と「実紀」の著者はいっているのだろう。千姫は豊臣家の最後の息子秀頼と結婚し、彼らはまだ子どもであって、家康の天下が始まったと、誰もが考えざるをえなかったであろう。しかも、文中にあるように、長い戦国時代から、日本の各地に現れた、無主の地、つまり誰の領地でもなくなってしまった土地は、徳川家とその配下の武家たち領地となった。

そして天下の大名たちは、妻子を江戸に住まわせることで、江戸幕府の人質として送りこんだ。参勤交代という制度は、家康自身の治世の時代には、まだ制度的に確立していなかったと思われる。大坂夏の陣の後の「武家諸法度《ぶけしょはっと》」によって確定した、と「日本歴史大辞典」にはあるので、家康、秀忠の時代に完成したようだ。全国の諸大名は正妻をそれぞれの江戸屋敷に置き、彼女たちはいわば江戸幕府にとっての「人質」として江戸に住まわせられているのであった。

江戸幕府によって、いつでも殺され得る所に居住しているのだから、各地の大名たちもやばいことはできなかった。参勤交代は、各大名が一年おきに江戸に出て、幕府の統率下に入り、妻子は江戸屋敷でずっと過ごすという人質政策であった。すなわち、こういった参勤交代の制度は、家康の権力時代にほぼ、確定された、と言っても言い過ぎではない。そして、大名が江戸を離れ、自分の国に戻っても正妻は江戸に残っていたわけだ。だから、やばいこと〈将軍家に背くことなど〉はできなかった。

★〈続き〉さりながら、故太閤〈秀吉〉数年来、恩顧愛育せられ、身をも家をもおこしたる大小名、いかでその深恩を忘却し、豊臣家に対して二心《にしん》をいだかば〈反逆心をも抱くようなことがあれば〉、天地神明の冥罰を蒙《こうむ》らざるべき〈必ず天罰が加わらないではすまないだろう〉と会議して、故太閤恩顧の大小名を〈大坂城中に会集し〈集め〉、今より後秀頼公に対し、二心《にしん》をいだくべからざる旨、盟書〈裏切らないような念書〉を捧げ、血誓せしむ〈固く約束した。時に実際に小指などを切って、血を出したのである〉。（中略）これ、ついに後年に至り、豊臣氏滅亡の兆《きざし》とぞ、しられける。

◎豊臣秀吉を支援してきた大名、小名たちは、大坂城に集まって秀頼を応援すべく念書をかわした、というのだが、そして、これはのちの大坂冬の陣、夏の陣などの戦闘時、家康率いる東軍に対し、しっかりと西軍を構築したのだが、結局はこれらの戦争に敗退し、豊臣家滅亡を阻止することができなかった。以下の記事に、哀れな秀頼母子の命運が、何度か登場して幕を閉じたのであったが。

●佐渡金山など、金銀の鉱山採掘は江戸幕府の大きな収入になった！

★同日。この頃、佐渡の国人ら〔佐渡に住んでいた人たち〕、訟《うった》うる〔訴訟する〕旨あるにより、銀山の吏《り》〔役人〕吉田佐太郎は切腹し、合澤主税《ちから》は改易せられ〔家禄、屋敷などを没収され〕、中川忠重、鳥居某、板倉某、佐渡国中を検視せしめらる〔厳しく調べられた〕。

◎全国の鉱山、とりわけ金や銀の鉱山などは、たぶん幕府、もしくは徳川家の所有地であって、この銀山からの収益は、彼らの財産の一部を担っていたから、幕府も本気で、この銀鉱山のある佐渡の島における訴訟を調べたのである。続いて石見《いわみ》の銀鉱山に関する話が出てくる。

★八月朔日。石見〔現在の島根県の各地に銀の鉱山があったようだ〕の土人〔石見の人〕安原伝兵衛おがみ奉ることをゆるさる〔このおがむ、がよく解らない。悪事がばれて謝ったのか、役人に腰を低くして申し上げた、のか〕。伝兵衛、さきに国中の銀鉱を捜し得て、大久保石見守長安に訴えしかば、長安、これをゆるして掘らしむるに、年々に三千六百貫、あるいは千貫、二千貫を掘り出て上納せしかば、長安おおいに喜び、その事を〔幕府に〕聞こえあげしにより〔報告したので〕、今日、召して見えしめらる〔だれが召したのか、幕府か家康か。それでは、島根県と江戸では遠すぎる。幕府の、島根藩関係の役人、銀山奉行とでもいった〕。伝兵衛は、一間四面の州浜に銀性の石を、蓬莱のかたちに積み上げ、車にて引きて捧ぐ。〔家康は、か？〕御感ありて、参謁の諸大名にも見せしめらる。衆人、奇珍なりとて称歎せざるものなし〔賞賛しない者はいなかった」。

◎やはり、石見の銀山から出た銀を、なんだか蓬萊の形とかいう奇抜なかっこうにして、江戸幕府の白洲で、家康の前に提出してみせたのであろう。これは、石見銀山をはじめ、各地の銀鉱山から、江戸まで大量の銀が運ばれた、ということになる。はっきりは解らないが、そんなパフォーマンスも考えられないではない。次の項を読むと、伝説的ではあるが、銀は家康のいた江戸でなく、京都の南にあった家康のかつての拠点、伏見城に運ばれた、という感じもする。

★〈続き〉世に伝うるところ、伝兵衛、備中早島の産なりしが、年頃、銀山を捜索しけれど、尋ね得ざりしかば、〈中略、ある寺に参籠し、霊夢を見て銀山を発見したという〉その後、銀山を求め得て、その時、金銀山奉行の大久保長安に訴え、公けの許しをこうむりて、掘りはじめしに、銀の出ることおびただしく、年々、公けにみつぎすること若干なり。ゆえにこの年頃、石州〈石見州か〉の銀山に諸国の者、集まり来たり。山中の繁盛おおかたならず。京、堺〈海洋的商業都市〉にもおとらぬ都会となり、伝兵衛が家ははなはだ、富をなし、召し使う家僕、千余人に及べりといえり。この時、銀性の石を車につみ、〈家康の〉御覧にそなえ、御感をこうむりしをもって、今も石見の国より大坂城の府庫に納める税銀は、車をもって引くことを佳例に伝えたり、とぞ。

◎金山や銀山などについて、関係書を読んだこともなく、筆者はまったくしろうとであるが、山中から、金や銀が出てきて、これが現生的に大変な価値をもっているとしたら、誰もが、こんな夢のような発見を喜ぶであろう、家康でなくとも。このような鉱山の現代の物語を、水上勉の『死火山系』〈光文社文庫、二〇〇八〉という古い小説が、克明に書いていた。参考になるかもしれない。

●徳川幕府と御三家の始まり

★八月十日。伏見城において、〔家康の〕第十一の男御子生まれ給い、鶴千代ぎみと名づけらる。のちに水戸中納言頼房卿と申しけるはこれなり。

◎当時の大名たちは、かつての天皇同様、男権的に血統を伝えるべく、一夫多妻の生活様式を守っていた。古代の天皇や大貴族同様に、正妻のほかに側室を何人も持っていたので、多くの男の子どもが生まれたのだが、家康もまったく同様で、徳川家の親族大名で構成された、水戸、尾張、紀伊の三国をそれぞれ、この最後に生まれた三人の息子の頼房、義直、頼宣《よりのぶ》に配分した。そしてこの三藩を御三家とよんで、特別扱いになっていたのだ。

御三家の大名たちは、ほぼ江戸に住んだのか、家康政治のメンバーとなっていたようで、「実紀」にもしばしば登場している。ちなみに八代将軍吉宗は紀伊藩から出ている。水戸黄門で有名な水戸光圀もまた水戸藩の大名であった。御三家はそのような、徳川家の系譜のなかにしっかりと登場している。

東照宮御実紀巻七
慶長八年十月に始まり、十二月に終わる

●アジア諸国との通交

★十月五日。安南国〔十七、八世紀のベトナムの国名〕より書簡ならびに方物〔安南あたりでとれるいろい

ろな産物〕を参らせて、去年、方物を献ぜし時、〔幕府が〕御答礼として甲冑以下の器械〔戦争や農業やその他の産業で使う機械か、あるいは銃なども含まれているのかもしれない〕をつかわされしを謝し奉る。よって金地院崇伝に御返簡〔ご返事〕を製せしめられ、御答礼として長刀十柄をおくらせ給う。
◎安南国とは現在のベトナムの当時の呼び方、国名であった。以下、東南アジアの諸国と考えられる領域から、このような贈答品が送られ、江戸幕府もお返しに贈答品を送っているという記事が頻出する。このような記事は家康を描いた項にとりわけ多い。家康が、このような貿易による利益を絶えず考えていたことの、ひとつの証左であろう。このようなアジアの国々は以後、いくつも出現する。
その点はもう一度考えることとして、文中の甲冑以下の「器械」とは何であろうか。つぎの記事にある「戎器」と、多分同じで、刀、鉄砲を含む戦闘用の道具であったか。この当時、家康、つぎの秀忠の初期の時代は、鎖国政策などはまったくとっておらず、これらの国々と交易する商人たちが大勢いて、幕府はこれを認定して、御朱印という認可証のようなものを発行しているのである。こんな記事は以下、しばしば出てくるといっていい。つぎの記事もその一例に過ぎない。
★〔同月二十九日、三島。晦日《みそか》〔月の末日〕、小田原。という記事に続けて〕是月〔この月〕、柬埔寨〔カンポサイ?〕国王より書簡並びに獅角八、鹿皮三百枚、孔雀一隻をまいらせ、その国、叛人〔謀叛人〕を征討する事あるをもって、戎器〔刀剣、鉄砲などの武器〕を請《こ》う。
◎この「柬埔寨」という国がどこを指すのか、やはり東南アジアの国であろう。このカンポサイとも読まれる国はしばしば、国家の使いを派遣して来るのだ。新井白石の『新訂　西洋紀聞』〔東洋文庫、一九六八〕にも、「柬埔寨」というアジアの国名が出てくる。この「柬」は、漢和辞典では「かん」と読んでいるので、「カン

ポサイ」と読める。そうすると、カンボジアという東アジアの国名が一番、音が近い気がする。わたしはだから、柬埔寨は、たぶんカンボジアのことではないか、と考えている（編注・『岩波日本史辞典』、『山川日本史小辞典』などには、「柬埔寨はカンボジアの漢字表記」とある）。

「実紀」にはこのような漢字を当て字にした国々がいくつも出現する（これらは多くがまずは、大中国による東アジア諸国への漢字による命名か？）。家康将軍の当時、日本も東南アジア諸国と交易が盛んだったのである。つまり、いわゆる鎖国が実施されたのはいつのことか。ヨーロッパからのキリスト教の侵入を禁止し、キリスト教国との交易をやめた時、なぜか、アジア諸国との交流もまたどこかで途絶えてしまったようである。

これは、単純化していえば、ヨーロッパ植民地活動が盛んになった頃、その尖兵として、スペイン、ポルトガルからキリスト教の宣教師たちがまずはアジア諸国に派遣されたか、自発的に現れたかはともかく、植民地主義とキリスト教の布教が一体化していたことは、まちがいない。

★〔慶長八年、是年の記事、として〕角倉了以《すみのくらりょうい》、仰せを蒙《こうむ》りて、安南国に船を渡して通商す。

◎有名な角倉了以は、安土桃山時代から、江戸時代初期まで活動した貿易商人。電子辞書の「ニッポニカ」によると、家康の知遇を得て、安南、東京《トンキン》地方に貿易船を派遣し、貿易のほか、土木業その他、近世日本の建設に大きな力となったようだ。この記事では簡単に安南国と交易した、とある。

●当時の京都に関するニュース

★〔続き〕是年、また、京中市街の市人《いちびと》〔京都の町民〕を、十人ずつ、党を定められ、その党中にひとりも悪行の者あらん時は、同組のもの悉く《ことごと》同罪たるべしと令せらる〔命令された、あるいは法令を出された〕。

これは、京、伏見、この頃、盗賊横行の聞こえあるにより、鞠治《きくじ》せられんがためなり。

◎最後の《鞠治》の「鞠」の字に、校訂者が「鞫」という字のまちがいか、のように表示しているが、字が小さくて判読しきれない。とりあえず、「鞠尋」は厳しく尋ね問うこと、とあるので、同様に厳しく尋問し、犯罪者かどうかを認定したのであろうと考えたのだが、念のため注記した。家康から二代目将軍の秀忠の時代になると、これらの法令がしっかり、たくさん出されており、秀忠の性格と役割がよく解るのだが、古代において「律」と「令」が、国家や都市の治世と倫理の確立のために必要だったように、江戸時代、近世社会もまた、同様であったことが理解できるのである。この法令は近世最初期のものであろう。

★〔続き〕また、京の處士〔広辞苑によれば、処士、とあり、民間にいて仕官しない人、とある〕、林又三郎信勝〔儒学者の林羅山。本文中では林道春と書かれている〕、洛中〔京都において〕、朱註《しゅちゅう》〔赤字で註を書いた、か〕の論語を〔家康〕に講ず〔講義した〕。聴衆、雲のごとく集まる。

◎家康の勉強好きが始まっている。林羅山の講ずる朱子学は、江戸幕府の倫理的規範となった。論語はもちろん、孔子から始まる中国儒学であり、この思想は、朝鮮半島の国々、日本へと浸透してきたのである。

東照宮御実紀巻八

慶長九年〔一六〇四〕正月に始まり、六月に終わる

●アジア諸国との通交

★正月十三日。天満、茨木屋又左衛門、尼崎又左衛門に、安南国渡海通商の御朱印を下さる。
◎当時、家康の方針か、いろんな領域での許可状を、「御朱印状」と名づけて発行していた。右記の貿易商に、朱印状を出したのは、御朱印状の最初期だと思われる。そして、安南をはじめ、呂宋（ルソン）／フィリピンなどの東アジアからポリネシアあたりの諸国と通商交易をしていたのである。

●蝦夷《えぞ》（北海道）と徳川幕府

★正月二十七日。松前志摩守慶広に、蝦夷《えぞ》交易の制三章を授《さず》ける。その文〈章〉にいう。諸国より松前の地〈北海道の最南端の地、松前を中心に江戸幕府が公認した松前藩ができた〉に出入りする者、〈松前〉慶広にその旨、告げずして夷人と交易せば、曲事《くせごと》〈違法行為〉たるべし。慶広に告げずしてみだりに渡海して〈北海道に渡って〉、夷人と通商する者あらば、速《すみや》かに府にうたえ〈訴え〉いでべし。夷人は何方《いずかた》に往来するとも、心まかせたるべし。夷人に非義〈いろいろと文句を言う〉を申しかくべからず。これに違犯せば、厳科〈厳しい罰〉に処せらるべし、となり。
◎北海道アイヌは、当時の日本社会では、夷人であり、異人であった。彼らの存在をどのくらい識っていたのか、疑問は多い。しかしともかく、交易の対象として重要な存在だったようだ。北方でしかとれない、昆布とか鮭とか、特産物がいろいろあったのだろう。また、熊やオットセイなどの毛皮も、商品として有効だった。
漫画であるが、手塚治虫の『シュマリ』（上、下、角川書店、二〇〇六）が、明治初期の北海道を舞台に生きるたくましい男の物語を提出している。知らなかった方には一読をお勧めしたい。あるいは、北前船とよばれた大型の船が、北海道最南部や青森県のあたりの産物を、日本海の多くの港を経由して、はるかに遠い大坂の地まで運び、大坂で仕入れたいろんな商品が北方へと運ばれた。この法令を見ていると、北海道アイヌ人への、ある種の保護政策的面も窺われるようである。そのため、幕府は北海道の松前に、松前藩を作り、北海道アイヌを管轄し、固有の産物やその他を珍重して、商業者の勝手な活動を抑制していたのであろう。

電子辞書の「日本歴史大事典」によると、江戸幕府は、慶長九年（一六〇四）に、北海道の現在の松前のあたりに覇権を確立していた蠣崎氏が松前氏と名乗るようになると、それ以前にこれを公認した豊臣秀吉の方針を継承し、松前藩として公認したという。松前藩は、ほかの各藩が、基本的には農業を根幹として成立していたのに対し、アイヌ人たちとの交易を通じての、本州からの商船や商人たちの活動を、藩の経済的基本としていたため、そういう商業活動に課税していた、と書いている。特殊な藩であったといえる。日本社会との交流は、明治以降ということになるようだ。

●徳川幕府による諸制度の展開

★二月四日。世に伝うる所は、昔より諸国の里数、定制ありといえども、国々に異動〔いろんな違いがあった〕多かりしが、近世織田右府〔信長〕、領国のうちに堠塚〔一里塚のような里程標〕を築き、三十六町をもって一里と定む。豊臣太閤、諸国を検地せしめ、三十六町に定め、一里ごとに堠塚を築かしむ。この時、また改めて、江戸日本橋を道程の始めに定め、七道に堠を築かれしとぞ。その時大久保長安に堠樹にはよい木を用いよ、と仰せありしを、長安、承り誤りて榎木《えのき》を植えしが、今に残れりとぞ。

◎この文章を読むと、江戸、日本橋を起点に、東海道とか東山道とかいった道路が確定したのが、豊臣秀吉のように読めてしまう。しかし、これは、多分に、江戸を中心として、多くの街道ができたのは、あくまで江戸幕府ないし徳川家康であった。この、主語が上記の文章から落ちてしまった、と考えられる。電子辞書の「広辞苑」を見ると、五畿七道は、律令制の時代に決められた、とあるので、古い道路であった。同じく「日本歴史大事典」の書き方でも、同じであった。たぶん、というか江戸幕府が生まれた時、東海道、東山道の起点を日本橋としたのであった。これは「実紀」の記事にも出てきたと思うのだが。

●近世の被差別民と江戸

★二月六日。青山忠成、内藤清成、大久保長安、長谷川長綱、伊奈忠次、奉りて〈家康ないし幕府に提言したのか〉、長吏〈非人の長なり〉弾左衛門に、江戸、小田原の傳馬下知状を授《さず》く。その文にいう。江戸より小田原まで、駅馬一疋《いっぴき》を立つべし〈以後、用意することを義務づける〉。これは鹿毛皮、白皮に製せしめられんためなれば、滞《とどこお》ることあるべからずとなり。

◎日本の被差別社会に関心を持つようになってから久しい。最初は、中世史に非差別的領域の問題を持ちこんだとされる、横井清『中世民衆の生活文化』〈東京大学出版会、一九七五〉を読んだ頃だったろうか。当時の、「反、差別主義」を信条とする同和会系グループ〈前身は、大正時代に生まれた水平社〉の抗議活動は相当ハードだったことを、あとがきで書いておられた気がする。

それはともかく、江戸時代の関八州の被差別社会を管轄していた「穢《え》多《た》頭《がしら》」の弾左衛門は、浅草に住んでいたので、浅草弾左衛門と通称されていたことは塩見鮮一郎氏の二、三の本で識った〈『小説 浅草弾左衛門』小学館文庫、『弾左衛門とその時代』河出文庫、『車善七』筑摩書房、ほか〉。弾左衛門の配下には、非人を管轄していた車善七なる者がいたことも識った。その弾左衛門が「実紀」に出てきたのには驚かされた。といっても、この弾左衛門を命令下に置いていたのは、徳川幕府だったのだから、それほど驚くにはあたらないのかもしれない。ここでは、弾左衛門は、長吏（非人の長なり）と書かれている。

わたしは、非人という概念は、「士・農・工・商・穢多・非人」と称されていたように、「穢多／えた」とされた人たちと同格か、あるいはもう少し下位にあった人たちで、近世には、重犯罪者や島流しになった島から逃走してきた人たち、あるいは逃散といって農村共同体から離れて都市で暮らしているような、いわば国籍を喪失したような人たち（藩籍喪失者あるいは無宿者）をいうのだという気がしていたのだが、時代によってその概念の内容が変わったようにも思われる。

しかしここでは、「鹿毛皮、白皮に」製すためなり、とあるのは、農村における「えた」の人たちは、死んだ牛馬の死体処理を行い、都市では刑場で斬罪に処せられた犯罪者たちの、やはり死体処理を行っていたから、とりわけ、牛馬の毛皮を扱う皮革業は、彼らの領域から始まったとされる。この「駅」という概念も、制度的に構築されたもので、道路行政の重要な要素であった。何里かごとに置かれた駅には、それぞれ馬が置かれている。早馬などの馬は、駅ごとに交代して、京都から江戸まで五、六日で走る。一頭ではとても走りきれないのだ。馬は死ぬと、その毛皮は工芸の重要な材料となって諸道具に再生される、とりわけ、武士の道具、武具に毛皮は使われた。

そこで、駅馬の管理という作業も、彼らの仕事として命じられていたということだろうか。白皮は、電子辞書の「広辞苑」では、白革として、白いなめし皮とある。中世の被差別的な人たちの生活を絵にしたものを見ると（「一遍上人絵伝」など）、庭で、なめし皮にするべく、牛などの皮を天日に干している光景が描かれていたりする。「実紀」には、右の記述以上に詳しく書かれていないようだ。

◎弾左衛門が浅草に住んだので、一般に浅草弾左衛門とよばれていたのだが、彼と彼の一族は、関八州（関東八カ国）及び関東の四、五カ国の被差別民の管理者であり、彼自身、被差別民でもあった。「穢多」という言葉は、差別用語のひとつであって、現在はだれも使わないし、辞書などもこの用語を出さないですませているが、江戸時代は一般に、その身分的上下関係を、「士、農、工、商、穢多、非人」と位置づけていた。

わたしもこの、「穢れ多い」と直截的な表現はふつうせず、文章を書くうえで、必要があれば、「えた」のように平がなで書くことにしていた。この「穢多、非人」という問題に触れて原稿を書いたことはほとんどないが、ある時代、真剣に、この被差別問題について、さまざまに勉強はしてきた。被差別民が近代になって、彼ら自身を被差別、という桎梏から解放するべく、尖鋭的な青年たちが作った水平社という団体がある。その形成時やその後を描いた住井すゑさんの長編小説『橋のない川』（新潮社、一九九二）は二回読んだが、最初読んだ印象が、大坂の渡辺村を舞台にしていた、というとんでもない誤解の記憶であった（小説では奈良県のある部落が舞台）。

「実紀」での弾左衛門の登場は、東海道の江戸から小田原までの街道の駅馬制度に関わっている。旅人や彼らの荷物を運ぶべく、街道には駅が置かれ、その駅には、人や荷物を運ぶ馬が置かれてその役割を担わされていた。ここでは、駅馬として使われた馬が死んだ時、この馬の毛皮を剝いで、ほかの用途で用いる毛皮として再生するような仕事があったのだが、これは、中世史のたとえば、網野善彦さんの本などには、主として農業社会において、「斃れ牛馬の死体処理」を、これらの被差別民部落が担当していた、というふうに書かれている。

ここでも、そのような馬の死体からの毛皮の製品としての再生を受け持っていた被差別の人たちの、もうひとつ重要な仕事に関係する仕事を、弾左衛門が管轄者として担当させられていた、ということが書いているのだろう。「実紀」に、この被差別民の話は現在のところ、この記事以外、あまり出てこないのであるが、日本社会のみならず、差別、被差別の問題は避けることのできない大きな問題なのである。小説家の野間宏氏と、社会史学の沖浦和光氏の、日本およびアジアの被差別民に関する対談（『日本の聖と賤　中世編』、『アジアの聖と賤』河出文庫）も、重要で貴重な本である、と考えている。

●アジア諸国との通交

★四月十一日。市人、西野與三に、占城国、渡海の御朱印を下さる。
◎占城国は、電子辞書の「広辞苑」によると、《中国およびベトナムの歴史書に見えるチャンバの称》とある。チャンバとは、やはり広辞苑に《インドシナ半島東部のチャム人の王国》とあり、ほかにいろいろ書かれている。吉川弘文館の『世界史年表・地図』によると、占城は出ていて、カタカナで「チャンバ」と小さく書かれている。これは「六、七世紀のアジア」というページに出ている。「十五世紀のアジア」というページでは、チャンバ、と国名が出ていた。家康の頃は廣南、と出ている。アジア諸国に、江戸幕府関係者が出かけて行ったことはないため（とかってに考えているが）、この地域の古い呼称をそのまま、用いているのであろう。しかし、たぶん、大坂、堺、博多あたりの商人たちは、船を連ねて、アジア諸国との交易に携わっていたのであろう。少なくとも江戸初期頃は。
★六月六日。伊丹宗味へ呂宋渡海の御朱印を下さる。
◎伊丹宗味という商人がどこの人か、まったく解らないが、電子辞書の「広辞苑」によれば、呂宋《ルソン》すなわち、フィリピンの主要な島で、中央にマニラがあるという。広辞苑は続けて、《一五七一年スペイン人がマニラを征服した頃から、日本人もここに多く渡航、移住した》と書いている。江戸初期の、アジア諸国との通交は、フィリピンにも及んでいたわけだ。小学館の「日本大百科全書ニッポニカ」には、呂宋助左衛門という人物は、本名納屋助左衛門とあり、《安土桃山・江戸前期の貿易商。東南アジアとの交易により巨利を得たことから呂宋《ルソン》助左衛門とよばれた》と書いている。やはり抜けめのない商人たちは、いろんな冒険的な商業活動を展開していたようだ。掟や法によって縛られている武家たちと、幾分違っていたのだ。

●江戸幕府と制度

★六月二十日。相良《さがら》左兵衛佐《さひょうえのすけ》老母を証人として、江戸へ参らするにより、駅路人馬の御朱印を給う。これ、西国大名の江戸へ証人を参らする権輿なり〔ものごとの始まり〕とぞ。

◎これを読むと、大名もまた、必要に応じて、江戸幕府から御朱印を貰っていたことが解る。

東照宮御実紀巻九

慶長九年七月に始まり、十二月に終わる

●アジア諸国との通交

★七月五日。平野孫左衛門、呂宋国渡海の御朱印。

◎六月六日の記事と同じ。海外貿易が大きな利益に繫がっていたようだ。

●諸大名と石高、石高はむずかしい！

★同月十七日。越前宰相秀康卿、伏見の邸〔伏見城のことか〕に渡らせ給う。

◎秀康は、家康の次男であったのだが、以下、『図説　徳川家康』（河出書房新社、一九九九）によれば、《天正十二年、小牧・長久手の戦いの和議の証として、秀吉の養子となる。やがて元服して、秀吉と家康の一字ずつを与えられて、羽柴三河守秀康と名のり、河内国で一万石を賜る》。その後、結城秀康となり、十万石を領したという。その後、関ケ原の戦いの後、越前北庄《きたのしょう》城（福井市）六十七万石を賜る、とある。この地で死んだというが、詳しくは解らない。なぜか将軍にはなれず、亜流の生き方になった。

●アジア諸国との通交

★八月六日。舟本弥七郎へ、安南国渡海の御朱印を給う。

◎東アジア通交、交易は続く。

●佐渡銀山／鉱山の開発

★同月十日。大久保長安（既出、45頁）、佐渡国より帰り参りて、かの国、銀山、豊饒のよし（十分な鉱山があるという）聞こえければ〔申しあげると〕、〔家康の〕御けしき〔ようす〕うるわしくして、長安にかしこの地を所管すべし〔管理しろ〕と面命あり〔指示があった〕。《これより先に、上杉家にて佐州（佐渡）を領せし時は〔上杉家が佐渡を領有していた時は〕、その国より砂銀、わずかに出でけるが、〔徳川家の〕ご料〔所有地〕となりしより一年の間に出るところ万貫にいたる。また、石見の銀山も、毛利家にて領せし時はわずかに砂銀を産せしを、〔徳川家の〕御料に帰してのち一年の間に四千貫を出すに及ぶとぞ聞こえたり。天命の真主に帰する所〔天が命じるような領主のものになった時は〕、これらにおいても知るべきなり》。
◎大久保長安のような鉱山発見、発掘の功労はあったものの、結局、佐渡にしろ石見にしろ、やはり徳川家に帰すべきであった、と、家康は大いに満足しているのである。これらの銀山からの収入は莫大なものであったのだろう。

●アジア諸国との通交

★同月十三日、細屋喜齋に、安南国渡海の御朱印を下さる。
◎徳川家の収入は、国内から、国外から、おもしろいように運ばれてくるのだ。

●豊臣秀吉の残影

★同月十四日。この日、豊国の社、臨時祭あり。豊臣太閤〔秀吉〕七年周忌〔秀吉の死後、七年めの祭儀〕のゆえとぞ。
◎徳川幕府は、この豊臣秀吉の霊を祀る豊国神社〔豊国大明神ともいう〕の祭儀は、拒絶せず、持続してきた。もちろん、この神社の祭儀は、秀吉の遺児、秀頼の主催であったが、幕府はこれを容認してきた。
★同月十五日。京〔現在の京都〕には、豊国社臨時祭、行わる。上京下京《かみきょうしもきょう》の市人、風流踊りの者、金銀の

花を飾り、百人を一隊として、笠鉾一本ずつ。次に大仏殿まえにて、乞丐《こつがい》〔乞食〕に二千疋《にせんぴき》施行。（以下略）
◎日本歴史大事典によると、この豊国神社は明治になって、京都大仏のあった方広寺の跡地に建てられたものらしいが、秀吉の没後、建てられた豊国廟をもとに、豊国社、豊国大明神などとよばれて、京都市民その他、大勢の信者に守られてきたという。一年に一度、大大的な祭礼が催され、大盤振る舞いの施行であったようだ。民衆は、普段の生活から解放されるお祭りが必要で、京都市民が、とりわけ秀吉が好きだった、というわけでもなかろう。しかし、お祭りはどこでも愉しい行事である。

●アジア諸国との通交

★同月十八日。唐商〔中国が唐といっていた時代の商人、しかしここでは、中国人の、という意味であろう〕安當仁に、呂宋国渡海の御朱印を授けらる。
◎名まえからいって中国人である安當仁に御朱印、というのは僭越だし、おかしくないか、と思ったのだが、この中国人は、たぶん、日本に帰化とまでは言わないが、堺とか大坂、あるいは博多あたりに住んでいた中国人商人であったのだろう。つまり、結局は徳川幕府の管轄下で、日本でアジアとの交易を営んでいたのであろう。
★同月二十五日。商人與右衛門に暹羅《センラ》国渡海の御朱印を給う。
◎広辞苑によると、暹羅はシャムとある。シャムは現在のタイだ。タイとの通交、貿易に対して、御朱印が出されたわけだ。東アジアの主要国はほとんど、日本の交易関係国であったようだ。朝鮮、中国はほぼ、出てこないのはなぜだろう。朝鮮は、一度、記事があったが、何年か一度、通信使一行を江戸幕府に送って来たが、中国は当時、清《シン》であったが、やはり大国主義で、日本に使者は送ってくるようなことはなかった。日本は小さな国であったが、朝鮮や中国に使者を送ったことはない。足利幕府の時、足利義満が日明貿易を実行し、当時、明《ミン》とよばれていた国家と交易しているくらいであった。それから、秀吉の、朝鮮半島への一方的な侵攻があったくらいである。

★同月二十六日。〔家康は〕安南国へ御書をつかわされ、先に〔安南国から〕方物〔安南国の特産物〕、捧げしをもって、一文字の御刀、鎌倉広次の御脇差しをつかわさる。

◎一文字の刀というのは、広辞苑によれば、なんだか相当な工芸品的刀かもしれない。日本ではありがたがられているといっても、安南ではどうか。まあ、それは別にして、国書を送っているのだから、一応礼節を守っているわけだ。

★同日。また、末次平蔵に安南国渡海の御朱印。角倉了以光好に東京《トンキン》〔広辞苑によると、ハノイを中心とするベトナム北部の古称、とある〕渡海の御朱印。田辺屋又右衛門へ呂宋渡海の御朱印。與右衛門に大泥国渡海の御朱印。平戸助大夫に順化渡海の御朱印。林三官へ西洋渡海の御朱印を下さる。

◎上記の国のうち、大泥国と順化は、どこか解らない。吉川弘文館の『世界史年表・地図』にも出ていない。しかし、初めてのように、林三官に西洋渡海の許可、とあり、西洋が出てきた。西洋のどこかは不明だが、スペインやポルトガルは南蛮とよんでいたので、やや北方のオランダやイギリスを指すのであろうか。

★十一月二十六日。堺、皮屋助右衛門に東京渡海の御朱印を下さる。

★同月二十七日。松浦式部卿法印鎮信に、迦知安渡海の御朱印を下さる。

◎迦知安とは、あるいは北海道の地名か、とも思ったのだが、日本地図には載っていないが、『世界史年表・

地図』を見ると、カチャンという地名があって、ベトナムのやや、北のほうに、興南とあって、カチャンとかっこの中に書かれた都市名があった。ひょっとすると、この地かもしれない。
★十二月十六日。大黒屋助左衛門に大泥国渡海の御朱印を下さる。
★同月十八日。六条二兵衛に、柬埔寨渡海の御朱印。檜皮屋《ひわだや》孫兵衛に、大泥国渡海の御朱印を下さる。
◎（右記の）十一月二十六日の記事中、堺、皮屋助右衛門、とあるのは、十六日の記事から考えて、堺の皮屋も、檜皮屋、のミスプリントとではないのかな。というのは、皮屋、というのは、ずっと以前に描出した、浅草弾座衛門の被差別的領域では、皮革の工芸などの仕事は、被差別民に属していたであろうから、「皮屋」という言い方は、ややハードであったと思う。「実紀」も、注意深く、かどうか、この被差別的領域に関わる記事は、まったく載せていないので、わたしも「皮屋」という記事に、やや驚いた覚えがある。わたし自身は差別する側の人間ではありたくないと、しっかり考える人間で、そのこともあって、被差別社会やその身分の変遷を知りたくて、いろいろと勉強したのであった。徳川幕府が、いつ、どの時代に、「士・農・工・商・穢多・非人」という法令か制度のようなものを確定したのか、という興味もあって「実紀」を読み始めたのであった。

途中で記事と離れてしまったが、大泥国もどの国か、まったく不明である。わたしの想像では、これらのアジア諸国の漢字による国名は、まず、中国で始まり、日本はその表記を輸入し、そして日本流の訓による、しかし漢字表記の国名をつけたのではないだろうか。

●朝鮮半島との通交

★この年。また、朝鮮の僧、松雲、孫文彧、金孝舜、対馬に来る。これは宗対馬守義智、江戸に参観せし時、さきに豊臣太閤、朝鮮を伐《ばっ》せしより〔朝鮮侵攻の後〕、両国の通信、長く断たり〔途絶えたり〕。しかりといえども、当家〔徳川家〕においては、かの国においてさらに恨みとする事なし。彼〔かの国、のこと?〕、隣好を結ばんとするならば、その請所《うけどころ》を〔こちらの友好を受け入れる余地か〕を、ゆるすべし。我よりあながちに請うべきにはあらず。汝、よくこの旨をもって、朝鮮国王に諭《さと》すべし、と仰せありしかば、〔宗対馬守〕義智〔対馬へ〕帰国し、朝鮮に使いをたてて、そのおん旨をさとすといえども、朝鮮王、半信半疑して更に決せず〔はっきりしなかった〕。こ〔の〕たび、三僧を使し〔つかわし〕、日本の和議その実ならんには、江戸、伏見〔家康の城があった〕に至り、〔家康と秀忠の〕両御所に拝謁して〔両御所のもとにやってきて〕、わが国の情実を聞こえあぐべし〔わが国の本当の気持ちを伝えよう〕。もしさなからんには、速やかに〔朝鮮に〕帰国すべしとて、来たらしめしなり。〔対馬の宗〕義智は、その家司《けいし》柳川調信を江戸に参らせ、そのよしを告げ奉る。しかるに、明春は、両御所ともにご上洛〔京都にゆく〕あるべければ、〔対馬の〕義智〔と柳川〕調信は、かの三僧を具して、都〔家康の来る京都〕にのぼり、板倉勝重〔幕府の重臣〕にはかりて、大徳寺を旅館として、三僧を饗し〔もてなし〕、〔家康と秀忠の〕ご上洛の時をぞ待ちにける。

◎朝鮮半島の東南の釜山《プサン》あたりから南下するとすぐに、対馬に着くのである。だから、対馬は、九州における最北端の島であり、対馬と朝鮮半島の国家との繋がりは歴史的にも長く、親密であった。朝鮮半島からの人たちは、日本に来るばあい、まず、船は対馬に着くのである。そこで、対馬の大名である、宗氏が、日本と朝鮮の交渉の直接的な関係者であった。

そんなことから、のちに、朝鮮国王からの使者が、日本に来るばあい、対馬に来て、そこから江戸へと向かったのだ。ちょうど、薩摩の島津氏が、日本と、あるいは江戸と、琉球〈沖縄〉を結ぶ役割を負ったように、対馬の宗氏がその役割を引き受けていた。長い引用文になったが、そんなしだいの一端が描かれているわけだ、この項には。

●制度と通貨

★同月。また関東の国々、永楽銭を通貨とし、鐚銭《びたせん》〈粗悪な銭《ぜに》〉を用いず。今より後は、鐚四銭をもて、永楽一銭にあてて、通用すべし、と令せらる。

◎江戸時代の貨幣制度については、案外難しい問題で、正確にはまったく知らないが、幕府は鐚銭などを追放して、ちゃんとした永楽銭などの通貨で統一化したかったのであろう。貨幣は、物の交換、つまり商業から、一般生活までのすべての領域で使用されるものであり、江戸幕府公認の通貨制度を確立したかったのだ。江戸と関西では、金本位制、銀本位制といった違いもあった〈どちらが金本位制だったのか〉という説もあるし、両世界で正確な両替ができたのか。江戸末期の喜田川守貞の「近世風俗志 守貞謾稿」などを読むと、関西と関東で、そば一杯の値段が違っている。根本にあった「米」なども同様であったのだろうか。

●長崎とヨーロッパ

★また、長崎の湊において、始めて訳官〈通訳のことであろう〉を設けらる。この時、帰化の明人《みんじん》、馮六《ヒョウ●ロク》という者、よく国言〈外国の言葉にたいする日本語か?〉に習えるをもて、はじめてこの役を命ぜられしとぞ。

◎長崎の出島にオランダ商館ができたのは、寛永十一年〈一六三四〉とあるので、この記事から、二、三十年後のことであり、最初の頃は試行錯誤の日々であったろう。たぶん、日本人より、アジア諸国や西洋との貿易などに関わった明《ミン》〈中国のある時代の国名〉の人間のほうが、日本語その他に詳しかったのであろう。

東照宮御実紀巻十

慶長十年〔一六〇五〕正月に始まり、四月に終わる

●徳川幕府と天皇

★正月三日。こたび、〈家康の〉ご上洛あるべしとて法令を下さる。その文に言う。

◎この法令は、日本一の大、大名である家康の上洛であるから、その大名行列に供奉〈行列をともにする〉する武士たちへの厳しい戒《いまし》めがいろいろと提示されている。

★〈続き〉喧嘩争論、厳《おごそ》かに〈厳正に〉停禁せらる。親族、知音〈知人〉たるをもって、荷擔《かたん》〈誰かの味方をすること〉せしめなば、罪科、本人より重かるべし。

◎旅のあいだ、喧嘩口論などもってのほか。親族や知り合いだといって、片方に味方したりすれば、本人より更に思い刑罰を与える。

★〈続き〉道中、鹵簿《ろぼ》〈行幸などの行列〉は、あらかじめ示さるる令状のごとく、次第〈前後の順番など〉を守り、供奉すべし。諸事、奉行の指揮にまかすべき。押し買い、狼藉すべからず。渡船場において前後の次第を守り、一手越えたるべし。

◎押し買いという言葉はよく出てくるが、農民や商人から、無理やり買い取るのであろう。一手、越えるというのもよく解らない。このような、細かい法令は、この後もしばしば現れる。とりわけ、二代目将軍秀忠以降の将軍たちにとって、都市の整備から道路行政、いろいろと、都市の成長とその後に関して、犯罪者や決まりを守らない人々を規制する法令がしばしば、出てくるのである。

●アジア諸国との通交

★この日、尼崎又二郎に、大泥国渡海の御朱印をくださる。

◎大泥国は、どこか不明（編注・十四〜十九世紀にかけてマレー半島に存在したパタニ王国のことか）。

●幕府と大名

★二月十六日。伊達政宗、〔家康の〕ご上洛供奉のため、江戸を発程す。

◎伊達政宗は、現在、仙台藩六十二万石の城主であるが、東国最大の外様大名であり、家康とも親しかった。「実紀」の家康の項にはしばしば登場するが、もはや、政治的には、家康の親藩大名のごとくであった。のちに松平氏の姓を名乗っていたようだが、江戸幕府が与えたのだろうか。この名まえで、しばしば登場している。この、家康の上洛には、秀忠も上洛、九州の大藩、島津忠常も上洛していた。ある重要な出来事があったからである。その儀式の前に二、三の出来事もあった。

●アジア諸国との通交

★三月。またこの春、通商のため、呂宋、東京、暹羅に渡海せし船、一艘も帰り来たらず。あるいは風濤《ふうとう》〔激しい風波〕の変にあい、沈溺《ちんでき》〔沈没〕せしと言い、あるいは異域にて賊殺〔殺される〕せられしとも言う。その踪跡《行方》までさだかならず。

◎航海による交易は、バラ色の貿易（つまり利益の豊潤な）でもあったが、時に、このような不幸な結果を招くこともあったのだ。航海による、ある意味では危険を伴う通商であった。平凡社の東洋文庫に『朝鮮幽囚記』（ヘンドリック・ハメル、東洋文庫、一九六九）という本が入っているが、この本によると、あるオランダの船がインドネシアの首都ジャカルタを出港して、台湾に来ようとした時、朝鮮半島の南部、済州島（チェジュド）沖で難破し、多くの船員が済州島で捕捉され、ソウルへと連れていかれて、やはり鎖国的な状況下にあった朝鮮でいろんな運命に出遇って、多くの船員の命は奪われ、ある少数の海員は、密航するように日本に来ることができたのだが、といった顚末を述べていて、印象深い本だったのを記憶している。航海民でもあったオランダ人にとってさえ、海の航海は決して楽ではなかったのだ。

●家康と本

★同月。また、伏見城にて、〔家康によって〕「東鑑《あずまかがみ》」刊刻〔活字に彫られて印刷し、刊行する〕の事を令せらる〔「慶長版」といって、家康は活字による印刷物の制作を進め。和漢の古典の出版に熱心であった。「東鑑」（「吾妻鑑」とも）〕。この頃、〔「東鑑」という本のことを〕いまだ世に知る者、少なかりしに、武家の記録、これより古きはなし。尤も考証となすべきものなりとの盛慮〔深く考えること〕とぞ。

◎家康の愛読書に、この「東鑑」があったことは有名で、この本は、鎌倉幕府が彼ら自身の幕府の誕生から現在までを、さまざまに書いた本であった。北条氏が鎌倉幕府の執権としてトップに立ったある時期に、書かれたものらしい。家康は、武家の幕府を作るにあたって、その武家による幕府の先蹤であった、この本を大いに学んだとされる。また、印刷によって少なからざる冊数の本ができることに興味をもち、この時代に始まった印刷本を「慶長版」とよんでいる。これは、秀吉の朝鮮侵攻によってもたらされた、朝鮮銅活字による印刷に、家康が注目したのであった。

●天皇、徳川、秀頼たち

★四月十日。〈家康、皇居に〉ご参内あり。これは〈征夷大将軍を〉御辞表の事、内〈天皇〉にも聞召《きこしめし》入れられしを謝し給いしなるべし。

★同月十二日。大坂の豊臣内大臣秀頼公を右大臣にあげらる。

★同月十五日。〈家康の征夷大将軍の〉御譲任の事、内〈天皇〉にも断りと聞召《きこしめし》入れられ、御素志〈家康の考え〉のことども、思召《おぼしめ》すままに、御治定《ごこうじょう》ありければ、伏見〈城〉に帰らせ給う。

★同月。十六日。勅使、広橋兼勝卿、觀修寺光豊卿ら、〈秀忠のいた〉二条城に参向あり〈やって来た〉。右大将殿〈秀忠〉に、征夷大将軍を授けられ、正二位内大臣にあげ給い、淳和奨学両院別当、源氏長者〈源氏のなかでトップとする〉とせられ、牛車にて宮中出入りのお許しまで〈最上級貴族のみ可能なありようを許された〉、御父君にかわる事ましまさず。御所〈秀忠〉は、この時より、大御所と称し奉り、しばし伏見城にいましけるが、同じ九月十五日、伏見城を出《いで》まし、十月二十八日、江戸に還御なる。

◎この、家康が正月三日に江戸を出発して以来、一連の出来事は、単なる儀礼で、すでに筋書きはできていた。

すなわち、家康の征夷大将軍を、息子の秀忠に譲るという作業の完遂であった。ただし、この征夷大将軍位は、天皇から出される官職のひとつであったから、家康は、秀忠ともども京都に出かけたわけだ。ある意味では、もはや形骸に過ぎない天皇のかつての、臣下への官位、官職の授与という儀礼を、家康もそのまま踏襲し、それを実行してみせたわけである。これでは、天皇位という領域を江戸武家幕府もまたそのまま継承したわけで、この儀礼は、幕府崩壊の明治維新まで、続けられることになるだろうし、これに反逆した武家首長も現れなかったというわけだ。

●朝鮮国との関わり

★十二年五月。朝鮮国よりはじめて使いを参らす。豊臣太閤文禄の遠伐〔一五九六年の朝鮮侵攻〕より隣好〔友好関係〕も絶えはてしを、當家〔徳川家〕世を治め給うによりて、いにしへ〔過ぎ去った時代の〕恨みもとけて、遠を懐《なつ》くるの御徳をしたい〔慕い〕奉るとぞ聞こえし。

◎これはいわゆる、朝鮮通信使の始まりであろうか。二、三年、ないし、三、四年ごとに、朝鮮国王の国書を携えた使節団一行が、日本の江戸幕府にやってくるのだが、大百科全書ニッポニカによると慶長十二年（一六〇七）から来るようになった、とあるので、この年の使節は、まだ、そのような国家的活動そのものではなかったようだ。しかし、その嚆矢《こうし》となったであろう。

わたしが、いつも疑問に思うのは、朝鮮国がそのような使節団を送ってくるのに対して、日本からは一切、そのような使節の定期的派遣はなかったのはなぜか、ということだ。日本は、なぜか大国主義のようなものがあって、こちらからは出かけなかったのであろうか。これは、古代からそうで、日本からの使者が朝鮮半島の国に、定期的に、あるいは不定期的にでも、一切なかったということだ。不思議に思っていることである。

朝鮮の通信使に関しては、平凡社『江戸参府紀行』（シーボルト、東洋文庫、一九八九）に、実際の通信使のレポートが載っている。これによると、地方の知識人などは、朝鮮の文化的に優れた面をよく知っており、文章を需めたり、文章の添削を頼んだりしていて、謙虚で好感が持てるのだ。

この朝鮮通信使の旅行と、江戸城での将軍との会見のようす、あるいはそれ以前の日本国内の、大名行列のような団体旅行におけるさまざまな出来事などについては、東洋文庫の『海游録――朝鮮通信使の日本紀行』（平凡社、申維翰、姜在彦訳注、一九七五）が、克明に述べていて実におもしろい。

●家康、征夷大将軍譲位にともない居城を駿府《すんぷ》に移す

★十二年。この正月より、駿府の城を経営せられ、菟裘《ときゅう》〈住処、居城〉に定め給い、七月三日、駿府に移らせられ、永く御所となさる。この後はしばしば駿府より江戸にも往来し給い、御道すがら鹿狩り鷹狩りなどをもて、人馬の調練、武備の進退はいささかも怠らせ給わず。〈秀忠〉将軍、また御孝心、世に優れましまし、何ごとも、ご庭訓《ていきん》〈家庭の教訓、「庭訓往来」という本がある〉を、つゆ違え給わず。

◎以下、この家康、秀忠という親子の将軍の、互いに信頼しあっていた関係などを述べている。家康という偉大な親がいたので、秀忠という二代目将軍が、家康の意思をそのまま、善政を行ったのだ、といいたいのであろう。なお、駿府とは、現在の静岡市である。

★十四年。春の頃、〈薩摩藩の大名〉島津家久、〈幕府の〉お許しを請いて、琉球国を攻めふせ、中山王尚寧をはじめ、その一族等を多く生け捕り、駿府、江戸に引きつれてまいりしかば、中山王はさらなり、その国

人〔琉球人〕は許して、国に返され、琉球国をば、長く島津家につけらる〔島津家の所属とさせた〕。

◎吉川弘文館の黒嶋敏『琉球王国と戦国大名——島津侵入までの半世紀』（歴史文化ライブラリー、二〇一六）によると、いきなり、昔から関係の濃かった琉球（沖縄）を、薩摩の島津氏が突然のように襲ってこれを属国ないし植民地とし、江戸幕府に献上する、と言ったところ、幕府はこれを拒絶し、薩摩藩に任せる、と言ったという。そして、琉球王は、時々、島津氏に連れられて、駿府城や江戸城にあいさつに来させられていたようだ。

島津氏のやったことは、かつての、秀吉の朝鮮侵攻より、もっと悪質な、ヨーロッパ的植民地主義の実践であって、以後、琉球、沖縄の、独立できない悲惨な歴史をおしつけたのであった。そして現在、沖縄は米軍基地がわんさと集まる基地の島と変貌しているのである！

●豊臣秀頼の命運

★（十四年の春の頃）続き。大坂の右府〔右大臣〕〔豊臣〕秀頼は、庚子の乱〔関ヶ原の戦い〕に石田三成ら、その名〔豊臣氏の名〕を借りて反逆せし事なれば、その時、秀頼をも誅《ちゅう》せられ〔罪ある者として殺しており〕、永く天下の禍根〔災いのもと〕をたちさらせ給いなむ事を、衆臣〔多くの臣下〕いさめ〔提言し〕奉りしかども、秀頼いまだ幼稚なれば〔当時、十一、二歳〕、なんの反心〔背く心〕かあらん〔ないだろう〕。かつは、父、太閤〔秀吉〕の舊好〔古くからの交友関係〕も捨てがたしとて、寛仁〔心が広く情け深い〕の御沙汰〔処置〕にして、秀頼母子の命を助け給うのみならず、そのまま大坂の城におかれ、河内、摂津〔大坂一体〕を領せしめられ〔領地として秀頼のものとした〕、今は孫姫君〔家康の息子、秀忠の娘、千姫〕にさえ、あわせ給えば〔結婚させたので〕、秀頼もあつく御恩を仰ぎ奉るべかりしかど〔厚く感謝すべきであったのだが〕、嚚母〔あつかましい母親〕、賊臣らが〔――の〕、ゆえなき讒言〔人をおとしめる悪口〕を信じ、良臣を遠ざけ、無頼のあふれ者を集め、天下〔の〕逋逃《ほとう》〔逃げ回っているような〕の藪となりしかば、諸国の注進〔秀頼一派をののしる声〕、櫛の歯を引くがごとし〔やむことがないありさま〕。今は思いのほかのことと、みけしきよからず〔ほおっておけない情況になってきた〕。〔慶長〕十九年十月十一日、駿府を出て、大坂へ御動座〔出陣〕ありしかば、将軍〔秀忠〕にも同じ二十三日、江戸を御出馬あり。およそ、五畿七道の軍兵数、十万騎。雲霞のごとく馳せ集まり大坂の城を取り囲む。

★〔続き〕城方もはじめのほどこそあれ、次第に心弱りて、和順のことを請いまいらせしにぞ、堀、築地をやぶりて事たいらぎしに、いくほどもなく明くる元和元年の春の頃、また、不義のふるまいあらわれしかば、再び御親征〔天子みずからの征伐――のような徳川将軍じきじきの征伐〕あるべしとて、四月十八日二条の城につかせ給えば、将軍〔秀忠〕にも二十一日、伏見の城に入らせ給い、五月五日、両御旗を〔家康と秀忠とそろって〕難波〔大坂の地〕にすすめられ、六月七日の合戦に、大坂の宗徒《そうと》〔大坂城の面々〕のやから悉《ことごと》く討ちとられ、秀頼母子も八日の朝、自害し、城おちいりしかば、京都に御凱旋《がいせん》〔帰還〕あり。

◎ここは大坂夏の陣とよばれる戦争を描いていると思われるが、その前に冬の陣もあったはずで、その間の記事はどうしたのだろうか。もう少し、読んでみよう。ここでは、秀頼母子は自殺したことになり、戦争は終結している。

いわゆる大坂冬の陣、夏の陣とよばれるふたつの戦争を経て、豊臣秀頼方の西軍は完全に敗北するのであるが、「実紀」は、この点、あっさりと記述をすませている。ただし、「実紀」では、「東照宮御実紀巻〇」

を続けたあと、付録なる巻を続けて、「実紀」本文に収録しなかった逸話のような話をさまざまに載せている。のちに、そこからおもしろい情報を伝えることもできる。

●徳川幕府政治の本格的開始、および家康の死

★同日。ことし七月七日、公家の法制十七条、武家の法令十三条を定められ、天下、後世の亀鑑〔行動の規範となる決まり〕と定めましまし。将軍〔秀忠〕はその十九日都を出でて、八月四日江戸に帰らせ給い、大御所〔家康〕にはその日、御出京ありて、二十四日、駿府に還御あり。

◎いわゆる「禁中 並 公家諸法度《きんちゅうならびにくげしょはっと》」と、「武家諸法度《ぶけしょはっと》」という法令で、皇室、皇族、貴族、武家たちの倫理規範を定めたものである。秀忠、家康は、秀頼と母の淀君の死と、戦争終結を確認して、それぞれ、江戸と駿府に引き上げる。そして、いよいよ、徳川家の時代の幕開けを再確認し、新たな政府を展開するべく、江戸政治を展開してゆくことになる。その出発点にこの法令の公布があった。天皇もこれを了承し、三月二十七日、家康を太政大臣とした。家康にとって、こんな空虚なセクションはどうでもよかったはずであるが、実際、どう考えていたのだろうか。

★四月十七日。巳の刻に、駿城の正寝〔寝殿〕において、かんさらせ給う〔死亡した〕。御齢七十に五あまらせ給いき。

◎寄る年波には勝てない、というが、家康、ついに死す。七十五歳。当時としては十分な長生きであったろう。天皇から、東照宮大権現正一位を贈った。臣下として最高の地位であったが、はたして家康が、そんなかっこつけを望んでいたか。たぶん、どうでもよく、戦国時代を生き、その世界を制覇し、信長、秀吉についで、

武家日本一の地位を獲得した。世の中、武家の時代なのであり、つまりは日本の、まぎれもないトップであった！

●そこで、徳川家の先蹤とも言いうる武家政治の流れを述べる

★〈続き〉そもそも、澄《す》めるものは昇りて天となり、濁れるものは下りて地となりしよりこの方、御裳濯川《みもすそがわ》〈五十鈴川とも言って、伊勢神宮（内宮）の前を流れる川だが、結局、アマテラスに繫がる神話的流れが、ついに徳川家中心の世界になることを言いたいわけだ〉の流れ枯れせず、天津日嗣《あまつひつぎ》の御位うごきなき中に〈不動流れの中に〉清和天皇幼くて御位をつがせ給いしよりこの方、外戚の家政柄を世々にせられしかば〈家康の孫娘が後水尾天皇に嫁入りし、徳川家はその外戚となったのである〉、藤氏〈藤原氏〉の権、海内を傾くにいたりしが〈平安時代の藤原氏の権力を揶揄したのである〉、鳥羽の上皇〈院政を開始した〉昇天の後、棣《てい》蕚《がく》〈兄弟〉の御争い出来《しゅったい》〈出てくる〉しより〈天皇間の争いが起こって〉その権、源平の武家に移りぬ〈世の中は、源氏と平氏を中心とする武家の世となった〉。しかるに、鎌倉右大将《頼朝》ひとたび伊豆の孤島より〈伝説では伊豆の小島から出てきたとされる〉義旗をあげられ、平氏の武家は一門、こぞりて寿永の春の花とちりはてて〈長門の壇ノ浦で滅亡した〉、終《つい》にわたつ海のそこの藻屑と沈みしのちは、天下、ただ武家の沙汰に帰しぬ。

★〈続き〉〈源氏の〉右大将家の後、三代〈頼朝、頼家、実朝〉にして絶えしかば、陪臣北条義時がはからいにて、都よりあるは藤氏〈藤原氏、当時の摂政や関白〉の庶子〈息子〉を請いて主〈征夷大将軍〉となし、あるは親王を申し下して君〈同〉と仰ぎ、おのれ〈北条氏〉、国命〈国の政治〉をもっぱらにしたるに〈北条氏の

世界を作ってきたが〉、元弘、建武〈の時代〉に至り、後醍醐天皇、〈北条〉高時を誅せられんと〈殺そうとして〉、新田〈義貞〉、足利〈尊氏〉の武力を借りて、叡慮《えいりょ》〈天皇の考え〉のままに北条を誅し、中興の業はなし給いつれど〈かつては、後醍醐天皇による建武の中興とよばれていた。すなわち、天皇親政の時代を回復しようとしたが〉、皇統〈天皇の系統〉また南北にわかれ〈後醍醐天皇の南朝と、足利尊氏が先頭に立った北朝の二つの王朝ができてしまった〉、終に、足利氏天下を一統する事とはなりぬ〈足利氏主導の室町幕府ができた〉。

◎以下、武家による政治が展開したが、その主導者はさまざまに変わってきた。足利氏から、織田信長、豊臣秀吉へとリーダーは変わった。秀吉は、有名な聚楽第を建てるなど、贅沢のかぎりをつくし、朝鮮侵攻なども起こして、結局、世の中は、神祖ともよばれる徳川家康の時代が開始されることになったのだ、と述べる。

★同日。〈家康以前の、それらの武将たちのうち〉一人として実に、堯、舜〈中国国家を形成した最初期の王たち〉の道をたうとみ〈尊び〉、聖賢のあとをまな〈学〉ばれし主ある事をきかず。しかるに烈祖〈神祖、家康〉ひとり干戈《かんか》〈戦争の時代、すなわち日本の戦国時代〉の中に人とならせ給い、沐雨櫛風《もくうしっぷう》〈風雨にさらされて辛苦奔走すること〉の労を重ね、険岨艱難《けんそかんなん》〈険しい道で苦しむこと〉をなめつくし給いし千辛萬苦〈ものすごい苦労〉の御中にて、はじめて世を治め、天下を平らかにせんは、聖人の道のほかにあらざる事をしろしめし、〈藤原〉惺窩《せいか》、〈林〉道春〈羅山〉などいえる一時の儒生〈儒学者、とりわけ林羅山は「実紀」家康の項によく出る家康の師匠〉を召しあつめられ、大学、論語〈儒学の基礎となる中国の本〉ならびに貞観政要〈帝王額の本〉などを読ませて、聞し召し、そのほか、承兌、〈金地院〉崇伝、天海などいへる碩学どもを召して、内外の〈日本と中国の〉諸紀伝を聞かせ給い、駿府におはしまして後も、道春〈林羅山〉に四書六経および、武經七書〔よく知らないが武力、戦力に関係する本か?〕などを講ぜしめられ、日夜、顧問にそなえられ、関ヶ原御凱旋のあとはことさら、御心を万機にゆだねられ、國やすく、民ゆたかならん事をのみ、思し召し、天下後世のために業をはじめ統をたれ、大経、大法を大成し給い、聖子神孫いやつぎつぎに、太平無疆の大統を伝え給う。その精神命脈は、ひとり好文の神慮にこそ、おわすべけれと仰ぎ奉らるる事になん。かくてぞ、ふたらの山の〔日光東照宮のある山か〕の日の光は、こま〔朝鮮〕、もろこし〔中国〕の外までもあまねくてらしまし。武蔵野の露の恵みは、敷島の〔日本の〕大和島根〔日本全体〕うるほさざる方もなし。ちはやぶる神の恩徳、御いさおし〔勇ましい〕。およそ髪をいただき歯をふくむたぐい〔一般の人びと〕、たれかこれをかしこみもかしこみ、おそれみもをそれみ仰ぎ奉らざるものあらんや。

◎なんとも、言いようのないもちあげかた! 家康、万歳! で、家康の死は悼《いた》まれている。初代将軍を神祖と言ったのだが、まさに、神であった、家康は。

2 家康の時代、総括

●徳川家康のやるべき仕事にひとつは、幕府の確立であり、江戸という新制都市の確立であった

東照宮御実紀附録巻一

＊この附録の項には、和暦による年号が記入されていない

⦿この「附録」というのは、徳川将軍に関して、日付の明確でない記述を、「実紀」と同様にさまざまな文献記録から抽出して、それぞれの将軍たちの逸話を書いたもので、その量は並大抵ではない。ここでは家康に関して残された記録から、適宜、自分流に選んで、記述された順に並べた。記事の内容も「実紀」と重複し、家康の初期の時代から死まで、同様に描かれている。

本文は、《かけまくもかしこき東照神君》という書き出しで始まる。徳川家にとって、その始祖、家康は、ほとんど天皇か、神、に近い存在として崇められていたのだ。だから、文章はつぎのように開始される。

●家康時代の展開

★仰《そもそも》、まだご幼稚のおん程より、あやしくさとくおわしまして、なみなみの児童の及ぶところにあらざる事はいうべくもあらず。八歳にならせられし時、尾張の織田信秀〈信長の父〉がために囚《とらわ》れ、同国名古屋の天王坊〈僧侶の住まい〉というにおはしませし時、熱田の神官、おん徒然《つれづれ》を慰め奉らんとて、黒鶫《くろつぐみ》といえる小鳥のよく諸鳥の音《ね》を似《まね》するを、献じければ、近侍《きんじ》ら、いとめずらしきものに思いめで〈思って可愛がり〉、興じけり。君〈家康〉御覧じて、彼が珍禽〈めずらしき鳥〉を奉りし心〈ば〉えはさる事なれど、おぼしめす旨あれば、返しくださるべし、と聞こえ給えば、神官、思いのほかの事にて持ち帰りぬ。

◎家康、八歳の頃の記録で、このまねのうまい黒つぐみという鳥を献上されて、思うところがあるから、と

返したという逸話で、以下、その理由を述べているのであるが、家康は、黒つぐみは本来、いい声で鳴くのにほかの鳥のまねをするのは、本質をはずれている。こんな鳥は、大将の飼う鳥ではない、というので、神官や近侍たちは納得した、というのである。

つまり、家康の将来の大将軍の、芽のようなものを発見したかのごとくであった。家康の伝記は、このように最初から、美化されていたといえる。

しかし、現実の家康の個人史の初期は、本当に不幸であった。当時、誰かが健在であるために、その誰かの近親の存在、息子、娘、あるいは妻が「人質」になった。家康自身、駿河、遠江、三河地方の実力者の今川義元のもとに人質として暮らさざるを得なかった。それによって、徳川本家が一応の安泰を確保していたのだ。

しかし、その後は、戦国時代の覇者、織田信長と同盟し、トップとなった豊臣秀吉ともある種の友好関係を築いてきたのだから。そして、秀吉との関係から、家康は拠点を東へ東へと移動することになり、駿河に定着し、さらに関東の奥、江戸の地に新たな都市を開いて、結局は江戸が、家康の、そして日本の中心となっていった。江戸城は高くそびえたのであった。しかし、二代目の秀忠に征夷大将軍を譲ると、秀忠を江戸に残し、みずからは駿河の駿府城を拠点とするようになった。

●駿府の民衆社会と家康

★駿河の阿部川に遊女の住める市街あり。府城に近きをもって、旗下の少年ども、ややもすれば、花柳にふけり〔遊女遊びに夢中になり〕、遊惰にのみ、なりゆくをもて、町奉行彦坂光正、遊女町を二、三里遠き所へ引きうつさむと申す。君〔家康は〕、久兵衛〔町奉行　彦坂〕をめして、今まで城下に住める市人を、こと所〔別の所〕にうつさば、いかに、との給えば、さありては、市人、売買の度を失い、艱困〔艱難困苦〕すべしと申す。さらば、阿部川の遊女も売り物にてはなきか。さるを遠地にうつさば、阿部川の者、たずき〔方便、生活の手段〕なりがたからむ。これまでのごとくさし置くとの上意なり。

◎遊女たちと、近辺の青少年たちと、どちらを優先すべきか。とは、家康は言わず、とりあえず、街で生活する人々の便宜を重視したらどうか、と。で、そのようになったのだが、家康は、この遊女たちの街に出かけて、めぼしい女がすぐわかるように装わせ、青少年たちは、家康と出くわすのでは、と怖れて、この街に行かなくなった、というのだが、どうだろう、この解決法は?

★ご上洛ありて、二条城におはしませしころ、落書する者、多し。〔京都〕所司代板倉勝重、これを捜索せむという。君、そのまま捨て置くべし。そもそもいかなることを書きしぞ、見そなわむ〔見てみよう〕とあれば、御所柿に、たにざく〔短冊〕ようのもの、つけしをもち出て、〔家康の〕ご覧にそなう。

《御所柿はひとり熟して落ちにけり　木の下にいて拾う秀頼》ご覧《ろう》じて、このうえとても落書き禁断すべか

らず、はしたなき事ながら、わが〔自分が〕見て心得になることもあれば、そのままにせよ、幾度もご覧あらむとおおせられしぞ。

◎ある時代、民衆の多くが文字を読み、書けるようになった頃であろう、落書というものがはやったことは、中世史の網野善彦さんの本などにも出ていたような気がする。結構、辛辣なものも多く、世の中をずばりと言いあて、施政者を批判する。民衆精神の発露であった。

ここでは、御所柿、という言葉には、将軍家康、秀忠などが反映していよう。そしてある意味では辛辣に、現在咲き誇っている、あるいはたわわになっている柿の実も、ある時期になると落ちてくる。そこを待っているだけで、大坂城のあるじ秀頼は、これを拾って食べることができるんだ、という、つまり考え方によっては、秀頼は家康の衰退を待っていればいい、といった厳しい指摘でもある。落書の特徴をうまく使っているといえるだろう。家康はさらに度量の広い人間だったから、この落書を排除せず、心に刻んだものがあったのであろう、とこの文章の著者は考えたのだ。

東照宮御実紀附録巻十四

●大坂冬の陣

★慶長十九年〔一六一四〕十月朔日《ついたち》。駿城にて、観世左近に猿楽〔申楽ともいう〕仰せつけられ、頼宣《よりのぶ》〔紀

州藩主〕、頼房〔水戸藩主〕、〔いわゆる御三家の中の二藩〕の両公達もかなで給う〔申楽を演じた〕べしとて、そのおん催しなりしが〔家康からの催促があったが〕、おりしも、前夜より雨降りいで、当朝〔今日の朝に〕いたりても、いまだやまず。

◎家康やその臣下としての諸大名、あるいは御三家などの武家たちは、猿楽が好きで、この世界の達者〔名役者たち〕を集めてまず申楽、そして宴会へと、彼らの愉しみは決まっていた。

★〔続き〕かかる所に、京の所司代、板倉勝重が許《もと》より、急遽来たりて、大坂違乱〔反乱〕のよし注進す。（中略）これによりて、〔江戸城の〕上下、初めて浪花《なにわ》違乱の事を知りしとなり。

◎大坂冬の陣の開始を告げる、京都からの報せであった。京都、大坂の監視のため、京都に置かれていた所司代の板倉勝重からの急報があったのだ。

★ご若年より軍陣あらんとする前つかたは、いつもみはかし〔御佩刀〕取り出さしめ、帯せられて〔帯に刀をさして、か〕、御覧ある、常の事なり。

◎家康は、いざ、という時は、かならず、まず佩刀を腰に差して、それから、それ以後のことを考えたのであろう。関ヶ原の戦いで西軍を破った家康の東軍は、最後の戦争に向けて、準備おさおさ、怠りなかったのであろう。戦国時代の武将や武士たちの必然の心構えであったのだろう。

★〔続き〕われ、年老いてこのまま、席上に打ち果《はて》むは、残り多き事と思いしが、この事〔つぎの最終戦争〕起こりしは、〔自分の〕本意の至りなり。速《すみ》やかに、馳せ上り〔関西に出発し〕、敵どもを打ち果たし、老後の思い出にせんと、上意〔意向〕有りて、お太刀を抜かせられ、お床〔寝ていた布団〕の上へ躍り上らせ給いければ、その御様、見奉りし者、御英気の老いてもさかりにおはしますに感服して、たれもたれも、勇気

いやませしとぞ。
◎家康の、老いてなお盛ん、という熱気に、まわりの人たちは勇気づけられるのであった。もっとも、待ち受ける秀吉の遺児、秀頼や母の淀君からすれば、天敵の襲来をどう防ぐか、難問であったろう。西国の武将の多くが、秀頼側に立っていたのであるが。
「附録巻十四」を見ると、家康はまず、奈良に着き、法隆寺に泊まって翌日、大坂の茶臼山に布陣した、とある。奈良経由というのは変わっている。《十一月十六日、南都を御立ち有りて、大坂へ赴かせ給うに》とあり、《その夜は法隆寺に宿らせ給い》とあるのでまちがいない。家康が、どんな理由で奈良経由で大坂に行ったのかが、よく理解できないところである。
★明日十七日ご出立の時、ここよりは兵具を着せよと仰せつけられ、金地院崇伝、林道春〔羅山〕、與庵法師も人並みに、鎧着て御前へ出しかば、我等が麾下には三人の法師武者が有り、とて御咲《わらい》有しとぞ。
◎金地院崇伝は仏教者、林道春は儒学者、與庵はあまり見かけない人物だが、法師とあるので仏教者であろう。この三人が、鎧を着て武装するとは、おかしいではないかと、「実紀」は書いている。確かにおかしい。が、それだけ、家康の応援者は多かったというのであろう。徳川家の、徳川幕府の必死さがこんな光景にも表れている、というわけだ。
★十一月十九日。茶臼山に御陣をすえられ、古兵の徒、召し出し、この度、合戦の意見を宿老に御尋ねありて、君〔家康〕には、障子隔てて聞こしめす。
◎茶臼山は、広辞苑によれば、大阪市天王寺区、天王寺公園の北東部、慶沢園内にある丘。大王寺区は大阪市の中央部、海に近いあたりにあった。吉川弘文館の『日本史年表・地図』には、冬の陣の詳細な図がある。

関ヶ原の戦いの時はほぼ互角の、西軍と東軍の対峙であったが、冬の陣、翌年の夏の陣の時は、大坂城に籠る西軍は少数派になっており、周囲を東軍が圧倒的な布陣で、まわりを隈なく囲むような構図になっている。

家康は、その包囲網のやや南方の茶臼山から、秀忠も同様にやや南方東側に布陣し、この戦争を眺めている、という構造になっていた。大将軍は指揮するだけのようであった。第一線は、幕府親藩大名、外様大名などが入り乱れて包囲網を作っている。この構図は、最後の戦争になる夏の陣の時と、ほぼ同様で、家康と秀忠は後方からの支援であったようだ。

★〔家康は〕板倉勝重に命ぜられ、こたび、従行の〔参加した〕諸軍三十万の人衆へ〔各大名へ、か。あるいは兵隊ひとり、ひとりへ、か〕、日ごとに千五百石ずつ、〔兵〕糧米を給い、遠国の者へは一倍を増し下され、また銀をも下さるとて、加賀、仙台などへは〔外様大名ではトップの二人の藩〕、将軍家より三百枚、君〔家康〕より二百枚、合わせて五百枚。〔以下略〕

◎もの凄い米と銀が、この戦争に東軍側として参加した大名ないし兵士に支払われたわけだ。江戸幕府は大金持ちでなければ、こんな大盤振る舞いはできなかった、と本当に思う。金力でもっての戦争だった！　おそらく、秀頼を支援する西軍では、こんなことはあり得なかったと思われる。

★〔この戦争を通じて、家康の示す柔軟でかつ機智に富んだ物語がいろいろと描かれる。そしてこの戦争の最終段階が来た〕、豊臣太閤、初めて大坂の城、作り出《いで》られしころ、前田、蒲生〔秀吉の臣下の大大名〕らの人びとを集め、この度の新城は、実に、金城湯池ともいうべし〔金で作った城であり、池は湯に満ちている、というべきだ〕。たとい何万の大兵〔を〕もって攻めるとも、たはやすく〔たやすくは〕落ちることはあらじ。人々いかが思わるる、と言われるば、いずれも仰せのごとし、と申す。太閤またこの城、攻む〔る〕

には二つの術あり。大軍にて、年月重ねて、圍守し〔守り固めて、他者がこの城の中に入れぬようにすることか〕、城中の糧食の盡《つき》るを〔糧食の無くなるのを〕待つか。さらずば、一旦、和を入れ〔講和して休戦とし〕、隍〔堀〕を埋め、塀を毀《こぼ》ち〔破壊し〕、かさねて責むれば、落つべしと言わる。その折、君〔家康〕も侍座《じざ》〔同席〕し給い、太閤が自賛を聞《きこ》しめ給いしとか。

◎かつて、家康も同席した場所で、豊臣秀吉が語った鉄壁のような大坂城の構造と、その攻め方を、得意そうに語ったわけだ。そこで、家康は、その通り実行することになる。

★〔続き〕こたびの戦いに及び、将軍家〔秀忠〕は必ず惣責《そうぜめ》〔徹底的に攻め抜いて〕落とさんと〔落城させようと〕、三度まで仰せ進《まい》らせけれども、君〔家康〕は、我、度々《たびたび》城責めせし事あるが、敵により、地によりて責め方もまた同じからず。ただ、天〔の〕時の至るを待たせ給えと仰せられて、許し給わず。日ごとに金堀〔堀を埋める仕事をする人たちをいうか〕を集め、雲梯《うんてい》〔城攻めに用いた長い梯子《はしご》〕を作らせ、また大砲を城中へ撃ち入れなどせしめて、城中の者の心胆を恐怖せしめし上に、遂に御和議取り結ばれしゆえ、その議、速《すみやか》にととのいけり。かくて、惣郭《そうかく》〔城郭か〕を毀《こぼ》ち、隍地〔堀〕を埋めしめしゆえ、再びの戦〔い〕には、かかる険城をわずか三日ばかりが程に攻落されしなり。これは、太閤の言を御用ありしと言うにはなけれど、年《とし》比《ごろ》、軍略に練熟〔ねれて巧みなこと〕し給い、自然とかの詞《ことば》にも暗合せしなるべし。この巻は、大坂冬の御陣の事どもをしるす。

東照宮御実紀附録巻十五

●大坂夏の陣

★〈家康は〉夏の御陣に、既にご上洛あつて、今後の事を京にては、いかが評論するかと〈家康の〉御尋ねあれば、日向正成、いずれも関東は御大勢といい、旗下の者〈戦闘する人達〉もみな、御譜代重恩の人々なり。大坂方は諸浪人どもが、城中の金銀の多きを眼にかけてあつまりしなれば、竹流しの金〈広辞苑に、室町時代末期から戦国時代、縦割りにした竹筒に金銀を鋳込んで固めた称量貨幣の一種。切り遣いもされた。竹流金。竿金《さおがね》、とある〉、多くとり得たらば逃げ去らむのみ。いかで軍《いくさ》のなるべきと〈これで戦争ができるかと〉京童《きょうわらべ》までも、かく申し候といへば、〈家康〉にわかに御気色、損じ、汝《なんじ》何を知りてさる事をいふぞ。卒爾の至り〈軽率な発言だ〉、推参なり〈無礼なふるまいだ〉と宣《のたま》えば。〈以下略〉

◎大坂夏の陣の開始にあたって、家康が京都では、今度の戦争をどう考えているだろうか、と言ったという。それに対して、ある武士が生半可な知識を振りかざして、まったく戦争にならないくらいです、うんぬん、と答えると、思慮深い家康は、そういう表層的な理解は許さない、といったおももちで怒ったという。この「附録」という逸話を集めたところでは、かつての戦略家で戦争に負けたことのない家康を、なんだか、温厚な心の暖かい人物になったのだ、という点が強調されているように思われる。実際、智的活動の盛んだった後期の家康は、思慮深い人間へと変貌したのかもしれない、とも思うのだが、どうだろう。

★〈夏の陣の始まった慶長二十年五月〉七日の朝、〈家康は〉御鎧はめさず、すそぐくりの袴に、茶色の羽織を着給う。藤堂高虎、参謁して〔参上して家康に拝謁して〕、何とて御具足を召し給わぬか、と申せば、あの秀頼の若年ものを成敗するに、何とて具足の用あるものぞ、と上意なり。

◎家康は、鎧かぶと、という武家の戦争時のファッションをやめて、ただ袴の裾をくくっただけの普段着同様の軽装だった。そこで藤堂高虎が質問したのだが、あとで親しい臣下が、その答えの実質を尋ねると、家康は、高虎はもともと上方の武士であるから、あんなふうに軽く言ったのだ、と答える。実は、年取って下腹が膨れて、武装すると腹も出て、馬にも乗れないのだ、と笑って答えたという。

まあ、実際は、戦争は息子の秀忠に任せて、自分は後方から見物だ、今度の戦争は、その程度のものだ、という発想が、家康にはあったことがよく解る。高みの見物というやつで、それで充分だと考えていたのだろう。実際、冬の陣で周辺の主要な堀は全部埋めてしまってあり、秀頼側の軍隊が籠城、城に追いつめられたら、簡単に降伏するであろう、という発想で、現実にもそうだった。日本のそれ以前からの風習だったように、この頃も、敵を殺すとその首を切り落とす習慣だった。

まえから、わたしは日本武士を首狩り賊、とよんできたのだが、その事情は江戸時代になってもかわっていず、家康は、切り落とされた敵の武将の首を確認するような作業はやっていたようだ。いわゆる首実検で、かつて、この切り取ってきた首を確認して、その武士たちの賞罰の、いや表彰と名誉の証しとして、戦争が終わったあと、出世するとか、収入が増えるとか、実用的価値が、首にはあったのだ。

★〔家康が言うには〕敵の首級とりどり御覧にそなえしに、炎暑の折から損じたる〔腐ってきて顔が半分崩れたようなのもあったろう〕も多かるべし。もはや、もて参るに及ばず〔もう、もってくることはない〕。されど、眞田〔幸村〕が首と御宿〔次項に、越前家の野本右近御宿の首が出てくる。どういう人物かわたしにはよく解らない〉が首は御覧あるべしとて、眞田が首を〈松平〉忠直朝臣の家臣西尾仁左衛門もて参り、実検に入る。

◎ここで眞田とあるのは、眞田幸村のことで、わたしなどは子ども時代、漫画の「眞田十勇士」に出てくる猿飛佐助だとか三好清海入道（？）などに親しんだのであったが、実像として幸村は、徳川家にも仕えたが、もともと豊臣秀吉に臣従したこともあり、大坂冬の陣、夏の陣の頃は、大坂方の中心的な武将となって戦っている。家康にとっては、一度は自分に臣従した憎き敵将ということになるのである。しかし、野本の方は功労者で、その首をいたわりたかったようだ。

●秀頼母子の最期

★〈家康は考えた〉。落城後、秀頼母子は芦田曲輪《くるわ》〈大坂城内の芦田という所にあった石垣で囲まれた地〉に籠《こも》り、姫君〈秀頼の妻となった秀忠の娘、千姫〉ご出城あって〈無事脱出できて〉、母子〈淀君と秀頼〉助命の事を、本多正信もて、請《こ》いたてまつりしに〈徳川家の重臣の助けを借りて、母子は助かろうとした〉、御姫〈千姫〉が願いとあらば、それに任すべし。秀頼母子を助け置きたればとて、なでう〈いかなる〉ことかあらむ〈秀頼母子の命を助けても、とりわけたいしたこともなかろう〉。汝〈本田正信〉、岡山〈秀忠たちの陣地のあった所〉へゆき、〈秀忠〉将軍にも申してみ候らえ、との仰せにて、正信、岡山に参り、そのよし申し上ぐれば、将軍家は御気色、もってのほかにて、何の言われざる事をいわずとも、なぜ秀頼と一所にはてざるぞ〈なぜ、秀頼とともに死ななかったのか〉と宣えば、正信うけたまわり、ともこうも、大御所〈家康〉の思し召しに任せらるべしと申して、姫君の方へも参り、かくと申し、さて、八日の朝にいたり、両御所〔家康と秀忠〕ご参会ありして、しばし御密談あり。諸人の承る所にて、〔秀忠〕将軍家にむかわせられ、必ず、秀頼をば助命し給え。ここが将軍の分別所なり、と宣えば、将軍家、仰せはさる事なれども、数度の反逆、この上はもはや助け難しと宣えば、老人〔家康〕のかくまで言うを聞かれねば〔聞けない、と言うなら〕、この上は力なし。心に任せ給えとて、いと御不興〔不機嫌な〕御さまにて御座を立たせられしが、ほどなく井伊直政〔徳川四天王の一人〕が備えより、芦田曲輪へ鉄砲打ちかけしかば、秀頼はじめ、ことごとく、生害ありしよし聞えし〔全員、殺すことになったという〕。

◎長い引用になったが、秀頼母子の生殺与奪の権を、家康は、助命の方向で秀忠を導こうとしたが、秀忠はむくれてそっぽを向き、秀忠に臣従する井伊直政によって、秀頼母子は死んでいった、という。家康の助命が、真実であったのかどうか、今では明確ではないのだろうが、「実紀」は老いた家康の温厚さを語りたかった。しかし、成功しなかったと。このあと、家康が秀頼母子生害のあとを、大坂城の観察をもって確認すると、彼らは大坂を離れ、京都の二条城にひきあげた、と書かれている。

東照宮御実紀附録巻二十一

●朝鮮、琉球との通交

★朝鮮は、あがりての代には〔古代においては、か?〕、全くわが属国にして、条約を奉じ、〔朝〕貢船を納《いれ》る事なりしが〔朝鮮の国から、朝貢のための船を派遣してきた国であったが〕、中古以来、本邦〔日本〕騒乱打ち続き、國の中だに、政令の及ばざる事となりしかば、まして異域不庭〔「不庭」は電子辞書の「新漢語林」によると、ある王室に来朝しないものをいう、とある。ここでは、日本と無縁の領域の国のこと〕の罪など、問うにいとまあらず〔問うている暇もない〕。はた、かの国もさまざま変革し、三韓〔百済、高句麗、新羅〕合して〔一体化して〕、新羅の王氏一統の世となり〔統一新羅、という国家になった。その後〕、王氏の末に李世珪〈校訂者が「桂」と、今も使われている字を指示している〉といえるが出て今の朝鮮を開き〔いわゆる李朝、現在の韓国では、この時代を王朝時代、朝鮮時代とよんで、李氏の名を出さないようにしている〕、〔以下略〕

◎ここで、突然のように、朝鮮半島の情報が詳細に語られているのだが、江戸時代に入って、李朝の最後に近いあたりの王が国使を出し、日本に「朝鮮通信使」一行が三、四年ごとにやって来るとか、ともかく、それ以降、両国の関係が濃くなったことを書くため、朝鮮国家の成立までの三韓時代から、李朝とよばれた中世、近世までを詳述している。そして、以下に、江戸時代における朝鮮国との関わりを述べている。ただ、冒頭の、わが国の属国、という言い方は、まったく根拠のない表現で、もっとも初期の日本と朝鮮の関係については、朝鮮古代史の井上英雄氏はじめ、いろんな研究がある。朝鮮半島南部に、任那という日本国の半島出張国があった、という説があったのだが〔任那日本府〕、現在はあまりいわれていないのではないか。わたしも勉強していないのでよく解らないが、任那府は、幻想の地であろう。中国文化の多くが、朝鮮半島の国やその王たちによって、日本へと伝えられた。古代の朝鮮は、日本の文化の師匠であったのだ。

★〔続き〕豊臣太閤、諸将に命じ大軍を起こし、かの国に打ち入り、王城まで責め取り、前後七年が間、兵革〔戦争〕うち連なりて、国中、悉くに侵掠されしかば、かの国〔朝鮮〕にて、わが国を怨《うら》むこと、骨髄に、徹《てっ》しぬ。

◎秀吉の朝鮮侵攻は、二回にわたって行われ、派遣された武将たちは、現在の北朝鮮と中国の国境である、鴨緑江《アクノンガン》あたりまで侵入している。道筋は単純で二本、残って歴史地図に書かれているが、隣国に襲われた、という国民感情は、ほぼ、朝鮮の全国家領域で影響を残したであろう。近代の属国化以前の大人的屈辱感である。このため、日本国を恨む感情は、朝鮮人民の根底に芽生えたであろうことは言うをまたない。この秀吉よりさらに悪質だったのは、明治に入った日本国家であった。日本政府は、朝鮮国をまさに属国化し、学校教育などで日本語を強要し、創氏改名など、朝鮮半島の人たちに、日本流の苗字と名まえを名乗らせるなど、徹底的に残酷なことをしたのであった。

◎ただ、江戸時代のみは、両国の通交が旧に復した時期でもあった。ただし、朝鮮からの国使が日本に来るだけで、日本から朝鮮を表敬訪問したことはない。これは、古代からの同じ方法論であったといえる。日本から行く、というのは個人的作業であって、国家的には皆無であった。しかし、江戸時代における（半分だけの、ではあるが）国交回復は、秀吉の朝鮮侵攻のあと、朝鮮民衆や技術者たちを大量に日本へと拉致してきた歴史があり、この人たちの朝鮮への返還、という問題があった。当時、朝鮮から、さまざまな文化を強引に日本へと運んできた。そのひとつに、朝鮮銅活字があり、金属活字による印刷が日本にもたらされ、その他さまざまな、たとえば陶磁器などの工芸技術も運ばれてきたのだった。

★琉球は、その国にて伝えし所は、開国の始めに、天孫氏といえるが有りて、数世相伝して〔何世代か継承され〕尚《しょう》氏に至るといい、異朝にて、隋〔中国のある時代の国名〕の時に、朱寛という〔人物〕をして、かの国を責めしめ、男女五百人を虜《とりこ》にして帰りし、というが、もの〔古文書など。たとえば、朝鮮の「李朝実録」

など〕に見えしはじめにて、その後、唐、宋、元〔それぞれ、中国のある時代の国名〕の代々を経て、明朝〔中国の近世の国家の王朝〕洪武〔皇帝〕の時に至り、改めて貢使を奉り〔ややへりくだって使いを出し〕、封《ほう》爵《しゃく》を受けしより〔官爵を受け、この時、琉球王、という王名を名乗っていいことになったのだろう〕、その国、代々の初めには〔国王が変わった時〕、異朝の冊封使〔『広辞苑』に、中国で、天子の勅を奉じて周辺諸国に使いし、封爵を授ける使節、とある〕を迎《むか》ふる事となりぬ。

◎琉球〔現在の沖縄〕は、中国に朝貢貿易といって、時々、中国皇帝にあいさつに行き、そして交易をすることができたのだが、その朝貢国となっていた。琉球は航海民族の国家であり、中国や東南アジアと貿易し、九州の博多へも、それらの国々の産物をもたらしたのであった。たぶん、中国皇帝から、琉球王を名乗ることを容認された尚氏が王位を継承してきたのであった。

そして、江戸時代に入る頃、薩摩藩によって征服され、薩摩藩では、時々、この尚王を連れて江戸城にあいさつに来ていた。琉球はれっきとした独立国であったのだが、この時以来、まさしく、薩摩藩なり日本国の属国のごとくなってしまったのだ。

★〔続き〕わが国にては、その上、保元〔の乱〕の後、鎮西八郎為朝〔源為朝〕を伊豆の大島へ配流《はいる》せられしに〔流刑のうちもっとも重い刑であった遠流《おんる》に処せられた〕、為朝、勇武をふるい、近き島々を畏服し〔征服し〕、遂にかの国〔琉球〕に押し渡り、その国人どもを切り靡《なび》かす。その頃は、かの天孫氏の末、既に衰《おとろ》えしかば、国中、みな為朝に降伏す。為朝、その王族の女《むすめ》を娶《めと》りて男子を生む。これ、今の始祖とする舜天と聞こえしは、全く為朝の子なり。これより、世々、尚氏とす。

◎保元の乱で、伊豆大島に流された源為朝の話が出てくるが、史実はどうだったか。基本的には、大島あたりで自害したことになっている。この「実紀」の物語のように琉球に渡ったという説話は、どこかでできあがった、英雄の不死の物語、たとえば、源義経なども奥州藤原氏のもとで殺された、という「吾妻鏡」などの話に対して、義経はここでは死なず、北海道から大陸に逃れ、元〈モンゴル〉のジンギスカンになったのだ、という物語をまじめに説いたある学者が、明治か大正の頃、いたという話も聞いたことがある。英雄は死なず、である。

そして、江戸末期には、この琉球に渡り、息子の舜天が琉球王になった、という物語を、滝沢馬琴が「椿説弓張月」という短編小説で、しっかりと描いている。「実紀」がどこから、史料を捜したのか。「駿府政事録」、「琉球事略」、「武徳編年集成」と、関係文書名が出ているが、いずれも読んだことのない本であり、今後もないであろう、多分に一般に活字化された文書ではないに違いない。残念。

●アジア諸国との通交

★室町家〈室町幕府の〉の頃には、海船〈船舶〉の明《みん》国へ往来するに、必ず勘合の印〈「広辞苑」によれば、中国の明朝〈明の王朝〉が、他国との通交のさい、正式の使船の証《あかし》として発行した割符《わりふ》、とある。要するに大帝国中国が、この国と通交している他国の船舶に、通行証のような認可の印を与えていた。家康の発行した御朱印などは、この勘合の印をまねたものであったろう〉ありて、彼是ともに〈さまざまな国との通交を認可する、という性格のものであった〉、これ〈勘合の印〉を左験〈証拠〉として、互市〈貿易〉する事なりしが、天文の頃〈一五三二〉より、その事やみしかば、当今〈当時の皇帝〉も勘合あるべしと仰せありて、慶長十五年の頃、明船〈明の船〉来たりし時、本多正純に仰せつけられ、林道春信勝〈林羅山〉にその由《よし》、書簡に書かしめ、今日、本正に〔正しく、ということか〕に治平して〔もとどおり、ということか〕、朝鮮は来聘し〔正式な使節の往来によって〕、琉球は臣附〔臣下のように向こうがへりくだって、現実にはへりくださせて〕、南安〔既出の安南であろう〕、交趾〔ともに現在のベトナム〕、占城、暹羅、呂宋〔フィリピン〕、その他、西洋南海の国々、皆入貢す〔頭を低くして、日本の港に入ってくる〕。かかれば、明国にも〔明の場合も、日本と同様〕前規の如く〔諸国が入貢するという形式で〕、勘合もて通商せられんよし、かの福建〔現在の福建省、中国では、海洋に開けた省で、福建省からの移民などが、海外によく出ていった。そんな海洋的な性格をもった地域〕の総督、陳子貞という者に、来船〔やってくる船〕につきて仰せ遣わされしが〔いろいろ、来船に関する法令などを守る役割をさせたが〕、いかなる故《ゆえ》にや、返簡〔返事の書簡〕も奉らでやみにき〔日本の明との通交がうまくいかなかった、ということか〕。こは〔これは〕かの国、邊海の地〔海に臨んだ地域〕、先年、倭寇のために侵掠せられしを恐れて〔倭寇が、この福建省あたりの海岸の街や村を襲った、米などの食料を奪ったのであった〕、書信をさえ通ぜられしにやありけむ。されど、〔中国の〕南京の商舶は、年々に崎嶴《おう》〔地名か、不明。各地の海岸ということか〕に来たり、交易する事とはなりぬ。また、〔慶長〕十六年の頃、明人、〔家康のいた〕駿府に来謁せし時、長谷川藤広に仰せつけられ、この後、外国の船、いずれの地へ来るとも、悉《ことごと》く、長崎へ送りて査撿せしむべしと、定められしなり。

◎アジアの東部、東南部とは、日本では九州がもっとも近く、博多あたりを中心として、海域を利用した交易が盛んであった。とりわけ、琉球、現在の沖縄は、海洋民族、航海民族であり、周辺国家との交易は本当に盛んだった。だが、なぜか、次第に衰退し、薩摩藩に征服されたあとは、交易もあまりなく、海産物、あるいは、琉球の特産物もなく、貧乏な島となってしまったようだ。それには、いろいろな原因があったと思うが、その辺は勉強がたりなくて、自分ではよく解らない、というのが正直な見解である。

●キリスト教禁制

★〔続き〕天主教は、そのはじめ大西洋、邏瑪〔イタリアのローマであろう〕の地に起こり、漸《ようや》く西蕃〔西欧〕の国々にひろごり、明の隆慶、万歴の頃〔近世〕に、西洋の人、利瑪竇といえるが有りて明国に渡り、漢字を読み習い、漢文もて蕃語を翻訳して、さまざまの邪書を〔キリスト教関係の本を〕編輯して世に施せしかば、心なき明人ども多く、これがために誑惑せられ、年を追って邪教を奉ずる者多くなりしとか。

◎文中の利瑪竇とは、マルコポーロを指しているのだろうか。あるいは彼以降、キリスト教の宣教師たちが、間断なくアジア社会に進出するようになった。その対象はまずは、大中国であり、むしろ中国文化の研究が最初にあったかもしれない。だが、ヨーロッパ人が来てみれば、そこは、近代文明と無縁の領域であり、しだいに中国を学ぼうという発想から、中国は「餌食」である、に変更された。

　そして、眼をつけたもうひとり、つまりキリスト教の世界進出を意図した人々が宣教師たちを、植民地主義者たちがインドに作った東インド会社を通じて、アジア各地へと送りこんできたというわけだ。その波は、当然、もっとも東側にあった日本にも及んできた。

　しかし、以下の記事はあまり識らなかったじつである。中国で、キリスト教関係者による、聖書からその他の本まで、漢文に翻訳したものが、明の人たちに受容されていった、という記述は「実紀」本文にはなかった。しかし、さすがに宣教師たちもよくやるな、と思ったが、そういえば、日本でも天草版と名づけられた和文による書籍がいろいろ作られていたのだ。わたしは、なんか、そんな一冊を読んだような気もするが、確かに、自分たちが使っている言語と文字で、キリスト教なりヨーロッパのことを伝えられると、その親近感はずいぶん違ってくるな、と思った。やるな、でもないが。
◎この項に関して、ふと、「天草版　エソポ物語」という本を持っていたような気がする。「イソップ物語」を、キリシタン版といって宣教師たちが、日本で五冊出した本のひとつで、わたしはそれを読んだように記憶しており、今、本棚を捜してみたのだが、残念ながらみつけることができなかった。しかし、そんな本はあったと思う。と考えて、電子辞書の「日本歴史大事典」を引くとあるではないか。「キリシタン版」という項目の中に、「天草版　イソポ物語」があった。ほかには、「天草版　平家物語」もあり、これは知らなかった。
★〔続き〕わが国にては、天文の頃にあたり〔一五三二〕、豊後の大友宗麟、鎮西の大藩にして、しかも封内〔領地〕豊饒なりしかば〔豊作だったので〕、諸蕃の商船〔商船〕輻湊して〔集まってきて〕互市する〔貿易する〕おりから、海船の中に邪教を奉ずる伴天連〔バテレン。キリスト教の宣教師〕乗り来たり。いつしか邪教を勧め〔港に集まる人たちにキリスト教信仰をすすめ〕、これを信ずる者には貿易の利潤を厚くせしにより、帰依する者、多く、〔大名の大友〕宗麟も深くこれを信じ、府内の〔藩の中の〕丹生島《にゅうしま》という所に一宇〔教会をひとつ〕を建立し、もとより、封内にある所の〔仏教の〕寺はみな棄撤し、経〔お経など〕を焚滅し〔燃やして〕、ひとえに邪教〔キリスト教〕をのみ、尊崇せしかば、鎮西はいうに及ばず、中国畿内にもやや及べり〔九州から畿内まで拡がったのであった〕。
◎「実紀」本文では、キリスト教の禁制というハードな制度ができる過程を、それほど克明に書いていなかったが、ここでは、宣教師たちが漢文を学んだりしたこと、大友宗麟など、キリシタン大名の名まえも出し、かなり詳細な記述になっている。

★天正の初め、摂州の荒木村重、織田〔信長〕右府〔右大臣〕に叛《そむ》きし時、村重が家長〔荒木の主君であった〕高山右近、かねて邪教を信ずるよし、右府〔信長〕聞きおよばれ、ある伴天連〔宣教師〕をして、右近に利害を説かしめしに、遂に右近をして右府〔信長〕が味方に属せしめしかば、右府、その伴天連の功を賞せられ〔伴天連の努力を誉めて〕、江州〔近江の〕安土の城下に、道場〔教会〕を開かしめ、公然として邪教を唱えしにより、邪〔教〕徒、時を得て〔キリスト教徒たちは、やった、と喜んで〕、いよいよ盛んに〔キリスト教が〕行われしなり。

◎高山右近は著名なキリスト教徒の大名であった。彼の功労を喜んだ織田信長は、彼の主たる安土城のあった安土に、教会を作ることを容認したのだ。このあたりから、キリスト教は、しだいに大きな勢力になっていったのである。もともと、九州の地に入ってきた宣教師たちは、しだいに北九州から、本土の山口や京都あたりまで拡がっていったのだ。この経過は、ルイス・フロイスの『日本史』(東洋文庫所収)に詳しい。

★〔続き〕当家〔徳川家〕草創のはじめには〔徳川家がしだいに日本の中心的な権力になり始めた頃から〕、軍国、多事にして〔戦国時代であったから、やることもいろいろあって〕、いまだこれらの事〔キリスト教との関わりから禁制への展開〕に及ぶ暇《いとま》あらず。慶長十六年〔一六一一〕八月、初めて将軍家〔徳川家〕より、耶蘇《ヤソ》は夷狄《いてき》〔野蛮人、西洋人をいった〕の邪法なるをもって、厳禁せらるるよし、令せられ〔命令され、あるいは制度化され〕、十七年〔一六一二〕二月、駿河〔家康の居城、駿府城のある駿河の地〕にて、岡本大八といえる者、罪ありて獄に繋がれしが、有馬晴信が陰事〔悪事〕を訐発《けっぱつ》〔暴《あば》き発表すること〕するにより、二人を対決せしめしに、二人とも邪徒〔キリスト教徒〕に定まりしかば、大八は死刑に行われ、晴信は領国、肥前有馬の地を収公《しゅこう》〔取り上げる〕せられ、甲斐の郡内に配せられ〔流罪になり〕、重ねて自殺せしめらる〔自殺させられた〕。
◎徳川幕府は、信長や秀吉と違って、早い時期から、キリスト教を厳禁したので、関係者は死刑その他のハードな刑罰を与える方法論で、キリスト教、および、その教徒を殲滅しようとしたのであった。そして、キリスト教を否定した者は賞賛した。以下に、まだまだ、この関連の記事は続くが、一応はしょって、有名な高山右近についての記述を拾っておこう。
★〔続き〕さきに右府〔信長〕に帰せし高山右近は〔信長の配下になった高山右近は〕、この頃、薙髪《ちはつ》〔頭髪を剃ること、仏教者になることを意味していた〕し、南坊といいて、松平利常に属し、二万石〔を〕領してありしが〔二万石の領地を持っていたが〕、改宗すべきよし仰せくだされしといえども、肯《うべな》わざれば〔言われた通りにしなかったので〕、同藩の内藤如安とともに、一族、悉《ことごと》く、天港〔中国の南のマカオ〕に放流〔流刑〕せらるるにより、捕らえ出だすべしと〔捕まえて引っ張って来い、と〕、〔松平〕利常のもとに仰せくださる。
◎高山右近はその後も追われ続けるが、この時、幕府の手で、キリスト教化した武士たちは、百七十人、追放になるか、獄に繋がれた、とある。この項の最後に、九州の島原の乱のあと、キリスト教徒への弾圧、キリスト教の厳禁の制度は、江戸時代、ずっと強固に維持されたのである。なお、高山右近は、「日本歴史大事典」によると、マニラに流され、その地で死んだ、とある。マニラはふつう、呂宋と書かれるフィリピンの首都であり、マカオとは違っている。「実紀」と事典の根拠となる資料が違っているのかもしれない。

東照宮御実紀附録巻二十二

●学問好きの家康

★君〈家康〉、御若年の程より、軍陣の間に人とならせ給い〈戦国時代の中を成長され〉、櫛風沐雨《しっぷうもくう》〈風で髪をくしけずり、雨で湯あみする、大変な苦労をする〉の労〈苦労〉を重ね、大小の戦い、幾度という事を知らざれば、読書、構文の暇《いとま》などおはしますべきにあらず。またく馬上をもって天下を得たまいしかども、もとより生知神聖〈生まれながらの知の大事さを知っている〉の御性質なれば、馬上をもて治むべからざるの道理〈治世というのは、戦争や武力などによって行うものではない、「文」の世界においておこなわれるべきものだ〉を、とくより〈若い頃から〉御会得ましまして〈認識されていて〉、常に聖賢の道を御尊信ありて〈孔子や孟子やその他の聖賢たちの思想を信頼していたので〉、おおよそ天下国家を治め、人の人たる道を行わんとならば、このほかに道あるべからずと英断ありて、御治世の始めよりしばしば、文道の御世話もありけるゆえ〈その道を行く指導者がいたので〉、そのころ世上にて〈世の中で〉、好文の主〈学問好きの人間〉にて、文雅風流の筋に、ふけらせ給うように〈没頭するように〉、思い誤りしもすくなからず。
◎文章は面倒な書き方だが、要するに、戦争、戦争の日々を送って来た若い時代から、学問への志はずっと持続し続けてきた家康であった、というわけだ。今でいうなら、スポーツ万能にして、学問の道もまた熱心に歩み続けるようなタイプの少年、青年時代を送ってきた、というわけだ、われらの家康は。こんな人はなかなかいないのであって、武家的にみると、なんだか危うい感じがしないでもない、そんな人間だった、と言っているわけだ。たとえば、文学の人、三島由紀夫が、身体を鍛えるべく、剣道やボディビルで訓練したのが好例で、「文と武」の両方を手中にしたい、と考える人間も時々現れるのである。ただし、家康は武家の子どもとして誕生したが、本来、「武」の人であったかどうか、鷹狩りなども好きだったが、これは文人でもできるスポーツである。

★〔続き〕常に四子の書〔孔子や孟子、老子、荘子の書いた本〕、〔司馬遷の〕史記〔古代中国の国家や指導者たち、武人たちも描いた詳細な歴史書〕、漢書〔中国の漢の歴史を描いた本〕、貞観政要《じょうがんせいよう》〔中国の唐の帝王が群臣と交わした問答を書いた、帝王学の教科書ともいわれる本〕などを繰り返し繰り返し侍講〔儒学者の林羅山などから講義を受けた〕せしめられ、また六韜三略《りくとうさんりゃく》〔有名な、中国の兵法の書〕、和書にては、延喜式〔律令の施行細則の本〕、東鑑〔吾妻鏡ともいう、鎌倉幕府が作った鎌倉幕府の歴史を書いた本〕、建武式目〔足利尊氏が質問したことに同時代の学者が答えた本〕などを、いつも御覧ぜられ、藤原惺窩、林道春〔林羅山〕らは言うまでもなし。〔以下略〕

◎この章では、家康の知性的性格と、その勉強ぶりなどが、読む人の心にもひしひしと伝わってくるであろう。「六韜三略」などは、日本の説話のひとつ「義経記」の前半で重要な、兵法の書として現れ、筆者などもわくわくしながら、この本を読んでみたい、と、この説話を読みながら感じたものである。このての話は延々と続く。

◎家康は、上記のような本をふたりの当代の儒学者、藤原惺窩《せいか》、林羅山《らざん》を講師として、その講義を受けていたのだ。家康は和漢の本の蒐集家でもあったが、単なる本好きではなかったのだ。とりわけ、林羅山は、「実紀」では、林道春という名まえでしばしば登場し、僧の金地院崇伝とともに、家康や、秀忠らの政治、治政顧問でもあった。崇伝は、アジア諸国への家康からの国書を代筆していた。「漢文」で書いたのであろうと思われるが。また、文中の「六韜三略」は、いわゆる「六韜の書」として、わたしが最初にお目にかかったのは、上述したように、「義経記」の中に、義経がある有名な盗賊（鬼一法眼）の所有していたその本を、鬼一法眼の娘を口説いて父親を裏切らせ、手中にしたという物語に登場したこともある、兵法の書（戦争、戦術に関する本）であり、もとは中国の「六韜」と「三略」という本を指していたらしい。そして和書としては、延喜式、東鑑、建武式目（足利尊氏が制定した武家法）なども読んでいたという。

◎附録巻二十二の上記の記述のあとには、藤原惺窩、林羅山の説明もしっかりと書かれている。日置昌一編『日本歴史人名辞典』（講談社学術文庫）などを視ると、林羅山は惺窩に師事して、儒学への道を辿ったという。つまり二人は師弟関係にあったわけだ。日本では中国の朱子の説いた朱子学が、当時の儒学の別名でもあった。朱子学は江戸武家体制の倫理規定の中核となっていたが、明治以降も日本の政治や軍事教育上の大きな指針であり、これから解放され始めたのは、敗戦のあと、アメリカのGHQがやってきてからである。現在も儒学的精神はいろんな面で生きていると思うが、これが過剰化されたのが現代韓国社会である。

ここでは儒学というより、儒教とよぶのがふさわしく、まさしく現代韓国人の精神世界を覆っている宗教的感覚とさえいえる。この国では、親、とりわけ母親の反対する結婚はできない。つまり、民主的に開けてきたこの国でも、女親がいつまでも古臭い儒教的教訓の世界からみずからを解放できないでいるのだ。親が反対したら、駆け落ちするか、死ぬ思いで、必死に親を説得するか。儒教的精神のシンボル的観念は、滝沢馬琴の「南総里見八犬伝」に具体化されている。「仁、義、礼、智、忠、信、孝、悌」の八つである、その「孝」の精神が、まさしく親の過剰な優位性を、子どもがどう対応するか、多くは、泣き泣き、親に従うのである。

◎「実紀」附録巻二十二は、同じく重要と考えられた内外の諸書、当時のほかの学問や、彼ら以外の学問の担い手などについて、さらに詳しく注解している。このような発想は秀吉や信長の時代には武家の社会には、あまり見られないものであったといえる。この記事のつぎには、

★また去年の冬より貞観政要、孔子家語、武経七書などを、海内〔日本国内全域〕に広くほどこされんとの盛慮にて、十万余の活字を新たに彫刻せしめ、三要〔僧〕に給わりて刷印せしめらる。

◎豊臣秀吉が朝鮮半島侵攻によって手に入れた金属活字から、日本の近代的印刷が始まる。徳川家康の学問や書籍に対する、類いまれなる親愛感から、近代的印刷が始まるわけだが、家康などが活字印刷を始め、その印刷物（書籍）は慶長版、伏見版などとよばれているらしい。学問上必要な、基本的な文献を普遍化するべく、印刷によって複製の書籍を作らせたのである。それ以前の写本という、一冊ずつ新たな本を作っていく、という方法が、完全に追い抜かれて、一度に何冊かの本ができる。金属活字以前に、木活字を考え実行した、琳派の本阿弥光悦などもいたが、この辺、不勉強であって、もう話をやめるが、この、本と印刷という考えは、しだいに一般化し、江戸時代中期以降、蔦屋などという当時の大出版社も現れ、木版刷りが多かったと思うが、一般人も本を気軽に手にすることができるようになったのである。江戸後期は、さまざまな印刷本が現れ、民衆、女性などにも本を読む機会が増えたのである。

★〔続き〕後に足利の学校をも御再建有りて、聖廟ならびに寺院まで荘厳、旧に倍せりとぞ。

◎足利学校は、小野篁が創建した、と「実紀」前文に出てくるが、坂東の大学といわれたように、学問のための大学校であり、家康はこれを再建したという。家康の研究心が、書籍の普遍化に心を注いだのであった。続いて、

★慶長七年（一六〇二）、江戸城内にはじめて御文庫を創建せられ、金沢文庫に伝えし古書どもをもあまた、めして収貯せられ、田村安栖長頤（？・）をして、足利学校（の）寒松をめして、文庫の目録を編聚せしめられ、その六月、寒松に銀時服（銀糸の衣服）を賜わりたり。

◎紅葉山文庫という文書館のような建物が、江戸城の中に築かれていたのであるが、この記事はたぶん、この文庫の始まりについて書いているように思われる。文章が明確に読み取れないので、これ以上のことは書けないが、ともかく、家康の本へのこだわりが、記事によく表れていると思う。

★（続き）院（天皇や上皇）の御所（住まい）をはじめ、公卿の家々に伝ふる所の本邦の古記録を、あまねく新写（新たな写本、印刷しないというのは貴重な文書であったからか？・）せしめ給はんとの盛慮（お考え）にて、内々（宮中）、院（上皇）へも聞こえあげ給い（申し上げ）、公卿へもその旨仰せ下され、五山僧徒のうちにて、能書（達筆の人という以上に博識の人）の者を選ばしめ、卯の刻より酉の刻まで（午前五時くらいから、午後六時くらいまで）、日ごとに京の南禅寺に集まりて書写せしめられ、林道春、金地院崇伝、これを惣督（監修）す。この時、御写になりし書籍は（写本を造らせた本は）、旧事紀、古事記、日本後紀、続日本後紀、文徳《もんとく》実録、三代実録、国史、類聚国史、律、令、（中略）延喜式、（以下略）

★（続き）群書治要、大蔵一覧も、道春、崇伝に仰せ下されて、銅製の活字もて刊行せしめられ、元和元年（一六〇五）六月、竣功《しゅんこう》（作業が完成した）によって、（家康の）御覧に備えしが、文字鮮明なり、とて御称美あり（お褒めになった）。

◎一般に公開したい本は活字本で複数を印刷したのであろうか。家康は、活字版印刷を実際化した。木の活字は、琳派の本阿弥光悦らによって始められたのであるが、その木活字は仮名を中心に作られ、和歌などが色紙などに印刷された。豊臣秀吉が朝鮮侵攻のさい、銅活字を日本に導入した、とされているが、これを利用して活字印刷本を作ったのである。江戸初期から始まった活字本を「慶長版」とよんでいる。一般読者も手に入れることのできる本が出回るようになったのかどうか、そこははっきりしない。やはり、一部の者のみ読めたのではないだろうか。一般民衆の本との出遇いは江戸の中、後期であろう、たぶん。わたしたちが一般に読める江戸文学というと、江戸中期の西鶴や上田秋成は別にして、「浮世床」や「東海道中膝栗毛」など、後期に近い人たちの作品が多いといえよう。

◎ここにあげればきりがないほどの、家康の文献蒐集は、天皇や上皇らの領域の本まで踏みこんで、取り組んだのであった。その書籍は林道春〈林羅山〉らが選んだのであろうが、書籍に対する家康の執着は一様のものではなかったようだ。書籍蒐集家、書籍マニアといってもまちがいない。うーむと唸るほかない。それらの本の中には、「源氏物語」、「徒然草」などの、歴史書とはいえない本もあったのだ。家康の読書や書籍蒐集の範囲は、非常に広かったといえる。「実紀附録」の少しあとに、《飛鳥井中納言雅楊卿、駿府へ参りし時、にわかに源氏物語を講談すべし、との事にて、御茶室において進講あり》などとあるので、林羅山などの儒学者があまり得意でなかった文学書を、貴族に講義させている。

★慶長十六年〈一六一一〉九月、西域〈ヨーロッパ、オランダか〉より、世界の図の屏風、舶来せしかば〈船で運ばれてきたので〉、駿府〈の家康〉へ進《まい》らせられしに御覧ありて、後藤光次、長谷川藤広を御前にめして、万国の事ども御尋問ありて討論せられしなり。凡《およそ》その頃、異域の事は〈長谷川〉藤広、貨財の事は〈後藤〉光次、はた寺社の事は金地院崇伝奉りて、沙汰する〈処理する〉、常の事なりき。

◎西域は現在のように、シルクロードの西側の国々と同じに考えられていたであろうか。そうでなくたぶん、オランダの関わるヨーロッパ諸国を指していたに違いない。ともかく中国以西の領域から、世界図屛風が西洋からの船で運ばれて来たようだ。家康の脳裏に、世界の絵地図が描かれたであろう。異域に強い人たちをよんで、解説してもらい、討論したとある。家康の関心は書籍のみにあらず、西域のことなどにも興味が及んでいたので。のちに幕府に関わるようになった新井白石などがその頃いれば、ずいぶん、違った答えが返ってきたであろう。

白石の「西洋紀聞」〔前出〕は、日本に来たイタリア人宣教師シドチを尋問して、ヨーロッパ諸国について考察している。この中に、「万国坤與図」という世界地図がもたらされた話があるが、前記の世界図屛風を思わせるではないか、時代がだいぶ違うのであるけど。この東洋文庫本の校注者、宮崎道生氏の注の文章に、「幕府秘蔵のヨアン・ブラウの東西両半球図」という文章があり、その図が載っている。江戸幕府が秘蔵していたというのは、この「実紀」に書かれた世界地図と関係ないであろうか。

★ある時、伏見城にて冷泉黄門為満卿へ〔黄門は、中納言の中国の言い方。のちの水戸黄門の黄門なども同じ〕、人丸〔柿本人麻呂〕が伝〔伝記か、人麻呂がどういう人物だったかなどを〕、たしかに聞し召されたしと仰せありしに、黄門、こ〔れ〕は神秘の事にて、つばらには〔詳しくは〕聞こえ〔申し上げ〕奉りがたしと申す。その時、〔林〕道春も侍座せしが〔同席していたが〕、万葉集に四人の人丸あり。そが中に和歌の堪能なるは柿本の人丸なりと御答え申しあげしかば、黄門はただ、何とも言わでありしとか。

◎人丸とはもちろん、柿本人麻呂（人麿）のことである。冷泉中納言が人麻呂について口を閉ざしていたのがなぜか、不可解だが〔人麻呂は下級官吏であって、当時、現在ほど重用されていなかったか〕、儒学の林道春〔羅山〕が「万葉集」に四人の人丸が出てくると言ったのもまた、解らない。そうではなく、柿本という苗字は二、三人が出てくる、という説があったような気もするが、人丸が四人いたであろうか。単なるわたしの記憶違いだろうか。

話の続きは、林道春が友人の松永貞徳（江戸初期の俳人、歌人）にこの話をすると、人麻呂のことは歌道のうえで重要な人物であり、あなたのような漢学の勉強人が横から口をはさむのは僭越であると、忠告したというのである。しかし、林羅山の博識ぶりはたいしたものだ、と筆者は結んでいる。ともかく、「実紀」が「万葉集」の内容についてまで触れたのは初めてで、家康の蔵書の話のなかにも出たことはないので、驚いたところである。しかし、この記事の前には、定家が多くの平安文学の写本を作った話もあり、「古今集」、「源氏物語」などが出ているから、文学書の話は少なくない。ともかく、家康の集めた古今の、かつ和漢の、つまり日本と中国の書籍の書名がたくさん掲げてあるが、わたしなど、まったく識らない書籍も含めて、その数は相当なものであった。

★〔家康が〕神さらせ給いしのち〔家康の死後〕、道春〔林羅山〕かねて預かり奉りし駿府の〔家康の蒐集した〕御本をいかがせんと、土井利勝もて江戸に伺いしかば、将軍家〔二代目将軍秀忠〕、われすでに天下の譲りを受けしうえは〔自分は、征夷大将軍を継いだので〕、〔あとは〕何をか望まん。書籍はみな三家〔いわゆる御三家〕の方々へ分かち遺《のこ》すべし、と仰せありて、道春さるべく配賦して〔配分して〕、尾、紀、水〔尾張、紀州、水戸の御三家〕の家臣へ引き渡し、そのうちにて尤《もっと》も、罕遘《かんこう》〔めったにお目にかかれないような貴重な〕のものをば取り置きて、後に江戸の御文庫〔江戸城内にあった紅葉山文庫であろう〕に納めけるぞと。

◎実に惜しい話である。家康の息子たち、御三家の始まりは、家康の息子たちからであったが、家康のような知的趣味を持つものはやはり珍しく、家康の蒐集した和漢の書籍は御三家に分散してしまった。こういうことが書籍の散逸ということに繋がってくる。やはり、林道春は、すべて江戸城の紅葉山文庫に、家康の集めた本をすべて、収めておくべきだったのだ。ただ、以上の記事は次のように続いている。

★〈続き〉また本邦の記録はかねて、三通を御写ありて〈写本を三通作ってあり〉、一部は内裡〈内裏であろう〉、一部は江戸〈城〉、一部は駿府〈城〉に置くべしとの〈家康の〉命〈令〉ありしかば、これも駿府城〉にありしをば、江戸〈城〉の御文庫に納めたり。今、楓山《かえでやま》に宝蔵せらるるところのもの〈書籍〉、是なり。

◎この楓山というのは、「かえでやま」とわたしはまず読んだのだが、じつは「ふうざん」であり、江戸城にあった紅葉山文庫のことを言ったのだ。ここには、家康の蒐集した書籍ほか、歴代の将軍たちの集めた蔵書があり、大図書庫になっているのだ。広辞苑に、紅葉山文庫の説明のあと、「楓《ふう》斬《ざん》文庫」と書かれていた。かつて古代ギリシアのアレキサンダー大王が、地中海地方各地や、内陸部に作ったアレキサンドリアという大都市、とりわけエジプトのアレキサンドリア市に建てられたという図書館のことを思い出した。当時の世界の図書が集められたという。まあ、日本の家康と較べるのはおかしいが、やろうとしたことは似ている。その規模は相当に詳細は忘れたが。

●家康と天皇

★天正十六年〈一五八八〉四月十五日、主上〈後水尾院〉、豊臣太閤の聚楽第に行幸ありしとき、君〈家康〉も内のおとどにて和歌の御会に列《つら》ならせたまい、人々と同じく、松に寄する祝いという事をよませ給いける。

みどり立松の葉ごとに此君のちとせの数を契《ちぎり》てぞ見る

◎かつて、秀吉の聚楽第に天皇が行幸した。こんなことはめったにないことで、とりわけ、天皇が、新興〈でもないが）の武家の城に行幸することの珍しさと、古代に変わらぬ天皇の行列その他、後述の「太閤記」以外に、貴族の書いた文書も残っていて、それは豪華であったのだ。この時の天皇は後陽成天皇であり、「実紀」のこの表記はまちがっていた。それはともかく、この行幸には家康も内大臣として同行し、歌も詠んでいたのだ。

この、天皇の聚楽第行幸に関して、「太閤記」（新日本古典文学大系、岩波書店、一九九六）を開いてみると、松に寄する祝を詠《よ》める和歌、というところに、多くの公卿のなかに交じって権大納言源家康、と名乗って上記の和歌が載せてあった。家康は、当時から、公式には源、と姓を名乗っていたようだ。この「太閤記」の記事をみると、秀吉はじめ、当時の有力武将たちは全員が和歌をものにしていたようだ。教養のひとつだったのか、あるいは前夜にでも歌人に歌を作らせて準備していたか、どちらかであろう。家康にはしかし、和歌のことはともかく、深い教養があったと考えてよいと思う。

◎ここで、家康の実紀「附録」の照覧と検討を終わることにする。家康は戦国武将から出発し、ついに全国制覇をやってのけた。その前にやはり織田信長による日本列島中央部の制覇があり、それを継承した豊臣秀吉の列島の九州から静岡あたりまでの支配が、家康にとって大きな遺産になっていたことはまちがいない。この三者によって日本列島全体（北海道は除く）の支配と管轄が完成したのであった。この三人の、天皇への接し方も少しずつ違っており、信長にとっては過去の遺産の生命の延長といった意味しかなく、秀吉に至って、天皇の象徴的な権威を確立し、かつみずからの栄誉の獲得に役立てたといえる。

家康にとってはどうだったのか。彼の全国制覇にとって、天皇はもうたいした意味はなく、天皇制の維持のための特別の作業をしたとはとても思えない。いわば、ドライな対処であり、天皇は彼が関西の拠点であった伏見城や二条城に出かける時、とくに失礼のない範囲で物品を提供していたのだ。いわば純粋ポトラッチであり、見返りは天皇から官位、官職の授与という形式を後世に残した、ということになるだろう。以下に、息子で二代目将軍となった徳川秀忠の治世と、江戸幕府の初期展開過程を視ていきたいと考える。

3 行政人間としての秀忠と近世初期文化

●徳川幕府初代の家康がかつて戦闘家であり、二代目の秀忠はもともと政治家的な存在であった

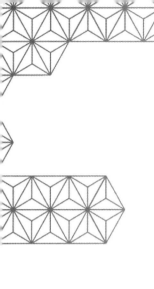

台徳院殿御実紀巻一

慶長十年〔一六〇五〕四月に始まり、六月に終わる

●台徳院とは、徳川家康の息子で徳川幕府二代目の将軍である徳川秀忠のことである。秀忠は、小説やテレビドラマなどに登場することもないので、一般的にもあまりなじみがない存在であると思う。家康のように現代社会でも取りあげられたことはあまりない人物であろう。しかし、徳川幕府の成立に関しては大きな存在であったと思う。息子として絶えず、家康の躍進を助け、家康の武将的展開、政治家としての展開にいつも関わってきた。

「実紀」第一篇を読むと、秀忠の役割が相当大きかったことが解る。そして、家康が躍進を遂げると江戸城と武家社会および日本社会の治世を任され、家康は駿河にあった居城の駿府城に戻って、江戸城にいた二代目将軍秀忠に助言し、この二人が徳川幕府の基礎を築いたのである。秀忠は、徳川幕府二代目として幕府が短命に終わらないための働きを充分遂げたと思う。一言で印象をいえば、しまり屋であり、幕府の成立のため、社会に対する禁止事項（法令）をさまざまに確定してきた。つまり制度の確立という領野を担当してきた。口うるさい人物だったが、だからこそ、江戸幕府が以後、長年にわたって展開できたのだと考えざるをえない。

ところで、なぜか徳川幕府の将軍たちは、のちに「台徳院」のように院号を持ったのだが、それはなぜだったのだろうか。今はわたしには解らない。「院」は天皇や皇后や上皇などに固有の名乗りの号のようなものか、あるいは天皇の住む建物の邸宅名、と考えていたのだが。家康を東照宮といったのは、彼が日光東照宮の神として自分を位置づけた（!?）ためか、死後の他称として使用されていたように思っていたが、もう一度、

深く調べてみる必要を感じているところである。

●二代目将軍、徳川秀忠の治世が始まる

★台徳院殿、御諱《いみな》は秀忠。東照宮第三の御子。御母は西郷氏。愛の方《かた》と聞えし。のちに従一位を贈られ、宝台院殿と申す。

◎母は家康の側室で、西郷の局《つぼね》、おあいのかた、とよばれていたのだろうか。電子辞書の「新漢語林」を見ると、あき、さね、ちか、などたくさん載っているが、これは男の名まえに使われる愛という字の読みであろう。母の父親は西郷正勝とされているが、あまり聞いたことのない武将である。家康の息子は戦国時代の残り火の時代に生まれてきたため、いろいろと単純でなく、三男の彼が、家康のあとをつぐことになった。

★〔続き〕〔天正〕十八年〔一五九〇〕正月三日、駿府を発して、はじめて京におもむかせ給う。これは豊臣関白秀吉公、御ゆかりとならせ給いて後、公にはいまだ御対面ましまさざる故なるべし。この時、御年十二にならせ給う。

◎秀忠にとって秀吉がゆかりの人間になったとあるのは、彼が、秀吉の名まえの一字「秀」をもらって秀忠、と名づけられたためか、あるいは秀吉の妻淀君の妹になる於江与《おえよ》の方と結婚することになったためか、ともかく、関白として天下の第一人者であった秀吉に、秀忠はまだ会ったことがなかったために、初めて京都に出かけて秀吉に見参することになった。十二歳のときだという。そして初めて会うと、秀吉はご機嫌だった。

★〔続き〕十五日、聚楽城にのぼり、〔秀吉と〕ご対面あり。関白〔秀吉〕悦《よろこび》ななめならず。尼孝蔵主〔?あるいは尼の孝蔵主、という女性か、不明〕して、後閣〔?・〕にいざなわれ、大政所《おおまんどころ》〔豊臣秀吉の母、と「広

辞苑」にある〕みずから御髪をも結い改め、御衣《おんぞ》〔衣服〕御はかせまでも新《あらた》なるを進《まいら》せ、関白〔秀吉〕より名の一字をさずけて、秀忠君と称しまいらせられ、みずから御手を引きて外殿に出られ、〔秀忠に供奉して大坂に来た、井伊〕直政らを近くめして、大納言殿〔家康〕にはよき子をもたれ、（以下略）

◎秀忠は幼名、長丸もしくは長松といったのだが、秀吉が自分の名まえの一字「秀」の字を与えて、それから秀忠と名乗るようになったのだ。ここでは、秀忠が初めて秀吉に会いに聚楽第に訪ねた時のようすが書かれているが、秀吉は上機嫌であった。この時代、上述したような、近親者の人質作戦が秀吉と家康のあいだでもあって、家康は息子秀康を、秀吉の養子に出している。秀吉には子どもがいず、それはなかったが、五十過ぎて、秀頼ができたとされ、一人っ子だったから、秀吉は自分の子どもを家康の人質にできなかった。そこで、両者のあいだでは、家康の息子の秀忠と、秀吉の妻の淀君の妹、於江与の方の結婚が行われ、秀忠の長女千姫は、再婚だったが、秀頼の正妻になっている。

◎秀忠はこうして、秀吉の名の一字を貰って秀忠と名乗ったが、秀忠の「忠」はどこに由来するのか。秀忠の祖父は広忠といった。あるいは、儒教的精神の記号である、忠、孝の一字を取ったのであろうか。それはともかく、秀吉とゆかりになったと右にあるのは、この事を指していた。そして、秀吉との初めての会見は、正式にその名まえを戴くための儀式のようなものであったようだ。しかし、このゆかりの人間だったとしても、以後の彼らの関係、秀吉と徳川氏が協調したのは、それ以降、そんなに長くない。秀吉が早く亡くなったからかもしれない。

★〔文禄四年〕九月十七日、太閤〔秀吉〕のはからいにて、故浅井長政の季女〔末娘〕をかしずき、公〔秀忠〕にまいらせ、北方〔正妻〕と定められ、御婚礼おこなわる。この〔於江与の方の〕姉君ふたりあり。一人は太閤〔秀吉〕の思い者となりて世には淀殿という。

◎秀吉は男の子がひとりしかいず、しかし、戦国時代の習慣にそって、近親者たちのあいだの結婚があった。結局、人質作戦の延長、ないしその範囲内の縛られた結婚であった。男のばあいは、当時の有力武将などは一夫多妻制的に、女性はたくさん保有したので、多くの女性たちが、力のある武将などのもとに集められるのであった。ともかく、秀忠の妻と、秀吉の女かつ秀頼の母、淀君は姉妹であり、関係は一様ではなかったのが、戦国時代の名残りであったといえる。

●朝鮮との通交

★慶長十年三月二十一日。〔秀忠は〕伏見の城に入り給う。このほど、都鄙《とひ》〔街や田舎〕の男女、街衢《がいく》〔ちまた〕にみちて、〔秀忠の〕その御行装を拝し奉る。これより先、朝鮮の孫文彧《ソンブンイク》ら、宗対馬守義智に従い、都に来たれり。隣交を修《おさ》めんとす。よって、右大将〔秀忠〕殿ご入洛の御行装をおがましむべしとのことにて、都にとどめ置かれしかば、韓人〔朝鮮半島の人〕もきょう道に拝伏しておがみ奉れり。

◎豊臣秀吉の朝鮮半島侵攻を継続しなかった徳川幕府と朝鮮との友好関係は、この記事の書かれた当時、問題もなかったようだが、北九州の最北部にあった対馬と朝鮮の関係は、その距離もごく近かったし、交流は古くから続いており、対馬の宗氏が長いあいだ、朝鮮と日本の交際を媒介していた。しかし、秀忠が京都にいるというので、彼を拝しようとして、朝鮮の孫文彧らが、道に伏せるようにして拝んだというのは、「実紀」の過剰な差別的表現だったともいえる。

朝鮮が大韓帝国、という国名を名乗ったのは、近代前期であり、ここで、この朝鮮人を「韓人」とよんでいるのが気にかかる。のちに「韓使」という言葉も、「実紀」には現れるが、朝鮮半島の国が、馬韓、辰韓、弁韓と名乗っていたのは古代の三世紀頃であり、この「韓人」という言い方は、どこから、「韓」という字をみつけてきたのか、と素朴な疑問を感じたのである。馬韓、弁韓というふうに、国名に「韓」という文字を入れたことは、大韓帝国以前には一度もないのである。日本には、朝鮮半島の国を「韓」と、どこかでよんできたのであろうか。自分が読んできた程度の書籍では、そもそも、朝鮮半島を話題にすることがあまりなかったように思えるのだ。なにか、わたしの知らない偏見があるようにも思われる。ただし、朝鮮のほうでも、日本を長く「倭」という古い呼称で書いていたのも、ある種の、朝鮮からの日本国への差別意識であったかもしれない。近代になっても「倭奴《ウェノム》」という言葉が使われていた。また、中世、近世には、「倭寇」という言葉も使われたが、この名称は中国がつけたように思われるが、あるいは朝鮮半島で使われていたのかもしれない。

しかし、近世の徳川幕府時代になると、朝鮮のほうから修交を需めて来日して来たのは確かである。朝鮮が、豊臣秀吉による侵攻のあとも日本に来たのはどうしてだったのか。どんなメリットがあったのだろう。まず話題になるのは、秀吉軍が連れてきた朝鮮半島人の返還ということがあった。徳川幕府も返している。秀吉によって連行されてきた人たちは、集団で生活していたのだろうか。わたしにはもうひとつ解らない問題である。なお、秀忠は慶長八年、天皇から右大将の官職を貰っている。

●秀忠と天皇

★慶長十年〔一六〇五〕四月十六日。この日、天気快晴。二条の城に、勅使広橋権大納言兼勝卿、〔以下、勅使ひとり、宣命使がひとり〕参向あり。（中略）公〔秀忠〕、征夷大将軍に補せられ、正二位内大臣にのぼせられ、淳和奨学両院別当氏の長者として、牛車をゆり〔許され〕、随身、兵仗を賜わらせ給う。

◎秀忠がついに正二位、内大臣となり、父の官職を継承して征夷大将軍になったために、勅使らが、二条城までやって来たというわけだ。これらの官位官職は天皇によって叙任されたから、勅使が派遣されたのだが、勅使は家康や秀忠が京都に来るとやって来て、あれこれ指示を受けたりしていたのだろう。淳和《じゅんな》奨学両院、の「奨学院」は天皇家のための大学のような所だが、「淳和院」は淳和天皇という平安時代の大皇が退位したあと住んでいた所で、そのふたつの院の管轄する別当の長者と、徳川家は位置づけられていたのだろうか。これもよく解らないところだ。

ともかく、秀忠が武人としても、文人（というより貴族か）としても最高位についたことは確かである。この時、二十七歳だったという。また牛車は、上級貴族の乗り物であり、随身というのは武装して、彼ら上級貴族を護衛する者たちであり、武人である秀忠には無用の存在であるからおかしい。朝廷、貴族は古代からのやり方をそのまま、かたくなに守っているのであろう。このような貴族社会の慣習を「有職故実」という。武家たちも、天皇や朝廷から贈られる官位官職を否定はしなかったし、むしろ喜んでこれを日常的に使用した。大岡越前守などがそうである。徳川幕府の旗本を見ていると、官職名を帯びた武士と、帯びていない武士がいたことが解る。実質的な価値はなかったが、給料が少し上がったかな。

●アジア諸国との通交プラスα

★四月二十六日。この日、〔肥前の大名〕松浦鎮信に、西洋渡海の御朱印を給う。

◎ヨーロッパへの航海と貿易を容認したのは、家康の後期であったが、秀忠もその方針を変えるつもりはなかったようだ。まだ、「鎖国」のような発想はなかったといえる。ただし、この時代、まだ家康は生きているのであり、征夷大将軍を秀忠に譲ったとはいうものの、家康は駿府城に健在であり、日本社会の治世者は家康であったろう。

★五月一日。この日、〔五島列島の藩主〕五島盛利に西洋渡海の御朱印を給う。

◎たぶん、この五島氏は大名か、あるいは幕府直轄の旗本の偉い武士だったと考えられる。しかし長崎奉行という幕府の機関はあったが、五島列島はどうだったのか。吉川弘文館『日本史年表・地図』では、五島氏は五島列島の外様大名としている。こういった地方の大名なども、ヨーロッパやアジア諸国との貿易を営んでいたようだ。九州には、航海民族の血が流れているのだろう。琉球がそうだった。

★五月三日。また有馬晴信へ、西洋ならびに柬埔寨へ渡海の御朱印を給う。

◎この有馬晴信の属する有馬氏は、上記の地図では、筑後と日向の大名で、北九州に勢力をもった武将だったのであろう。『日本歴史人名辞典』などによると、日向の有馬氏の系統のようである。そしてキリシタン大名でもあったが、そのことが明らかになると、不幸な半生を送って、結局切腹させられている。西洋やアジア諸国との交通という光の領域と、切腹という闇の領域を併せ持った彼は、幸福な死を迎えることはできなかった。ただ、ここでは、ヨーロッパ諸国との交通という光の領域がほの見えたので、この記事を出してみたのである。ヨーロッパ文明との接触の可能性は、秀忠時代の初期には、まだあった。そこには複雑な、家康の意向も働いているのかもしれないのだが。

●家康と秀頼

★五月八日。大御所〔家康〕より大坂の右府、秀頼公、久しく御対面なければ、出京ありて〔秀頼が大坂城を出て〕伏見城にて謁見せらるべき旨、うちうち高台院《故太閤秀吉政所》をもって、大坂〔の秀頼〕へ仰せつかわされしに、秀頼の生母大虞院《世に淀殿と称せし、これなり》これを聞き、もってのほか〔と〕憤り、ゆめゆめあるまじきことなり。もし、強《し》いて秀頼上洛をすすめらるるにおいては、秀頼母子とも大坂にて自殺すべきよしを答う。

◎家康の天下人としての狙いは、秀頼が大坂城を出て、一般大名と同様の身分の一大名となって、参勤交代にも応じることを期待していた、と、徳富蘇峰の『近世日本国民史　徳川家康』〈前出〉が書いていた。だから、秀頼母子にとって大坂城を出ることは、絶対に許容できない屈服であったのだ。だから「実紀」の中の、秀頼の母、淀君の言葉はつぎのように続く。

★〔続き〕これは故太閤恩顧の輩《やから》、秀頼上洛あらば〔秀頼が大坂城を出て京都に行くなら〕不慮の変あるべきなりなどと、うちうち告げし者ありし故《ゆえ》なり。よって京洛の農商ら、この事を聞き及び、すわ、京摂〔京都と摂津（大坂）〕のあいだに戦争おこらん事、近きにありとて、老いたるを助け、幼きをたずさえ、家財を山林に持ち運び、騒動なならず。

◎都市民や近辺の農民も、京都にいる徳川家と、大坂の秀頼およびその援軍のあいだに戦争が始まるに違いないと考え、大坂からの逃亡を考え、財産を山林に運びこんで、大騒ぎになったというのだ。都市で戦争になる怖さは、第二次世界大戦時の東京大空襲や、それ以前の関東大震災の時の市民の逃げ惑うようすを想起すれば、十二分に理解できよう。

★五月十一日。〔家康の〕御名代として上総介忠輝朝臣〔この人物を特定できない。細川忠輝という貴族がいたような気もするが、「人名辞典」になかった。とりあえず発見できたら説明することにするから、「実紀」のまま記述する〕、大坂に赴き、右府秀頼公に謁見せらる。秀頼公、悦《よろこび》なななめならず。これは近日〔中〕に〔秀忠や家康ら〕江戸へ帰らせ給うことを、告げさせ給うとぞ聞こえし。

◎とりあえず、家康父子が江戸に帰還するというので、秀頼としてはほっとしたのであろう。一時的にでも、彼らからの圧迫をともかく回避できたからだ。

●アジア諸国との通交、西洋渡海の御朱印

★同日。また、商人浦井宗普に、呂宋国渡海の御朱印を下さる。

★同月十二日。林三官に西洋渡海の御朱印を給う。

★同月十六日。この日、有馬晴信に、柬埔寨ならびに西洋渡海の御朱印を下さる。

◎秀忠の時代もまだ、鎖国はしていなかったようだが、ここでは西洋も含まれている。のちの記事には、呂宋国王への返事を出した、とあり、商船を四回、渡航を許可しているとあった。林三官とは、商人の名まえであろうか。三官という官職はないので、三官が名まえだとすると、中国の商人であろうか。

台徳院殿御実紀巻二

慶長十年七月に始まり、十二月に終わる

●アジア諸国および西洋との通交

★七月一日。島津忠恒に、安南、鍋島直茂に西洋渡海の御朱印を給う。

★同月三日。島津忠恒に西洋渡海の御朱印を給う。

◎文中、島津氏、鍋島氏は、たぶん九州南部と北部の藩の大名ではないだろうか。それらしい名まえが「年表・地図」に出ている。

●家康と林羅山の出遇い？

★同月二十一日。また、京都の處士、林信勝〈江戸初期の儒学者の林羅山〉が博学強識、当時比すべき者なきよし、大御所〈家康〉かねて聞し召しければ、この日、永井尚勝をして俄《にわ》かに召さる。信勝、二条城にもうのぼり〈赴き〉、初めて〈家康に〉拝謁し奉る。

◎家康の「実紀」に、林羅山はもう何度も登場していたのであるが、ここでは、羅山が京都の二条城にいる家康に見いだされて、家康に初めて挨拶したところが描かれている。雷子辞書の「ニッポニカ」では、一六〇五年に、師の藤原惺窩の推薦で、家康に仕えるようになったとあるが、まあ、いつ出遇ったのかはそれほど重要なことではない。むしろ、この章は「台徳院殿御実紀」の巻二として、描かれているのだが、治世という意味では、基本的には秀忠の背後には家康が必ず存在したわけで、これは家康が死亡するまで、この両者の関係は続いたのであろう。

★〔続き〕その頃、〔貴族の学者三人が、京都二条城にいた家康に伺候していたのだが〕大御所〔家康〕、後漢〔漢という中国のかつての大国は、前漢と後漢の、ふたつの時代があった〕の光武帝〔後漢の始祖、最初の皇帝〕は、高祖〔中国王朝の最初の天子。漢という国の皇帝になった劉邦をいう〕よりの世系〔系譜〕いかに〔どうなっているか〕と問わせ給うところ、三人の耆宿《きしゅく》〔上述した三人の学者貴族〕ら、答えることあたわず〔答えられなかった〕。よって信勝〔林羅山〕に問わせ給うに、〔家康の〕御声に応じて〔すぐに〕、〔光武帝は、高祖の〕九世の孫たるよし、答え奉る。

◎そのあとも、貴族の学者の答えられない、家康の質問に、林羅山が即答したことが描かれ、羅山は当時、まだ二十三歳で市井の儒学者であったと書かれている。これ以降、羅山は家康に認められ、江戸によばれたのである。そして、昌平黌《しょうへいこう》とよばれた幕府の開いた学問所の原型を作った。羅山は、藤原惺窩に朱子学を学び、その朱子学が江戸幕府のイデオロギー的原点になったとされている。

●秀忠は多くの法制を出した

★八月十日。関東、大水。京辺はその害にかからず、この日、伏見の城中、法制を仰せ下さる。

★〔続き〕城中、無状の〔無礼な〕ふるまいをなし、礼を失う輩《やから》、見当たりなば〔見つかったら〕、その由、その者にことわりて、〔上に〕聞こえあぐべし。

★〔続き〕殿中〔城の中〕一所に会合し、高声に雑談する者あらば、同じくことわりて、〔上に〕聞こえあぐべし。

★〔続き〕〔家康、秀忠らの〕御前近き所にて高声の者あらば、これもことわるべし。

★〔続き〕諸大名着座の席へ塵芥〔ごみ〕を捨て置くべからず。すべて殿中、灑掃《さいそう》以下、心いるべし。

★〔続き〕厠〔トイレ〕の外へみだりに尿すべからず。

★〔続き〕この条目〔箇条書きの各項目〕令せらるる後、違犯の輩あらば、厳《おごそか》に、〔上に〕聞こえあぐべし。隠しおきて、もれ聞こゆる時は、同朋〔江戸城内で家康らの世話をする人たちの〕権阿弥〔同朋衆のひとり。阿弥のついた名まえは、本阿弥光悦のように、ある特殊な意味があったような気がするのであるが、筆者には残念ながら不明である〕の罪たるべし、となり。

◎このような法令が、秀忠の実紀のなかにたくさん出てくる。家康が、戦国時代からの武将の流れの中にあったとすれば、二代目将軍の秀忠は、優秀な官僚であり、このような法令を何度も発令することで、城内から、あるいは江戸の市中、そして、日本全国全域の法律の整備に心を配った人間、指導者だったのではないか、ということになる。最後のまとめ、のような項目は、同朋権阿弥という人物がよく解らないので、この文章の筆者のわたしには不満足なのだが、「江戸時代用語考証事典」によると、同朋頭の項には、同朋衆十人を阿弥と称す、とあり、ともかく城中の多くの決まりを、大名たちにも守らせる役割だったのかもしれない。秀忠の優秀な官僚的役割と、さらに秀忠を助ける同朋衆といった連中も側近していたのであろう。

★〔慶長十年八月〕。この月。大御所〔家康〕軍陣の令約〔正確な役割か〕を仰せ下さる。喧嘩争論、停禁〔止め禁ずる〕せらるる処、もし違犯の徒あらば、是非を問わず、〔喧嘩争論した〕双方、罰せらるべきなり。もしくは同僚の義を思い、あるいは知音の好をもって〔知りあいだというので温情をもって〕与党する〔応援し味方する〕時は、本人よりも重く罰せらるべし。

★ゆえなく他の備えに混入するものあらば、本人の武具、馬具ともに奪い取るべし。

★諸事ともに、奉行の指揮、違背するべからず。
★違犯の徒は罪せらるべし。
◎軍隊における規律、法令を違反することを厳禁している。同じページに《何時《いったり》とも、速やかに出陣の心構えすべしとなり》とあるように、すべては「軍律」というものを徹底させようとしているのであろう。この項は、家康からの命令だったようで、家康の令はあくまで、戦国時代の延長上にあり、秀忠は、施政者として当然の法令を提出する。対照的だが、家康から秀忠へ、という時代は転換期であって、軍事的世界から、一般社会的時代へと移行してゆく、その対比が、家康や秀忠の法令に現れており、無意識的に、戦乱の時代の終息と、確立した江戸幕府の完璧な時代の展開がめざされていたのであろう。

●アジア諸国および西洋との通交

★八月二十八日。有馬晴信に占城渡海の御朱印を給う。舟本弥七郎へも安南渡海の御朱印を下さる。
★九月一日。〈明の商人〉安當仁がらせす〈平仮名で書かれている〉に、呂宋渡海の御朱印を下さる。
★同月三日。角倉了以に東京渡海の御朱印をたまわり、田那邊屋又左衛門、平野孫右衛門に呂宋渡海の御朱印を下さる。
★同月十日。皮屋助右衛門へ、東京《トンキン》渡海の御朱印を下さる。
★同月十三日。呂宋国王へ御返簡を送らせらる。その請いにまかせて商船毎年四艘ずつ渡海を許され、別に鞍皆具ならびに鑓十柄つかわさる。
★同日。またあんとうにんがらせすへ西洋渡海の御朱印を下され、窪田与四郎みげるに密西耶渡海の御朱印を下さる。
◎最後の、密西耶は初出で、さあ、どこの国であろうか。アジア諸国との交易は、連続して行われている。この記事のあとも、柬埔寨国王への書簡など、交易のベースとして、各国王との書簡による通交もかなりある。国名には「艾萊《ぶんらい》」など、どこの国か見当もつかない所もある。もっとも、見当のつかない国名のほうが多いのだが。
★同月十八日。舟本弥七郎に、柬埔寨渡海の御朱印を下さる。
★同月十九日。この日、柬埔寨国王に御返簡を遣わさる。その請いにまかせ通商をゆるされ、その上、佩刀二口おくらせらる。
★同月二十八日。安南国王へ御返簡おくらせられ、長刀二柄、太刀一把遣わさる。
★十月十二日。柬埔寨国王に鳥銃二十二挺をおくらせらる。
★同月二十八日。また、柬埔寨国王、書簡をまいらせ、虎皮、蜂蠟以下の方物を献ず。御返簡をつかわされ、太刀脇差をおくらせらる。
★十一月六日。原弥二右衛門に柬埔寨渡海の御朱印を下さる。
★同月十五日。艾萊渡海の御朱印を大坂薬商甚右衛門へ下さる。
★十二月二日。京、六条の甚兵衛に、大泥国渡海の御朱印を下さる。(中略)長崎喜安へ西洋渡海の御朱印を下さる。
◎家康のアジア諸国への通交を、秀忠も、家康の目の黒いうちは継承している、と読んでおこう。また、アジア諸国の中には、国王からの書簡や贈品を送ってきた国もあったとみえて、返事と、日本刀などの日本の特産品をお返しに贈ったようだ。これらの記事はまだまだ延々と続いているのである。

●朝鮮との国交

★この月〔慶長十年十二月〕。〔対馬の〕宗義智、朝鮮国和平の儀、つかさどり、〔朝鮮国の通〕信使、来聘〔日本に招聘した〕ありしを褒《ほう》せられ〔ほめられ〕、肥前〔の〕国において二千八百石加恩あり。かつ邊域居住のゆえをもって、〔日本列島内の各城主（＝大名）と同様に〕、三年に一度ずつ、参勤〔交替〕すべしと命ぜらる。

◎朝鮮半島にすぐ近くの対馬の国主、宗氏は、朝鮮と日本の通交の便をいつも担当しているので、幕府はこれを感謝し、かつ、対馬が江戸から遠いので、北九州の肥前のどこかに、二千八百石の町を含む領地を与えたのであろう。そして、日本のすべての大名同様、参勤交代せよ、と命令したわけだ。参勤交代の制度は、この時点では、まだ確定していなかったと思われるが、そのベースになる江戸参勤の慣例はもうできていた。

幕府はだから、宗氏を特別視しないで、一般大名と同格にしようとしたのだ。だから、肥前に領を与えたのだ。宗氏に対しては、三年に一度、というやや緩和した方針で臨めばいい、と許したのだという。それだけ、宗氏が対馬で行っていることは、日朝関係の構築のためにも重要であったのだ。そして、家康の幕府は、朝鮮との通交を重要視していた、ということだろう。二千八百石という収入はたいした額ではなく、一流の旗本（徳川家本来の武家たち）の中でも中級以下の扱いだろうと思う。ただし、土地を与えたところが大きかったと思う。小さなとはいえ、北九州の大名のひとりになったわけだから。そう考えると、対馬で宗氏を名乗っていた時代も（たぶん今後もそうであろうが）、琉球の王同様、たいした王ではなかったのだ。

●商業者と土木工事

★この月。角倉了以は、命〈江戸幕府ないし、家康の命令〉を奉じ、丹波国世木庄、殿田村より、保津を経て、大井川〈大堰川《おおい》〉に至るまでの水路をつくり、漕運〈船による運送〉を通ず。

◎角倉了以は貿易商なのだが、他方、土木事業者として、家康の注目するところとなり、幕府の命令のもとに、丹波、京都府の中西部のあたりから、保津川〈京都府の西南部あたり〉から大堰川〈京都府の中央部の川〉を結ぶ水路を作ったという。この辺の地理に詳しくないので、彼の仕事の重要さをあまり理解できていないに違いない。しかし、やがて、家康の招聘によって関東にも出現し、東海道における大きな川の掘削などを推進し、東海道交通の便をはかった。家康の治政に、大きな役割を果たしたわけだ。

●ヨーロッパ船の来航

★同月〈慶長十年十二月〉。また蛮船〈ヨーロッパの船舶〉、初めて煙草〈たばこか〉を乗せ来たる。京人、その種を植えて、もっぱらその烟〈けむり〉を吸う事、風尚となり〈世間の好みとなり〉、天下にあまねし〈流行した〉。この事、益少なく損多きをもって、令をくだして禁ぜらる。

◎タバコは日本列島に自生していたのでなく、ヨーロッパの船が日本社会に持ちこんだものだが、しだいに流行品となった。しかし、幕府は、その害なども考慮してこれを禁じた、というのだが、一般社会に敷衍した喫煙の風習は、以降現在に至るまで続いている。しかし、昨今、嫌煙権だとか、とりあえず、喫煙の習慣から離れた人たちも多い。わたしは「嫌煙権」のような発想は嫌いであるが、別の理由で四十代の半ば頃、たばこはやめた。アルコールは親しんでいるのだが。

台徳院殿御実紀巻三

慶長十一年〔一六〇六〕正月に始まり、六月に終わる

●鉱山と幕府

★正月二日。去年よりして、伊豆国銀山、金銀多く出でて、佐渡国に劣らず。代官、彦坂元成を替えて、大久保長安《ながやす》に基地を勾当せしめらる〈実務を任せた〉。元成は贓罪〈掘り出した金銀を隠し所有した〉をただされ、改易せられ〈官職をやめさせられ、かつ隠し財産を没収され〉、長子〈長男〉、二子〈次男〉ともに、家に押しこめらる。

◎長安は、鉱山技術者として、大いに金銀などを掘り出した人物であるその前任者の彦坂元成が、発掘した鉱石を私有化したのか、得意の墓穴を掘ることになったようだ。その災いは、息子たちにまで及んだ。江戸時代の金銀鉱山について勉強したことはないが、徳川幕府は、これらの金銀鉱山から発掘された金や銀を、かってに私有化して独占したように思われる。それは巨大な収入になったであろう。

●朝鮮との国交

★一月四日。朝鮮国、和平を請うにより、文禄の役〔豊臣秀吉による最初の朝鮮侵攻の時〕に俘囚《ふしゅう》〔捕虜〕とせし、かの国人〔朝鮮人〕を、今年帰国せしむべきよし、〔家康か秀忠から〕仰せ下さる。

◎さきに、なぜ朝鮮の人が時々やって来るのか、と疑問を呈しておいたのだが、そうだ、秀吉の二回にわたる朝鮮侵攻の時、捕虜として多くの人々を拉致してきていたのだ。たとえば、九州の薩摩焼だったか、沈寿官という有名な陶工は、朝鮮半島から連れて来られて、九州に土着した人であると聞いたことがあるので、このように技術者から一般人まで多くの朝鮮人が日本の内地に残って、諸工芸技術者として働いていたのであろう。あるいは別の工芸者や、知的労働者として日本に拘留されていたのだろうか。朝鮮では、この人たちを返してほしかったのだ。朝鮮からの使者たちの使命のひとつが、これらの朝鮮人の返還にあったのだろう。日本でも、北朝鮮による拉致被害者ががんばっていたこともあるが、わたしは、拉致問題以前に、北朝鮮とは正式に国交を結ぶべきである、と考えてきたが、現在の北朝鮮のミサイル開発その他、朝鮮半島自身の統一も現在、不可能だし、まして日本との国交など、夢のまた夢であろう。

●江戸の都市としての犯罪や火災

★一月二十日。田中筑前守吉政が二子〔次男〕吉信、このほど物に狂うさまにて、近習の〔主人のすぐ傍で面倒を見る武士の〕家人を手討ちにすること、五十三人に及びしが、きょう侍童〔若い近習〕を討たんとして、かえってそれがために〔彼のために〕害せられしとぞ。

◎時代がある程度、平和になってくると、このような狂気に満ちた犯罪も起こってくるのだ。江戸時代は、法令も多く出されたが、犯罪も少なくなかった。この武家がどうなったか、書かれていないが、ふつうは斬首ではなかったか。
★同月二十五日。惣奉行職〔奉行を総括する人か〕、内藤清成、青山忠成、罪蒙り，職奪われ籠居す〔謹慎して家に籠った〕。この頃、江戸にては、本多正信に〔内藤〕清成、〔青山〕忠成ふたりを加えて、関東惣奉行の職とせられ、大小の政事をさたし〔多くの奉行的仕事を裁決し〕、その権〔権力〕もっとも重し。しかるにこのほど、大御所〔家康〕、武蔵、下総辺所々にわたらせ給い〔あちこちに出かけて〕、鷹狩し給う。江戸の御所〔秀忠〕よりは、厳〔密〕に、その所々に令して〔命令して〕、大御所〔家康〕の狩場にて、鳥獣〔を〕とることを禁ぜらる。
◎記事は長くなるので、簡単に説明すると、家康は、学問も好きだったが、他方、鷹狩りも好きで、しょっちゅう、江戸の街の外側の、現在の山手線駅周辺の原野、高田馬場や大塚、板橋あたりに、鷹狩に出かけた。そこで息子の二代目将軍の秀忠が気をきかして、家康の鷹狩に行く領域では、ほかの人たち〔農民や山民などが侵入し、鳥や獣を獲るための罠をしかけたりすることを禁じてきたのだ。
　ところが、家康は狩場で、わなを発見し怒った。調べた結果、農民たちは、惣奉行の内藤清成や青山忠成の許可を得て罠をしかけた、と言う。そこで、このふたりが、罰されることになった、というわけだ。家康も、そういう意味では、もともと農民、山民たちが生活のために獲っていた鳥や獣を、鷹狩りという遊びのために、独占しようとしたわけだが、その根性はあまりいいとは言えないと思う。ともかく、家康は暇があれば、鷹狩にでかけたのだ。
★同月。この月、中旬より、江戸府内、市中所々、火災あり。
◎記事は、京都や奈良その他、火事が多かった、と続くが、ともかく、有名なのは明暦の大火などで、江戸市中は火事が多かったようだ。そこで、屋根を、燃えない瓦で葺くといった処置が取られることになったが、すべての建築が木造であった日本社会の風土では、火事は避けがたい災難でもあった。

●秀忠の治世

★〈慶長十一年二月〉。この月江戸城修築の事により、かねて仰せをたまわりたる西国大名、参府して〈江戸に来て〉、おのおの家士〈家臣〉に命じ、人数若干、伊豆の国に遣わし、石材を取らしめ、〈石材を運搬する船〉三千余艘に乗せて、江戸に運送す。石垣七百間、高さ十二間、あるいは十三間の料〈材料〉なり。この値、百人持ちの石は銀二十枚、ころた石ひと箱、金三両に定めしとぞ。関東の諸大名は、去年、〈家康らの〉ご上洛の供奉したるにより、この課役を許され、供奉せざりしともがら〈大名〉は、千石一人の定制をもて、人夫《にんぷ》を出さしめらる。

◎江戸城の修築のための、莫大な費用は、各大名たちに用意させる、というのが、家康の新たな築城の方法で、それぞれ、均等に、しかし、その藩の石高に応じて、格差があるが、徳川幕府自身もある程度、出費したのかどうかよく解らないが、ともかくある出費を要求されたのは事実である。城郭建築では、高い石垣をいくつも作るので、そこに必要な石が、江戸から一番近い、伊豆半島から運ばれたようだ。

秀吉の大坂城建築の時だったか、淡路島か小豆島の巨大な石が、大坂湾を行く船で吊るすようにし運んだ、という話をむかし読んだ憶えがある。今回は、西国大名たちの出資で石材を需め、石の産地であった伊豆から船三千艘で運ばせたという。関東の大名も人夫を、たぶん何千人も雇わねばならなかった。江戸城は、参勤交代で全国の大名が絶えず出入りしている、ある種公共の空間でもあったが、この城の修築の費用を全国の大名が負担させられる、というのもどうか。やはり専制的な体制のありようが、これらの記事を、ただ、はいはいと素直に聞くとことはできないように思うのだが。

●家康江戸城を出て、上洛を開始

★〔三月〕十五日。大御所〔家康〕、江戸を発輿ましします〔出発した〕。相模国鎌倉の土人〔土地の人〕井〔井戸〕をうがちしに〔掘ったのだが〕、銀茶釜、銀壺を掘りえしかば、〔家康の通る〕御道にいでて捧げ奉る。関東のことなれば、江戸の御所に〔江戸城に（あるいは秀忠に）〕ささぐべしと仰せいだされ、〔人々は〕江戸へもち参りて奉る。〔家康は〕この日、神奈川にとまり給う。

◎鎌倉でみつかった銀の茶釜などの話でなく、家康が、この日あたりから、京都へと向かうので、その最初の日の記事を拾ったのである。校訂者の小見出しでは、「家康、江戸を発して、上洛」とだけ書かれていて、家康がなぜ、京都に向かったのか、ひとことも書いてないのが不思議である。そして、いつもの上洛の時と同様、途中経過の地名が、以後も出てくる。天竜川では橋が落ちて、すぐに渡れなかった、とある。四月朔日には名古屋とある。四日は彦根。六日、ご入洛あり、とあって京都に到着している。そして、

★同月二十八日。大御所〔家康〕、御参内。じきに伏見へ御帰城あり。

◎とあって、六日に着いてから何してたのか、不明。そして、天皇の所にも行ったが、すぐ伏見城に戻った、とあるから、天皇に関して用事があったとも思われない。

★同月二十九日。大御所〔家康〕の仰せにより、武経七書を梓《あずさ》にのぼせ〔いわゆる、上梓であって、出版した、というのだろう〕、海内《かいだい》に広行せしめらる〔広く、社会に公開された〕。

◎武経なるものが解らない。「六韜三略」のような「武」的内容の本を七冊選んで、印刷して刊行した、というのであろうか。意味不明である。
★五月二日。神龍院梵舜、伏見城にのぼり、大御所〔家康〕に拝謁す。
◎この梵舜は、家康に好かれた僧であり、よく出てくる。とりあえず、今のところ、家康の上洛の意味は、不明だ。わたしは、当然の話、秀頼問題の解決のための上洛、と考えていたのだが、今のところ、そんな記事はまったくない。家康に関する特別の記事が出てくるまでは、また、ほかの記事を捜すことにする。
★五月十日。小姓《こしょう》兼歩行頭《ほこうがしら》松平近次、改易せらる〔家、屋敷を没収のうえ、死罪になることも多い〕。これは、関ヶ原〔戦役〕の前に、伏見城にて戦死をとげたる〔松平〕近正が二子〔次男〕なりしが、この頃、甲州の士、西山という者、闇夜にうたれたる事あり。その賊、さだかならず〔はっきり解らなかった〕、近次がしわざかとうたがわる。そのうえ、宮仕えする女房と密通の聞こえあるゆえとぞ。
◎こんな事件はまだ序の口であって、「実紀」のなかには、武家同士の争いから、結局、死罪になったり、切腹させられる事件が、しばしば起こっていたのである。こんなことは、「実紀」を読むまで知らなかったのである。武家的世界はもっと整然とし、規律正しい毎日が送られているのだろうと。しかし、武家同士の刀を抜いた喧嘩や不義密通、その他の事件は絶えず起こっている世界であった。武器を携行している者たちが争えば、刀を抜いての闘争になる確率は高い。たいてい、因果関係を細かく書いているので、ひとつの記事は長く、この本では、なかなか再現しきれないのである。
★五月十三日。この日、伏見城辺〔伏見城のあたり〕怪異、さまざまあり。古き祠《ほこら》より、挑燈のごとき光物いでて〔提灯のような光る物が現れて〕飛行し、豊後橋の辺に落ちる。また、加藤清正の邸中よりも、行燈《あんどん》のごとき光物飛び出で、洛中〔京都の街中〕にても光物、飛行す。その音、車のごとし。都人《みやこびと》呼びて、破車という。先年も二度、かかる怪物あり。いずれも凶兆といえり。
◎意味不明の光りものが出現し、あちこち飛び回ったという。このような現象は、当時、明確な「凶兆」であり、施政者に対する警告でもあった。それで人々は騒いだのである。現代でいえばＵＦＯとでもいうことになるが、ＵＦＯには凶兆といった意味はなく、むしろ、ある種の不思議な、牧歌的な世界の開示であった。
いつの世にも、合理的に解釈できない存在は、突然のように出現するものだ。当時は世間の凶兆、なにか悪いことの起こる前兆なのだった。ところでわたしはある時代、しっかりと科学の本も読んで結論を出したのだが、宇宙人はいないと。まあ、それは存在してもいいのだが、異星から来るには、光の速さで飛んでも何万年もかかってしまうとすれば、宇宙人がもし人間と同様の存在だとすれば、地球に来るまで、命が続かないのであった！

●外国交易

★六月十二日。高橋入道に、密西耶渡海の御朱印をくだされ、後藤宗印に茭萊渡海の御朱印をくださる。
◎このふたつの国は前にも出たが、どこの国か不明である。東南アジアの国ではあろう。

台徳院殿御実紀巻四

慶長十一年七月に始まり、十二月に終わる

●一向一揆勢との闘争

★七月十三日。内藤忠政卒《しゅっ》す〔死んだ〕。齢七十五歳。（中略）若年より、大御所〔家康〕に仕え、数度の軍功あり。永禄六年、一向門徒一揆の時〔この時、越前、加賀のあたりから始まった一向宗門徒の一揆は、列島を縦断するように南下して、一般農民や武士たちも巻きこみ、信長、秀吉、家康ら武家たちの軍隊と長く闘争したのである〕、二心なく〔ひたすら家康軍のために〕軍忠をはげます。この時、〔内藤忠政が〕お使い〔使者〕として勢洲〔伊勢〕に赴く。海上にて、賊船〔一揆側の船か〕頻りに、銕炮《てっぽう》を放つ。〔内藤〕忠政、みずから銕炮をもて、賊首〔一揆の指導者〕を撃ち殺す。残党、大いに恐れ、船を漕ぎ戻し、逃去《にげさ》りしかば、恙《つつが》なく勢洲に至り、お使いを務め、三州〔三河、家康の拠点〕に帰りて、御感を蒙る。

◎一向一揆については、たぶん、「太閤記」とか「信長紀」「信長公記」などの本で詳しく読んだことがある。最初は、越前や加賀の、浄土真宗の一派、一向宗信者たちの始めた闘争であったのだが、しだいに地域を超え、農民だけでなく武士などもまじえて展開し、ついに列島を南北に縦断して、太平洋側に移ってきた。そして石山本願寺を拠点に、闘争は続けられ、結局、天皇の仲介による決着をみたのであったか。

この記事は、一向一揆の勢いのとどまることのない闘争が、「実紀」の中にも姿を現した、というわけだ。浄土真宗系の人たちから始まったのだが、日本の一揆史において、もっとも輝かしいというのか長く続いた、かつ広い範囲での闘争であった。家康の方では、まだそのような認識ができていない頃の記事だと考えられ

る。しかし、この記事は家康の忠実な部下の死を報じるために書かれたもので、一向一揆を描いた記事ではなく、少々、残念である。

●江戸時代の通貨

★七月二十三日。下総国〈千葉県〉佐倉に、銭《ぜに》通用の令〈法令〉を下さる。下総国佐倉より東の地において、しかみ銭〈ゆがんだ質の粗悪な銭、と「広辞苑」にある〉、通交すべし。ただし、割銭、欠銭、新銭はえらび取るべし。こ〈れ〉は、その請いによりて、その制〈度〉を定め下さるれば、もし、違犯の者は、厳科に処せらるべしとなり。

◎江戸時代の貨幣制度も、なかなか、よく解らないことのひとつである。たとえば喜田川守貞の「守貞謾稿」（岩波文庫で、『近世風俗志』と題して、全五巻で出ている）にも、通貨のさまざまな例が書かれているが、よく理解できないので、目下、お手上げの状態である。江戸と関西では、金本位制、銀本位制であったとか、通貨として交流がなかったので、両替屋という職業があって、なんとか通用させていたとか。参勤交代で、日本全国の大名は武士たちが集まる江戸で、こんな通貨制度は不便ではなかったろうか。大いに疑問なのであるが、解りやすい解説書が出るといいのだが。

●伏見城の家康、ならびにアジア諸国との通交

★同月二十七日。大御所〈家康〉、伏見より二条の城へ渡御なり。

★同日。この日、河野喜三右衛門へ東埔寨渡海の御朱印を下さる。

★八月六日。大御所〔家康〕、相国寺子院、豊光院へわたらせ給い、終日、御遊あり〔遊びというのは、中楽をやらせたり、宴会をやったり、ともかく家康は、毎日、なんどとなく遊んでいるようだ〕。
★同日。この日、舟本弥七郎へ、天南〔?〕渡海の御朱印。角倉了以へ、東京渡海の御朱印下さる。
★同月十一日。大御所〔家康〕、参内あり〔天皇の内裏に行った〕。五郎田丸、長福丸、両君も同じくまいらせ給う。
◎以下の記述から、このふたりが、九男の義直と十男の頼宣であることが解る。子煩悩の父親の役を、家康は演じているが、大坂城の秀頼のことはどうなっているのだろう?
★同日。また、長崎惣右衛門へ暹羅渡海の御朱印を下さる。
◎この暹羅という国は、どこなのか、まったく思いつかない。新井白石の『西洋紀聞』を読んでいると、アジアやヨーロッパ諸国名の漢字化は、まずは中国で始まったように思われるが、中国人や日本人の耳に聞こえる「音」の漢字化が、相当困難な作業であったか、ということが解る。当初の人たちは苦労したであろう。
★同月十五日。この日、林三官へ呂宋渡海の御朱印を下さる。また、占城国土へ御書ならびに甲冑六領、大刀四把、腰刀一把、脇刀五把、贈せられ、その国産《くにさん》の奇楠香を求め給い、かつ両国通交の事を仰せつかわさる。こ〔れ〕は林三官が呂宋へ赴くにより、それ、たよりに占城へ仰せ遣わされしなりとぞ。
◎占城は、「広辞苑」によると、中国およびベトナムの史書に見えるチャンバの称、とあり、北ベトナムあたりの国であったか。これらの交易の御朱印を出した主体は家康だったのか、秀忠であったのか、明確ではない。ともかく、この時代はまだ、アジア諸国との交易は盛んに行われていたようだ。「実紀」の記事には、あいろいろ出てくる。その記事は、家康治世の頃と変わりなく、秀忠が家康の方針を継承しているのか、あい変わらず、家康が中心になって御朱印を出していたのか。そのあたりは明確ではないが、多分に家康の方針であったような気はする。ただし、主語を書かない、という日本文を継承する「実紀」で、主語の解らない文章はいくらもある。むしろ、主語は多いほうであるともいえる。

●アジア交易、事件発生！　もあった

★同月。この月。柬埔寨国王より書簡ならびに、六種の方物を献ず。甲冑二領をつかわさる。また大泥国王より書簡ならびに花綾を献じ、わが国の商船かしこに〈大泥国に〉わたり、侵掠するよしを〈攻撃する、か〉うったう。御返簡を〈ご返事を〉おくられ、かの商船帰朝せば〈日本に帰ってくれば〉、速《すみ》やかにその罪を糾《ただ》し〈糾弾し〉、誅戮を〈罪を確認して、死刑にする罰を〉加えらるべし、と答え給う。

◎大泥国は、「実記」巻十に既出（66頁）。しかし、日本の船も、かつての倭寇のごとく、船でもってほかの国、中国や朝鮮を襲ったように、暴行も犯していたようだ。

●日本芸能と女性

★同月。《世に伝うる所、〈加藤〉清正は、この頃、伊達政宗が仙台の城に、團助《だんすけ》という妓《うたいめ》〈芸能者の女性〉を京より呼び寄せ、歌舞妓をなし、近国、群集させしと聞き、当時第一の工夫なりと感心し、中楽《さるがく》等数人を〈彼の〉居城にめし、国人〈仙台の人たち〉に見物せしめ、また、お国（！）という妓《うたいめ》を京より召し、歌舞妓など催《もよお》しけるといえり。当時、外様の大名などが情実、かかることと見えぬ》。

◎論旨としては、加藤清正のような勇猛果敢な武将が、他方、芸能のような領域も好きで、当時の大名は、戦国時代的感情と、そのような遊びの感性を併せもっていたのだ、と言いたいのであろう。だが、ここでは、

すでに有名で、江戸にも出現したお国という女性芸能者が、仙台という東北の町にも登場した、という記事にびっくりしたのだ。芸能者たちは、傀儡子《くぐつし》をはじめ、全国を移動し、芸能を披露して生活をしている、いわば、非定着民であった。他方に、田んぼや畑の耕作を毎年、同じところで繰り返しながら生活する定着民、すなわち農民がいたのである。これは、すべて、中世史の網野善彦さんから教わった図式であり、あるいは、被差別社会研究の沖浦和光氏の芸能者研究の諸著書によって学んだことである。お国が全国に現れても、少しも不思議ではないのだ。むしろ、お国はひとりではなく、ある集団を率いて全国を移動する人たちだった、と考えるべきではないだろうか。

◎この、国という名前からすぐに連想させられるのは、出雲のお国であり、出雲のほうから京都に出て来た女性芸能者が、四条河原などで歌舞演芸を見せたという話である。出雲のお国の登場は慶長八年ころ、と電子辞書の「ニッポニカ」には書かれているので、あるいは同一人物であるかもしれない。あるいは集団の名まえないし、芸能集団を率いる女性の名まえなのかもしれない。この、お国に関する記事は既出であり、それを紹介した時、芸能民の特殊性などにも触れたので、ここでは繰り返さない。しかし、伝統的な演劇としての芸能は、能役者なども全員、男である。その点から視ると、出雲のお国は特殊な存在に見えるのである。

わたしは、他方で、東アジアの芸能が、多く、男によって担われてきた、と考えているので、お国歌舞伎の特殊性に魅かれるのである。しかし、芸能というより、神社の巫女の古い形態である女性シャーマンを思い出す。朝鮮半島のこのような女性シャーマンは、ムーダン（巫堂）と言い、未婚の女性がこの仕事を世襲してきたのである。お国の源流も、巫女で解釈する人もあり、シャーマンから、本格的な芸能者へと成長（？）してきた、そんな存在ではないだろうか。

◎お国はひとりでなく、と書いたが、歴史小説家であり研究者でもあった海音寺潮五郎の『列藩騒動録』（講談社文庫、一九七六）の「越前藩騒動」という項に、おもしろい記事があった。《関ヶ原役以前のことであろう。その頃、何代目かの出雲のお国が念仏おどりをたずさえて国から京に出て来て、勧進《かんじん》興業し、大評判になっていた。〔結城〕秀康〔家康の次男、豊臣秀吉の養子となった〕はお国を自邸に呼んで演じさせて見物したが、おどり半ばに泫然《げんぜん》として泣き、「お国はか弱い女でありながら、名を天下に馳せている。おれは堂々たる男子で、二十歳の半ばに達しながら、碌々《ろくろく》としてこのざまだ」と、嘆いたという。鬱屈するものが胸裡にあったのだ》というのだが、秀康が宴席にお国を招いて踊らせたという話は初めて知ったし、海音寺潮五郎が、何代目かの出雲のお国と書いていて、お国が一代で終わった歌舞妓女でなかったように書いているところが、興味深かったのである。

●琉球国、アジア諸国との通交

★九月一日。大風雨。琉球国〔沖縄〕むかしより島津〔薩摩藩の大名〕に属すること久し。しかるに近来、貢を運ばず〔みつぎもの献上する、これを朝貢などという〕。島津家久、その家人三員つかわして、そのゆえをただす〔その理由を尋ねる〕といえども、かれ〔琉球国〕、明国〔明《ミン》は中国の当時の王朝名〕をはばかりて〔明に遠慮して〕承服せず。よってそのよしを聞こえあげて、〔薩摩が琉球を〕征伐せんことを請いしかば、〔徳川幕府は〕ゆるし給う。

◎日本列島の海上はるかな南方に位置する琉球、すなわち現在の沖縄は、中・近世には海上交易が盛んで、日本よりむしろ中国の明との朝貢交易〔ある国がある大国に貢物をもって挨拶に行くことを朝貢といった。そして、少しへりくだった感じで、その国と交易したのである）がさかんだったのだ。また琉球の船は北九州の博多にも来ていた。この琉球国にたいして江戸時代初期か少し以前から、南九州の薩摩が朝貢を要求するようになったようなのであるが、明への朝貢のほうが早く、歴史も長かったのだ。

だから、ここで征伐しようというのは、難癖をつけて、言うことをきかないなら、攻撃するぞ、と脅迫しているのと同じである。薩摩は江戸の幕府の了承を得て、琉球を征服しようとしたのである。薩摩という田舎国家が、軍事的には優位にあるという理由で、航海と交易という面での先進国であった琉球を征服しようというのだ。徳川幕府がこれを了承した、というのもいただけない。わたしは沖縄は独立国たるべく、日本などとは縁を切るべし、と現在も考えている。

★同日。《琉球国は〔島津〕家久十代の祖〔祖先〕忠国が時に、〔室町幕府の〕普広院〔足利〕義教将軍より給わり、嘉吉〔室町時代、一四四一年から〕の頃より附庸たりしという〔従属するようになった？という〕》。

◎琉球国は海の交易国であり、戦闘的な歴史をほとんど形成してこなかった。それに対し、日本は「武」の国家として戦闘的であり、内戦ではあったが多くの戦争を体験してきた。そんな国家のありようは、室町幕府による従属化があったのかどうか、あまり知らない話である。

★同月十五日。呂宋渡海の御朱印を、安當仁ガラセスに下さる。その国の官人へ、御書ならびに甲冑四領をつかわさる。

★同月十九日、さきに東埔寨へ赴きし商船、風濤に隔てられ、達する事を得ざる由、聞こえければ、かさねてその国王に御書をつかわされ、かの国、上品の奇楠香〔上等な香木、あるいは香〕を求め給う。よりて金屏風五双、おくらせ給う。また、原弥次右衛門へ天南渡海の御朱印を下さる。さきにその国より、沈香二十斤、白絹（白絹）五匹を献ぜしとぞ。

◎東南アジアとの交易が盛んだったことは前から述べてきたが、外洋航海は大変だったと思われる。航海士は中国人、ヨーロッパ人、日本人など多様であったと想像されるが、難破した商船も多かったといわれる。古代以来、日本列島の周辺部海洋の航海では、沿岸部を航行し、しばしば港に入って、船は帆船であったから、行き先に向かう風を待ったりしたのである。九州から沖縄まで島伝いに行けるが、地図をみると、薩摩に近い屋久島を離れると、奄美諸島の最初に出てくる奄美大島までほとんど島はなく、無人島らしき小さな島は少し見えている。だから、この区間などは航海術にたけていないとなかなか困難な航海であったろうと思われる。

なお、東南アジアの島からもたらされる品に香は多く、かつ上等で、金屏風五双をお返しに用意したという。ほかには、日本刀なども贈られている。漆を使った日本の工芸品は上等で、東南アジア諸島では、生産できなかったのかもしれない。

●朝鮮との国交

★同月二十日、このころの事にや、朝鮮の僧、惟政（松雲と号す）来朝して、和議をこう。京〔の〕本法寺に寓居し〔住みこんで〕、伏見〔城〕にもうのぼり、大御所（家康）に拝謁し、先に生擒《せいきん》〔生け捕り〕せられし者を乞う。よりてこの国〔日本〕にとどまらんと願う者は、とどめられ、帰国を願う者はかえさる。

◎朝鮮国からの来朝者のひとり、僧の惟政という人物が京都に来て、伏見城で家康に会った。滞在の目的は、やはり、秀吉の朝鮮侵攻時に捕虜として拉致されて来た人々の、母国への返還であった。そこで、家康は、帰りたい者は帰らせ、とどまりたい人たちはそのまま、とした。多くの朝鮮人が、日本で工芸者などになって、生きていたのであろう。しだいに日本人化してしまった人たちもいたことであろう。

基本的に、古代から、朝鮮半島からやってきた多くの人々が、政治的、文化的な多くの重要な役割を果たして、日本人化してきたのであった。とりわけ、古代は。中世以降は、ほかの国の人間として、容易に日本人化はできなくなった。しかし、工芸の民やいろんな技術者たちが、日本人化してきたのではないだろうか。

●家康の、江戸への帰還。何のための京都滞在だったのか?

★同月二十一日。大御所〔家康〕、伏見城を出でて、江戸に赴かせ給う。かねて、十九日、御首途あるべしと〔出発されるだろうと〕定められしかど、大雨によって、今日に及びしなり。

★十一月四日。大御所〔家康〕、江戸城に帰りまいらせ給う。

◎家康の、京都滞在は、大坂夏の陣と無縁ではあるまい、と思って注目していたのであるが、それらしい動きはなく、江戸へと帰ってしまったようだ???

●朝鮮国との国交

★同月六日。〔対馬の藩主〕宗義智、使いをもって〔家康、秀忠に〕聞こえあげしは、先に朝鮮国へ、両国和融の〔両国の平和的な交流の〕御旨を伝えしに、かの王〔朝鮮の国王〕これに従い、明国〔明時代の中国〕よりつけ置くところの番兵を帰らしめ、使者をまいらせ聘礼〔礼をもって招く〕をおさめんとす。その使い、はや対州〔対馬〕までまいりたるよし、聞こえあぐる〔家康らに申しあげた〕。両御所、御感ななめならず〔喜ばれた〉、その使いへ、両御所より御刀ならびに銀を下され、そのうえ朝鮮の聘使には九州にて、米、千石給う。

◎朝鮮から僧が代表になってやって来て、日本との和議を請うたという。豊臣秀吉の朝鮮人拉致と関係があったのか、どうか、詳細には触れていないが、彼らは伏見に来ていた家康に謁見したとある。江戸時代を通して、朝鮮通信使とよばれた一行が、三、四年に一度の割合でやって来ている。しかし、江戸初期には、まだ通信使のような制度的な国使が来る以前、いろいろと試行錯誤的に、朝鮮国王からの使者がやってきたようだ。そして、家康と秀忠はこれを喜んで迎えたという。

しかし、一番の疑問は、朝鮮から使者が来るばかりで、江戸幕府から朝鮮には対してどうだったのか。まあ、使者は時々送ったかもしれないが、一般的な記述の中には、それほど明確には書かれていない。つまり、正式な使者は送っていないのだ。この点は、江戸時代全体を通して、同じような対応であったと思う。これは対等な交流とは言い難い。また、関係記事を今後も探ってゆきたいと思う。

●不明な通貨制度

★十二月八日。この日、永楽銭の通用を停禁せらる。

◎初めて、このような通貨のことが、現れた。江戸幕府の貨幣、金貨などの発行、流通については無知であるが、永楽銭は、江戸時代を描いたテレビドラマなどでも、その名をよく聞く。「広辞苑」によれば、《〈中国の〉明の永楽六年（一四〇八）から鋳造した青銅銭。表面に「永楽通宝」の文字がある。室町時代から日本でも流通したが、江戸幕府が寛永通宝をつくって以後、姿を消した》とあり、日本が日本固有の通貨を作るようになって、永楽銭が消えたというが、一般に通用している、銅銭から小粒銀とか、大判小判といった貨幣というか、金属貨幣の間の関係性とか、一般的に明確でないことが、通貨に関してはある。江戸時代の通貨制について勉強する必要がある、と考えさせられているが、ふさわしい教科書をあまり見かけない。「守貞謾稿」のような風俗誌的な本には、絵入りで書かれたりしているが、あまりよく解らないのである。

台徳院殿御実紀巻五

慶長十二年〔一六〇七〕正月に始まり、六月に終わる

●家康と芸能者

★一月二日。謡曲はじめ、行わる。参仕の輩〔家康のまえに集まった武将たち〕、みな、烏帽子《えぼし》上下を着す。近世〔最近では〕めずらしき大儀なりという。

◎謡曲その他の芸能（ここでは能楽師による演技）を、家康は好み、宴会のおりなど、芸能者たちがよばれたのであるが、この慣習は、秀吉時代にとりわけ盛んになったものを、家康も継承したともいえる。

★同月七日。去年より、観世、金春、江戸に参りければ、猿楽、命ぜられ、〔家康〕御覧あること、今日より九日に至る。市人〔江戸市民〕みな、見ることを許さる。この日、神田下町、火あり〔火事があった〕。よりて、芝居に群参の市人等、みな退き出でるとて、大いに騒擾す〔大騒ぎになった〕。

◎江戸の華、花のひとつは火事であったが、芝居の興行も花であり、町人たちもごったがえした。家康が好んだ、観世流、金春流の中楽（能）が、民衆にも観覧が許されると、街は彼らで混雑した。そこに江戸名物の火事騒ぎ。火事と芸能のふたつが合体しては、神田の町は大騒ぎとなったであろう。江戸城を囲む外堀の北側、西側は民家が多く、東側には江戸で一番賑やかな日本橋を囲む町並みが広がり、芝居もそこで行われたのであろう。

●秀忠の治政と江戸の街

★一月二十五日。大御所〔家康〕、江戸の城を、御所〔秀忠〕に譲らせ給い、いよいよ、菟裘《ときゅう》の地〔隠居の地〕を、駿府〔静岡市〕に定め給うべしと仰せ出だされ、駿府の城郭を広め、諸士〔側近の武将、家臣たち〕の宅地を分布し〔分けあたえる〕給うべしとて、その経営を、越前、美濃、尾張、三河、遠江〔すべて親藩大名の領地〕の諸大名に課せて、人夫を出さしめらる。

◎以後、家康の本拠地は駿府となり、家康は基本的には駿府にいるが、必要があれば、あとを譲った秀忠のいる江戸城へと出かけたのであった。しかし、家康は決して隠居したのではなく、秀忠の背後にずっと隠れていたわけでは、決してない。多くの事柄が、家康の考えで決定されていたのである。

ついでに、余談になるが、日本の地名のなかに、「府」とか「府中」とつけられた所が多いのだが、この「府中」とは何か、とかつては思っていたのだが、古代の日本社会において、律令的な制度として、国司、郡司という官領があり、国家から任命されて、それぞれの国に派遣された官司がいた。国司は「くにのつかさ」とよばれて、ほぼ各地方の主要都市、現在の県庁所在都市のようなところにある国府の長官で、この国府を、府中と言っていたのである。郡司はいわば副官であるが、その国、その地方の有力者から選ばれたとされている。東京の府中は、多摩地方にあるが、これは江戸というところが開拓された最初期には、関東の重要な領域であったのだろう。

　昔々、わたしが通っていた武生高校というのが福井県の武生市という所にあった、武生市もかつては府中と言われ、「源氏物語」の紫式部の父親が国司として武生に来たので式部も武生に住んだという伝承があったが、武生は、古代、越前地方の国司の来る都市であったのだろう、だから「府中」とよばれていたのである。
★二月八日。伊達政宗、桜田の邸〔江戸城東南部の桜田門の外の武家屋敷か〕に、大御所〔家康〕、臨駕し給う〔やって来た〕。政宗、いかにもして、〔家康の〕御心をなぐさめ奉らんと、囲棋〔現在の囲碁〕の妙手、本因坊算砂、林利玄、中村道碩。象棋師〔現在の将棋の棋士〕大橋宗桂らを召し集め、御遊びを催す。
◎伊達政宗は、仙台の城主になった頃からか、家康と仲良くなり、彼の名まえはしばしば「実紀」に登場する。ここでも、家康の気分をもりあげようと、囲碁、将棋の名人たちをよんだ場所に、家康を招待している。囲碁や将棋は歴史が古く、将棋などは古代のインドあたりで始まり、西に行ったのがチェス、東に来たのが、日本の将棋とされ、囲碁などは、中国、朝鮮、日本で、同一ルールで闘われている（のだと思う）。筆者は将棋が好きなので、こんな記事も拾ってみた。日本の将棋は鎌倉時代頃の駒が出土しているから、当時、すでに流行していたのだろう。大橋家は江戸時代までの名人の家系だったようだ。
★同月十三日。きょうより四日がうち、本城、西城の間にて、観世、金春〔前出。ともに能楽の流派〕、勧進能〔一般社会で、寺社の勧進のため行われる能〕を仰せ付けらる。両御所〔家康と秀忠〕も、御座敷〔見物席〕を設けられ、諸大名にも皆、課せて〔命令され〕座敷を設けしめらる。よって、そのよしを高札〔市中などに建てられる告知の看板〕に書きて、日本橋、浅草橋、芝札辻、四谷札辻、神田明神前五所にたて、都鄙《とひ》〔街や村など〕の人、皆見る事を許さる。

◎江戸時代の武家の上層部の人たちは、しばしば宴会を開いて酒宴の席としたのだが、家康など、とりわけ、申楽や能を好み、宴席での芸能の披露を酒の肴に楽しんだのであったが、今回は、能の公演を、諸大名や、江戸市内の町民全体にまでこの勧進能を鑑賞する機会を与えた、というのである。江戸の民衆に公開されるのは初めて、であったのかどうか、この記事のまえに、家康の病気についての記事が多く、全快祝いの意味があったのかもしれない。この十三日の記事の終わりのほうに、

★同日。また、今年正月、城中にても連日、猿楽を催され、今はたかく勧進猿楽を許され、諸大名、桟敷《さじき》を課せられ、都鄙〔都市的な所と田舎的な所〕、農〔民〕、商〔人〕、男女、郡参せしめらるる。そのゆえ、いかにとなれば、去年より、大御所〔家康〕麻疾〔肺の病気〕久しく、癒《いえ》給わず〔治らなかった〕。

◎などとあるので、やはり病気全快の催しだったようだ。

●西洋と朝鮮

★二月十九日。松浦鎮信へ、西洋渡海の御朱印を下さる。

◎松浦は、伊万里焼で有名な伊万里と、長崎にも近い港であった平戸の中間くらいにある藩のようで、松浦鎮信は、その藩の大名であった。北九州の大名は、海外交易がどこも盛んだったようだ。

★同月二十日。去る冬より、この二月に至る頃、朝鮮講和の使い、来たるべしとて、その路々《みちみち》に、旅館以下構造〔構築〕せらるるところ、余寒激しく、海上、風荒れて、渡海延滞するよし、聞こゆ。

◎昔読んだ考古学の森浩一氏の本に、朝鮮半島へと向かう船が、博多湾を出ると、玄界灘の海がものすごく荒れていて、多くの船がここで難破したとあった。朝鮮半島の釜山に一番近い対馬に行くのも一苦労、とい

うことで、たとえば空海とか最澄の時代から、多くの留学生が中国へと渡ったわけだが、それぞれよく帰ってこれたなと思ったものだ。

◎この最初の朝鮮通信使の時だったか、二、三回目だったか、通信使とともにやってきた学者、中維翰の書いた『海游録――朝鮮通信使の日本紀行』(前出)が、第一回目の通信使の記録であったか、ともかく、朝鮮半島の国が、「文」の国であることを知っていた同時代の日本の各地の知識的な人たちが、この一行、とりわけ、この学者を歓待し、自分たちの書いた書や文章の添削を頼んだり、書を書いてもらうべく待ち構えていたのである。韓使は三人だったようだが、いっしょに来た人々は、四百人を超えていたというから、大掛かりな使者だったわけだ。もっとも駕籠かきとか、馬の世話をする人たちとか、使者以外の人が多かったのだ。幕末近くやって来たシーボルトの『江戸参府紀行』(前出)も同じく東洋文庫本で出ているが、シーボルトは科学者でもあり、日本を観察する視線がまったく違っており、対比的に読むと非常におもしろいのである。

●出雲阿国(?)登場!

★同日。また先に、勧進能ありし跡に、京より、国という妓《うたいめ》の来たりしをもて、歌舞興行を許されしかば、諸人群参して遊観する者(観客)、堵《かきね》のごとし。

◎これは、いわゆる出雲のお国とよばれる女性の集団で、出雲から出たとされるが、京都四条河原に舞台を造って、女歌舞伎なるものを始めたのであるが、前述のように歌舞伎などを含む、東アジアの芸能は、すべて男の領域に属し、まず若衆歌舞伎といって前髪を残した青年たちが女装して踊る舞台が生まれたりした。電子辞書の「広辞苑」には、女歌舞妓禁止の後を承けて行われ、とあるので、歌舞妓はやはり特異な女性芸能だったのだろうか。芸能の世界は多くを男が担当していたのは、日本だけでなく、朝鮮の男子党（ナムサダン）や中国の京劇も同様であり、東アジアの芸能の特徴を示している。そして、このお国歌舞伎の一団が江戸にもやって来て興行したようだ。前述した結城秀康がお国を自邸に呼んだ、とあるのは江戸市内であったのだろうか。ともかくもの凄い人気だったのであろう。押し寄せる観衆は、渚に打ち寄せる波のようだったとある。出雲のお国自身が来たのかどうかは定かでないし、むしろこのような女性芸能者が続々と出現した時代なのであろう。当時、歌舞伎といっても、彼女たちの演芸は、すなわち歌と踊りが中心の舞台であったと思われる。今まで排除されていた女性の芸能者が、江戸時代に一般化した、ということだろうか。昔、古典芸能の研究者の郡司正勝氏の全集なども買って読んだのが、もはや、すべて忘れてしまった。

●秀忠と行政

★三月十九日。〈たぶん、秀忠〉道路の制を令せらる。堤と河辺との間に、牛馬を放ち飼うべからず。道の外をみだりに往還すべからず。樹木、接ぎ木などに差しさわるべからず〈樹林や林を勝手にいじったりすべきでない、か〉。この令にそむくものは、曲事《くせごと》たるべしとなり。

◎秀忠の時代になると、戦争の時代は終わり、行政の時代になる。そこで、秀忠は、さまざまな法令を出し、社会生活がスムーズに展開すべく努力したのだと考えられる。幕府政治の潤滑な進行のため、以下、いろんな禁止令を繰り出している。これが江戸幕府政治体制を維持する最良の方法論と考えていた。土手と河原のあいだで牛馬を飼うことを禁じている。馬は古代以降、関東から東北にかけて飼育されることが多かったが、多くは河川地域で放し飼いにしていた。そのような所有者が明確でないような馬の飼い方はいけない、というのであろうか。あるいは河川の氾濫が牛馬を流してしまうことがあったからか。また道路を歩くものに対して、道路の外、というのは民家や畑や田んぼの拡がる土地か、ここを勝手に歩き回ってはいかん。生えている樹木をかってにいじったりしてはいかん。この命令に背くものは犯罪者として裁かれると、言っているのだろう。

◎家康が戦争時代を勝ち抜き、秀忠が、平和時代初期の行政を担当する。この構造は、室町幕府の足利尊氏と弟の直義《ただよし》の関係とよく似ている。尊氏は戦争の時代を生き抜き、直義が行政をつかさどった。このふたりは結局、けんか、というか戦争を始め、直義は敗退してゆく。江戸時代のふたりは、秀忠がたぶん従順で、関係は表層的にはうまく展開したように思われる。

●朝鮮との国交

★三月二十一日。〈対馬の〉宗義智、朝鮮の聘使〈他国を訪問する使い〉、呂祐吉、慶暹、丁好寛を引き連れて入洛するよし〈日本の京都に入ったこと〉駿府へ注進す。

◎対馬という、朝鮮半島東南部のたとえば釜山あたりから、非常に近い島の藩主であった宗氏は、朝鮮と日本の仲介役のような役割を務めていて、のちに朝鮮通信使が定期的に日本に〈江戸城に〉来るようになると、通信使一行の面倒をしっかりみて、みずから、江戸の幕府までついてきた。そのようすは、『海游録――朝鮮通信使の日本紀行』〈前出〉に詳しい。朝鮮通信使のグループには、知識人、文章や絵の有名人らしき人たちもいて、日本各地の、知識を需める人たちが、彼らの宿舎を尋ねて、自分たちの文章の添削を頼んだり、彼らの「書」を需めたりしている。そこには、明治以降の朝鮮人差別のような意識は、ほとんど感じられない。

学問に志す人々の交流を目の当たりにすることができるのだ。

★この月。韓使、来聘により、その饗宴のため、東海道に居城ある輩《やから》〔大名をいうか〕は、駿城修築をゆりて〔許されて〕就封〔「広辞苑」や「新漢語林」などに見当たらない用語であるが、自分の城にいること、そして朝鮮通信使の接待などができた、ということか〕せしめらる。

◎この記事で気になったのは、朝鮮の国家からの使いを、「韓使」と書いている点である。朝鮮半島の国家が、「韓」という字を使ったのは、古代の馬韓（百済）、辰韓（新羅）、弁韓（伽耶諸国）であり、紀元二百年頃である。それ以来、国名は変わり、三国時代（高句麗、百済、新羅）以降は、統一新羅、高麗、（李氏）朝鮮、そして、日本が朝鮮半島全体を属国化した時代は、大韓帝国、それ以後は大韓民国であって、「韓」という字が出てくるのが不思議なのである〔この国家名の変遷は、金両基監修『図説　韓国の歴史』（河出書房新社、一九八八）による〕。朝鮮という言葉と韓という言葉が、この半島国家に関して使われていたのであろうか。わたしは、朝鮮古代史以降はあまり勉強していないので、詳細は解らない。しかし違和感を覚えたのである。

●家康と書籍

★四月七日。林道春〔林羅山〕、江戸に参り、〔家康に〕初見し〔初めて会い〕、これより講書を聞こしめさるる事〔書籍の講読や講義を受けること〕、十五日の間に、黄石公の兵書〔前出の「六韜三略」〕、漢書〔中国が漢と言っていた時代を描いた歴史書〕の張良伝〔英雄的武将の話〕等を講説す〔林羅山が家康に講義しながら読んだ〕。また、〔家康が〕漢楚〔漢と後にできた楚という中国の国〕興亡の事績を垂問〔推問〕し給う。

やがて大学〈儒教の教科書になった本〉を講ぜしめられんと〈家康が〉仰せ出ださる。
◎家康は、日本儒学の近世的学者、林羅山を知ると、彼を講師として招聘し、講義を受けたのである。ここにあげられた本を見ると、中国の歴史書、兵法の書、儒教、儒学の基礎ともいうべき本などが、書かれている。わたしは、古代中国について勉強していた時代があり、司馬遷の「史記」あたりから、「後漢書」の前半くらいまでは読んだ（その成果は、拙著『漢民族とはだれか――古代中国と日本列島をめぐる民族・社会学的視点』（右文書院、二〇〇六）として刊行されている）。だが、一人勉強であって、家康のように日本一の学者による講義ではもちろんなかった。
◎前述したように、林道春というのは儒学者の林羅山である。彼は家康の時代から絶えずその周辺にいて、家康の知識研鑽の助手を務めてきたのだが、息子の秀忠にも中国書籍の講義をした。黄石公という人の兵法書は武人にとって必読の書であったようだ。「漢書」は漢の歴史を描いた本。その「張良伝」というのは、登場人物の話である。中国の歴史書は、ひとつの時代に関して、皇帝のこと、その時代の描写と分析、その時代に有名な人物伝（「列伝」という）の三つを取り扱ったもので、日本ではそれを真似て「日本書紀」などの、いわゆる「六国史」を編纂したのであるが、皇帝伝にあたる、天皇を核として歴史を述べた本のみ、書いたのだ、といわれている。漢楚興亡の事跡というのは、「漢」の初代皇帝となった高祖（項羽）と、「楚」という国の劉邦との攻防の歴史を描いた本である。「大学」は儒学の書であるが、読んだことはない。こんな本の講釈を秀忠に聞かせたというのだろう。しかし、徳川家康の和漢の書籍蒐集は膨大な巻数になると思われる。しばしば、そんな記事が出るからだ。こうした家康の個人的趣味を超えて、江戸幕府は朱子学を基本とし、とりわけ、上下の身分制度の構築を成立させてゆく。上層武家の決定を、下層武家が覆す、といった光景は見られなくなるのだが、江戸幕府が三百年近く存続できた根幹に朱子学があったろう、と思うのである。

●「吾妻鑑」の出版

★同日。足利学校〔の責任者？〕寒松に命ぜられて、東鑑《あずまかがみ》〔現在は「吾妻鏡《あずまかがみ》」と書かれることが多い本〕を活板せしめらる。これより先、相国寺の承兌、故、足利〔学校〕の三要に命ぜられ、校正せしめ給いけるを、こたび、広く世に行わしめられんとなり〔世間に流通させようと印刷されたのである〕。

◎勉強好きの家康については、すでに何度も触れてきたのであるが、家康は、鎌倉幕府の作った「吾妻鑑」には、武家政権の始まりの時代の原典であったこともあり、愛読していたという。さらに、家康は印刷による、複数の本の制作にも関心があって、世に「慶長版」とよばれ、家康が慶長年間頃、印刷、出版させた本を、一般社会に流通させていた。といっても読むのはごく少数の、武家や学者、僧などであったと思われるが。ともかく、日本の出版の歴史の中では、大きな役割を担ったのである。この活字による印刷は、豊臣秀吉が朝鮮侵攻によって獲得した、朝鮮の活字印刷の影響のもとにある。活字印刷はこの時、日本に登場したのである。

●朝鮮通信使

★四月十二日。朝鮮通信使、京着す〔京都に着いた〕。その人数四百六人。紫野、大徳寺を旅館として〔一行の宿舎として〕、〔京都〕所司代より饗応す〔歓待した〕。

◎海上航海の困難な時期だったのか、朝鮮からの講和の使いが来るはずだったのに、来れずに遅れているようだ。彼らの旅行は、朝鮮半島の釜山から船で対馬に着き、二、三日逗留し、壱岐の島で一、二泊し、北九州の博多に入港する。そのあと、北九州の海岸を船で進んで、下関のあたりから、陸上を歩いて、京、大坂を経て江戸に来る、という長い時間のかかる旅行であった。幕末のシーボルトは、下関から、確か、瀬戸内海を船で大坂まで向かったのではなかったか。船から見える、広島、岡山などの光景が、少しだけ描かれていたように思う。

★同月十四日。今日より、韓使へ京尹米〈所司代所有の米ということか〉を贈る。三使へ一石ずつ、判事へ五斗ずつ、上官三十人、三斗ずつ、中宮百五十五人、一斗五升ずつ、下官二百六人へ五升ずつ。別に薪炭茶、これにそう〈薪や炭やお茶なども与えた〉。三使は天瑞寺、上々官は総見院、奴僕、厮役らけ真珠庵、徳善寺に宿る。

◎先にあげた『海游録』などでもそうだが、朝鮮通信使の一行は四百何人という大人数での旅行だから、いろいろと大変であったろう。食料は、江戸幕府が担当していたようだ。それぞれ、身分に応じて差がある。そして、彼らは最終的に江戸城に来るのだが、将軍の、彼らとの対応は実にいい加減で、これは「海游録」の記事だったが、三分くらいの拝謁で終わってしまうのだ。これではあんまりだといえよう。

★四月二十四日。朝鮮人をして、京、東福寺、清水寺辺を遊覧せしむ。

◎このような歓待も、通信使を待っていたのである。

★閏四月六日。朝鮮人、京を発し、江戸に赴く。これは大御所〈家康〉の御沙汰として、まず、江戸の御所〈秀忠〉に拝謁せしむべきためとぞ、聞こえける。

◎朝鮮通信使一行は、まずは江戸をめざした。これは家康の配慮で、まずは二代目将軍に拝謁させるべく、江戸城へと向かわせたのである。彼は駿府城にいたから。

★同月二十四日。この日、朝鮮使、江戸に到着す。本誓寺をもて旅館とせらる。この夜、旅館饗〔宴〕行われ、翌日より米、薪《たきぎ》以下を給す〔供給された〕。

◎とりあえず、朝鮮通信使の江戸到着までの記事を集めて並べてみた。のちに、江戸城での、秀忠との会見の記事があるが、それはまたあとに記すこととする。

◎このあたり、ほかの記事としては、家康の長男で、豊臣秀吉の養子となった秀康のその後の活動と、その早い死の報告があった。秀康は、徳川家の後を継げず、幾分、悲劇的な印象も残しているが、そんなにひどいめにあったわけではない。ただ、家康もまた秀康の薄幸の生涯ともいえる短命を悲しみ、秀康のために殉死した武士たちをみて、殉死一般を禁止するべき法令を定めた。

★五月六日。〔対馬の藩主〕宗義智、朝鮮信使、呂祐吉、慶暹、丁好寛等を引き連れて、〔江戸へ〕もうのぼる〔やってきた〕。その王〔朝鮮王〕李昖が書簡をば、柳川智永をもって、大広間広縁に候す〔大広間の広縁の席についた〕。酒井忠世、〔その書簡を〕請け取りて御座左、唐織敷きし机上に置く。そのほかの献物〔将軍にさしあげる品〕、鷹五十連〔百羽か〕、〔高麗?〕人参二百斤、帽段〔?〕二百疋、白苧布〔?〕三十四、白綿布五十疋、黒麻布三十疋、花文席〔?〕二十張、白紙五十巻、青皮十張、虎皮三十張、豹皮二十張なり。かの国礼曹参判〔役職名?〕呉億齢より、本多正信にも書簡をおくり、虎皮三張、白綿布十四、白苧布十疋、油紙三張、花文席五張、広縁に置く。大広間上段に繧繝二間を設け、その上に錦の茵《しとね》を敷きて御座となし、御所〔秀忠〕、御直衣《おんのうし》にて出御《しゅつぎょ》あり〔登場した〕。聘使これより先、遠侍に伺候す。やがて、御使〔国使〕を待ちて三使、広縁を進み、中段に参り〔秀忠に〕拝し奉る。次に、上々官二人、下段に参り拝し、上官二十六人広縁にて拝し、中官は三十人、庭上にて拝し、中門の外へ退《しりぞ》く。三使の座は下段に設《もり》く。時に御簾《だれ》をおろし、御前〔秀忠〕には四方膳を奉り、三使には金箔たみし〔？　金箔で彩色した、か〕足折〔？〕をもて饗膳を給う。饗応の事は本多正信、大久保忠隣、酒井忠世、奉行す〔担当した〕。三使、御盃たまい、次に茶菓を饗し、〔対馬の宗〕義智その時宜をはかりて通事〔通訳〕にささやけば、三使、座を立ち拝謝して立ち、もとの殿上に伺候す。上官、中官、下官ふたたびもとのごとく出拝し退く時、正信、忠隣、忠世、中門の外まで送る時、互いに相揖す〔挨拶した、か〕。この日、上々官は次の間にて饗たまい、上官を遠侍にて饗せられしとなり。対馬守〔宗〕義智は緞子五十巻、油布五十端ささぐ。

◎長くなったが、将軍秀忠と、朝鮮通信使との、短い会見のようすを、本文そのままに書き出した。これは対等な国家同士の会見というより、やはり大国に小国があいさつに来たという感じが強い。なぜ日本国家は、あるいは日本人という存在は、アジア諸国の中でも、自分たちを特別な存在と考えるのだろう。わたしは、そんな思いがずっとしているのである。

★同月十一日。〔江戸幕府は〕朝鮮信使にいとまたまわり、その〔朝鮮の〕国王、李昖へ御返簡をおくらせ給う。

◎朝鮮通信使の一行は、将軍秀忠との会見を終えて、帰国することになった。

★同日、三使に銀二百枚ずつ、長刀五柄ずつ。上々官二人へ銀百枚ずつ、中官二十六人、下官八十四人へ銀五百枚、その下二百十六人、鵞眼五百貫下さる。

◎ある種、ポトラッチ作戦でもあったが、これらのポトラッチ以外に、秀吉の時代に俘囚となった朝鮮の人たちのうち、帰国を希望する者を帰国させた。また世話役、対馬藩主宗氏に馬二匹ほかの贈品がおみやげとなった。そして通信使たちに、家康のいる駿府に寄って帰るよう指示した、とある。そして「実紀」本文記ている。

事にも、通信使たちが駿府城に家康を表敬訪問したという記述がある。家康もまたポトラッチ作戦を慣行している。

★同月十四日。〔一日前の十三日に韓使、江戸を発す、という記事があり〕この夜、駿府宮崎町、失火す〔火事が起こった〕。その火に乗じ、賊等家々に押し入り、財宝を奪う。すべてこの頃、道路にてみだりに行人〔歩く人たち〕を殺害する者あれば、賞金をかけてその賊をつのりもとめしむ。

◎家康の本拠地でも、強盗が暗躍していた。厳しい取り締まりにもかかわらず、犯罪は、どんな領域でも起こってくる。こんな犯罪と無縁に、朝鮮通信使は家康にも会いにゆく。

★同月二十日。朝鮮信使、駿府城にのぼり、大御所〔家康〕に拝謁し奉る。人参六十斤、白苧布三十疋、蜜百斤、蠟百斤を献ず〔家康へのおみやげとした〕。

◎人参、朝鮮人参もしくは高麗人参は、当時から高級なもので、日本でももっとも偉い人物への、充分なお土産になっていたようだ。現代でも、本物の高麗人参は北朝鮮で獲れるので、高価という以上に手に入りにくいのであろう。

★同日。三使へ、鎧三領、太刀三柄、銀三百枚、上々官二人、刀二口、銀百枚、上官二十六人、銀二百枚、中官、下官、鵞眼五百貫給う。かの国の俘囚数百人、こたびの聘使に附して帰国せしめらる。

◎銀などのおみやげに、俘囚数百人とあるのは、駿府城もしくはその周辺にも、彼らを御土産用として拘留していた、とでもいうのだろうか。このあたり、不思議議である。韓使は、以後、京都から大坂に至り、大坂から船で朝鮮に帰国した、といったふうに書かれている。

★同月二十九日。韓使、入洛〔朝鮮通信使の一行は、京都に着いた〕。

●武家の犯罪

★同月二十九日。この月。島津家久〔薩摩藩主〕が使い〔武士たち、か〕、駿府にまかり〔来て〕滞留するあいだ、海浜に遊び、妓〔遊び女たち〕を船に乗せ、酒宴を催し、酔興《すいきょう》〔飲酒して遊びほうける〕に乗じ、たわむれたる様どもをせしを、築城のために集まりたる諸家の藩士〔駿府城、改築のため、各藩から武家や人夫を集めたのであろう〕、役夫らこれを見て大いに嘲り笑う。島津が使い〔武士たち〕大いに憤り、船よりあがりて、闘争に及ぶ。この時、衆人、皆、逃去《にげ》りしが、池田宰相〔たぶん岡山藩の藩主、池田光政〕の藩士ら残り闘い、ついに島津が使者を生け捕る。その後、かの使者を追い放たんとするに、使者が言う。我、かかる恥辱をこうむり、生きて人に面を〔顔を〕合わすべからず。ただ切腹すべし。さては我に敵したる者をも刑せらるべし、と言いて、奉行所に請うことやまず。よって上裁〔上層部の人の裁決〕におよびしかば、かの使者ふたりと池田の藩士、こたび築城の事にあずかる輩の長、一人とを戮《りく》せらる〔殺された〕。

◎島津家は薩摩の、池田家は備前岡山の、それぞれ大藩であり、駿府城の改築のため、藩主や武家や人夫たちが駿府に来ていたのだろう。このような藩と藩同士のけんかのようなことは、たぶんしばしば起こったのではないだろうか。たがいにメンツをかけて、闘争し、時に私闘にも及ぶ。ここでは、両藩の責任者と、築城関係者のひとりが殺されることになったというわけだ。

★この月。京〔都〕にて、大御所〔家康〕の御朱印を贋作して〔偽の御朱印を作って〕、〔京都〕所司代のもとに持ち来たり、人馬を課する者あり〔御朱印を見せて、馬その他を要求する者がいた〕。板倉勝重が屬吏〔京都所司代の板倉氏の配下の武士〕、これを見あらわして〔偽物であることを発見し〕、贋造せる者ならびに持ち来たりし者をからめとり、誅す〔殺した〕。
◎簡単に人が殺せる武器、つまり刀というものがまかり通っていた時代の悲劇のひとつである。

●朝鮮通信使

★六月十一日。韓使、大坂を出帆す。
◎朝鮮通信使一行は、大坂からは船による帰還となり、瀬戸内海から北九州へと船の旅を続けたのであろう。やはり、博多から壱岐、対馬、のように戻ることになる。徳川幕府は、朝鮮への国使は出しているが、朝鮮通信使のような大勢を動員した国使は出していない。これはやはり、礼儀を欠いていると言わざるをえないであろう。自分たちより、下位の国家と見ていたのか、あるいは「武」の社会を構築する徳川幕府にとって、「文」の世界である、当時の王朝（李朝）は、いつでも握りつぶせる、といった優位性を感じていたのであろう。

台徳院殿御実紀巻六

慶長十二年七月に始まり、十二月に終わる

●江戸幕府と秀吉の遺児、秀頼の確執

★七月三日。駿府城、落成せしかば、大御所〔家康、駿府城へ〕移らせ給う。この時、大御所は御齢《おんよわい》六十六にわたらせ給う。

◎家康は、江戸城から駿府城へ引っ越し、基本的には、江戸城の二代目将軍秀忠の治世の時代を確定する。みずからは、後見人であるが、実際はいろいろと家康の方針も大きく生きていた、といえる。

★同月九日。大坂〔城〕の右大臣〔豊臣〕秀頼公より、大御所〔家康の〕、御移徙《いし》〔江戸城から駿府城への引っ越し〕を賀して、来国光の刀、金十枚ささげらる。その奏者は〔両者の取次をした人〕、遠山利景なり。越前少将忠直朝臣よりも、使いもて国安の脇差、銀二百枚、綿五百把、献ぜらる。

◎儀礼的やり取りが、豊臣秀吉の遺児、秀頼と家康のあいだで交わされた。この時点で、秀頼はまだ存命であった。秀頼の悲劇は間もなく訪れる。

★同月二十六日。和州〔大和の〕多武峰《とうのみね》、大織冠〔藤原氏の始祖ともいえる藤原鎌足〕の像、破裂し、血臭〔血の臭い匂い〕甚《はなはだ》しきよし、注進あり。これ、尤も天下、大凶の兆《きざし》と聞こゆ。また、そのあたり、深山にては夜々、攻城〔城を攻める〕野戦の声す。そのゆえ、何たる事をしらず。土人〔そのあたりの住人〕、大いに恐怖すという。

◎藤原氏の祖先の鎌足の墓は、奈良盆地に多武峰にあって、この山に異変があることは、天下に異変があることの前触れ、つまり予兆であった。藤原鎌足の像があったのかどうか、知らなかったが〔鎌足を祀る談山神社はあった〕、その像が破壊され、血の匂いがあたり一面に広がり、そのあたりの住民を天下異変の不安でいっぱいにしたという。銅像なら、血が流れるはずもなく、これらは、豊臣時代から徳川時代への転換を感じ取っていた畿内の人々に、言いようのない不安感を生み出していたのだろう。大坂冬の陣、夏の陣が迫っていたのである。

★八月四日。豊国の社〔豊臣秀吉の霊を祀る神社〕に、広橋兼勝卿、勧修寺光豊卿〔朝廷の貴族〕の両伝奏〔天皇のお使い〕参向して〔お参りして〕、勅額〔天皇直筆の額〕をさずけらる。〔中略〕大坂〔城〕よりの代参〔秀頼の代わりの人〕、片桐貞隆も拝し〔拝《おが》み〕、惣神巫〔神主や巫女たちすべて〕みな拝す。大坂より両卿へ銀十枚、袷《あわせ》一、絹《きぬ》二、帷子《かたびら》二おくられしとぞ。

◎豊臣秀吉の遺児秀頼と彼を支援する武家がさまざまにいたのだが、彼らにとって、秀吉の霊を祀ってある豊国神社は、いわば豊臣氏繁栄の象徴（シンボル）ともいうべき神社で、この神社への時々の参詣は、彼らにとって必須の行事のひとつであったろう。これらの記事は、しかし残念ながら、豊臣家滅亡の兆しともいうべき、最後のあがきにも似ていたと思う。

●アジア諸国、西洋との通交

★八月四日。加藤清正へ西洋渡海の御朱印。堺木屋彌三右衛門へ暹羅《せんら》渡海の御朱印、林三官へ西洋渡海の御朱印を下さる。

◎この記事には主語がないが、一応、二代目秀忠も、家康の方針を守り、アジア諸国や西洋渡海の御朱印を発行している、と理解しておけばいいのか。あるいはやはり、家康の御朱印か。加藤清正は秀吉の家臣だったが、秀吉の死後は家康のほうについたようだ。そして海外交易のような方面でも活動していたのだ。なお、電子辞書の「新漢語林」によると、この暹羅国は、シャム、現在のタイであろう、とあるのだが、あたっているような気がする。柬埔寨が、わたしの推測のようにカンボジアであれば、アジアの中国の南部に接する主要な三国はすべて登場するということになる。

★同月二十八日。安南渡海の御朱印を某弥七郎へ下され、西村隼人へ柬埔寨渡海の御朱印を下さる。

★九月四日。有馬晴信に、占城渡海の御朱印を下さる。
★同月六日。浦井宗普に西洋渡海の御朱印を給う。
◎この西洋がどの国を指すのか、まったく解らない。
★十月十六日。明人〈中国が明《ミン》と名乗っていた頃の人、中国人〉五官〈役人か〉へ、田弾〈どこの国か不明。編注・韃靼《だったん》のことか〉渡海の御朱印を下さる。
★同月十八日。暹羅渡海の御朱印を、島津家久〈薩摩藩の藩主〉に下さる。
◎中国人に、日本国家が御朱印を出すというのも変であり、薩摩藩の藩主、外様とはいえ大大名もまた、交易による利益を考えているのも不思議だが、薩摩は琉球〈沖縄〉との交易もあり、海外に注目していたというわけか。

●光物出現

★九月五日。この夜、洛中〈京都市内に〉光物現れ、〈比〉叡山より南方へ飛行す。同時、駿府にも同じく光物あり。その他、諸国にも見る者多し。
◎比叡山は京都の北部にある。京都と駿府と、同時刻に光る物体が空を飛んだという。なにかの予兆であって、多分に大坂冬の陣、夏の陣の前触れ現象のように、知覚されたのだろう。そして諸国の人々も、畿内における異変を感知していたのであろう。

●秀頼の霊感？と、大坂方面のざわめき

★九月二十日。また豊臣右府秀頼公、北野社を修造せらる。この頃、大坂にてしきりに霊社霊地を修造せらるる事あり。右府〔秀頼〕幼稚なれば、みな生母大虞院の祈願をこむるゆえあるなるべし。これにより、かの母子、霊夢祥瑞、しばしばなりと、京摂〔京都と摂津（大坂）の土人〔そこに住む人たち〕、巷説〔街で話されていること〕洶々《きょうきょう》なり〔もっとも盛んである〕。

◎これは秀頼側の、自らの滅亡への予感が、霊社などとされる神社の修築や、街の評判に現れているのであろう。気の毒な話である。ある権力者は全員、全盛のうちに幸福な最期を迎えられるわけではない、という教訓でもあろう。

★十二月十三日。京〔の〕北野天満宮、遷宮あり。大坂、右府秀頼より、造進せらるる所なり〔秀頼が造って、天皇（？）に差しだしたのか。北野天満宮は御存じのとおり、恨みを残して死んだ菅原道真の霊を祀っている神社である。ここを、秀頼が、自分と同じ人のように感じて、この神社を新築したのであろうか〕。

★同月十八日。関東山伏の先達ども〔トップを行く人たち〕、入峰の時〔最初に山に入る時、天台、真言両宗の僧侶より、役銭を取り来たりしに〔はっきり解らないが、山に入る時に「入山料」みたいに金を取るのだろうか〕、近年、僧侶これを出さず。また、穢多〔被差別部落の人たち〕ら寺院に至り、葬具を持ちかえる事なりしに、近来、これも僧らおさへて与えざれば、穢多ら、業を失うにより、山伏ら訴状をさゝげ上裁を仰ぐ〔上からの決定を願う〕。よりて本多正信がもとにて、双方、対決せしむ。谷全阿弥某、その席に出でて、これをあずかり聞く。しかるに武州〔武蔵国、現在の東京〕浦和〔の〕玉蔵院看海、弁論するところ、確據《かっきょ》詳明にて〔しっかりしていて〕、僧家〔僧侶〕の典故〔典拠となる故事〕を説破しければ〔説き破れば、

論争して勝ち〉、山伏ども詞〈ことば〉屈して〈返す言葉がなくなり〉、ついに山伏の非據となりぬ〈山伏たちが負けたことになった〉。看海が弁説、明白なるよし聞こえあぐ。

◎ここでは、山伏ら修験者《しゅげんしゃ》の敗北ということになっているが、わたしは、「穢多」という言葉の出現に注目した。「実紀」にほ、前にも出てきたが、ここでは彼らの職業も現れ、より具体的に登場している。現在では、「穢多」という言葉は差別を助長する用語とされ、一般に使われなくなった。わたしは、彼らの存在と歴史について、純粋な関心と、被差別社会研究の対象として考えてきたので、差別感などはまったく持っていないので、あえて引用文のまま、とさせていただく。

前に浅草弾左衛門の話があったときも同じ発想であった。被差別的世界に関心を持ち、横井清〈お喪くなりになった〉先生の『中世民衆の生活文化』その他、中世史の網野善彦氏の諸論文が、あるいは沖浦和光氏の、野間宏氏との対談集『アジアの聖と賤』『日本の聖と賤』、沖浦氏のたくさんの被差別研究書などとの出遇いと、勉強によって、被差別社会は自分の研究範囲にも入ってきたのである。弾左衛門に関しては、塩見鮮一郎氏の労作の長編小説『浅草弾左衛門』その他もある。

まあ、それはおいて、ここの記事を読むと、山伏という修験者と、彼ら被差別民のあいだに、たぶん葬礼、葬式、死体を埋めるという儀礼や実際作業を媒介にして何らかの繋がりがあったようにも受け取れるが、山伏、修験者と被差別民を結びつけた記述は初めて見たと言ってもいい。人間の死体を焼いたり、地面に埋めたりする作業をする人たちを隠亡《おんぼう》と言って、これは被差別民の仕事のひとつであった。ここでは、山伏が、被差別民のかわりに僧侶の非礼を訴えたのだが、この記述の最後は、山伏たちの敗訴になったと書かれている。

電子辞書の「ニッポニカ」によると、山の修行者であった山伏たちは、近世以降、遊行を禁止され、町や村に定着して、巷の祈禱師的存在になった人たちもいた、とある。たしか、近松門左衛門の人形浄瑠璃「女殺し油地獄」を映画化したものだったが、呪術者のような山伏が呪医として、商家のなかを自由に出入りしていたように思う。わたしは、奈良県の最南部の吉野に行き、ある大きな旅館に泊まったことがあったが、大広間で現代の山伏たちの一団に出遇ったことがある。もちろん、現代の趣味人たちの山入りであったのだろうが。単に山好きの人たちが宴会を開いていたのか、あるいは、現在も修験道のような宗教者もいるのだろうか。

●キリスト教禁制のその後

★十二月二十九日。近年、天主教〈キリスト教〉、盛んに行われ、〈家康の居城のある〉駿府にても、その教えに入る者多く、所々に寺院を営み〈キリスト教会を作って〉、法を説くもの、神祇を罵《ののし》り、仏法を誹謗し〈神社宗教や仏教などを排斥した〉、神社にいばりし〈小便をし〉仏像を焚《や》き、暴逆〈虐〉いたらざる所なし〈暴虐が行われない所はない〉。ほとんど、国を乱らんとする萠蘖《ほうげつ》〈芽生えること、発生すること〉すでに生ずると知らるれば、大御所〈家康〉聞こし召し、大いに御心をなやまし給う。

◎家康の根拠地であった駿府でも、キリスト教に入信した者がいたくらい、キリスト教は静かに日本の各地に広がっていたのであろうか。キリスト教が禁じられた秀吉のあたりから家康のあたりまで、次第に衰えているか、と思っていたのに、そうではなかったのだ。貧しい民衆にとって、キリスト教という異国で始まった宗教がなぜ、そんなに魅力的であったのか。日本の仏教でいえば、鎌倉仏教になってから、それ以前の天皇から皇族、貴族たちの寄進によって、多くの荘園を持ち、充分に裕福になっていたこともあり、仏教信者の対象を、一般民衆へと拡大し、浄土真宗の本願寺などが、巨大な陣容を誇る大寺となってゆく。しかし、宗教が信者からの喜捨や寄付金によって成立しているのであって、民衆からお金を取らなかったはずはない。が、鎌倉時代以降は、民衆の側に立っているという「幻想」を、寺院は構築してきたであろう。

キリスト教は、まず、貧しい民衆に接近したため、多額の喜捨を要求せず、民衆を安心させたのかもしれない。また、病者に対して、あたかもこれを救うのがキリスト教の神である、との信仰を植えつけたのかもしれない。キリスト教宣教師たちは、一方で民衆に接近し、しかし実は、キリシタン大名になったような、富裕者、武家、有力武家、大名などの領域にも接近し、彼らをも信者にしていった。無神論者の自分などには解らない魅力もあるのであろう。

●武家の犯罪、あるいは「不幸」

★同月二十九日。この月、伏見にて御家人稲葉通重ら〔以下の武家たちの名まえは略す〕、士籍を削らる〔武家、御家人の資格を剝奪された〕。こ〔れ〕は、京洛の富商、後藤ならびに茶屋らが〔の〕、婦女〔妻や娘たち〕、祇園、北野辺を逍遥せしに行きあい、ゆくりなくその婦女をおさえ、しいて酒肆〔酒を飲ませる店〕に誘い、酒を飲ましめ、従者らをば、そのあたりの植木に縛りつけ。刀を抜き、もし声たてれば伐《き》りて捨てんとおびやかし、黄昏《たそがれ》に皆、迯《に》げ去りたり。酒肆の者、これを見知りて、訴え出でければ、かく命ぜられしとぞ。

◎犯罪としては、ごく軽いもので、盗みや殺しなどはなく、いたずらと言ってもよかったが、士籍を剝奪された、という。厳罰で、それはそれでいいと思う。実は、家康治世の武家社会の窮屈さのなかで生まれる犯罪は、意外に多かった。これらの犯罪を紹介したいのだが、家臣同士の喧嘩のばあい、殺人などに至る過程は複雑で、記事も長く、あまり紹介できないでいるのだ。

★同月。福島正則、その子、正之が近来、所行ただならず〈行動がおかしかった〉。ひとえに狂気の致すところに似たりと訴え、幽閉せしめしが〈屋敷に蟄居させていたが〉、正之はこののち、遂に餓死すという。

◎もと豊臣秀吉に仕えて有名だった福島正則が、息子の言動がおかしいので、家に閉じこめておいたところ、餓死したという。蟄居いきなり餓死はおかしいが、食事を与えなかったのだろうか。あるいは自分で食べなかったのか。親子ともに、ややおかしい、そんな話である。

●角倉了以の土木工事

★同月。角倉光好〈剃髪、了以と号す〉、富士川の舟路を開き、駿州〈駿河の国〉岩淵より、〈山梨県の〉甲府に至るまでの運漕〈船の道、水路〉を通ず。国人《くにびと》皆、これを便〈利〉なりとす。また仰せにより、信濃国、諏訪より遠江《とおとうみのくに》国掛塚まで、天龍川通船の事をも勤《つと》む。

◎角倉了以の、道路や水路を開いた話は前に出たが、その活動はもともと関西地方で行われていたのだが、家康のお声がかりであろう、今回は、関東に近い駿河のほうまで拡がってきたわけだ。彼の主たる活動は海外交易であったが、なんでもできる人間だったようだ。

台徳院殿御実紀巻七

慶長十三年〔一六〇八〕正月に始まり、六月に終わる

●秀頼、病い

★二月二十七日。大坂の右府、秀頼公、痘瘡《とうそう》〔皮膚病だが、軽い病気でもないようだ〕を悩まれしが、難治〔治りにくい〕のよし聞こえければ、西国、中国〔九州から本州西部〕の諸大名、世上をはばかり、ひそかに〔秀頼の〕けしきをうかがう中に、福島正則のみ、速《すみ》やかに大坂に馳せのぼり、日々、左右に看侍す〔看護しながら見守った〕とぞ聞こえける。しかるに右府のなやみ、やや快《こころよ》くて、酒湯の式〔痘瘡の治療か快癒の祝いとして、酒を入れた湯を浴びる〕、行なわる。

◎ここに秀頼を右府というのは、右府は右大臣の中国での呼び方、つまり秀頼は天皇から、右大臣の位をもらっていたのだ。だから右府、とよばれている。秀頼が痘瘡を患うと、かつての主であった豊臣秀吉の息子であるから、のち、西軍側についた大名たちも、家康の眼が光っているため、容易に、見舞いにも行けなかった。ところが、その中でも、福島正則は、遠慮しがちの諸大名と違って秀頼につきっきりで世話をした、というわけだ。そして快癒の祝いとして酒湯を浴びたというたわいのない話である。しかし、ここには武家の倫理というものが大きく働いているのである。福島正則は義理堅い武家だったようだ。そして世を憚った大名たちも、結局は西軍の武将となって、家康と戦っている。これはやはり、武士の魂というもののありようであろう。

★同日。《世に伝うるところ、右府〔秀頼〕のなやみ、大事に〔大変なことに〕聞こえしかば、諸寺、諸社〔寺

院や神社〉に、奉幣、祈禱、もっぱら行わる。北野の御神〈北野天満宮〉奇特の霊験ありと、巷説せりとぞ〈巷では、北野神社に参れば、すぐ治るであろうと騒がれた、という〉。

◎北野天満宮の神、菅原道真も時の権力者との抗争に敗れた不運の人であり、秀頼も出てくる時期が悪かったというか、家康と出遇わなければ、秀吉と同じく関白になり、日本一の存在になっていたろうから、病気の秀頼のすがりつくべき神社は、北野天満宮であったというわけだ。

★四月二十三日。子刻《ねのこく》、光物あり。北より南をさして飛び去る。

◎はたして、この光る存在は、秀頼にどんな運命を告げたかったのか。北から現れて南に去った。後醍醐天皇の時は、東北から北畠親房がやってきて〈光であった〉、この天皇を一時的に救い、後醍醐天皇は、彼を支援する武家たちと南下して、鉱山の連なる吉野のあたりに南朝を構えたのであった。秀頼を、やや北方からやって来て支援したのは、真田幸村であったし、西国大名が彼を助けようとしたので、大まかには、北方からの光と、南方での支援の光とも言いうるのであるが。

●**佐渡および奥州、北海道の鉱山**

★この月〈四月〉、大久保長安は銀〈鉱〉山、撿断〈鉱山の探索〉の仰せを〈家康か秀忠から〉蒙り、去年より佐渡に押し渡り、銀鉱を穿つ〈掘る〉といえども、海水多く鉱中〈銀を発見するべく掘った穴、鉱道〉に入りて、功をなすことを得ず。また奥州南部〈現在の盛岡あたり〉及び、〈北海道の〉松前辺り、金山ありとて佐渡より鏨工ら〈鉱山を掘る人夫たち〉競い赴くといえども、松前にては粮〈食料〉乏しきがゆえ、飢兆〈食料危機の予兆〉なりとて、領主松前慶広の境に〈松前藩の中に〉工人を入れる事を許さず。

◎大久保長安は、金山や銀山などの鉱山の発見や発掘によって財をなし、江戸幕府にも大きな利益ももたらした人物であったが、今回の佐渡と、東北ではそれほど、うまくいかなかったようだ。山中に鉱山を捜す人、鉱山師を山師とも言ったが、鉱山を発見できるかどうか、磁石などを使って、地中の鉱脈を捜すのであろうが、幸運、不運に左右される仕事であろう。水上勉の古い小説『死火山系』が、そんな鉱山を背景に書かれた小説であった。

●駿府と歌舞伎

★五月。またこれより先、水野勝成、京〈都〉より歌舞妓《出來島隼人と字《あざな》す、という。〈歌舞伎役者の芸名だろうか?・〉》を引き連れ、駿府に下り、その芸をなさしむ。男女群聚《ぐんしゅう》〈群集と同じ〉して、国中をかたぶく〈みんなが夢中になっておかしくなった、か?・〉。これより先、府中〈駿府の町全体が〉、舞妓多くつどい、士人〈府中の人々〉争論を引き出し、静かならざるにより、令して〈命令して〉府中の歌舞妓を追いはなたしめらる。

◎家康は、府中の町が過剰に騒ぎ立て、これをやばいと思ったか、歌舞伎興行をやめさせた、とある。案外、偏屈ものだったんだな、家康は。秀吉なら、毎日、歌舞伎小屋に入り浸ったのではないかな。というより、家康の使命は、江戸という日本史の中では、まだ未踏の地でもあったような領域に、一大居城と都市を形成することであり、うかうかと遊び呆ける生活は考えられなかった。彼の学問好きは、江戸の将来を安全に確定する事でもあって、遊び呆けている「現在」ではなかったのだ。もっとも、この歌舞演芸のはやった地は、江戸ではなく駿府であり、そこまでかたくなになることもなかったのでは、とも思うのだが。

台徳院殿御実紀巻八

慶長十三年七月に始まり、十二月に終わる

●アジア諸国との通交

★七月十四日。呂宋〔から〕の書簡を読ましめて、聞こし召さる。圓光寺長老崇伝〔金地院崇伝〕して、御返簡〔ご返事〕を製せしめらる〔書かせられた〕。甲冑二領、長刀五柄、遣わさる〔贈らせた〕。

◎この呂宋《ルソン》、すなわちフィリピンとの交渉に臨んでいるのは、二代将軍秀忠ではなく、やはり家康であろう。秀忠も当初は、家康の方式に従って、アジア諸国との通交を拒絶していなかったが、ここで、崇伝とあるのは、金地院崇伝という僧侶で、家康時代、林道春〔羅山〕とともに、家康の知恵袋、政治的バックボーンとして活動していた人物であった。とりわけ崇伝は、アジア諸国の国王への手紙を、家康に命じられて作成する係でもあり、珍重されていたのだが、秀忠時代にも、崇伝は、家康時代同様の活動をしていたようだ。多分、アジア諸国の国王とのやりとりの手紙は、中国漢文で書かれたもので、当時の日本の知識的な人々にとっては、それほど困難な作業ではなかった。『異国日記抄』〔村上直次郎・校註、発行者兼印刷者として島連太郎、明治四十四年発行。口絵に金地院崇伝の画像がある〕には、そのような書簡が残っていた。わたしもその本を所持しているが、編集が丁寧でなく、だれからだれへの書簡なのか、本文を読まないと解らない。一般読者向けの本でなく、わたしも途中で読みやめている。これは少し残念なのであるが。

★同月十八日。この日、呂宋王より、金襴五端、緋緞子三端、繻子《しゅす》五端、猩々緋一丈一尺、いそばにや〔イスパニアであろう〕酒二壺捧げ奉り〔贈られてきた〕、かぴたん緞子〔オランダ船の船長〔キャプテン〕のもたらした緞子〕、長蠟燭五挺、綸子三端、伴天連手巾三、玻璃器五、るいす縮紬十端、金襴二端、綸子一端、〔幕府から呂宋王へ〕奉る。
◎たがいのポトラッチ以外で使われた物品が羅列してある。日本からの贈品に、伴天連手巾という、キリスト教的名称の物品が混じっているが、あまり、抵抗感がないようだ。るいす縮緬のるいす、ルイスは、推定できない品である。
★同月二十日。柬埔寨王より、奇楠香一束、同一木、砂糖六桶、蠟四包、象牙二本まいらせ奉る。
★同月二十五日。圓光寺崇伝をして、柬埔寨王の書簡を読ましむ。
◎崇伝は、柬埔寨王からの手紙を読んでいる。これも漢文だったのだろう、それ以外のアジア諸国の文字（たとえばタイの文字とか）は読めなかったと思うのだが。
★八月六日。この日、呂宋国の船、相州浦賀の湊《みなと》に着し、書簡ならびに方物を獻ず。御返簡には、交易のため、その国〔呂宋〕に渡海する我が国民ら、もし不良の挙動する者は、その国法〔呂宋の国法〕のごとく処置すべしとの御旨なり。また柬埔寨王に御返簡をつかわされ、刀脇差、各《おのおの》五ずつ、馬二匹贈らせられ、王の舅《しゅうと》某にも馬一匹下さる。呂宋王へも御返簡ならびに太刀二柄、甲冑二領下さる。
◎日本刀などは、中国系の刀と違って、反りが入り、片方に刃がつくもので、中国やアジア諸国でも珍重されたのであろう。中国の剣などはまっすぐで両刃、両側が切れる刃がついた、ヨーロッパの剣と同じようなものであった。また馬はアジア北方の特産物であり、これも珍重されたと思われる。ともかく、いつまで続くのか、アジア諸国との通交は、国王との書簡のやりとりなど、国交に近い状況になっている。日本が鎖国体制になった時、アジア諸国との関係はどうだったのか、その辺、現在、知識がないので個人的にも知りたいところである。

●浅間神社の申楽見物

★八月二十七日。浅間の社にて猿楽〔申楽〕あり。両御所〔家康と秀忠〕ともにならせられ〔浅間神社に行かれて〕、御覧じ給う。翁、三番叟。加茂、通盛、熊野《ゆや》、鍾馗《しょうき》、千寿、重衡、天鼓、善知鳥《うとう》、葵上《あおいのうえ》、是界〔?-〕、自然居士《じねんこじ》、養老。観世、宝生、金春《こんぱる》、金剛ら、ことごとくつこうまつる。崇伝、三要〔?-〕、梵舜〔僧〕らも陪して〔横に置いて〕みせしめらる。

◎申楽は、江戸時代の武家たちのもっとも好んだ演芸のひとつで、江戸城その他の場所で宴会などの時は、能楽師たちがよばれて、演じたものである。ここで、翁から養老までは、申楽（のちに能とよばれた）の曲名、観世から金剛までは、能の流派であり、有名役者でもあった。家康と秀忠の両者が参詣したのだとすると、ここに描かれている浅間神社は山梨県笛吹市にある神社であろう。電子辞書の「日本歴史大事典」によると、延喜式に載っているような由緒ある神社で（「式内社」という）、家康や秀忠はここまで出かけて、この申楽を観覧したのであろう。甲府城は、徳川家と深い関係があるようで、甲府までは家康たちも気軽に出かけたのかもしれない。ここでは、武家の好きだった申楽の記事を紹介した。私的な話になるが、わたしがむかし知り合いだった金剛さんという女性がいたのだが、自分は伊豆の金剛流の家元の娘です、と自己紹介してくれたことがあった。しかし残念ながら彼女は女性だったので、能楽師になることはできなかったのであろう。能もまた、男性が演じる芸能で、〔当時は〕女性たちは排除されていたのだと思う。

●大名の領地替えはしばしばあった！

★九月二十五日。松平康重、常州〈常陸の国、茨城県北部〉笠間より、丹州〈丹波国、京都府と兵庫県にまたがる地域〉篠山に転封せらるるがゆえに、条約を授けらる。諸士以上、ひとりも残らず召し具すべし〈連れて行け〉。新抱えの小者、中間《ちゅうげん》は、新封の地まで召し具し、その後は、その〈彼らの〉心に任すべし。農民、この以前に〈移動する以前に〉亡命せば、曲事《くせごと》たるべし。種借りの事は、金銀米銭をもって返辨〈返済〉すべし。租税、未進のことは、この後、納めるに及ばず。夫馬〈それ、馬の、と読ませるか？ 不明〉のこと、たび たび転封の例たるべし〈問題になる、と言っているのか？〉。先納の賦税は〈松平〉康重の券〈？〉に任すべし。年期、賦税のために役するところの〈使っている、労働させている〉男女、米銭をかえしなば、本主〈もとの領主か〉に渡すべし。転封にて、領主、農民、みだりに竹。木、伐取るべからず。領内、転封により空宅となりし地の園垣を破るべからずとなり。

◎江戸時代、とりわけ初期には、諸大名の領地を替えるということは、少なくなかった。戦国時代に大名や武将たちの領地は決定され、人それぞれに先祖からの土地を領有できた大名や、大きく転地したり、させられた武家も多かった。家康自身、いろんな過程をたどって、江戸に入り、かつて太田道灌によって建てられたという江戸城を再興して、この地に住み着くことになったのだ。しかし、この転地にともなう法令は、どれもおおざっぱで、多分に今後、いろんな問題を内包していたのではないか。領地とともに移動を余儀なくされた農民たちの租税などは、その大名が責任をもって処理するべきで、移動先まで借金その他を抱えていく、というのは、武家や大名の勝手で移動させられた農民には、大きな迷惑であった。このあたりは、転封というやり方があまりに性急過ぎて、問題をいろいろ残したのでは、と想像される。新しい用語も使われ、理解できない箇所も多い記事であったといえる。

★〔同月〕。また駿府にて無頼の者、夜な夜な、市中を徘徊し、路人〔道を歩く人たち〕を殺害すること絶えず。よりて賞金をかけて、その賊をつのりもとめらる。

◎こうした慌ただしい江戸国家体制の展開の初期にあって、親藩大名でさえ、なにかにつけ、自分の領地を、遠く離れた領域まで移されてしまう、という時代において、武家たちのみならず、街の人々もまた、なんだか落ち着かない気分で毎日を過ごしており、体制からはみ出してしまう人たちもいたのであろう。苛立った町の人々、武家から町人、男女の間に、さまざまな問題が起こり、かつ制度からはみ出す、すなわち、犯罪の領域へと足を踏み出してしまう人も生み出されていたのだ。始まりの時期、というのはとりわけ、こんなふうであったのだろう。

★〔続き〕このほど、京〔都〕にては、谷衛友の子、某《なにがし》、蜂屋某《なにがし》孫某と喧嘩して、谷は蜂屋を討ち果たし、逐電す〔逃亡し行方をくらました〕。

◎京都もまた大都会であって、都市特有の犯罪も多かったのであろう。ここでは武家による殺人が起こっている。すさんだ世の中であったが、しかし、都市のある一面は、いなかでは起こらない犯罪が頻出した、ということで、「実紀」の記事にも犯罪は多い。

●秀頼情報

★十月二十二日。京にて、大仏殿、手斧はじめあり。大坂より、右府秀頼公の沙汰として、再興あるによりて、片桐且元、雨森某、奉行す。

◎京都大仏、というものを知らなかったのだが、ある時代までは奈良の大仏同様、多くの仏教信者を集めていたのであろう。電子辞書の「ニッポニカ」によると、京都市東山区にある天台宗のお寺は、京都大仏殿とよばれていたようだ。豊臣秀吉が造ったが、慶長一年（一五九六）の大地震で倒壊したという。そしてこの記述によると、家康の指示でもって、秀頼がその再興をめざした、とある。現在は寺院の建物が残るのみ、と書かれている。「ニッポニカ」の文章と、「実紀」の記事を読むと、家康は、秀頼の父による建造寺院および、大仏の再興を、秀頼に示唆している。そういう意味では、しっかりと気を配っているように思えるから、家康という人物の内実が解りにくいものがあるともいえよう。

●通貨制度

★十二月八日。永楽通宝〔の流通、あるいは使用〕を停禁せらる。その令に言う。永楽〔通宝〕一貫文、鐚《びた》銭《せん》〔永楽通宝以外の銭貨〕、四貫文に充《あつ》べし〔あてるべき〕。ただし、今より後、永楽〔通宝〕は一切、停禁し、通用すべからず〔通用させてはいけない〕。金、銀、鐚銭《びたせん》〔の三種〕でもって通交すべし。金一両に鐚銭四貫文をもって換《かえ》るべし。また、鐚銭《びたせん》みだりに使うべからず。ただし、鉛銭、大われ〔価値が下がった？〕、形なし〔銭貨の文字がつぶれて明確でなくなった。あるいは通貨として見捨てられた？〕、新銭、へいら銭〔？〕、以上、五品のほかは、滞《とどこお》らず通用すべし。この令、違反するにおいては、曲事《くせごと》たるべし、となり。
◎ところどころ、よく解らない表現があるが、ともかく、「永楽通宝」は、中国を明《みん》といっていた時代に作られた貨幣であり、これが日本全体に流通していたわけだ。そこで徳川幕府は、「寛永通宝」を作って、これを貨幣流通の基本としたのである。寛永十三年（一六三六）にこれを作ったので、幕府が始まって三十年くらいあとからの鋳造となる。そして、永楽通宝の流通にストップをかけ、すでに流通していた日本産の、金や銀の銭貨と寛永通宝などを使用するようにしたのであろう。これらに一両、という単位の貨幣もあり、これらについてはなかなか、明確に捉えられないのである。喜田川守貞の「守貞謾稿」〔岩波文庫では『近世風俗志』と題している〕〔前出〕に、通貨のことは詳しく、絵入りで書かれているのだが、それにしてもよく解らないのである。江戸と大坂では、金本位制と銀本位制という違いがあり、両者を介在する両替という商売があった、などということも昔読んだ本に書かれていたように思うし、日本の通貨制度は明確ではない。

★同日。これは小田原北条、関東八州を押領する時〔多分、北条氏が源頼朝を援助して鎌倉幕府を作った時代のことを言っているのではないか〕、天文十九年〔一五五〇〕より高札を立て、関東にては永楽銭のみ通用すべしと令したるよし。いつとなく関東は永楽銭のみ、上方〔関西方面〕は鐚銭のみ通用せしに〔通用していたのを〕、当家〔徳川家〕一統〔幕府を作って治世〕せさせ給うに及んで、関東にても永楽〔銭〕、鐚〔銭〕を取り交《まじ》えて通用する事により、永楽一文をもって鐚銭四文、五文に替え、用《もち》ゆるに至る。農、商〔の人〕など、その善悪を争いやまず、騒擾〔騒動〕を引き起こすこと、度々《つどつど》に及びしかば、かく停禁せられしとぞ。また、この令を〔慶長〕十一年の十二月八日なりとす。

◎徳川幕府になってから、銭貨の価値の統一というのか、永楽銭と鐚銭の価値のしっかりした差別化を制度化したのである、といわば自慢か宣言しているようでもある。しかし、江戸時代の貨幣価値のみならず、経済的な諸問題については、不勉強のため、正直言って、よく解らないことが少なくない。しかし、徳川幕府としては、金銭の全国的統一と、問題のない流通という体制を確立したかったのだ、ということは、よく理解できる。徳川幕府でもうひとつ解りにくいのは、大名や旗本の石高制というもので、これについてはまた触れる機会もあると思う。

●外国との通交

★この月〔十二月〕はんやあ国より使いを奉りしかば、駿府にめして蕃人〔はんやあ国人、あるいは外国人〕、〔家康に〕拝し奉る。

◎はんやあ国とあるのは「実紀」でも初出で、音の響きから類推してイスパニア〔スペイン〕かと思ったのだが、オランダであろうか。外国名の平仮名表記も珍しいが、以後、何度か出てくる。電子辞書の「広辞苑」によれば、「パンヤ」という植物の名まえを、「パンヤ Panha〔ポルトガル〕」と表示している。これは、パンヤという植物がポルトガル語である、という意味であろうか。パンヤをポルトガルと、捉えているのであろうか。ともかく、この人たちを駿府へよび、家康が会見したという。新井白石の『西洋紀聞』〔前出〕が、イタリア人シドチという宣教師を尋問して、ヨーロッパを始め、世界の国家名や人種名を出しているが、はんやあ国があったかどうか。この本は人名索引しかつけてないので、すぐに探し出すことができないのが残念である。この本を読めば、すべて解るといった本ではまったくないのであるが。

台徳院殿御実紀巻九

慶長十四年〔一六〇九〕正月に始まり、六月に終わる

●徳川幕府の出した法令

★〔一月〕二日立春。きょう令せらるるは、奴婢一年期の定めを停禁せらる。もとより商人のほか、仕官をやめ処士となりし者〔いわゆる浪人の意〕か。または農民、臨時に物売りひさぎて〔物を売って〕、一銭たりとも取るべからず。ただし、先々より、さることなし来たりたる者は〔以前からそのような販売業に携わってきた者は〕、町奉行、米津田政、及び土屋重成の券〔「新漢語林」によれば、割符《わりふ》、手形、信用証書などとあるので、幕府が発行する許可証のようなものか〕を、請い受けて、その事をなすべし。

◎また幕府から命令が出た。《奴婢一年期の定めを停禁せらる》。ここで奴婢と言っているのは、いわゆる古代的奴婢ではなく、商家の奉公人をさしており、この奉公人を雇う時は、一年単位で雇うことを厳禁しているのである。歴史的に言えば、古代の律令的な制度のなかでは、良民と区別された存在で、官奴婢と私奴婢があり、官奴婢は、お役所的なところで使われる奴婢、私奴婢は、一般の富裕な農民などが使っていた奴婢で、ともに人格を保証されていない人たちであった。しかし、ここ、江戸時代における奴婢は、そのような意味ではない。奴僕《ぬぼく》すなわち、下男から始まるような奉公人を言ったのである。商店などで働くいわゆる「丁稚《でっち》」のような若い男たち、つまり、商家などが雇う人間たちを、ここでは、一年限りで使ってはいけない、雇うなら、十年単位などの規定どおりの約束で雇え、と言っているのだ。そして、「守貞謾稿」を捜すと次のようにあった。少し長くなるのであるが……。「奉公人」と見出しがあるが、それは著者がつけたのか、

この本の校訂者がつけたのかは不明。

《奉公人　奉公は仕官を云ふ。今俗、民間に仕ゆるをすべて奉公と云ふ。民間の奉公にまた差あり。工商家ら童形にて仕ゆる者を、京坂にては丁稚・丁児とも云ふ》云々。長くなるので、私流に現代仮名で読みやすく、文意は損なわず引用することにする。

丁稚以降の身分的な上昇があり、この人たち全員を《これを年季奉公という。年期はおおよそ、十年とす。しかれども、商家は十年にては、自ら一戸を開くことを聴《ゆる》さず。大略《おおよそ》二十年余の勤功をもって、主〔人〕より金銀を与え、一店を創《つく》せしむ。》とある。要するに、奉公の基本は十年なのである。この法令ができたのが、慶長十四年の秀忠による制度の開始のあたりだったのであろう。

◎しかし、農民出身だが、販売をやってきた人たちは、まずは町奉行に申し出て、自らの身分を明らかにして、たとえば、何藩の何村から出て来た人間であることを、町奉行所で保証してもらい、保証書をもらってから、商家で務めるなり、自分で商店を始めるように、という法令だった、と思う。つまり、商人の側に対しては、一年期限で人を雇うことを禁じたのであり、これはいわば労働者の保護でもあった。また農民たちがかってに作物を売りさばいて生活することを原則的に禁じた。物を売るのはあくまで商人であった。各藩では、彼ら農民たちから年貢として米などを収奪していた時代だから、農民には勝手な行動は許さない、という制度もまた、構築していたのであろう。あるいは商人と農民の明確な区別をつけたかった。いわば身分の固定でもあった。つまりは、士農工商、といった身分の固定化への道を確立しようとしているのであろう。

★同日。市中に火災ある時、仕官の族、その地にまかるべからず〔行ってはならない〕。刃傷《にんじょう》〔人を傷つける〕せられし者を隠し置くべからず。門立すべからず。布帛《はふく》〔布切れで〕もって頬をからげ〔顔を隠すように手ぬぐいなどで顔を覆うことか〕、そのほか、何にても深く面《おもて》を〔顔を〕つつみ、掩《おお》いたる〔顔をつつんで隠すようにする〕者あらば、見受けしままに誅《ちゅう》すべし〔殺すべし〕。この令、違犯せば厳科〔厳しい処罰〕に処せらるべしとなり。

◎犯罪のため、顔を手ぬぐいなどで覆って、顔を解らなくする、といったシーンは、テレビドラマなどでもお馴染みだが、こういう人を街で見かけたら、即座に殺せ、というのもハードに過ぎる法令だが、武家のように常時、刀という人も殺せる道具、武器を携行している人々が溢れている街なかなどでは、いつ犯罪に巻きこまれるか、確かに不安ではあるが、とりあえず、これらの法令は厳しかった。

●アジア諸国との通交

★正月十一日。この日、角倉了以へ東京渡海の御朱印、平野孫左衛門、小西長左衛門、安當仁がらせす、らへ呂宋渡海の御朱印、加藤清正へ交趾渡海の御朱印。また清正及びきりしたんばてれんとますへ暹羅渡海の御朱印、明人五官へ柬埔寨渡海の御朱印を下さる。

◎文中、キリシタン、伴天連トマスへ、とあるのは、幕府が国交を容認したオランダ人の貿易商か、交易船の船長に、御朱印を出した、ということであろう。キリスト教布教は厳禁したが、布教を目的としないオランダ人のような人には、彼がキリシタンであろうと、交易関係に関しては容認する、という幕府の方針だったのであろうか。現実にオランダ人もまた、キリスト教徒であったことはまちがいない。もうひとつ、明人五官とあるが、これは以前から、林五官という人物が、この交易関係の記事に出てくるのだが、変わった名まえだな、と思っていたのだが、これは日本人ではなく、中国人であったわけだ。だから、林（リン）という苗字と、五官という名まえを持っていたわけだ。安當仁も中国人で、がらせす、というヨーロッパ風の職業名〔一種のペンネーム〕をつけていたのであろう。

●秀頼情報

★〔一月〕また、大坂、豊臣右府〔秀頼〕の沙汰として、京〔の〕東山大仏、再造あり。諸国、浦々より、良材〔材木や石材〕を運漕し〔船で運んできた〕、西国、中国、四国、北国の諸大名、この事により、米あるは〔コメの生産の豊かな所は〕、二万石、一万石、あるいは三千石、五千石ずつ、大坂へ送り、その費用を助く。
◎おちぶれつつある秀頼の、このような、戦闘以外の領域での努力が、関西以西の大名たちの心情を揺さぶるのであろう。むしろ、秀頼シンパが増加したのかもしれない。大坂方では片桐且元がこれを奉行し、かつ江戸からも、何人かの家臣が派遣されている。

●幕政の展開

★二月二日。京〔都の〕所司代、板倉勝重に条約を下さる。その文にいう。所領の治蹟不良なる輩は〔納めるのがへたな連中は〕、再三、暁諭し〔教えさとし〕、その上にて猶《なお》も不良ならん輩あるは、聞こえあぐべし〔訴え出るべきである〕。領主、転封して〔領主がほかの土地に変わって〕、無主の地は〔領主不在の土地は〕その辺の有司〔有力者〕うけたまわりて、あたり近き代官に治めしむべし。郷中の〔郷に住む〕農民、山論、水論を言い争い、武器を用い闘争に及ばば、閭郷《こうごう》〔閭という字は、扉とか、門を意味し、すべて、みんな、という意味があるので、村全体を意味するか〕の民を誅戮《ちゅうりく》すべし〔殺すべきである〕。〔以下略〕

◎農民に関する禁令で、山や川、湖沼などの山地や河川の領有を争って、すなわち山林では薪とかさまざまな物が取れ、河川では小魚などの収穫があるので、日常生活に大きな意味を持っていた。だから、時に、武器をとって隣村と闘争することもあったであろう。そこで、領主が転封でよその地域に移り、村全体が「無主」の地になっているようなところでは、農民が土地を争って闘争に及ぶこともある。ここでは、とりあえず、農民の闘争一般を禁じているのだ。すべては、それぞれの地方のお役所に任せろ、と。そして農民が武器を持つことを禁じていくことにもなる。これは武士と、それ以外の人びとの差異化のひとつであった。これもまた、一般社会の階層的固定化の一方向であったろう。そして、制度的掟を破った時は、一村の人びと全員を殺すこともありうるのだ、と脅したわけだ。

●薩摩藩の琉球征服

★二月十一日。島津家久は、先年、御許しを蒙りしより、琉球征討の用意、ととのいしかば、今日、家久も山川という湊まで出馬し、指揮を加え、樺山久高、平田増宗を大将とし、兵船一百余艘に、三千余の軍兵を乗せて、薩州〔薩摩藩〕を発し、琉球に押し渡り、まず大島〔琉球の北にある、奄美大島であろう〕に着して、徳島〔?、場所不明〕に押し寄せる。島人、千人ばかり防戦しかど、遂に〔薩摩が〕打ち勝って、三百余人が首を切り、その余は皆、降人《こうにん》〔捕虜か〕に出しとぞ。

◎まずは琉球が敗北した。武器その他、戦国時代を通じて国力を養ってきた薩摩に対して、琉球は海の貿易国家であって、戦争の国家ではまったくなかったのだ。薩摩から見れば、無防備そのものの領域であったのだろう。薩摩とは、戦争でなく、交易してきた国であったのだから、ここに至って琉球を植民地化、属国化することは、はなはだしく倫理性を欠いた行動だったといえよう。こういう活動は、豊臣秀吉の朝鮮侵攻に刺激されての活動だったといっていいのではないだろうか。
★四月一日。島津家久らが琉球を征する軍艦、今日、那覇の津に着《ちゃく》し、中山の兵と戦いを接《まじ》ゆるよし聞こゆ。
★四月三日。この日、島津が軍兵、琉球の都城を攻め破り、中山王尚寧を生擒《いけどり》せしとぞ。
★四月十一日。この日、島津が勢《ぜい》、琉球を攻め平らげ、国人〔琉球人〕皆、降参し、その主〔琉球王〕尚寧を擒《とりこ》にし、〔薩摩へ〕帰帆せんとする由、聞こゆ。
◎琉球国家は戦闘的な国ではまったくなく、平和な海の交易国であった。戦国時代を生き延びてきた島津家久率いる薩摩軍の敵となるには、あまりに力も違いすぎていて、薩摩軍にとって琉球は、赤子の腕をねじあげるような容易な相手であったと思う。ひとえに、他の国家を、こんなに自由に冒瀆する、当時の薩摩藩は、あるいは島津氏は、一種の暴力団的存在であったろう。
★五月二十五日。琉球征伐に向かいし島津が軍勢、今日、薩州〔薩摩藩〕に凱旋せしとぞ聞こえし〔勝利して帰ってきたということだ〕。
◎琉球に対する、薩摩藩の侵攻は前にも述べたが、凱旋帰国、とあるので、琉球を征服したことをいうのであろう。巻十の最初に、七月五日、島津家久が琉球を征服し、琉球王を生けどりにしたことを幕府に報告してきたので、幕府から褒賞を渡した、という記事がある。王を拉致してきたことは識らなかった。豊臣秀吉の朝鮮侵攻と同質のできごとだった。しかし、琉球人にしたことはもっとひどかった。ひどいことをしてきていたものだ、わが日本人は。
　薩摩による琉球征服については、いろんな研究書があるが、とりあえず、武力で九州の覇者になった島津家と、中国との朝貢貿易を中心にして、太平洋西南部全域を航海、貿易によって国家を維持してきた島国では、戦力的に較べようもない。しかし、琉球を征服しても、産物の少ない島嶼群を所有することにたいした意味はなかったと思う。これは、次第に拡大した、植民地主義的薩摩の野望の表れであり、領土拡張という、日本国内の大きな勢力、という象徴的な意味のほうが大きかったに過ぎない。経済的収益が拡大したわけではない。米の生産量に至っては、貧しい島嶼のひとつに過ぎなかった。

4

徳川幕府治世の定着と鎖国への道

●法制度の確立と、オランダに限られたが、ヨーロッパへの窓とドア

●薩摩藩、琉球征服、の続き

★七月五日。島津家久、琉球を征し、その王を生擒《いけどり》せしよし、〔江戸幕府に〕注進するにより、その軍功を賞せられ〔褒められ〕、〔島津〕家久に〔家康もしくは秀忠。あるいは両者〕御書を給い、三位義久龍伯〔家久の叔父〕ならびに義弘惟新〔家久の父〕にも同じく御書を給い、褒せらる。

★同月七日。大御所〔家康〕より、島津家久に、琉球の軍功を賞せられ、その地を〔琉球国を〕家久に下さる。およそ、琉球の税額〔税金〕十二万石余という。

★同月十三日。本多正純より、島津家久がもとへ消息もて〔手紙を書いて〕、大御所、琉球の大功、御感賞の旨をつたう。

◎琉球のその後については、話はまだまだ終わらないのであるが、ともかく、琉球は、薩摩の植民地、あるいは領土として、琉球の独立国としてのありようは、明治以降も薩摩に代わった日本国によって蹂躙され続け、第二次世界大戦の敗戦後は、アメリカ軍基地の島として利用され、ようやく一九七二年に日本に返還された。そして、それは今日に至っているのだが、真のありようは、沖縄が日本から独立して、沖縄国を作ることが重要であろうと、わたしなどは考えている。

今後も、沖縄住民の反対する辺野古の海岸埋め立てから米軍や日本の自衛隊などの基地として、使用され続けていくのであろう。琉球が沖縄とよばれるようになった今日でも、米軍の日本における基地のほとんどが、沖縄に集中して置かれている。太平洋の西部にあり、中国、ロシアなどの大国家に向かい合うような位置にあることも、大きかった。独立国家としての沖縄への、どのような支援も、わたしなども心に義憤を感じている以上のことは、何もしていないのであるが……。

●アジア諸国およびヨーロッパとの交流

★七月七日。この日、本多正純、後藤光次、沙汰し、〔金地院〕崇伝長老に、呂宋の御返簡をつくらしめらる。

★同月十一日。本多正純、〔家康か秀忠の〕御旨を伝えて、〔金地院〕崇伝長老に、阿蘭〔オランダ〕の御返簡をつくらしむ。かの国王、こたび初めて書簡ならびに印子盃二、糸三百五十斤、鉛三千斤、象牙二、ささげて、今より後は長く通商せん事を請う。よりて入船の津〔港〕を定め、舎館をも置かれんことを請うままに、許さるる旨をぞしるしける。

◎この日、ヨーロッパのオランダ国の要望、通商の許可、オランダ船入港の港、舎館などの建設の希望を、すべて容認した、ということで、以後、正式な交通、交易が開始されることになるのである。オランダの要求はすべて容認し、実際の設備も整えられることになり、日本が鎖国へと突入したあとも、日本の島々の中で、唯一の開かれた窓、しかも自由に出入りできるいつでも開かれたままのドア、として長崎に出島が造られることになる。

●天皇的領域のある種の乱脈

★同月十四日。京都にて、当今《とうぎん》〔後陽成天皇〕の御いつくしみを蒙《こうむ》る女房〔禁中においてひとり住まいの房〔部屋〉を与えられた高位の女官、上臈、中臈、下臈に大別と、電子辞書の「広辞苑」にある〉、広橋局《ひろはしのつぼね》、唐《から》橋局《はしのつぼね》をはじめ、五人の女房ら、猪熊侍従教利、烏丸左大弁光広、〈以下略、全員、朝廷の貴族であった。全部で八人の名まえがあがっている〉、牙医〈動物を診る医者か、あるいは外科のことか〉兼保、備後頼継らに挑まれてしばしば参会し〈集まって〉、酒宴、乱行に長じけること〈たびたび重ねること〉露顕し〈明確になり〉、兼保を拷問せられしに、ことごとく白状せしかば、〈家康か秀忠、あるいは天皇の〉逆鱗《げきりん》〈激しい怒り〉、大方ならず〈ふつうでなかった〉。この輩、男女ともに死刑に処せらるべし、との内旨により、京〈都〉より板倉勝重〈京都所司代だったか〉を〈家康のいた〉駿府に召し下して、そのことを議せらる。ここに及び猪熊侍従教利、罪を恐れて逐電す〈逃亡して行方不明になった〉。〈猪熊〉教利は、豊臣太閤の時も、淫行の聞こえあり。今度もまた、この徒〈淫行にふける人たち〉の魁首《かいしゅ》〈かしら、ボス〉なり。この人の妻は〈加賀百万石の前田利家の息子〉前田利長卿の女《むすめ》なり。〈以下略〉

◎江戸時代の天皇や朝廷や貴族たちがいかに、かつての権威を失っていようとも、このような犯罪とも狂気の遊びとも言いようのない乱行にふけることも、大いにあったのだろう。

●徳川幕府の出した諸法令

★七月十七日。大番頭《おおばんがしら》、松平重忠、山口重政に、伏見城在番〈江戸から出張して伏見城にいる御家人ら〉の条約〈法令〉を授《さず》けらる。その文に言う。喧嘩争論、厳《げん》〈密〉に停禁せらるるところ、違背のやから〈輩〉は、理非を言わず、双方ともに罰せらるべし。あるいは親戚、あるいは知音〈知り合い〉とて荷擔《かたん》〈担〉〈味方して加わる〉せば、その罪、本人よりも厳重に処せらるべし。

★〔続き〕何事たりとも出城すべからず〔城を出てはいけない〕。番士〔城を守るべく、その城に勤める武士〕ら、故《ゆえ》ありて出城する時は、番頭《ばんがしら》両人に訴え、その指揮に任すべし。（以下略）

★〔続き〕また、酒井忠世、土井利勝（以下、二名）の令には、城中、番士、同僚のほか、他に参会すべからず。番所には、常に武器、得道具〔得意の道具類〕設《もうけ》置くべし。戍役《じゅつえき》のあいだ〔番士を務めるあいだ、か〕、京地の人〔京都、伏見の人、か〕一切、召し置くべからず。城中へ諸人、出入りせしむべからず。戍役のあいだ、日簿〔日ごとにつける帳面か〕を厳《おごそか》に注記すべし〔記入すべし〕。

★〔続き〕もし饗宴、催すとも、一汁二菜に限り、酒は二返たるべし〔かつて、返杯といい、相手から酒を注がれるとお返しする、という風習があったが、その返盃を二回にとどめろ、と言っているのか〕。

★〔続き〕上下とも〔上層身分の人も下層身分の人も〕、市中の浴室に趣《おもむ》くべからず。

◎江戸時代、街に風呂屋ができ、家に風呂のない民衆や、時に下層の武家たちも風呂屋に通ったのであるが、初期には男女混浴だったようだ。そのような風呂屋に行くべきではない、むしろ行くな、と言っているようだ。しかしここでは、伏見城の番士たちへの戒めなので、風呂は、城内の風呂を使え、街の風呂に行ってはいけない、と言っているのだろう。以下、このような、細かい禁止の条例が、数多く出されている。そして、幕府統制の江戸やその他、日本全国に対して、さまざまな法令が出される。これは、おもに、二代目将軍の秀忠以降に、日本の近世社会確立のためになされたことであろう。共同体が大きくなるにつれて、法令からのはみだしが増える。これを防止し、幕府なりによりよい社会を作ろうと画策したのであることはまちがいない。しかし、禁止と、これを破る犯罪は、ある出来事の裏表であって、禁止あるところでは犯罪が、犯罪が起こるところには禁止が、というふうに両者は両立するものなのだ！

●オランダ国との関係構築

★同日。また阿蘭〔オランダ〕につかわさるる御朱印を作らしめらる。その文に言う。蘭船〔オランダの船〕来着の時、何方《いずかた》の湊たりとも、異議あるべからず。今よりのち、この旨を守り、往来すべし。いささか疎易《そい》〔疎意と同じ意味に使っているか。うとんじる気持ち〕あるべからずとなり。ちやくすくるうんへんけ。ふらんすひつくゐ。あふらはむはんでむふろく。きらあすへいけへ遣わさるる所、四通なり。

◎オランダの船舶への友好的な配慮。オランダの船が、風の関係で、日本のどこの港に着いてもかまわない、不審に思ってはいけない、とある。不思議に思うのは、船舶に関する交通は、朝鮮通信使の場合とか、江戸時代末期のシーボルトの『江戸参府紀行』〔前出〕などでも、瀬戸内海までに限っており、大坂、京都のあたりからは、陸の旅となり、いわゆる東海道、時に中山道を通過させており、船舶が江戸〔東京湾〕にまで入ってくることは、ずっと後のアメリカからのペリー総督の、浦賀への到着以前にはなかったようだ。江戸湾への航行は、幕府が許さなかったのだろうか。オランダ船も長崎まで来るが、江戸に来たという話は聞いたことがない。しかし、ここで、どこの港に入っても容認する、とあるのは、ひょっとして、太平洋側のいくつかの港に、オランダの船が入港することがあったのかもしれない。それから、後半の平仮名表記は、なにを言っているのだろうか。ただフランスという国名とアブラハムという「旧約聖書」の登場人物を思わせる名まえが出てくるのみである。オランダ語なのであろうか。

★同月二十日。阿媽港、渡船、停禁の御朱印をつかわさる。その文に言う。吾邦《わがくに》の商船、阿媽港に至ること、その国人、難渋《なんじゅう》するよし〔難儀に思っていることを〕聞こゆれば、厳《げん》〔密〕に停禁せしむ。もし、この令にそむき、着船する時は、その国法のごとく処置すべしとなり〔その国の法に従って処置するべきである、という〕。
◎この、阿媽港がどこの国か。「広辞苑」によると、中国のマカオ（澳門）、とある。ともかく、日本からの船が嫌われているようなので、この通交を禁止する、というわけだ。このような記事は、初出である。つぎの記事に、暹羅国との通交の御朱印が出ているので、諸外国との通交を禁じたわけではない。

●通貨の問題

★〔八月〕これより先永楽銭の通用を禁ぜられけるに、この年、駿府、江戸、賦税〔税金をかけ、徴収すること〕の会計に、永楽銭を用いらるるを見て、農、商、通用を、ゆりたりと〔許された、と〕思い誤り、衆《しゅう》黎《れい》〔多くの人たち〕、永楽銭を買い求める者、多かりしかば、また停廃の事を令せらる。
◎中国で作られた永楽銭の日本での流通をやめて、寛永通宝、という日本で作った貨幣に切り替える、という幕府の方針が、なかなか浸透しなかったようで、また禁止の令を出した、ということらしい。貨幣に、ナショナリズムのような観念は、無縁であるようだ。というより、和漢の書が、とくに中国の、とかわが国の、のようにしっかりと区分けされて読まれていたのかどうか、必要とする側では、どこの国で作られたか、より、有効に使えれば、どこの国のものでも、よかったのかもしれない。

●江戸の事件簿

★九月一日。大番頭《がしら》水野忠胤が邸に、松平忠頼を招き、茶宴を催す。隊下の大番士、久米左平次某、服部半八某、宇治茶匠八大夫ら、この会にあずかる〔参加した〕。宴、畢《おわ》って、圍棋《いぎ》〔囲碁〕の興を催す。左平次、半八と対局〔囲碁や将棋で向かい合って勝負することを対局という〕するに及び、〔松平〕忠頼、かねて半八を深く愛しければ〔友情か、男色だったか〕、半八に勝たしめんがため、その棋局〔対戦〕を見て、しきりに助言せしを、左平次、心にふずくみ〔腹を立て〕、局〔対戦〕終わりて後、しきりに悪言をはき、半八をののしる。半八これを憤《いきどお》り、脇差、引き抜き、左平次を斬る。左平次も、脇差を抜かんとするを、八大夫、その中央に飛び入り、双方を引きわけてみれば、左平次が手に、薄手〔軽い傷〕負《おい》たり。これにては忍ぶべきにあらずと、左平次また立ちあがり、半八に切りかけんとすれば、一座の人々、双方にとりつき、押さえ止めんとす。左平次その時、〔松平〕忠頼を突く。忠頼も脇差を抜き、左平次を斬る時、大勢駆け集まり、ついに左平次を討ちとどめしが、半八は門外に駆け出て、三浦彦八某が従者の馬引きて迎いに来るを見て、その馬に飛び乗り、相州〔相模国〕の采邑《さいゆう》〔村〕に立ち退きたり。

◎この、単なる喧嘩のあとについて、また報告があるかもしれない。しかし、武器を携行している武家の喧嘩は、大けがや殺人に至ることになるので、危険であった。これは、シェークスピアの劇の何かを見ていた時、思ったのだが、剣をぶら下げた騎士といった男たちが街で喧嘩する。すると、一方がやられた―と叫んで倒れていくのだが、日本の武家社会も同様で、腰に大刀、脇差しなどを携帯している男たちが喧嘩を始めれば、必ず、ある人は疵を負い、ある人は切られて死んだ、といったことは充分に起こりえたのではないだろうか。

●忘れられた神、アマテラス

★九月二十一日。伊勢〔神宮〕内宮《ないくう》、今日、遷宮あり。これを拝せんとて〔拝《おが》もうとして〕、貴賤、群聚す〔集まった」。その時、社壇、鳴動せしよし、聞こえたり。
◎伊勢神宮は、もともとアマテラスを祀った神社で、いわば天皇家の神話的祖先神を祀る神社であったが、江戸時代、お伊勢参りといって、民衆が何人かで「講」をつくりお金を集め、くじ引きで順番を決めてお伊勢参り旅行に出かけたのであった。そんな人々を指導する御師《おし》とよばれる人たちが、全国を廻って信者を集めたり、あるいは旅の世話をしたり、とか、全国で活動していた。そんな神社であったが、これはどこの神社でもそうなのか、遷宮といって、何年かに一度、神社の位置を変えるのだが（十メートルくらい移動するのである）、この時も人々が集まると、霊験あらたかというか、大山鳴動した、という、伝説的な神社であった。伊勢神宮には外宮と内宮があり、わたしも、友人たちと見物に行ったことがある。古代以降霊験あらたかかどうか、天皇の未婚の娘が斎宮《いつきのみや》として、この神社の、いわば巫女の役を務めていたのだ。

●オランダ及び中国との交流

★〔この年（慶長十四年）〕六月。九州へ着岸せし蛮船、八月十日の大風に船、破れ、波に漂い、行方知れざりしが、今日、上総の国大野浦に漂着せし注進ありしかば〔報せがあったのだが〕、船主、心のままに貨物交易すべきよし、令し下さる。
◎蛮船というのは、たぶんオランダか、イギリスあたりの船舶であろう。先に、オランダの船は、日本のどこの港に入ってもかまわない、という幕府の見解が出ていたが、この船は上総とあるので、千葉県の大野浦が、東京湾の側にあるのか、東部の太平洋側にあるのか不明であるが、日本列島の太平洋側を漂流して、千葉県の海岸まで航海したことになる。つねづね、なぜ、北前船のように日本海を北海道から北九州まで航海する船があるのに、太平洋を使わないのか、と考えていたので、そうではないことが解った。そして幕府は、実に寛容に、その地での交易を許している。鎖国は、寛永十二年（一六三五）に出た、海外渡航禁止令以降ということになっているから、三代将軍家光の時代から、ということになる。だから、この、慶長十四年頃は、まだ、禁止になっていなかったようだ。

★この頃〔九月〕、唐船〔中国の船〕、肥前長崎の嶴〔おう、と読むようだが、地名としてどこか不明〕に着岸すといえども、糸價〔生糸の値段？〕いまだ定まらねば、交易を許されず。唐商ら、長崎に滞留する事、十一月に至る。

◎中国船も、長崎を拠点に入港することを許されていたが、交易に関しては、いろいろな取り決めがあったようだ。

★〔続き〕また、蛮船に授けらるる互市〔貿易〕の銀、今よりのちは、鎔かして〔柔らかくして、か〕、南鐐《なんりょう》〔二朱判銀のこと〕を製造せず、丁銀〔江戸時代の銀貨の一種〕のまま、渡すべしと令せらる。

◎銀貨の、ある加工した大きさで、その価値が決まるのだと思うが、詳細は不明。ともかく、日本での通貨をそのまま、オランダなどとの交易に使え、と法令が出ている。

台徳院殿御実紀巻十一

慶長十四年十月に始まり、十二月に終わる

●アジア諸国との通交

★十月二日。また、〈秀忠か〉肥前、松浦に着せし呂宋〈フィリピン〉の船商〈交易人〉らを御覧せらる。足利学校〈の〉寒松、〈金地院〉崇伝長老、侍座す〈いっしょに会った〉。

★同月六日。呂宋より、金襴三端、繻子七端、繻珍三端、羅紗二端、純子五端、蒲萄酒二壺に書簡をそえて奉る、〈金地院〉崇伝長老に御返簡を製せしめらる。

◎呂宋からのお土産の布類は、かつては日本で制作したものを、彼らに与えていたのではなかったか。今や、彼らもまた、このような高級品の生産者になっていた、いわば、日本文化の伝播であった。

★また別に、呂宋船、海中、難風にあい、何国に漂着すとも、相違あるべからざる旨〈まちがって捕縛されるようなことのないような指令の〉、御朱印を遣わさる。

◎日本国が、呂宋、フィリピンの船舶を保護しているかのような書き方になっている！

●城内淫行の女性たちの減刑

★同月十日。先に淫行露顕の殿上人〈朝廷の上層貴族〉、女房ら、みな死罪一等を減じて流刑に処せらる。その中に、猪熊侍従教利は、淫乱の最《さい》〈最も際立った人物〉たり。牙医〈動物の医者か歯科医か?〉の兼保頼継は宮門〈皇居の門〉の管鑰《かんやく》〈門のカギを言うか〉をつかさどる身にて、其の罪尤も重ければ、死刑に処せられ、大炊御門侍従頼国、松木少将宗澄は硫黄島《いおうがじま》、花山院少将忠長は松前、〈以下、貴族の名まえ略す、それぞれが遠隔地に〉流され。

◎先の淫行の関係者たちは死罪になるところを、一段階許されて流罪になった。しかし、朝廷に仕える貴族たちのうち淫乱の長（！）というもっともやばい男と、宮門の鍵を預かっていた男は死罪になったという。以下に、硫黄島とか北海道の松前、隠岐、伊豆などに流され、女房たち五人は八丈島などに流されたとある。

これらはかつて、「遠流《おんる》」とよばれた流罪のなかでも、とりわけ遠方に流された重い刑であった。徳川幕府は、禁裏のこのようなふしだらな事件には厳しかったようだ。ただし、天皇への配慮もあって、軽い刑罰に終わった者もいた。八丈島に流されたりすると、本土に帰ることなどほぼ不可能であったとされる。近い島からの帰還者、島抜け者は「非人」とされていた。非人はいろんな人物で構成されていたが、国籍にあたるような身分保障を喪ったばあいが多く、いわば、人権被簒奪者であって、被差別民、「穢多」とよばれた人たちの、さらに下層に位置づけられ、男は髪をゆってはいけなかった。日本民族は頭部の背後で髪を縛っていたのだ。これに関しては東洋史の白鳥庫吉《くらきち》の論考があった。

●アジアおよびヨーロッパ諸国との通交

★この月〔十月〕。また呂宋人に、御印牌〔御朱印とも違うが、印を押したものであろう〕を下さる。そ〔れ〕は、濃毘数蛮〔ノビスバンと読むか〕に渡海の時、ある〔い〕は賊船にあい、ある〔い〕は颶風〔大暴風〕にあい、日本の海岸に漂着せば、何地にても疑わず、この牌を示し、救いを請うべしとなり。

◎この「印牌」の実体はよく解らないが、御朱印とは違って、幕府から出た証明書のようなもので、日本のどこかの港に漂着した時、この証明書を出せば、安全を保障される、といった類いのものであろう。初出である。濃毘数蛮に関しては、新井白石『西洋紀聞』〔前出〕が触れていたようにも思うが、電子辞書「広辞苑」では、《〈新スペインの意）十六世紀前半から、十八世紀まで存在したスペインの植民地。現在のメキシコ、アメリカ合衆国、中米カリブ諸国、フィリピンにほぼ相当（以下略）》とあり、太平洋を横断した時、パナマ運河の外に出て出遇う国々を、ノビスバンとしている。ノビ、が「新」という意味であろうか。アメリカなどを新大陸、というように新発見のメキシコなどを指した言葉と捉えている。

★十二月九日。これよりまず、駿城より〔つまり家康から〕、占城〔かつて、ベトナム北部のチャンバと言っていた国〕の奇楠香〔香料〕を召し、とありしかど、その頃、長崎の奉行、長谷川藤広これを得ることを得ず。有馬晴信、いささかこれを購求して献じければ、大御所〔家康〕悦《よろこ》ばせ給い。その後、〔有馬〕晴信に、占城へ船を渡し、〔香料を〕購求すべしと仰せ下され、銀六十貫目、鎧、金屏風等をも占城へ贈るべしとて下されける。よりて晴信、数品の奇物を取りそろえ、船に積みこみ乗せ、占城へ贈りて互市〔交易〕せしむ。

★〔続き〕その船、亜媽〔中国福建省のアモイの港か。「媽」は「ぼ」、あるいは「も」と読む〕港に着岸して、占城の風信〔通信〕を待ち至るあいだ、有馬が船に乗りし者ら、亜媽港人と争論して、その土人〔その国の人〕を打ち殺したり。ここにおいて、土人ら〔占城の人たち〕大いに憤り、七十人ばかり押し寄せて、船中の者、一人も残らず打ち殺し、財宝みな奪い去りぬ。

◎亜媽港は初出だが、電子辞書の「新漢語林」によると、「アボ」あるいは「アモ」の港と読める。従って、アモイ（廈門）が一番、近い音を持っている、としている。

★〔続き〕有馬が船に、かねて、蛮人あんしという者、案内のため、乗せ来たりしが、この者のみ、地理に熟しければ〔この海域の地理に詳しかったので〕、ようようその地を逃去り、蛮船に頼りて、わが国〔日本の長崎〕に帰り、ありしさまを訴う。〔有馬〕晴信おおいに驚き、急ぎ駿府に〔家康の所に〕参り、〔事の次第を〕聞こえあげたり〔申しあげた〕。さてはかの国の船、わが国に来たらん時、そのかぴたん〔キャプテン、船長〉を誅す〔殺す〕べきよし、〔家康は〕仰せ下さる。晴信、一人にてその事、奉らんこと〔自分のほうで、解決しますから、と〕請い奉る。その時、かの国の船、長崎に着岸の聞こえあり。〔有馬〕晴信は、その子、直純と、急ぎ長崎に赴き、長谷川藤広とあい図り、かの船中のかぴたんを呼び寄せ、誅せんとす〔殺そうとした〕。しかるに、この頃は、所々に、天主教〔キリスト教〕の寺院〔教会〕多く、その寺主ら〔教会の司祭たち〕は、皆、蛮人と睦まじかりければ、この様《さま》〔ようす〕、ひそかにかぴたんへ告げしむ〔船長に告げた〕。よりて、使いし〔使者を出して、船長を〕招く事、しばしばなりといえども、〔船長は〕来たらず〔来なかった〕。あまつさえ、風を待ちて、漕ぎ去らんさま〔ようす〕なれば、晴信も案じ詫び、心ききたる〔信頼できる〕家人《けにん》に命じて、かの船に赴き、かぴたんを欺《あざむ》き、刺し殺さんとせしかど、かの船には佛郎機〔フランスの大砲のようなものか〕を設けて、あたりに船を近づけず。今は、かの船ともに討ち取れと、士卒あまた〔大勢〕船に乗せて漕ぎ出し、漁船に焼き草、積みて押し流すといえども、思うままに事ゆかず〔うまくいかなかった〕。

◎この「蛮船」とは、電子辞書の「日本歴史大事典」によれば、ポルトガルの船であった。しかし、同事典では、この事件を慶長十五年と明記しており、この記事とは一年違って慶長十四年のできごとになっている。船の名まえは、ノッサ・セニョーラ・ダ・グラーサ号と書かれており、起こった事件は同じように見える。そして、この有馬晴信は、キリシタン大名のひとりで、この事件に関わったあと、甲斐に流され、斬罪になった、とある。「実紀」も翌年、改めて、記事にするのかもしれないが、どちらの事実が正しいのか、幾分、不明である。キリシタン大名に厳しかった家康は、この事件もその後も、かなり強硬に自己主張したようで、あいだに立った有馬晴信は、悲惨な最後を遂げたようだ。彼自身、キリスト教徒だったためもあり、蛮船の船長にも好意を抱いていたであろうから、家康つまり幕府と、ポルトガル人のあいだに立って、殺されたことになっている。この点については後述するかもしれない。
★〔続き〕井楼船〔何と読むべきか、せいろうせん？　二階建ての屋形船のようである〕をあまた作り、かの船に近づき、鉤《かぎ》を打ちかけ、乗り移らんとすれば、かの蛮人ら、火薬を投げ出し、鎗《やり》をそろえ防戦す。有馬が先手の人数も、これがために死傷、少なからず。しかるにその火薬、かの〔蛮船の〕帆に焼けつき燃え上がり、蛮船ことごとく火となり、蛮賊三百人ばかり焼死して、水中に沈む。船に載せ来たりし白金二十万両、白糸二十万余片、金鏁、金環、繍羅、布帛沈没す。その中に軽《かろ》き品は海上に水〔が〕見えぬまで、浮かみたり〔水に浮かんで、海の波が見えないほどであった〕。
◎これは小規模な戦闘であるが、海中に落ちて浮かび上がって来なかった白金とか、その他、大いなる損失であったが、さいわい〔？〕ポルトガルの船であった。
★〔続き〕晴信、これをば〔長谷川〕藤広に、よきに計らうべきよし示しおき、その身は〔晴信自身は〕立ち返り、直に国を出でて、十五日に駿府に至り、〔家康に〕訴えければ、大御所〔家康〕御感浅からず〔大いに感動した〕。また、〔長谷川〕藤広、弟、忠兵衛藤継、兄とともに年々、長崎に来たり、互市〔交易のさま〕を監察す。こたびも小船に乗り、かの船主安仁〔中国の商人〕を討ち取りたりとぞ。また、海上に浮かみたる糸類は、ことごとく駿府へ収公〔没収〕せられしとなり。長崎天主教〔長崎のキリスト教〕寺には、蛮船より預け置きたる糸三千斤、小匣《こばこ》の類、五千ばかりありしとぞ。
◎上述したごとく、これは一大戦争であったが、ポルトガルのほうでも、この事件は偶発的な出来事であり、それ以上の騒動にはしたくなかったのかもしれない。むしろ、家康ならびに幕府の側では、戦争の当事者は有馬晴信であって、むしろ戦利品が舞いこんだのであるから、めでたしめでたし、で終わったわけである。

このキリシタン大名有馬晴信に関して、日置昌一編『日本歴史人名辭典』では、天正十年に、九州のキリシタン大名たちと、伊東義鎮、大村純忠らを使節として、ローマ法王グレゴリー・ゴーリヤ十三世のもとに派遣している。有名な使節派遣であった。そして、最後は、慶長十七年に切腹させられ、享年四十六歳とあり、日本のキリシタン禁制やその後のキリシタンへの過酷な刑罰が、彼を待っていたのだ。わたし自身は無神論者であって、キリスト教もまた、ある意味でナンセンス、と思っているものだが、信者に罪はない。これを国法によって裁くという権利は、国家にはないとも考えている。

この記事の最後のほうに、長崎のキリスト教寺院について短い記述があるが、家康がこれから、日本のなかの港で、唯一、開港しようとしている長崎に、キリスト教徒の寺院がありうんぬんは、幕府にとって、問題のあるところではないのか？　少し後にもこの記事はある。

★〔続き〕一説には、阿媽港の加毘丹《カピタン》〔の〕真如盧《シンニョロ》ら、日本人、ここに〔阿媽港に、か〕往来せば、わが国〔ポルトガルか〕、互市の障《さわ》りとなるべしとて、利〔益〕をもって、欺《あざむ》き、皆殺しにせし、ともみゆ。

◎ここまで、長い引用になったが、アジア諸国との交易が始まった頃、いや、古代、中世から、琉球など、航海民族を媒介する交易は、さまざまに展開してきたと思うが、日本がとりわけ中国との通交を重要視したのは、室町幕府の足利義満の頃であり、それ以降、それほど活発に通交が展開されてきたわけでもなさそうである。そう考えると、家康の展開したアジア諸国との通交、交易などは、画期的な活動であったといえる。ところが、それぞれの国が遠慮深く、礼儀正しく、交易していた時代から、それぞれの国の国内事情や、各国間の諸関係、経済力、その他、さまざまな理由から、単純で純粋な関係は保てなくなってきた。国家間の通交は、基本的には。関係するすべての国家が、みずからの国が、利益をあげられるかどうかがもっとも重要で、そのために、確執が芽生え、現実の闘争が展開もする、と考えれば、上記の引用記事はよく理解できる。日本など、あそこまで嫌っていたキリスト教徒が、交易国の港にたくさんいても、さらに日本国の長崎にまであふれてきても、まずは、交易を第一と考え、キリスト教問題は幾分、後方に見え隠れしているかのように記述されている。今後、これらの記事がどう変化するか、あるいはしないか、などが大きなテーマとして、われわれ読者のまえに提出されてくると思われる。

つまり、日本の家康など、ほとんどの人が、東南アジアの、非中国的人々を、文化人ではないとして、軽い気持ちでつきあってきたのであるが、むしろ、彼ら航海民族的発想からいえば、日本は後進国であって、いくらでもばかにできたわけだ。

●琉球国

★十五年、〈と書かれているが、現在慶長十四年であり、十三日の次の記事であるから、これは十五日の誤りであろう〉島津惟新、こたび、琉球国を賜りしを謝し、江府〈江戸〉に、太刀、馬、緞子十巻、献じければ、御書を賜う。

★十二月二十六日。島津家久、〈幕府から〉琉球国を賜りし謝〈感謝の気持ち〉とて、駿府に〈家康に〉、仏桑花《ぶっそうげ》、もり花、硫黄十斤、唐屏風、繻珍十巻を献じければ、大御所〈家康〉、御書を給う。

◎島津惟新と家久は、幕府から琉球を頂戴したそのお礼として、江戸城の秀忠と駿府の家康に、それぞれお礼の品を贈っていたのだ。大名として、当然の行為か。薩摩藩が琉球を征服したあと、薩摩が、幕府にこれを献上しようとしたが、幕府は、これを断り、薩摩藩の自由にすればいい、と言ってきたので、これに感謝の意を示してきたわけだが、その贈答品は、あまりに貧弱ではないか。と思ったのだが、これは表層的なお礼であったろう。

台徳院殿御実紀巻十二
慶長十五年〔一六一〇〕正月に始まり、四月に終わる

●アジアとの通交、有馬晴信への褒賞

★一月十一日。この日、角倉了以に、安南渡海の御朱印、平野孫左衛門、長谷川権六へ呂宋渡海の御朱印、大村喜前〔の〕家人、江島吉左衛門に暹羅渡海の御朱印、負田木右衛門へ交趾渡海の御朱印を給う。

◎この文章の主語は、秀忠であろうか。台徳院殿御実紀の記事であるのだから。とすると、アジア諸国との交流は、家康から秀忠に継承されていることになるのだが。

★正月十五日。有馬晴信、駿〔府〕城へ参り、〔家康に〕拝謁す。大御所〔家康〕、晴信が去年、蛮船焚攻の功〔積〕を褒《ほう》し給い〔褒められ〕、お手ずから〔自分の手で、みずから〕、名刀を給う。

◎切腹を言い渡される以前、有馬晴信は駿府城に来て、家康にお目通りする。この頃は、まだ家康は怒っていず、むしろ、晴信の功を賞して、名刀を授けている。

★同月二十二日。本多正信、仰せを奉り、有馬晴信、蛮船焚攻の功を褒せられ、大御所〔家康〕、御手ずから御刀、給わりし由を、江戸の御所〔秀忠〕にも聞し召し、ことさら御感あり。なお、厳旨を〔厳命な趣旨を〕守り、

その地を〔長崎を、か〕鎮衛〔鎮め守る〕すべしとの御旨を伝う。去年、蛮船焚焼せし時〔蛮船が焼却された時〕、海上に浮かみし〔浮かんでいた〕糸、数千把は晴信に下され、水底に沈みたる金銀は、長崎奉行、長谷川藤広に下さる。蛮人の〔ヨーロッパ人が〕この国にのぼりたるは〔到来したのは〕小舟に乗せて、阿媽港へ送り返さる。

★同月二十五日。大村喜前、家人、江島吉左衛門へ柬埔寨渡海の御朱印を下さる。

★同月。この月。長崎奉行、長谷川藤広、駿府に召して、去年、蛮船の焚焼の事のさま、目の当たり聞し召さる。

◎まだ、有馬晴信への賞罰は決まっていず、むしろ、この時点ではお褒めにあずかっているのである。ただ、家康は、長崎奉行をよんで、詳細を確認している。アジア諸国あるいはヨーロッパ諸国との関わりを考えると、賞罰のどちらとも即断できないでいるようだ。

台徳院殿御実紀巻十三

慶長十五年五月に始まり、八月に終わる

●薩摩藩の琉球征服その後

★五月十四日。島津家久、琉球国王を具して〔連れて〕、駿府、江戸に参らんとす。よって、伏見より江戸に至るまでの駅路、旅館、饗応、夫馬などの事、先に、韓使、来聘の例のごとく仰せ下されし旨、本多正純、奉書を送る。〔駿河守の〕山口直友は、〔琉球の〕中山王、饗応の事命ぜらて、馬一疋給う。

◎琉球国王の中山王を、江戸に連れてくるべく、幕府もいろいろと画策したようだ。

●北海道のこと

★五月。また、松前慶広、就封の後、先に命ぜられし膃肭臍を、駿府に献ず。

◎この膃肭臍とは、電子辞書の「新漢語林」によると、オットセイの漢字表記であるらしい。松前は北海道に作った藩であり、この藩の藩主になる大名から、家康に贈られた北海道の産物としては、まことにふさわしいではないか。北海道について調べたことはないが、中世まではほぼ、一般人から知られていない想像上の存在であり、はるか北方の島であり、渡りの島、渡りの国、領域としてイメージされていたようだ。ある時代から、北海道へ渡る人たちも出てきて、江戸幕府は、ここに松前という藩を作って統治し、ここからの産物を利用しようとしたのであろう。電子辞書の「ニッポニカ」とか「ブリタニカ」を見れば、おおまかな情報は得られると思う。しかし、とりあえず、家康であったのか、そのあたりの人々がこの地に注目し、熊の毛皮であるとか、利用できるものを利用しようとした。そして、江戸から商人たちも進出し、明治初期から明治政府も本格的にこの地を、日本固有の地として利用すべく移民なども奨励したのである。「実紀」には、ごく短い記事が時々出てきてはいたのだが、今後、少しずつ増えるであろう。そんな経過を伝えていきたい、と考えているしだいである。

●メキシコなどとの交易

永くその国を子孫に伝ふべし。家久はその賦税を収め〈税を取り〉、その国を鎮撫し〈人民を安堵させ〉、その俘囚〈琉球から連れてきた捕虜〉は早く返し送るべしとの面命〈面と向かっての命令か〉を蒙《こうむ》る。
◎島津家久は琉球王を伴って江戸城に入った。二代将軍秀忠が、薩摩の琉球領有を公認し、琉球王には、琉球に帰って先祖を祀り、薩摩の領国になったことを告げろと命令し、家久には、琉球から税を取り、人民を安堵させ、捕虜は琉球に返しなさい、と命令した。琉球の人たちは海の交易を主とする、平和で非戦闘派であったためか、薩摩にいつまでも抗戦しようとは思わなかったようだ。戦闘力に大きな違いがあったのだ。

●江戸初期の文化人と天皇

★九月九日。古田織部正、重然〈通称、古田織部。従五位下、織部正を叙任したという〉は、千利休、宗易が貫首弟子〈一番の弟子〉にて、点茶の技、当時其の右に出る者なし。よりて江戸に召して、これも其の技を受けさせ給う。
◎この話の前の記事では、鳥を撃つ名人をよんでその技術を披露させたりしている。江戸城によんだ、とあるので、二代目の将軍秀忠が、よんだのであろうか。それとも家康か。ともかく、このような技術や芸能の達者をよんで、その技能を見て喜んだのであろう。ふたりとも有名人であるが、古田織部は千利休の弟子でもトップであり、これを江戸城に召して点茶の技を鑑賞したという。こんなことが伝統文化の保存や継続を助長するなら、まあ、いい話であろう。焼き物の世界では「古田織部」という名が通称化しているが、律令的官制に織部の司という役所があり、その長官を正《しょう》、と言ったので、織部正は官職名なのであった。
★この月、大御所より伝奏〈天皇になにかを伝える役〉もて、主上へ奏聞し給へる表文に言う。親王〈後水尾院〉

御元服の事、先に内旨のごとく厳《おごそか》に行わるべし。親王の宮殿、搆造〔建造〕遅緩せられん事、然《しか》るべからず〔ゆっくりしているべきでない〕。速やかに造営あるべきなり。やがて御譲位ましますべければ、それよりさき朝政〔朝廷の政治〕いささかも怠たらせ給うべからず。

◎後陽成天皇が譲位する話はすでにあった。そこで、つぎの天皇（後水尾天皇）になる親王の、元服儀礼は厳格にやるべきだ、と家康からの伝奏が天皇に告げた。親王の宮殿の造営も急ぐべきであると。しかし、朝政を怠ってはいけない、と言っているが、朝廷は政治を行っていたのではまったくなく、古い有職故実による儀礼を繰り返していただけなのだ。前記のように、わたしの考えでは、天皇は宗教的存在であって、政治的存在ではなかったことは古代からそうであったのだ。天皇は、古くは牧畜民族のシャーマンであり、宗教的指導者であったのだが、わたしは天皇の源流に、そのような構造を考えている。ただし、天皇自ら、ないし古代の天皇は、戦闘的リーダーでもあり、その活動は、神武天皇の事績のなかに集約的に、象徴的に再現されていると思っている。

●アジア人とオランダ人

★九月九日。また、安南国王、使いして、沈香の柱十二本、《その一本、四人して荷《にな》うべし》沈粉柱一本。極品沈香十斤。氷糖十壺。象牙二。鸚鵡。孔雀。錦鶏各一。紋綃二疋ささげ、いよいよ通商互市をこい奉る。近年、本邦諸国の金銀鉱〔山〕開けしかば、本邦の金銀多き事、海外の国々、伝え聞きて、皆、通商をこう者多しと聞こゆ。

◎マルコ・ポーロではないが、日本国に金銀多し、と聞いた国々が、交易を求めて、接近してくるようになったというのである。ただし、安南などとはもうすでに交易は始まっていたのではないのか。

★十月八日。阿蘭人〔オランダ人〕、〔家康のいる〕駿〔府〕城にまうのぼり、方物を捧ぐ。先に御書簡を賜わり〔家康から書簡をもらい〕、通商の御ゆるし蒙りしを、かしこみ謝し奉る。その上、書簡には、ほるとがる、常に日本に渡海し、阿蘭をあしざまに讒《ざん》するよし〔阿蘭を悪者のように讒言すること〕、伝へ聞きたり〔と聞こえています〕。これ、蘭人、先に渡海しける時、殊更、眷注〔強い注目を浴びる、の意か〕を蒙り、渥恩に浴せしをみて〔ねんごろな恩恵を受けたのを見て〕、ほるとがる大いにおどろき妬《ねた》みて、頻りに讒〔言〕をかまふるものなり。かまへて御採用あるべからざる旨をぞ、書きたりける。

◎これを読むと、マルコ・ポーロの「東方見聞録」以来、まさに日本は黄金の国、東洋の神秘の大国であり、ヨーロッパの諸国が日本国王（将軍）にへつらっているかのような印象を受けざるを得ない。相手はオランダやポルトガルの交易商人であり、ある程度、日本国王に媚びてその通商権を獲得しようと努力はするに違いない。しかし、彼らにとって日本との貿易がどのくらいの利潤を生み出したのであろうか。このような商業の実態を識らないので、じつはなんとも言えないのであるが。しかし、「神皇正統記」の北畠親房が日本は神国である、と書いたような過剰な自負心は日本人の多くにあったような気もする。現在の日本の、韓国などに対するいわれのない優越感を持った態度なども、そんな思想の一側面を示しているのであろう。

　しかし日本人も、中国だけは大国と考えていたようで、十二月十六日の記事には、明の福建省の商人が来たことをいろいろと書いているが、見下したようにはみえない。明では交易をする商人たちに対する「勘合印」というものを与えてくれるよう依頼してきた。そのため、福建省の総督にあて、家康は親書を送っている。その手紙は林羅山が書いているが、そのなかに、和漢通信の故事（和漢の交流の歴史や由来のような記事）

を述べ、皇朝（日本国を天皇の国のように言っている）は、朝鮮、琉球、安南（ベトナム）などのアジア諸国から交易を許すべく親書が来ているのだ、と、とくとくとして書いていて、のちの鎖国などと無縁な時代であったことが解る。《南京福建の商船、年々、長崎にいたりて互市する事、今に至り絶へず》と書かれている。

★十二月十六日。明国〔中国が「明《ミン》」といっていた時代、福建〔省〕〕の商〔人〕、周性如が船、五島〔列島〕に着す〔着いた〕。長崎奉行、長谷川藤広によりて、駿府に参り、〔家康に〕拝謁し、明国、勘合印〔明国が出した、貿易を許可する御朱印のような印〕の事をはからい申さんよしを請う〔長崎奉行が、徳川幕府との、日本における交易を斡旋してくれるよう要請した〕。よって、本多正純の書簡を、明の福建惣督、陳子貞のもとへ送らしむ。その書は、林信勝〔羅山〕、草《そう》して〔下書きを書いて〕、金地院崇伝に繕写せしめらる〔清書させた〕。〔長谷川〕藤広よりも同じく書簡を送り、和漢〔日本と中国〕通信の故事〔昔からの歴史など〕を述べ、皇朝〔天皇の治める日本〕、今、治平にて〔平和な世界を作っており〕、朝鮮、琉球、安南、交趾、占城以下の諸蛮〔諸国〕より、書を献じ〔国王の書簡を贈呈してきており〕、方物を進《まいら》せざるはなし〔特産物を贈答しあっていない国はない〕。明室〔明国〕よろしく勘合の符をもって、信〔たがいの信用〕を通じ、好《こう》を結ばるべし〔交易をするべきである〕。しからば、長崎の港をもて、両国互市〔交易〕の利〔たがいの利益を〕を開かんよし、しるしたり。

◎不思議なことに、日本のすぐ近くにあった大国、中国との間に、公の交易がなかったのだ。もっとも、室町幕府の足利義満が、日明貿易を開始し、莫大な利益をあげたという歴史はあった。しかし戦国時代を経て、中国〔明〕との交易がストップしていたようだ。それを復活しようと、まずは福建省のほうから言ってきたというわけだ。福建省は太平洋に面した南部の海岸領域の省であったが、中国の洲の中では、海外移民の最たというのである。ただし、安南などとはもうすでに交易は始まっていたのではないのか。

★十月八日。阿蘭人〔オランダ人〕、〔家康のいる〕駿〔府〕城にまうのぼり、方物を捧ぐ。先に御書簡を賜わり〔家康から書簡をもらい〕、通商の御ゆるし蒙りしを、かしこみ謝し奉る。その上、書簡には、ほるとがる、常に日本に渡海し、阿蘭をあしざまに讒《ざん》するよし〔阿蘭を悪者のように讒言すること〕、伝へ聞きたり〔と聞こえています〕。これ、蘭人、先に渡海しける時、殊更、眷注〔強い注目を浴びる、の意か〕を蒙り、渥恩に浴せしをみて〔ねんごろな恩恵を受けたのを見て〕、ほるとがる大いにおどろき妬《ねた》みて、頻りに讒〔言〕をかまふるものなり。かまへて御採用あるべからざる旨をぞ、書きたりける。

◎これを読むと、マルコ・ポーロの「東方見聞録」以来、まさに日本は黄金の国、東洋の神秘の大国であり、ヨーロッパの諸国が日本国王（将軍）にへつらっているかのような印象を受けざるを得ない。相手はオランダやポルトガルの交易商人であり、ある程度、日本国王に媚びてその通商権を獲得しようと努力はするに違いない。しかし、彼らにとって日本との貿易がどのくらいの利潤を生み出したのであろうか。このような商業の実態を識らないので、じつはなんとも言えないのであるが。しかし、「神皇正統記」の北畠親房が日本は神国である、と書いたような過剰な自負心は日本人の多くにあったような気もする。現在の日本の、韓国などに対するいわれのない優越感を持った態度なども、そんな思想の一側面を示しているのであろう。

しかし日本人も、中国だけは大国と考えていたようで、十二月十六日の記事には、明の福建省の商人が来たことをいろいろと書いているが、見下したようにはみえない。明では交易をする商人たちに対する「勘合印」というものを与えてくれるよう依頼してきた。そのため、福建省の総督にあて、家康は親書を送っている。その手紙は林羅山が書いているが、そのなかに、和漢通信の故事（和漢の交流の歴史や由来のような記事）

を述べ、皇朝〔日本国を天皇の国のように言っている〕は、朝鮮、琉球、安南〔ベトナム〕などのアジア諸国から交易を許すべく親書が来ているのだ、と、とくとくとして書いていて、のちの鎖国などと無縁な時代であったことが解る。《南京福建の商船、年々、長崎にいたりて互市する事、今に至り絶へず》と書かれている。

★十二月十六日。明国〔中国が「明《ミン》」といっていた時代、福建〔省〕〕の商〔人〕、周性如が船、五島〔列島〕に着す〔着いた〕。長崎奉行、長谷川藤広によりて、駿府に参り、〔家康に〕拝謁し、明国、勘合印〔明国が出した、貿易を許可する御朱印のような印〕の事をはからい申さんよしを請う〔長崎奉行が、徳川幕府との、日本における交易を斡旋してくれるよう要請した〕。よって、本多正純の書簡を、明の福建惣督、陳子貞のもとへ送らしむ。その書は、林信勝〔羅山〕、草《そう》して〔下書きを書いて〕、金地院崇伝に繕写せしめらる〔清書させた〕。〔長谷川〕藤広よりも同じく書簡を送り、和漢〔日本と中国〕通信の故事〔昔からの歴史など〕を述べ、皇朝〔天皇の治める日本〕、今、治平にて〔平和な世界を作っており〕、朝鮮、琉球、安南、交趾、占城以下の諸蛮〔諸国〕より、書を獻じ〔国王の書簡を贈呈してきており〕、方物を進《まいら》せざるはなし〔特産物を贈答しあっていない国はない〕。明室〔明国〕よろしく勘合の符をもって、信〔たがいの信用〕を通じ、好《こう》を結ばるべし〔交易をするべきである〕。しからば、長崎の港をもて、両国互市〔交易〕の利〔たがいの利益を〕を開かんよし、しるしたり。

◎不思議なことに、日本のすぐ近くにあった大国、中国との間に、公の交易がなかったのだ。もっとも、室町幕府の足利義満が、日明貿易を開始し、莫大な利益をあげたという歴史はあった。しかし戦国時代を経て、中国〔明〕との交易がストップしていたようだ。それを復活しようと、まずは福建省のほうから言ってきたというわけだ。福建省は太平洋に面した南部の海岸領域の省であったが、中国の洲の中では、海外移民の最うむる。

◎薩摩藩の領主島津家久が、琉球（沖縄）を征服して、中山王を拉致してきたことはすでに出ていた。ここでは、駿府の家康のもとにこの王を連れてやってきたというわけだ。そして、薩摩藩が徳川幕府から、琉球をもらったということにしているので、そのお礼をしている。ここでは琉球を一つの国ではなく、なんだか品物のように扱っているところがひどい。このあたりから、琉球つまり沖縄は独立国家ではない、という現在に到るありようの根底が、この時代、すでにできあがってしまっていたのだ。彼らはさらに駿府から江戸に向かい、二代目将軍、秀忠にも会っている。

徳川幕府創設以来、このような異国、外国だった琉球を呈上され、歓びかつ賞賛したのだ。現在から考えれば、ありえない大ポトラッチ、もしくは植民地時代のヨーロッパなみの贈呈で、やはり喜んだのだった。その後、家久は、中山王を江戸城まで伴っている。

台徳院殿御実紀巻十四

慶長十五年九月に始まり、十二月に終わる

●**琉球国のその後**

★九月三日、〔秀忠が〕島津陸奥守家久をよび中山王を江戸城にて饗せらる。尚寧、世々、琉球に王たれば、今より急ぎその国に帰り、先祀を奉じて〔先祖を祀って〕、本朝の威徳を仰ぎ〔わが日本国の偉大さを尊んで〕、

★七月二十五日。柬埔寨王に御返簡をなさる。本朝の〔日本の〕商人ら、柬埔寨、交趾、占城らの国々へ渡海し、剽略〔強盗的な活動〕を業とする者あるよし聞こゆ。これよりまず、その賊ら帰国する者は速やかに誅戮を加う。交趾、須濃波夷らの地に隠れ住み、風便を待ちて、その地に至り、侵掠〔強盗〕する者は、国制にまかせて誅殺あるべし、となり。よりて、〔それらの賊を統制する人たちに〕鳥銃三十挺をつかわさる。

◎かつて、倭寇とよばれた人々が、朝鮮半島や中国を侵略したことがあったが、そのような不法な略奪をしていた人々が、この時代にもいたようで、幕府としてはこれを厳しく取りしまったようである。ただし、倭寇を構成していた人々は日本人だけでなく、朝鮮半島人や中国人も交じっていた、ともされている。境界的領域においては、どちらにも属す人もいれば、どちらにも属さない人もいる。なかなか、拘束できないものである。

●琉球国の命運

★八月六日。〔薩摩藩の〕島津家久、駿府に参着す。〔琉球の〕中山王《ちゅうざんおう》は、いまだ着せず。

★八月十日。琉球〔の〕中山王尚寧、駿府に着す。

★同月十四日。島津家久、中山王尚寧を引き連れ、駿〔府〕城にもうのぼる。大御所〔家康〕御直衣にて、大広間の上段に出でまし、〔島津家久や中山王の〕その拝〔あいさつ〕を受け給う。家久、太刀一振り、銀千枚を献じ、琉球国を賜りしを謝す〔お礼を言った〕。中山王尚寧、太刀一口、純子〔?〕百巻。羅紗二十尋《ひろ》、芭蕉布百巻、太平布二百巻、銀一万両ささげ、拝し奉る。大御所、家久を召して、当家〔徳川家〕創業の折節、異国を征伐し、その国王を召しぐして参観する事、試しすくなき大勲功のよし、御感の御言葉をこの将軍たちが、これらの諸本を学んで諸外国との交易などに取り組まなかったのか、鎖国などの政策を江戸幕府は続行したのか、不思議でもある。家康、秀忠の時代はまだ東南アジア諸国との交易が盛んであったのだ。しかし家康は朱屋にたいして、もうスペインとは交易するな、と言っており、鎖国的発想が芽生え始めていたのだろうか。鎖国に関係ありそうなのはキリスト教の日本への浸透であり、この問題が大きかったとわたしは考えているのだが。

また、メキシコまでは太平洋を直線的に横断するか、あるいは太平洋の南部を通って航海する必要があり、危険でもあり、渡海日数がかかり過ぎる、ということがあったのかもしれない。しかし交易するべき国々は、いくらでもあったのだ。日本の航海術ではヨーロッパに気軽に行くことはできなかったともいえるが、それなら、ヨーロッパの船を買うか、雇えばよかった。方法はいろいろあったと思う。キリスト教をどうして毛嫌いしたのか、研究の余地あり、であろう。

●アジア諸国との通交

★六月十二日。この日、安南より、書簡を奉りければ、金地院崇伝をして、読ましめらる。それは、本邦の〔日本国の〕商人〔の〕長、角倉〔了以〕ら、互市〔交易〕のため、かの国に至り、帰路、風波のために、舟やぶれ〔破船し〕、十三人、沈溺す〔溺《おぼ》れ死んだ〕。その弟、庄左衛門ら百人余、さいわいに救い助けしかば、これを返し送り、隣好〔友好的〕の義となすべしとの旨なり。

◎ベトナムから書簡が来て、日本の船乗りたちが、救われたことを知った幕府は、安南との交易を促進するように言ってきたのだ。

★この月〈五月〉、（中略）京の商人、朱屋隆成、駿府よりの仰せをうけて、能比須蛮〈国名、ノビスバン〉に渡海し、猩々《しょうじょう》緋《ひ》〈オランウータンの血をとって染めた布という〉以下、数品交易して帰国す。〈幕府は〉かの国にて、重ねて渡海なすまじきよし、申すとぞ聞こえし。《新井君美《きんみ》〈新井白石〉が「外国通信事略」〈白石の著書〉には、新伊西把彌亞〈新イスパニア〉、この方の人は〈現地の人は〉のびすばんといふとしるし、朱屋は、今、堺に居住の朱座、この子孫なりとあり》。

◎京都の商人、朱屋（あけや、と読むのだろうか）という商人が、ノビスバン国（既出。北アメリカの南部にあるメキシコ）に渡って、猩々緋という布などいろんな品物を交易して戻ったという。そして、家康は、朱屋にあの国とは交易するな、と命じたという。これはどうしてだったのか、交易が日本側にたいして有利じゃなかった、といったせいなのだろうか。かつての日本は黄金の国ジパングとして、マルコ・ポーロの「東方見聞録」などがヨーロッパ人に、その存在を伝えたのだ、ということになっている。中国との交易に「金」を無駄に使って、いわば不等価交換をしていたことに気がついたせいか。

　それはともかく、新井白石の『外国通信事略』という本には、新イスパニア（新しいスペイン、ということで、メキシコを言った）では、現地の人は、自分の国をのびすばん、と言っている、と書いている、という。新井白石は江戸中期の人で、儒学者として六代将軍家宣に見いだされ、幕府の仕事をするとともに、多くの著作を残した。そのなかには、『西洋紀聞』、『西洋図説』、『阿蘭風土記』（オランダ風土記、か）、先の『外国通信事略』などのヨーロッパ関係の著書がたくさんある人で、朝鮮、琉球、蝦夷地（北海道か）などの日本国以外の世界への広い視野を持った人であった。もちろん、『読史余論』などの日本の歴史に関する著書も多い。『藩翰譜』は江戸時代の各藩の分析をした本で、わたしも所有しているが、まだ未読である。なぜ江戸幕府も盛んな地域だったようだ。これは、この省が非常に貧しかったのか、あるいは航海性に富んでいて、自由に外国に行ける人々を多く輩出していたかの、どちらかである。世界の都市に、チャイナタウンをつくったのは、きっと福建省出身の中国人であったに違いない。もっともわたしの知っているチャイナタウンは、シカゴ市にあったのだが。

★〔続き〕《この書簡、かしこ〔中国、明の首都、南京《ナンキン》に達するといえども〔到着はしたのだが〕、明廷の君臣、なお、狐疑を抱き〔疑問を持ち、信用せず〕、その事ならず〔交易は成立しなかった〕。されども南京、福建の商舶、年々、長崎に至りて互市する事〔交易しているということ〕今に至り、絶えず〔なくなったことはない〕。》

◎国家的な領域でなく、民間においては、現実的な交易とか、さまざまに行われていたのが現実で、なんだかんだ理屈をこねる「国家」という存在が、御朱印だとの勘合印だの、儀式的な慣例を重視して、実際は、はかどらない。国家間のメンツをかけた戦争なども起こる。国家の枠をとっぱらうのが、一番いいのだ、とわたしなどはまじめに考えている。国境をなくすこと、人々が、地球人になることが一番いいのだ。

台徳院殿御実紀巻十五

慶長十六年〔一六一一〕正月に始まり、五月に終わる　御齢三十三

●幕府と天皇、および豊臣秀頼

★三月六日。大御所〔家康〕ご上洛のため〔京都に行くべく〕駿〔府〕城、御首途《ごしゅと》〔出発〕あり。〔息子の〕右兵衛督《うひょうえのかみ》義直、常陸介《ひたちのすけ》頼宣も陪従《べいじゅう》〔いっしょに上洛した〕し給う。これ、こたび、〔今上天皇の〕御譲位〔天皇位を自分の息子などに譲ること〕、御受禅〔次の天皇が位を継ぐこと〕あるべきゆえの御上洛とぞ聞こえし。

◎天皇の譲位と、次の天皇の即位がある、というので、家康は京都に向かった。天皇に対して、一応の儀礼は守っている家康であるが、当時の武家たちが、天皇制の呪縛から解放されていたとはいえないようだ。このあたりの心情はもうひとつ、よく解らない。天皇制と無縁に、家康は日本国に覇権をなし、日本国をどんなふうにも操縦できた。征夷大将軍などといった官職が、家康に必要であったろうか？　家康は鋭い頭脳で、天皇制をどう考えていたのか。解らない。

★同月二十七日。今上〔現在の天皇を今上天皇という〕《後陽成院》、御位を三宮《後水尾院《ごみずのおいん》》にゆずらせ給う。この宮は慶長元年、生まれ給い、同五年、御齢五歳にて親王宣下あり。十五年、御元服。今日、御とし十六にて御受禅〔即位〕まします。この日、豊臣右大臣秀頼公は、大御所〔家康に〕御対面の事、仰せつかわされければ、大坂を出でて、淀に着せらる。義直、頼宣の両宰相、淀まで御迎えとして、まいらせ給う。

◎後陽成天皇が譲位して、十六歳の後水尾《ごみずのお》天皇が即位した。大坂城には秀吉の息子、秀頼が右大臣としていたのだが、家康から〔天皇即位の件で〕会いたいと連絡があったのであろう。大坂城から淀川を上って京都に行くのである。なお、のちに御三家とよばれる、義直は尾張、頼宣は紀伊の、それぞれ大名となる。そして末子頼房は水戸の大名となり、御三家を構成することになる。

★同日。世に伝うる所は、大御所、織田〔長益入道〕有楽《うらく》をもって〔使者として秀頼母子に告げさせた〕、秀頼、〔家康と〕久しく対面し給わず。いまは、おとなしくならせ〔秀頼は、確か二十二、三歳〕給う事なれば、都〔京都〕にのぼり、〔家康と〕対面あるべし。もとより御婚姻あるうえは〔秀頼は、二代将軍秀忠の娘、千姫と結婚していた〕、両家〔徳川家と豊臣家〕のよしみ、いよいよむつまじくならば、世上の人心も和順して〔江戸と大坂という垣根を越えて〕、天下太平の〔天下泰平の〕基《もとい》たるべし、と仰せつかわさる。秀頼は故太閤、薨《こう》ぜられてのち〔秀吉が死んでから〕、母子〔秀頼と、母の淀君〕ともに慶長四年正月十日、伏見より大坂に帰られし後は、十余年の間、いまだ一度も城中を出《いで》ず。生母、淀殿、故太閤〔秀吉〕在世と変わり〔秀吉が生きていた頃と変わって〕、行世の〔現在の〕ありさまを、うき〔憂き〕事に〔嘆かわしいことを〕うらみねたましく思うあまり、秀頼、出城あらん時〔大坂城を出ることがあった時〕、いかなる危難や、出できなんと疑い〔どんな危険が出てくるのかと疑って〕、上洛の事を申しとどめらる。大政所《おおまんどころ》〔淀君〕かくと聞かれ〔淀君がこれを知って〕、もし、大御所〔家康〕の御心にたがわば〔家康の考えと違っていたなら〕、いかなる秀頼母子の身の上、うき〔憂き〕事出で来んかと心づかいして、みずから大坂に赴き、〔秀頼〕母子をいさめらる〔忠告した〕。太閤恩顧の諸大名らも、秀頼、しいて上洛なくば、あし〔悪し〕かりなんと〔上洛しないのは、まずいんじゃないかと〕、うちうち、大坂〔の秀頼母子〕に告げしかば、淀殿も今はせんかたなく〔どうしようもなくなって〕、秀頼、大坂を出でられしとなり。

◎家康は、秀頼の今後に対して、三つの条件をあげ、大坂を出て、一般大名になり、ほかの大名のように参勤交代制度を受け入れよ、といった。だが、秀頼母子は、大坂城を出ることなく、やがて大坂冬の陣、夏の陣で滅んでいくことになった。ここでは、大坂城を出て一般大名となろうとしたわけでは、決してないのであって（三月二十八日の記事）、ここでは、大坂を出た、とあるが、秀頼は京都の二条城に家康を訪ねているのである。

★同月二十八日。秀頼公は、唐門外にて下乗あり〈乗って来た馬とか輿《こし》から降りること、敬意の表現のひとつ〉。大御所〈家康〉、玄関前、莚道《えんどう》〈通路に置くむしろ〉まで出迎え給い、御慇懃の礼〈丁寧な礼儀〉をほどこし給い、殿上に導き給い、客座は南に、主座は〈家康が座る席は〉北に設けらる。座、定まりて後、盛饌《せいせん》を〈御馳走を〉供し給うべけれど、秀頼公にも心おちい給わず、陪従《べいじゅう》の〈傍につきそう〉人々も、時刻移らん事〈時間がどんどんたってしまうこと〉、憚《はばか》りあるべしとて、酒、吸い物のみ供し給い（いただいて）、三獻〈正式の飲酒〉のお祝いあり。（以下略）

◎秀頼には、天下人の秀吉の息子である、という自負があったし、家康のほうでは、これからの世の中は、自分が中心になって展開するのだ、という自信があった。しかし、世の中の趨勢は、家康や徳川幕府の時代になってゆくのであって、そこに、秀頼のよって立つ立場の弱さがあり、やはり、秀頼の悲劇のほうへと、世の中は傾いていく。その、展開の序章でもあった、この会見は。しかし、たがいの優勢を競うべく、ポトラッチ大会のように、贈り物がたがいの間を行きかう。これは、そんな光景の最後のシーンであったろう。

★四月十二日。京にて、即位の大礼行わる。（中略）また、仙洞に〈天皇の住む御所に〉、御領〈地〉を進《まいら》せ給う〈領地を与えた〉。内にも院にも〈天皇も上皇も〉、ことさら叡感せらるる〈感謝した〉所なり。

◎家康はこの儀式に参列していた。そして、また天皇へのポトラッチで、領地をプレゼントした、とある。領地とは、そこから米などが収穫できる土地であり、私有地にあり、多くの武家がこのような領地を保有していた。その保有地の大きさで、大名の格も違っているわけだ。もっとも米の収穫できる領地だけが、大名の収入源ではなかったようで、「石高」という概念とともに、解ったようで、正確には解らない領域なのである。

★同日。この日、大内〈内裏〉修造の事をいよいよ、諸大名に課せられ、修理職内匠寮《しゅりしきうちのたくみのつかさ》〈内裏の装飾から造作、修理などをつかさどった役所〉に仰せ下されて、その事を掌《つかさど》らしめらる。

◎新天皇の即位のため、内裏の修造を修理職内匠寮に命じた。朝廷にはまだ、こんな部署まで残っていたのだ。そのため、天皇に領地を与えたという。このような儀式のための費用はすべて江戸幕府が肩代わりしたというわけだ。今や天皇家は、徳川幕府にとっての〈お荷物的存在〉と化したわけだ。天皇とそのスポンサーを「補完関係」として捉える自分には、江戸幕府が天皇制を維持することにどんなメリットがあったのか、よく理解できないところでもある。天皇の落ちぶれた権威など、家康や幕府に、もはや必要なかったのでは、と思うのだ。かつて、秀吉は聚楽第に天皇、皇族、上級貴族を招いて一大イベントを敢行して悦に入っていた。これは一種のナルシシズムであり、自己満足に過ぎなかったが、まだ、京都町衆を喜ばせる効果があったかもしれない。江戸に幕府を開いた徳川家にとって、京都町衆など古典文化の維持のための装置のような存在であり、もはや、天皇をまったく、必要としなくなったのではないだろうか。だから、天皇に関する記述もごく少なくなってきたように思われる。「実紀」の、この巻十五の最後に、家康が駿府に戻った、とあっさり書かれているのが、象徴的である。

●蛮船

★この月〈四月〉。蛮船、相州の三浦〈三浦半島の最南部にある港町〉に着きたるよし聞こゆ。

◎オランダかどこかヨーロッパの船は、三浦半島という、江戸からそう遠くない所まで来ていたわけだ。この蛮船に乗っていた人たちがどうなったのか、ここには書かれていないが、つぎの巻の最初に記事があった。

台徳院殿御実紀巻十六

慶長十六年六月に始まり、九月に終わる

●蛮船その後

★六月一日。この日、蛮船数艘、入津す。よ〔り〕て糸類〔数〕多、渡り〔日本に入ってきて〕、都鄙〔町や田舎〕、大いに悦《よろこ》ぶ。

◎蛮船が三浦半島の港に入港した記事は、「台徳院殿御実紀」巻十五の最後に出ていた。そして、この日の記事は、必ずしも、三浦半島の記事と直截的関係はなかったようだ。蛮船と名づけられたヨーロッパの船舶が、日本列島各地の港に入ってくるようになったのであろう。

◎これは江戸時代の話ではないが、ある船がある海岸の沖で難破したりした時、その船から流れた積み荷を、誰が自分のものとするか。難破船が、ある村の海岸内にあれば、ある村が独占できる。しかし、ふたつの村にまたがっているような時は、ふたつの村で分けるのである。ちょうど二等分できるような位置であればいいが、片方の村寄りだとすると……。そんな争いの話を聞いたことがあったように思うが、ここでは、蛮船によってもたらされた積み荷がたくさんあったのか、関係する町や村の住民が喜んだという。この記事では、どこの港に蛮船が入ったのか、その他、風聞のように書いていて、詳細はまったく解らない。ともかく、日本では生産できないような糸類がもたらされ、人々が悦んだといったことがあった、と理解しておこう。

●アジア諸国との通交

★七月十五日。本多正純、阿媽港よりの書簡に答簡〈返答の手紙〉を送る。その文は、林道春〈羅山〉が草する〈作る〉ところなり。これ、阿媽港の船、先年〈前の年〉焚攻せられしは〈船を焼いてしまったのは〉、船主みずから招くところにして、いかんともすべからず。今、その国人、非を〈まちがっていたことを〉悔い〈後悔し〉、過《あやまち》を改め、旧好を修《おさ》め、互市通商〈交易〉の路《みち》を廃せざらんには〈止めないでおこうというなら〉、わが国家、柔遠の典においても〈従順の法則から考えても〉、これを〈交易を〉防がる〈やめる〉べきにあらず。いわんや、国家同仁の徳、善隣の〈近くの国と仲良く、といった〉政《まつりごと》〈政治〉、いかでその請いを許されざるべき〈許さないでいいものだろうか、いやそうでない〉。しかれば、明年、例のごとく、長崎入津〈長崎への入港〉の期《ご》を失わず、ますます交易の路を開くべし。その国の官長ら〈役人たち、か〉疑うことなかれ、となり。

◎日本としては、これらのアジアの国々との交易がもたらす利益や、交易品の用途の重要さを考えると、これらの交易はやめたくない、というのが本音であろう。日本にない品物が入ってくるのは、重要だったのだ。

●徳川幕府と天皇

★八月一日。京にては前月二十七日、内侍所《ないしどころ》〈三種の神器のうちの鏡、ないし鏡をいれた筥、あるいは鏡を置く部屋〉、仮殿〈かりの殿舎〉にうつし、主上、仮《かり》のおましに遷幸ましまし〈天皇も仮のお部屋に移り〉、大内営造はじめあり。板倉伊賀守勝重奉行し、洛中の地下人《じげにん》、課役としてつとむ。築地は国々の武士に課して築かしめ、地形の高さ六尺、周二町。四囲の石垣は諸大夫の武士に課し、築かしむる注進あり。

◎いよいよ内裏の造営が始まったようだ。まずは三種の神器のひとつ、鏡を安置した内侍所を移動させ、天皇も仮宮に移る。京都の町人たちが造営の人夫として使われた。築地は諸国の武士たち、とあるのは各大名に何人かずつ割り当てたのだろう。諸大夫の武士というのは、たぶん左京大夫などの官職をもらった武士を言ったのだが、大夫は京職とか修理職という役所の次官クラスを大夫と言っていた。武士のなかでもそのような官職を持った武士であろう。それはともかく、京都在住の町民や武士たちが総動員され、周囲が二町、高さ六尺の築地が築かれたとある。最後に注進あり、とあるので、誰かがこれらのことに関して助言した、というのだろうか。皇居の修理には、石垣や筑地塀も含まれており、そんな話は、信長や秀吉の時代にもあった。その修理や構築の作業は、それぞれ、全国の大名たちに割り当てられていたのである。

●われわれの先祖は「首狩り族」

★八月三日。常陸《ひたち》、下野《しもつけ》両国、草賊〈地元の盗賊〉蜂起の注進あり。よりて、服部中保正、細井勝久、久永重勝に、これを誅戮《ちゅうりく》〈殺すこと〉すべき旨を命ぜらる。賊ら、このよし伝え聞きて、党を結び〈一味となって〉、競い集まりしを、三人〈上述の役人〉速やかに馳せ向かい、数百人、生擒《いけど》りし、その首を切りて、小山、芋柄、新田、そのほか九十三所に梟首《きょうしゅ》す〈さらし首にした〉。

◎当時の幕府の犯罪者に対する、厳しい処罰を認識させられる話である。古代、中世から江戸時代までの刑罰の死罪の多くが、獄門にかける、と言って、惨殺したうえで、さらし首にして人々に見せ、お咎めの厳しさを訴え、犯罪をなくそうとする方向性を持っていた。死刑が減ったのは、まさしく現代なのである。わたしは、日本の武家的世界の蛮行として、犯罪者の首を簡単に斬ることが多かったうえ、これをさらし首といって、人目に触れやすい場所にぶらさげておく、という習慣があったことを考えると、日本の武家と称する人々は、未開社会の、まさしく「首狩り族」であったと思う。古くは、「伴大納言絵詞」だったか、誅殺された伴大納言の首が、応天門だったか、どこかの大きな屋根の上にぶら下げられた絵が有名である。その他、合戦絵巻物のひとつ「後三年合戦絵詞」(『日本の絵巻14』中央公論社、一九八八)には、大樹の陰につくられた首棚に吊られた首が、こちら向きで見える首だけでも二十五、六個描かれている(次頁参照)。絵が印象的で、今も忘れられない。われわれは首狩り族の子孫なのである。

●中国、西洋などの国々との交易

★八月二十日。長崎奉行、長谷川藤広、駿府にまかり〈駿府の家康の所にやって来て、以下のことを報告した〉、この秋、唐山〈中国のこと、と電子辞書の「広辞苑」にある〉、西洋はじめ諸国の商船、八十艘、着津し〈どの港か書いてないが、長崎に来たのかもしれない〉、互市、大いに繁盛するよし、聞こえ上げれば、大御所〈家康〉、ことさら御けしき、御快然たり〈満足したようだ〉。

◎中国を「唐山」という言い方は初めてお目にかかった。「唐」とはいうが。それはともかく、とりあえず、海外の諸国の交易は、家康を喜ばせるほどの大収入であったのだ。鎖国によって、これらを廃止したのは、本当に惜しまれるのではないか。長崎あたりでは、交易は実は、長く続いていたのだろうか。

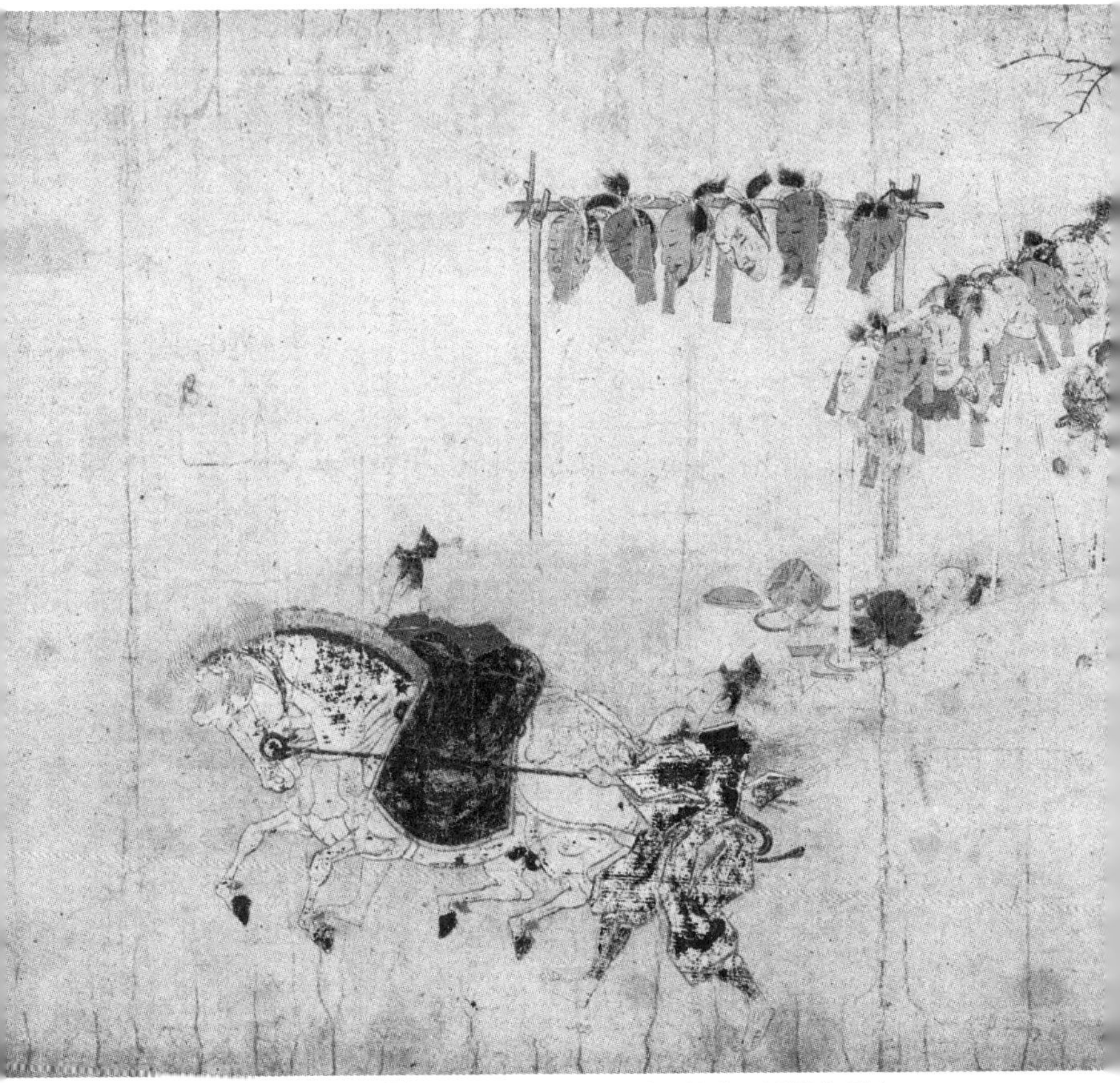

『後三年合戦絵詞』下巻・第四段「家衡、射殺され首を据えられる」より（東京国立博物館所蔵）
首狩り族を象徴する絵。彼ら〈武士〉たちの勝利を祝い、飾っている首、首、首……。

★同月二十四日。この日、細川忠興は暹羅国の象牙、白絹《しろぬき》、孔雀、豹を献ず。

★九月十五日。老臣、連署して〔多くがサインして〕、沿海の国々へ蛮船入津〔蛮船の入港〕の制〔度〕を令せらる。蛮船は、諸浦〔各地の港〕を選ばず、何方《いずかた》にも着岸せしむべしとの御旨なり。蛮船に対し、土人〔その地方に住む人々〕狼藉なからんよう〔無茶な暴力をふるったりしないよう〕に命ずべし。所領の海岸へ着船せば、領主より嚮導者《きょうどうしゃ》〔導く人〕をそえ、その便に従い〔それぞれの要望に従って〕海陸、いずくにも〔どこにでも〕送るべし。蛮船、繋ぐべき湊を見て、小舟を借らんこと〔借りようとすること〕を乞わば、借り与うべしとなり。

◎ここでも、蛮船の入港の話から、交易を進める幕府の方針の話である。そして、この後も、家康が海外から入ってきた外国の品々を喜んだ話、あるいは交易の話は、しばしば出てきている。

◎ヨーロッパの国、それもオランダのみ、港は長崎のみとした鎖国時代の交易とは、最初期の徳川幕府はまったく違っていたようだ。日本のどんな港も外国船を受け入れ、案内人までつけて、行きたい所はどこに行ってもよし、というのだから。そんなことはおいおい出てくるであろうが、ともかくこの時代は諸外国に対して寛容という以上に親切であった。想像されるのは、キリシタン禁制ということが、鎖国の中心的な領域にあったのではないか、ということだ。

★同日。大御所〔家康〕には、二〔の〕丸に渡御ありて、入貢の呂宋人を御覧じ給う。献物は葡萄酒、南蛮蠟および巻物などなり。

◎呂宋人のお土産の「巻物」って何だったのかな。フィリピンの古い絵なんて、見たいものである。

●家康と知識と「世界」

★九月十九日。この日、大御所〔家康〕には、林道春を召して、「建武式目」を読ましめ、その得失を討論し給う。

◎足利尊氏の作った、厳密には、弟の直義が作ったのかもしれない「建武式日」を、先生の林道春〔羅山〕に読ませ、かつ議論している。源頼朝や足利尊氏の事績は、家康にとって大きな指標であった、武家政治家の祖先として。尊氏が戦闘にあけくれていたとすれば、尊氏には弟の直義がいて論理的にフォローしたのだが、家康にはいなかった、そこが違っているのであるが。そして直義の役割を担ったのが、林羅山と金地院崇伝であったといえる。

★同月二十日。〔家康は〕つぎに長谷川藤広、後藤光次を御前に召して、與地図〔世界地図〕の屏風を御覧ぜられ、蛮国のことを議し給う。

◎この世界地図に関しては、新井白石の「西洋紀聞」に、《我、今、大西人〔シドチ〕に遇ひて、欧羅巴〔ヨーロッパの〕鏤板の與地図を出して》云々とあって、この地図によって、世界地図という観念をぼんやりと認識した雰囲気が、よく出ていたのだが、島国日本の人間にとって、「世界」という概念が想像もできなかったのであったろう。家康の見た世界地図が、新井白石が見ることになるものと同じだったかどうかは不明だが、ともかく家康も、世界、という観念を識る機会であった。

★同月二十二日。〔家康か秀忠は〕去年、京〔都〕の人、田中藤助、濃毘須般《ノビスバン》より互市して、携え来たりし紫羅紗を獻《たてまつ》りしかば、鷹野の御羽織に裁縫せしめらる。

◎鷹野とは、家康らが好きだった鷹狩りのこと。ノビスバンは既出で、メキシコのことであるとされている。

★この月〔九月〕、呂宋ならびに五和へ御返簡をつかわさる。いよいよ、通商、疎意〔うとんずること〕あるべからず、との〔家康か秀忠の〕御旨なり。

◎「五和」とは、インドのゴアのことを指しているか。とすれば、これは初出であるが、ヨーロッパ植民地主義的な東へ東へと展開していく時の、拠点になったように思われる。以降、インドのどこかに、東インド会社が作られ、東南アジアから、日本を含む東アジアへと、その進路は延びてきたというわけだ。ゴアという都市は、植民地主義という以前に、その尖兵とわたしがよんでいる、キリスト教が侵入し、拡大した都市でもあった。

台徳院殿御実紀巻十七

慶長十六年十月に始まり、十二月に終わる

●アジア諸国との通交

★十月二日。長崎奉行、長谷川藤広より、呂宋に書簡ならびに二の佩刀を贈る。長崎にて通商の御許しある旨を伝う。占城にも書簡ならびに二刀、その国王に贈り、王の夫人姉妹にも衣服を送り、奇楠香、互市のことを語らわしめらる。

◎日本の態度もすっかり変わって、アジア諸国の王に書簡を送ったり、日本の工芸品などを贈呈し、友好関係を維持しようとしている。

●家康と芸能や文化その他

★十月二十一日。本城〔江戸城〕にて、〔家康と秀忠?〕猿楽催され、山科少将言緒、冷泉侍従為満、舟橋式部少輔秀賢は御座に侍して〔家康の傍に座って〕、見せしめらる。その余、譜代の輩〔重要な家臣たち〕、見ることを許さる。〔猿〕楽は、加茂、清経、松風、道成寺、自然居士《じねんこじ》、海士《あま》、烏頭《うとう》、山婆《やまうば》、国栖《くず》、小町、弓八幡。少進《しょうさかん》法印に、金春、金剛、宝生らつこうまつる。金春、金剛、宝生らは、唐織小袖一襲《ひとかさね》ずつ、そのほかへも、被物《かずきもの》一襲ずつ。酒井忠世、纏頭《まといがしら》の役す。謡曲の徒らには青銅三万疋下さる。

★同月二十二日。また猿楽あり。今日は、大御所〔家康〕の仰せにより、御台所はじめ、諸大名、母、妻ならびに女子の在府せるをば〔江戸にいる人たちを〕、皆、召して見せしめらる。〔楽名その他、略〕

◎まさしく、金持ちのお遊びとポトラッチ大会である。家康の独壇場。

★十一月十一日。瞽者検校《こしゃけんぎょう》紹一〔盲人のうち、もっとも上位の人を検校と言ったのだが、その紹一という人〕を召して、平家琵琶を聞こしめさる。

◎盲人が、その主要な仕事として、琵琶をひき、平家物語を語った、というのが中世からの文化のひとつであったが、その伝統は江戸時代まで継承された。民俗学の中山太郎の『日本盲人史』(パルトス社)が、中世以降江戸期までの、もっとも詳しい研究書であるが、今、手もとにみつからない。しかし、とりわけ、江戸時代に検校職の順位を決めるとか、積極的に彼らを活用していったようだ。ここでも家康は、各種の芸能、中楽、能などを好んだのだが、これらの盲人の芸能を当道座となづけ、その長老を検校といった。これら盲人の位を確立したのも、徳川幕府だったように書かれていた、と思う。「ニッポニカ」によると、検校のトップを惣検校といい、その階層は、検校、別当、勾当、座頭とした。この「平家物語」を語る人たちを琵琶法師とよんだ、とある。

●琉球国と幕府

★十二月十五日。また、明国の請いにより、中山王尚寧を、かしこに〔琉球に〕返したるを謝して、琉球使を奉り、〔琉球の〕国産薬種かずかず獻じ奉れば、〔秀忠は〕その使いを前殿に召し、御覧じ給う。

◎ここでは、やや読みが難しく、国産の薬種を献呈してきたのは、明の国王のように、読むべきだろうか。琉球は、航海交易国として、明とは通交があった。だから、明の要望によって、中山王尚寧を琉球に返したお礼を、中国の助言で琉球王がお礼を言ってきたのかもしれない。その読みは別に、ある国家、独立国家を徳川幕府や薩摩藩が、なにか物品をやりとりするように扱っているのは、まったく許されぬ国家活動であった、と言うしかない。この、琉球に関する考えは明治以降も基本的には変わらず、第二次世界大戦では、沖縄を一大戦地としてさんざん利用したうえ（琉球に多大な被害が生じた）、戦後アメリカに引き渡し、日本への返還後も沖縄県とはなったが、アメリカ軍の基地を、日本全土における米軍基地のうち、その七十〜八十パーセントを沖縄に押しつけているのだ。

こんなひどい日本国から、沖縄人はなぜ独立しないのか、ずっとわたしは、疑問に思ってきたのである。沖縄は、日本などと別れて、独立国家を形成していくべきだ、と思っている。二、三年前、沖縄の若い研究者たちを中心として、沖縄独立論を主張した本が出たのだが、書名、その他、忘れてしまった。わたしのいい加減なところで、反省しきりである。その代わりと言ってはいけないが、琉球史を学ぶに絶好の本がある。『新琉球史　古琉球編』（琉球新報社、一九九一）

台徳院殿御実紀巻十八

慶長十七年〔一六一二〕正月に始まり、四月に終わる　御齢三十四

●秀頼の儀礼

★一月二日。駿城には、豊臣右大臣〈秀頼〉の賀使〈年頭のあいさつをする使い〉薄田兼相、〈家康に〉拝謁し、金十枚献ず。

◎秀頼は、みずから駿府や江戸に来ることはなかったが、なにかの折につけ、使者を家康のもとに送り、挨拶をさせている。このような儀礼は欠かしたことはないのだ。その行為の背後には淀君や、秀頼の家臣たち、西国大名たちがあったのであるが。肩書が右大臣とあるのは、普通に使われている「右府」が、日本の「右大臣」の中国での官職になる。一般には、「実紀」では、秀頼右府と書かれている。若い秀頼を右大臣とさせたのは、家康が、息子の秀忠を内大臣とさせるためであった、とされている。内大臣は、左右の大臣をフォローするべくこの官職が、臨時的に設けられるので、いわば格は低いのである。

★同月十日。織田有楽、江戸より帰り参り〈秀忠のもとより帰国し〉、〈家康に〉謁し奉る。

◎織田有楽の行動も、前記の秀頼同様、定期的に家康を訪問している。

●アジア諸国との通交

★同月十一日。津田紹意に毘耶宇島渡海の御朱印。茶屋四郎次郎に交趾渡海の御朱印。唐人やようすへ広南渡海の御朱印を下さる。

◎茶屋四郎次郎は京都の豪商、津田紹意は京都の糸割符《いとわっぷ》の年寄と、永積洋子『朱印船』にあった。糸割符とは、電子辞書の「広辞苑」によると、中国産の生糸を購入する商人の集まり、のように書かれている。いずれにしろ、中国との交易商人たちであった。武野紹鷗《たけのじょうおう》などの、商人、文化人たちと関係があるように思われるが未詳。当時、千利休などのように、堺の茶人などの文化人たちが、商業者としても活躍していたのである。「毘耶宇島」など、何と読むべきか見当がつかない。交趾は「こうち」で北部ベトナムの古名である。唐の人なのに「やようす」という名まえもおかしいが、中国人は気軽にヨーロッパふうの名まえを名乗ったか、ほかにも例は多い。あるいは、ヨーロッパ人かもしれない。広南は、中国の江南であろうか。中国なら当時、明であり、初めての渡海ではないはずだ。とにかく、国名不詳である。

●家康と本

★二月十四日。駿城〈駿府城〉にては、大御所、近侍の輩をめして、終日、東鑑〈吾妻鏡〉、源平盛衰記を校讐《こうしゅう》〈読み、教えを受けた〉し給う。

◎何度か書いたが、その一生の後期における家康は、戦争の場を失い、学問への道に目覚めたかのように、あるいはもともと、研究者肌の人であったのか、勉強熱心であった。この点は共感できるのだ。日本と中国の古典をたくさん蒐集し、かつ相当に読んでいた。この手助けを儒学者の林羅山がしていたのだが、「吾妻鏡」は「東鑑」ともいわれ、鎌倉幕府の執権北条氏が書いた鎌倉幕府の歴史書で、家康はこの本は武家の政権の嚆矢《こうし》（最初）の書として、愛読していた。そのことは何度か出てくる。初めて武家政権を作った源頼朝の方法論を、近世武家政権の祖先として、家康はそのありようを研究していたのであろう。新井白石も「読史余論」

において、信長、秀吉、家康ら武家がリーダーになった時代を、家康は、天皇王権の時代とどのように折り合いをつけていくか、苦心したのであろう、武家政権の嚆矢、頼朝、頼家、実朝と、それ以降の北条家の歴史を詳細に研究したと、書いている。

また、「源平盛衰記」が出てきたのは初めてで、この本は、「平家物語」の異本のひとつとされ、物語は「平家物語」をベースにしているが、そこに中国の故事などの詳細な物語もたくさん併記された本であり（のちの「太平記」が、この方法論を継承している）、また、頼朝に先立って武家政権を築こうとして、源氏に滅ぼされていく平家の最後を書いた本でもあって、家康にとって、両書はいわば、戦争と幕府経営の教科書であったのだろう。武家と天皇の関わりの在り方などの先例をみようとしたのだと思う。そのためか、あるいは古典の蒐集家でもあり、さまざまな本を買い集めて、さらに熟読していたのであろう。「源平盛衰記」は、わたしも関わりのある読書会で、全何巻かある大長編を読んだことがあったが、「平家物語」などに較べて、段違いにおもしろい本であった。

●オランダとの通交

★二月二十六日。阿蘭国主へとるほつと、書簡を、（本多）正純に送り、その国人通商の事、許されしを謝し（オランダ人が家康に感謝し）、かつ、かすてあん、とはいまだ実の和睦、ととのわざる旨を告げ奉るよしにて、去年下されし御朱印二通を返し奉る。

◎オランダ国王のヘトルホットからの書簡によると、通商を許されたことを家康に感謝したようである。しかし、「かすてあん」とはオランダ国王の関係者か、前に日本人と悶着のあった人物か、そのあたりがよく解らないのであるが、ともかく、御朱印はまた次の機会に、のように返してきた、というのだが……。やや意味不明でもある。

●文化人、武野《たけの》紹鷗《じょうおう》

★二月二十八日。松平〈伊達〉政宗、生駒正俊、駿府にもうのぼり〈家康に〉拝謁し、政宗は銀百枚、塩鮭十隻、〈生駒〉正俊は銀百枚、時服十、獻ず〈献呈した〉。〈家康は〉二人を御茶室に召され、御茶を賜い、正俊にお茶入れを給う。〈中略〉この日、用いられし茶入れを、投頭巾という。こ〈れ〉は、その昔、この技の宗匠とよばれたる〈武野〉紹鷗が始め、この器を見たりし時、歎美のあまり、手に持ちし頭巾を投げ出しけるより、その器の名とはなりしという。紹鷗は慈照院義政将軍〈足利義政〉の時、眷寵蒙りし茶博士なり。

◎なんだかよく解らないが、安土桃山時代から江戸初期にかけて、堺などの茶人が文人として、秀吉やつぎの家康などから優遇されたのであった。お茶のことをあまり、というかほとんど知らないので、この話に出てくる投げ頭巾だとか、ありがたみはよく理解できない。しかし、この時代の武家が、彼ら文人を重用したことはまちがいない。

●キリスト教禁制

★三月十日。この頃、天主教は倫理を害し〈社会的な規範のじゃまになり〉、風俗をやぶる事をしろしめし、厳〈粛〉に禁制せしめられんとて、御家人十人ずつ一隊とし、隊ごとに査撿〈取り調べ〉を命ぜらる。原主水《もんど》某、年頃、邪宗〈キリスト教〉に惑溺《わくでき》するゆえ〈夢中になっているので〉、この制を恐れて亡命す。榊原嘉兵衛某、小笠原権之丞某は、その宗〔キリスト教〕に帰依するといえども、既に改宗しければ〔キリスト教をやめて、仏教徒に戻った〕、死罪一等を減じて、追放せらる。

◎キリスト教の日本や中国、朝鮮への浸透に関する研究書は多く、キリスト教が最初の頃は、九州あたりからしだいに浸透し、しだいに日本社会の関西あたりまでに敷衍されていった過程はよく知られている。徳川幕府は明確に禁制を厳命したが、すでにかなりの程度に、キリスト教徒を生み出していた日本では、民衆から大名まで、多くの信者がいたのである。ここでは、幕府は、御家人とよばれる、徳川幕府直轄の武家たちを、十人単位で拘束し、キリスト教信者がいないかどうかを厳密に探索したようだ。そして、多くの武家信者も明らかになり、厳しい罰則が科せられた。原主水は逃亡したし、改宗した者は減刑された。死罪が流罪になったように。

◎日本社会においてキリスト教がなぜ、こんなに嫌われたのか、大きな問題であるが、多分に、キリスト教の宣教師たちは、ヨーロッパ植民地政策の先鋒となって、アジア諸国に宣教の輪を拡げていったのである。その基本方針を、戦国時代あたりから、めざとく直感した施政者たちが、これを禁じたのが始まりであった、とわたしは現在、考えている。そして、「踏み絵」などが有名だが、改宗しない者も多く、かつ改宗したと言いながら、じつは改宗しなかった隠れキリシタンも少なくなかったのであろう。

★同月十八日。先に獄に下されし岡本大八、ふたたび、有馬晴信が〔の〕悪事を訴《うった》う。よりて、〔岡本〕大八を引き出し、大久保長安がもとにおいて、〔有馬〕晴信と対決せしむる所に、晴信、詞《ことば》屈す〔黙ってしまった〕。よりて〔有馬〕晴信は、〔大久保〕長安にあずけられ、〔岡本〕大八は、再び獄につながる。これは〔有馬〕晴信、唐船互市〔中国の船による貿易〕唐糸の事〔中国の布などを扱ったこと〕、常に長谷川藤広に命ぜらるるを猜《ねた》み怨《うら》み、刺客をして〔人を殺すような人物を使って〕、〔長谷川〕藤広を、長崎往来の路《みち》にて、殺害せんとたくむよしを〔たくらんでいるということを〕訴えしなり。〔有馬〕晴信も〔岡本〕大八も、そのもとは天主教に帰依するにより、親しみあつければ〔キリスト教徒ということで親しかったから〕、たがいに、かかる隠し事をも語りしものなるべし。〔有馬〕晴信が子、左衛門佐直純は、罪なしとて、父の所領四万石を、新たに下さる。これ襲封《しゅうふう》〔継承する〕せらるるにはあらずとなり〔相続できなかった〕。
◎長い引用になった。岡本大八はのちにも出てくるが、純然たるキリスト教徒であり、刑罰は免れなかった。しかし、有馬晴信は、家康にも仕えたり、長崎での功績があり、別の罪が宣告されるのであろう。
★同月二十一日。この日、岡本大八を獄屋より引き出し、駿府市街を引き廻し、阿部川辺にて火刑に処せらる。これを見るもの堵《と》〔垣根〕のごとし〔たくさんのひとが集まって見物した〕。〔有馬〕晴信、大八ら邪教に化せられ〔騙されて〕、かかる奸悪〔心がねじまがった〕の挙動しければ、いよいよ邪教、禁断せらるべしとて、板倉勝重に、その寺院〔キリスト教の教会〕の京洛〔京都〕にある所は、悉《ことごと》く破却すべしと命ぜらる。
◎キリシタンすなわちキリスト教徒であることで逮捕されていた岡本大八を、新しい信者の有馬晴信と対決させ、晴信の入信が解ったため、岡本大八は市中引き廻しのうえ、火刑。晴信はのちに切腹。やはり江戸や京都の街の住人である武家たちにも、キリシタンになる者が多かったようだ。つかまれば、火刑にされた。すなわち死罪であった。そして、京都などにはキリスト教の教会があった。スペインの宣教師ルイス・フロイスの『日本史——キリシタン伝来のころ』（前出）によれば、もっとも初期のキリスト教の日本での展開のようすがよく解る。織田信長の時代に九州に入ってきたキリスト教は、あっという間に京都あたりまで拡がってきて、教会が建ったりした。豊臣秀吉時代になって初めて、この活動を食い止めることになったのである。

キリスト教はまず、下層階級である貧民層に浸透し、病院的な施設を造って病人を収容し、他方で、日本社会の上層部であった武家たち、大名の世界にも浸透して、高山右近、大村純忠、有馬晴信などのキリシタン大名を生み出していった。細川忠興の正室、ガラシャ夫人〈明智光秀の娘〉なども迫害されたキリスト教徒として有名だ。ルイス・フロイスの『日本史』は以前に購入したものだが、最初読み始めたばかりでストップしていた。自分は無宗教、無神論者であり、彼らの活動についていけなかったのだ。

★同日。また、有馬直純所領、肥前〈佐賀県〉、高来郡には、邪教帰依の者、多により、浄僧〈浄土宗の学僧か〉万随意をかしこに下し、仏教〈仏の教え〉を演説して、その民を化せしむ〈改宗させる〉べしと仰せつけらる。

★〈続き〉〈家康は〉また、長谷川藤弘を長崎につかわし、邪教を査撿せしめらる。

◎九州の佐賀県のあたりはキリシタンが多かったので、仏教の坊さんを派遣し、仏教を説いて彼らを改宗させよと家康などが言ったという。九州では博多のあたりに、ヨーロッパ人宣教師が来航し、北九州や南九州を中心にキリスト教は拡大していったようすが、前掲『日本史』の最初に書かれている。彼らは博多から薩摩へ移動し、また博多に戻って、つぎに山口へと進出し、京都へと上ったのである。肥前国は有馬晴信の嫡男、直純の所領地で、直純もまたキリシタン大名であった。

★同月二十二日。この日、〈家康は〉有馬晴信を甲斐〈山梨県〉の郡内に配流《はいる》〈流刑《るけい》〉せらる。大久保長安、これを沙汰す。

◎有馬晴信は甲斐の国に流されたが、すぐに殺されるであろう。

●秀頼と京都大仏

★同月二十四日。京大仏は、五年前、大坂の豊臣右府〔秀頼〕より再建せられ、その功、すでになるに及んで〔竣功を終えた時〕、鑄工《ちゆうこう》〔鉄や銅などを焼いて溶かす工人〕火をつっしまず、あやまちて爐火《ろか》ほとばしり起こり、銅像やぶる。よて、ふたたび、三年前より、興隆せしに、このころ成功し、堂閣搆造〔ほぼ全体が〕告竣（できあがった）のよし。大工中井正次、駿府に参り〔家康に〕聞えあぐる〔申し上げた〕。

◎この大仏は結局、二回も災難にあって、現在は残っていない。幻の大仏である。秀頼の要請によってつくり始められたというが、秀頼の悲劇的な短い一生を、この大仏は象徴しているかのように、ともに薄命であった。

台徳院殿御実紀巻十九

慶長十七年五月に始まり、七月に終わる

●キリシタン大名の死

★五月七日。有馬晴信、甲斐の配所にありて〔流刑の地で〕、憂悶《ゆうもん》〔憂え〕にたえず、自殺したるよし、注進あり。よりて板倉重宗〔を〕もって撿使に遣わさる。

◎この死は本当だったたか。また、後に報告があるであろう。

本列島の南側、太平洋の航路はなかったのか（「実紀」にほとんど出てこないので）、疑問に思っていたのだが、この記事を読むと、これらの船が漁船だったのか、荷物や人を運ぶ船舶だったのか、不明であるが、人を乗せる船なら、死者の数もでていたかもしれない。多分に航路はあったが、詳細はやはり不明である。

●御家人の犯罪

★六月二十八日。大番組頭、芝山正次、その家僕〈使用人〉を誅しけるに〈殺したが〉、その党〈家僕の仲間〉集まり競い来たりて、正次を討ちて逐電す。これは近年、諸国に無頼の悪党あり。その首長、大鳥居逸平、大風嵐之助、大橋摺之助、風吹塵右衛門、天狗魔右衛門などいえる者〈いずれも、苗字にちなんで作った遊び的名まえとなっているのがおかしい、こういう例はあった〉、その党類の悪少年を集め、血誓をなし〈血を出し合って連合するやから〉、もし、その党類の、災難のことあらんには、身命を捨てて、君父といえども恐れず。力を合わせ、その志を遂げんと約〈束〉しければ、悪少年、遊侠の類、幾百人が党を分かち、市中を横行し、人を害し、郷里を騒動せしむること、墟日なし〈何事もない日はない〉。このほど、官よりも厳禁を下され、悪徒を追捕せらる。柴山〈芝山正次〉が家僕にも、その党人ありしを聞きしりて誅せんとせしに、そのほかの家僕も、その党多くありて、主を討ちて、立ち退《の》きしとなり。ここにおいて、ますます、その法を厳〈密〉にし、江戸市中に新関〈新たに設けた関所〉を設けて、鞠捕せらる〈厳しく捕捉した〉。正次、子、正知には、のちに家継がしめらる。

◎長くなったが、悪徳青少年たち、というのはどんな社会にも登場するのだろう。ただ、悪行だけでは、物語にならないので、実は、世を忍ぶ仮の姿で、実は裏で善行をしていたのだ、というのが、痛快な物語であるが、ここでは、どうしようもない不良青少年たちを描出している。こんな事件は、都市における、しばしば現れる犯罪であっただろう。最後の、責任者の息子に家業を継がせたというのは、この結論で、記述を少しだけ明るくまとめたのであろう。

★七月七日。さきに柴山〔芝山〕正次を弑《しい》して〔殺して〕逐電《ちくでん》したる〔逃亡した〕家僕を逐捕し〔ついに逮捕した、か〕、鞠責〔罪を問いただす〕せらるるところ、その党與〔グループ〕若干〔何人か〕、諸方に散在するよし、白状に及ぶにより、厳〔おごそか〕に令せられ、七十余人追捕せらるるといえども、なお迯《に》げ失せし者、六十人ありと聞こゆ。（中略）大御所〔家康〕聞し召し、天下の邪悪を禁断すること、政務の要なり。駿府にも、かかる徒あるまじきにあらず〔この文章、おかしくないか、こんな徒があってはならない、ことはない、と読める。しかし、あってはならない、と言っているのだろう、そう理解しておく〕。厳《おごそか》に査撿すべしと、有司に仰せ下さる。

◎徳川幕府成立以前から、徳川家の御家人、旗本ほか、武家たちの犯罪も並大抵ではなく、家康や秀忠も、これらの事件の続発には頭を悩ましていたであろう。しかし、犯罪はどんな世界でも起こってくる。その最後は殺人で、かつ逃亡であった。これ以前も、武家による犯罪の記事は少なくなかったのであるが、頻出するのもどうか、と考え、控えてきた。また犯罪に至る原因から書き出すので、記事が長くなる。犯罪だけ追っていっても本が一冊できてしまいそうである。しかし、今後も、そのような記事は続出するに違いない。厳選して載せよう。しかし、二代目将軍秀忠としては、父家康が築き、自分が継承している幕府および日本社会を守っていきたい。そのためには、いろいろな法令を出して、民衆や武家自身の安全な生活を、保障していかなければならない、秀忠はだから、冷徹な態度を誇示し続けているようだ。

●鎖国への道

★同日。去年より、異国渡海の徒に下されし御朱書の数を査撿すべしと、金地院崇伝に命ぜらる。

◎この「御朱書」は「御朱書き」と読ませているのだろうか。交易する人たちに出された御朱印のことを言っているのだろうか。それとも、金地院崇伝に書かせた、外国王への書簡を言っているのだろうか。それなら、数は少ないし、御朱印なら、金地院崇伝が書くほどのものでもないだろう。家康のサインのようなものを朱書きにしていたのだと思うのだが。とりあえず、今までむやみと出していた御朱印を、抑制しようというのであろうか。今後の記事を待ちたい。

●メキシコとの通交

★七月二十日。江戸より濃毘須蛮国主へ御返簡ならびに鎧三領を遣わさる。

◎この記事の出典は、「駿府記」とあるので、これは家康の命令で、家康は、外国との交易を制限しようとは、考えていないように思われる。

●鎖国は始まっていなかった!

★七月二十五日。また、後藤光次、拝謁し、長谷川藤広より、今年、唐船および呂宋船二十六艘、長崎へ着岸し、白糸二十萬斤余、載せ来たりしと、注進ありし旨、聞こえあぐる。

◎この、文中の拝謁の相手や、長崎からの報告を誰が聞いたのか、明確でないが、ともかく、外国との交易を、長崎に絞ろうとする意図は、明確だ。
★同月晦日。暹羅の商客、駿府に参り、緞子、緋羅紗、鮫皮などを献ず。よって、蛮夷の風俗事情を問わしめ給う。また、異人、因果居士、京〈都〉より参る。その昔、御覧じ給いける者なれば、御前に召して、年齢を問わせ給う。八十八歳のよし答う、よって駿府に留めたまい、時々召して、古事を談じ給う。
◎この記事の出典は「駿府記」だから、この主体は家康である。あくまで、家康の、他国の人に対する好奇心は衰えていない。しかし、この因果居士なる人が何国人か、まったく解らない。

●御家人の犯罪と処罰

★この月〈七月〉。また、悪少年の酋長、大鳥居逸平を、江戸中、引き渡し、磔《はりつけ》せられ、その徒、三百人余、誅せらる〈殺された〉。
◎この悪少年グループのうち、御家人は死刑でなく流罪で、津軽や南部、佐渡、村上（どこか?）に流された。亡命した者は、すべて切腹あるいは改易（すべてをとりあげ、武士の資格も奪われた）。磔は、刑場において、殺され、死体はキリストの十字架のように縛られて人々の見物の前にさらし者になったのである。ここまで手をつくしても犯罪というものはなくなることがない。そこに物語が生まれ、物語はさらに展開する。そうすると、秀忠のような実務家は、法令をどんどん発行し、犯罪のない都市、社会の成立と維持が、幕府の目標になったのであろう。

台徳院殿御実紀巻二十

慶長十七年八月に始まり、十二月に終わる

●アジアとヨーロッパ

★八月四日。呂宋の船主、類子、駿府に参りければ、大御所〈家康〉御覧あり。緞子および、蜜二台を献ず。

★同日。長崎より、去る月二十三日、蛮船入津し、白糸十四万斤。猩々緋、綾羅、緞子など、若干、乗せ来たりしよし。後藤光次、披露す。

●徳川幕府の法令

★八月六日。令せらるるは、一年期の奴僕〈使用人〉は停禁せらる。侍はいうまでもなし。奴僕までも〔一年単位で〕かかえ置けば、罪科に処せらるべし。

◎これはたぶん、商家などで雇う使用人を一年単位で契約してはいけない、ということであろう。近世江戸や京阪の風俗その他を書いた「守貞謾稿」（前出）によると、商家などでの奉公を年季奉公と言ったのだが、《年季は大略《おおよそ》十年とす》とあり、しかし実際には二十年を勤めると、一人前として、支店を出させる、うんぬん、と、細かく年季奉公について書いている。こういう制度的な初歩は、江戸初期の秀忠の時代に始まったのではないか、と思う。遊女なども十年を最初の契約期限としていたように思われる。だから、商家やあるいは武家が雇う奉公人以下、下男なども同様で、何年単位か解らないが、もっと長い期間で契約すべきだ、というのが、この法令の趣旨であろう。たとえば、江戸城に勤める御家人、旗本などは、生涯の契約というのか、主従関

係が延長され、その子孫に継承されている（ただし、長男にその権利があって、次男以下は不明）。幕府も細かいところまで規制したものだと思うが、前項の悪少年たちも、一年で奉公を終えた少年たちが不良化する可能性はあったから、無関係ではないかもしれない。

★〔続き〕伴天連《バテレン》門徒〔キリスト教徒〕、厳禁せらる。もし犯するものは、忽《たちまち》に刑して、その罪のがるべからず。

◎伴天連門徒とはキリスト教徒すなわちキリシタン、バテレン宗徒である。ポルトガル語でキリスト教の司祭をパードレあるいはパーデレなどと言ったのだが、その漢字表記が「伴天連」であろう。キリシタン禁制はとりわけ厳しかった。まるで幕府の威信に関わる、といったぐあいに。この日は年季奉公やキリスト教徒の法令のみならず、さまざまな禁令が出ている。

★〔続き〕刃傷《にんじょう》せし者〔刀で人を傷つけ、あるいは殺傷した人〕あらんには、その地の領主、代官へその故を訴えるべし。もし刃傷せられし者、他より〔ほかの藩や町やその他から〕来たらば、その地〔つかまった地〕に留置、交名《きょうみょう》〔名まえを列記すること〕を註し〔書きこんで〕、〔上に〕聞こえ上ぐるべし〔報告せねばならない〕。隠し置く時は重罪たるべし。

★〔続き〕烟草《たばこ》は厳に禁制せらる。

◎これは不思議だ。当時、たばこは健康を害す、という衛生的な見解があったわけではないだろう。多分、たばこは国産でなく、どこかの国からの輸入品ないし、密輸品であり、こんな法令が出たに違いない。たばこを売っている者がいたら、訴えでよ、売っている者の財産を、訴えた者に全部渡す、と書かれている。ある種、密告奨励でもあるような書き方だ。また、各国でも煙草を植えてはいけない、とあるから徹底している。

★また牛を殺す事を禁ぜらる。もし牛を殺す者には、一切、牛を売りあたうべからず、となり。

◎この禁止もなんだろうか。仏教的な、生物の殺生戒でもなさそうだ。牛を飼う者といえば、多くは農民であろうが、かつて農村では死んだ牛馬の死体処理は、被差別部落民に依存していた。そして死んだ牛から取れる牛皮は、彼ら被差別民の収入になっていたのではないだろうか。ここでは農本主義的日本国では、農作業で重要な牛を、かってに殺してはいけない、ということの確認であろう。近代以降の話かもしれないが、子牛を飼う人たちと、これを買って農業などに使う人は違っていて、市が開かれると売る人と買う人が集まって好みの牛を捜して買うのだが、屠畜業の人はまた別にいた。江戸時代はどうだったのだろうか。

◎森永種夫『流人と非人——続・長崎奉行の記録』（岩波新書、一九六三）に、これは長崎での話だが、つぎのように書かれていた。《死牛の処分をもてあまし、皮屋町部落のもの〈被差別民〉に頼んで解いて貰った〈解体してもらった〉男もいた。浦上村中野郷の徳松は、岡村家野郷にいる部落ものの八三郎の世話で、大村領の利兵衛から、牛一匹を五貫八百文で買った》。《その牛がすぐ死んだので、八三郎も気の毒になって、その牛の解体を手伝い、その肉と皮と骨と角を、八三郎が皮屋町の部落の利八に売り払った》。《牛の密殺が洩《も》れ、徳松と八三郎は捕えられた。近所の噂では、浦上に隠れている切支丹〈キリシタン〉たちが、祭日の神前に供えるための牛肉がほしくて徳松たちに頼んだのではないかということだった》。徳松は八か月ばかり入牢していただけだったが、八三郎は追放処分になった、という。この話にはキリシタンと皮屋部落の被差別民の話が混合していて、興味深い。

◎また、この話には続きがあり、牛皮で儲けている近所の部落もののまねをして牛を密殺した農民の話もあった。この農民はお金に困って、牛を買いこれを殺して売り、お金を儲けることができた。幕府の牛を殺すことを禁止した理由のどこかに、こんな地方の話が影響していたのかもしれない。ともかく、牛皮は、さまざまな製品となり、明治以降は牛の解体や、靴の製造などの皮革業がふつうの企業、大企業の重要な仕事にもなったという。

●オランダおよびアジア諸国との通交

★八月十二日。阿蘭船、肥前平戸に着岸の注進あり。

◎長崎市北部の平戸は、江戸時代唯一の開港であり、主としてオランダの船が入港した。オランダ商館ができ、世界の、ヨーロッパからの物品が、この商館を通じて平戸、長崎に持ちこまれることになったわけだ。唯一の、幕府公認の開港であった。

★同月十五日。明人一官、祖官、駿府に参り、薬種数々、捧げければ、大御所〔家康〕召して、唐土の〔中国の〕地理、風俗などを問わせ給う。

◎前に、中国人の林三官、という名まえが出ていたが、この一官と、祖官は、一族でもあるのだろうか。

★同日。この日、京〔京都の〕市人〔商人か〕大黒某に、交趾渡海の御朱印を下さる。

★同月十八日。角倉与一、駿府に参り、紅糸、緋紗綾、沈香、薬種、縮砂、班猫、葛上、高長《虫の名》を捧ぐ。安南国に渡海して、互市せしところとぞ聞こえし。

◎秀忠に征夷大将軍を譲って、みずから駿府に引っこんだ家康も、秀忠、家康のコンビで治政にあたったようで、家康の方針は変わらず、アジア諸国との通交は盛んであった。平戸にオランダ商館を開いたのも、慶長十四年とあるから、家康であったろうか。電子辞書の「広辞苑」にも「日本歴史大事典」にも、これを開いたのが家康だったかどうか、書いていない。研究書を読まないとだめなようだ。和辻哲郎の『鎖国——日本の悲劇』（筑摩書房、一九六一）という本は持っているのだが、本格的には読んでいない。最後の「鎖国」という文章の中に、《そういう情勢の下に、一六三三年には長崎奉行に対して、かなり厳しい外国貿易取締令が通達された。御朱印船以外の船の外国渡航の厳禁、五年以上外国居住の日本人の帰朝の禁止、外国船停泊期間の短縮などを規定したものである》とあり、以下に、禁止された条項が羅列してあるが、平戸に関しては、初期のキリスト教布教のところで触れているだけである。ただ、長崎の出島が外国船の入港を認めたことなどに触れている。

★同月二十八日。蛮人、駿府に参り、駿府へ秦吉了（中国人?）、駝鳥を献ず。
★九月一日。呂宋ならびに、五和国人、駿城に参りければ、前殿に召して、御覧あり。その国主より、書簡をささげ、方物を献じ、本多正純ならびに後藤光次にも書簡を贈る。
◎またインドのゴアが出てきた。そして、この記事によれば、インド人も日本に来ていたようだ。そしてインド国王からの書簡が、家康に届けられたようである。
★同月九日。明人やようすに、暹羅渡海の御朱印を下さる。
★同月二十五日。五和の国主へ、両御所〈家康と秀忠〉、御返簡を遣わさる。
◎何語で、ゴア国王に返事したのであろうか。漢文はさすがに、インドでは通じなかったであろう。
★同月晦日。呂宋国主へ御返簡を遣わさる。本多正純、後藤光次よりも返簡を贈る。
◎といった具合に、家康の海外友好路線に、秀忠もある程度、つきあっていたようだ。

●江戸時代初期の法令

★十月十六日、道路堤防の制を仰せ下さる。大道、小路とも馬さくり〔『広辞苑』によれば、馬ざくり。馬が歩んでできた窪み〕の所は、あるは砂、あるは石もて堅固にならし、道の側には水路をうがつべし。泥滑の所も〔泥ですべりやすい所も、か〕、砂石もて堅固ならしむべし。堤防の芝生を剪剝《せんはく》〔切りそろえ、雑草を抜いて、道路をむき出しにする、ということか〕すべからず。馬さくりの所は、土をもて堅固にすべし。道路よろしき地に、みだりに土を敷くべからず。橋領は、公領、私領とも〔公けの橋かどうか別にして〕破損せば、令し下さるべし〔公的に保障すべきである、ということか〕。代官ら、心入れて修理加えしむべしとなり。

◎法令は道路行政にも及び、馬が通って溝ができた所は、砂や石で補強し、道路の両側か片側には水路を作って、水はけをよくしろ、というのであろう。戦国時代が終わり、戦争のためというより、むしろ交通路としての道路の重要性が拡大されてきたのであろう。安藤（歌川）広重の浮世絵（江戸時代、後期）などで、東海道の各地が描かれているが、道の横に水路のような溝が掘ってあったことは気がつかなかった。この法令は、道路の整備のためのさまざまな規定をしている。人間だけではなく、商人などが馬で商品を運ぶための道路を完備しなければいけない、というのであろう。微に入り細を穿つ、という丁寧な法令ではある。以下に、これらの法令を、関東各地に奉行を定めて、しっかり守らせる体制を作ろうとしている。主要道路は日本国内の交通、交流にとってもっとも重要な経路（もうひとつは河川と海洋）のひとつである。現代日本が、全国的に高速道路を設置していることも、この道路行政の延長線上にあるといっていいと思う。

●オランダ及び明との通交

★十月十七日。阿蘭国主より書簡を奉る。

★同月二十九日。阿蘭国主へ御返簡を賜う。本多正純よりも返簡を贈る。

◎阿蘭国は、オランダ国であろう。オランダの王から書簡が来た。これを、奉る、と表記し、また返事は賜う、贈るなど、あくまで偉そうな書き方で、ここにも日本国の精神的ありようが窺える。ヨーロッパの国はあくまで、交易を希望していたのであろう。

★この年。〔薩摩藩の〕島津家久に命ぜられ、琉球国より書簡を、明国、福建〔省〕に贈らしめ、通商、互市の事を議せしめらる。

◎明との交易に関しては、中国との交易の歴史の長い、琉球を通じて行おうという家康らの作戦であったようだ。やはり大国である中国（明）との交易を、家康も重要と考えていたのであろう。

台徳院殿御実紀巻二十一

慶長十八年〔一六一三〕正月に始まり、二月に終わる

●秀頼と家康（あるいは徳川幕府）

★正月二日。豊臣秀頼公の賀使、大野治房、拝賀し奉る。

◎秀吉の遺児、秀頼の記事はほとんどないが、時々このようにして、家康のもとにあいさつの使者を、何度

も送っている。この頃、秀頼がどんなことを考えていたのか、「実紀」からはまったく解らない。ただ、家康の配下になるのは御免だ、という自負だけはあったのだと想像される。

●アジア諸国との通交

★正月十一日。角倉了以へ、東京《トンキン》渡海の御朱印、村山市蔵に、呂宋渡海の御朱印、長谷川藤継に暹羅渡海の御朱印、蕃人〈どこの国か不明〉まのしるに同国渡海の御朱印、夏の局〈人名か?〉へ東埔寨渡海、交趾渡海の御朱印、舟本弥七郎、米屋新右衛門ならびに壽庵、唐人しんにょろ及び五官へ交趾渡海の御朱印を下さる。

◎アジア各地への渡海、交易の、幕府の認可証である御朱印を、さまざまな人たちに発行している。おなじみの商人もいれば、新規加入の人たちもいるようで、たぶん、この頃が、アジア諸国との交易の最盛期であったようだ。では、先に御朱書の数を調べろ、という家康の命令は何だったのか。ただ、出した御朱印の数を確認したかっただけだろうか。

●家康の学問好き

★正月十六日。駿府にては、吉田より〈京都の吉田神社であろうか〉持ち来たりし続日本紀を、神龍院梵舜に書写せしめらる。林道春〈羅山〉、仰せを伝う。

◎家康は、いろんな方法を講じて、和漢の書籍蒐集に務めていたが、「続日本紀」の写本が手に入ったので、これをまた梵舜という僧に、写本を作らせている。まだ、「古事記」という本は出てきていないが、この本は千四百年代に名古屋のほうのある寺で発見された、という不思議な本であり、一般に出廻らなかったのかもしれない。

★同月二十日。金地院崇伝、駿府において、十七史を恩借す。

◎中国の「史記」「漢書」「後漢書」あたりから近世史書までの十七書を「十七史」といった（霅子辞書の「広辞苑」）ようだが、崇伝は恩借、とあるので、家康から借り出した、ということだろうか。

●朝鮮国との通交

★二月一日。この日、朝鮮国より進《まい》らする大鷹、十一隻、九州へ参着す。

◎大鷹、十一隻というのはおかしいが、大鷹を十一隻の船で運んできた、というのだろうか。ともかく、朝鮮の国王から、家康や秀忠への貢ぎ物として、大鷹なるもの、たとえば工芸品などが送られてきたのであろう。日本から、朝鮮王へなにか贈ったという話は聞いたことがない。

台徳院殿御実紀巻二十二

慶長十八年三月に始まり、六月に終わる

●家康の趣味は秀忠に継承された？

★三月二十八日。〔秀忠と〕松平〔伊達〕政宗が邸に臨駕あり〔やって来た〕。政宗御茶を獻ず。（中略）はてて将棋、御覧あり。その後、政宗所蔵、京極黄門定家卿〔歌人の藤原定家《ていか》の〕真蹟〔定家白身が書いた〕、古今集以下の歌書を御覧に備えしに、御感《ぎょかん》浅からざりしかば、政宗〔秀忠の〕御旨にまかせ、この書、〔江戸城に〕獻ずべしと聞こえ上ぐる〔贈呈したい、と政宗が秀忠に言った〕。しかしながら、御所〔秀忠〕にも、〔藤原〕定家卿真蹟の伊勢物語、新勅撰集など、その他あまたおはしませば、これは、政宗永く秘蔵すべし、とて〔政宗に〕返し給う。

◎この松平政宗は、伊達政宗である。彼はさまざまな経緯を辿りながら、徳川幕府の大名となったのだが、いつ、徳川家の旧称松平の姓を貰ったのか解らないが、いつのまに親藩大名になったのであろうか。この時も、仙台藩の領主である。そして彼自身、定家真筆の「古今集」を所持するなど、趣味人になったようだ。家康の影響か。ともかく、彼の江戸の屋敷に秀忠が訪れたのであろう。そこでお茶を飲んだり、当時からプロのいた棋士の将棋を鑑賞したのであろう。そして藤原定家は中納言だったので、その唐の読みかたである、黄門と書かれている。藤原黄門定家は藤原氏一派の京極家に属し、京極中納言とよばれていたらしい。かれは歌人として超有名で、「新古今和歌集」を編んだりしたのだが、平安時代の古典の写本をしたことでも知られている。「源氏物語」の写本などもあるが、みずから「明月記」という日記を残している（わたしは所有しているだけで、ちらっとしか読んでいないのだが）。これは全編、漢文で、かつ白文なので、一度読もうと挑戦したのだが、挫折した。漢文の素養がないせいである。しかし、伊達政宗も古典の蒐集をしたのか、定家真筆の「古今集」などを所有していて、やはり和漢の古典の蒐集家でもあった家康の息子秀忠に、これを披露し、プレゼントしようとしたのであろう。続く記事も同様である。

◎電子辞書の「日本歴史大事典」を見ていたところ、以下のような記事があった。《洋式船サン・ファン・バウチィスタ号を建造し、対新イスパニア貿易に乗り出すべく、家臣の支倉常長一行をヨーロッパに派遣し岸せしよし、聞こえあぐる。
◎家康の海外交易に、また新しい国が出現した。諳吉利亜は、アンギリアと読むとすると、イングランド、すなわち、イギリスのように思われる。長崎に来た船はオランダとイギリスの船船であった、とされているので、多分イギリスであろう。漳州は、電子辞書の「広辞苑」によると、中国福建省の南部の都市。古くから貿易港として栄え、とあるので、中国の福建省の船であろう。福建省の人々は、古くから、積極的に海外に移住したり、活発に貿易する海洋的な民族性を持っていたようだ。欧米の各地にあるチャイナタウンは、福建省出身者のつくった街であろうか。
★同月十六日。京職《きょうしき》板倉勝重に、公家条目〔公家社会の制度〕を遣わさる。公家衆家々の学業、昼夜、怠慢なく勤めしむべし。
◎これは前に出ている「公家衆諸法度」とよばれる公家を対象とする法令である。公家、これは江戸時代わずかに残っている朝廷に勤める貴族たちであったが、彼らの義務として、学問に励めよ、という命令が出たわけだ。徳川幕府は、天皇に四万石、朝廷に十万石を与えて、これを生かしておいたわけで、管弦とかその他、遊びにうつつを抜かしている貴族は許せなかったのだ。
★〔続き〕老少をいわず、〔おとなも子どもも〕礼法に背く徒〔人々〕は、遠流《おんる》〔遠い地方への流罪〕に処すべし。もっとも、その罪科の軽重によりて、年月の程限を定むべし。
★〔続き〕昼夜ともに、故《ゆえ》なく、市街小路を徘徊あるべからず。
★〔続き〕公宴〔宮中で催される詩歌・管弦の会や宴〕(「広辞苑」)のほか、私に似つかわしからざる勝敗をいどみ、その上、無頼の青侍《あおざむらい》〔公家の家に使われた下級武士〕などを家に召し置く輩《やから》は、流罪たるべし。

かく定められし上は、五摂家《ごせっけ》〈藤原氏北家のうち、近衛、九条、二条、一条、鷹司《たかつかさ》の五家の総称〉(『広辞苑』)ならびに伝奏衆〈勅使となる家か?〉より、その事の告げあらば、武家より沙汰せらるべしとなり〈幕府による罪科への処罰など〉。

◎ここで言う公家は、朝廷の上級貴族であり、徳川幕府が彼らを養っている以上、これらの貴族の勝手なふるまいは許さん! という幕府の決意の表れであろう。そして、どんな世界にも、法令に違反する不埒な人々はいたのである。

●盲人の災難

★六月二十二日。この日、京〈都〉にては、大久保長安〈幕府奉行衆で、佐渡や石見銀山の開発者でもあった人、既出。ある事件を起こして罰されていた〉が事に座し〈関係したので〉、瞽者《こしゃ》〈盲人〉多く罪をこうむる。近年、平家琵琶の妙手とよばれし高山淀一撿校〈撿校は盲人の階級のひとつ〉もこれに座す〈関わった〉。

◎民俗学の中山太郎は、日本社会に古代からあった「遊女」の歴史を調べ、その根源は神社の巫女に発したのではないか、と著書『売笑三千年史』に書いていたのであるが、『日本盲人史』(前出)という本も書いていた。そこで同書にあたってみたのだが、この事件に関する報告はなかった。もちろん、中山のしごとは、事件を追う事ではないから、当然だったかもしれない。この事件に関しては、また後に記述があるので、盲人がどこかで、位を持つようになり、撿校が上位にあったこと、「平家物語」を琵琶を弾きながら語ったことなどを、頭に留め、ここでは思わぬ災難にあった撿校がいたことを記憶しておこう。

かく定められし上は、五摂家《ごせっけ》〔藤原氏北家のうち、近衛、九条、二条、一条、鷹司《たかつかさ》の五家の総称〕（「広辞苑」）ならびに伝奏衆〔勅使となる家か？〕より、その事の告げあらば、武家より沙汰せらるべしとなり〔幕府による罪科への処罰など〕。

◎ここで言う公家は、朝廷の上級貴族であり、徳川幕府が彼らを養っている以上、これらの貴族の勝手なふるまいは許さん！ という幕府の決意の表れであろう。そして、どんな世界にも、法令に違反する不埒な人々はいたのである。

●盲人の災難

★六月二十二日。この日、京〔都〕にては、大久保長安〔幕府奉行衆で、佐渡や石見銀山の開発者でもあった人、既出。ある事件を起こして罰されていた〕が事に座し〔関係したので〕、瞽者《こしゃ》〔盲人〕多く罪をこうむる。近年、平家琵琶の妙手とよばれし高山淀一撿校〔撿校は盲人の階級のひとつ〕もこれに座す〔関わった〕。

◎民俗学の中山太郎は、日本社会に古代からあった「遊女」の歴史を調べ、その根源は神社の巫女に発したのではないか、と著書『売笑三千年史』に書いていたのであるが、『日本盲人史』（前出）という本も書いていた。そこで同書にあたってみたのだが、この事件に関する報告はなかった。もちろん、中山のしごとは、事件を追う事ではないから、当然だったかもしれない。この事件に関しては、また後に記述があるので、盲人がどこかで、位を持つようになり、撿校が上位にあったこと、「平家物語」を琵琶を弾きながら語ったことなどを、頭に留め、ここでは思わぬ災難にあった撿校がいたことを記憶しておこう。

岸せしよし、聞こえあぐる。
◎家康の海外交易に、また新しい国が出現した。諳吉利亜は、アンギリアと読むとすると、イングランド、すなわち、イギリスのように思われる。長崎に来た船はオランダとイギリスの船舶であった、とされているので、多分イギリスであろう。漳州は、電子辞書の「広辞苑」によると、中国福建省の南部の都市。古くから貿易港として栄え、とあるので、中国の福建省の船であろう。福建省の人々は、古くから、積極的に海外に移住したり、活発に貿易する海洋的な民族性を持っていたようだ。欧米の各地にあるチャイナタウンは、福建省出身者のつくった街であろうか。
★同月十六日。京職《きょうしき》板倉勝重に、公家条目〔公家社会の制度〕を遣わさる。公家衆家々の学業、昼夜、怠慢なく勤めしむべし。
◎これは前に出ている「公家衆諸法度」とよばれる公家を対象とする法令である。公家、これは江戸時代わずかに残っている朝廷に勤める貴族たちであったが、彼らの義務として、学問に励めよ、という命令が出たわけだ。徳川幕府は、天皇に四万石、朝廷に十万石を与えて、これを生かしておいたわけで、管弦とかその他、遊びにうつつを抜かしている貴族は許せなかったのだ。
★〔続き〕老少をいわず、〔おとなも子どもも〕礼法に背く徒〔人々〕は、遠流《おんる》〔遠い地方への流罪〕に処すべし。もっとも、その罪科の軽重によりて、年月の程限を定むべし。
★〔続き〕昼夜ともに、故《ゆえ》なく、市街小路を徘徊あるべからず。
★〔続き〕公宴〔宮中で催される詩歌・管弦の会や宴〕（「広辞苑」）のほか、私に似つかわしからざる勝敗をいどみ、その上、無頼の青侍《あおざむらい》〔公家の家に使われた下級武士〕などを家に召し置く輩《やから》は、流罪たるべし。

◎ノビスパンは北アメリカ南部のメキシコかペルーあたりに相当する国のようである。正しいかどうかは不明。この国は公用語として、多分にスペイン語か、ポルトガル語を使っていたと考えられる。つまり、これらの国の植民地であった、と思う。金地院崇伝は、アジア諸国への、家康からの書簡を書いていたのだが、多分に中国漢文を使用していた、と思う。ベトナムなどは、中国の南部の国として存在していたので、漢文が公用語であったと思うが、フィリピンとか、タイとか、カンボジアなど、非漢文系の国に手紙は出せなかったと思うのだが。そうすると、スペイン語やポルトガル語となると、当時の日本人はお手上げではなかったか。不思議な話である。家康に接近したイギリス人（？）の三浦按針〈ウイリアム・アダムズ〉がいたのだが、不思議なことに「実紀」には、この按針はまったく出てこないのである。彼がいれば、ヨーロッパ語はなんとかなったかもしれないのだが。幕府の鎖国方針が決まった頃、三浦按針関係の記事は、抜き取られてしまったのであろうか。三浦按針は、家康に伺候し、三浦半島のどこかに領地をもらった。そこで、こんな日本名を名乗ったという。按針は船の羅針盤ないし水先案内人のことらしい。ともかく惜しかった。

●海上交通と危険性

★同月二十二日。この日、暴風。午刻《うまのこく》より申《さる》の終わりまで〈午後零時から午後四時まで〉、吹きやまず。三河、遠江、伊勢、美濃、尾張はことさら強く、勢尾〈伊勢から尾張まで〉の海上にて、船二、三十艘くつがえり、三遠の海上にて二百艘やぶる〈難破した〉。熊野浦にても七、八十艘やぶれたり。その他、中国、西国邊の浦々にても破船多し。奥州会津も大風、大水の聞こえあり。

◎外国と関係ない記事であるが、アジア諸国や蛮国への船舶にも、大いなる損失が起きたであろう。先に日

●海路の整備

★五月二十七日。船賃の制を令せらる。烙印せざる船〔幕府に公認されていない船か〕に商物を積み乗すべからず。渡船に積む時、商物一駄に四十貫目、京銭十文たるべし。乗懸《じょうけん》〔船賃か〕も馬人ともに同じ。富士山参詣の道者も、これに変わらず〔富士山に登る時は、どこかまで船で行ったのだろうか〕。ただし、歩人〔歩いて行く人、か〕は五文たるべし。こたび〔このたび〕かく船賃の定制を令せらるる後、往還のさわりなく、船出だすべし〔この法令を守るなら、か〕となり。

◎こういった船で、物品なり人馬なりを運ぶ時の、一定の価格が日本全国同一のような規則が確定していなかったのであろう。ともかく、二代目将軍秀忠の時代になると、法制の整備が強化され、都市生活を安全にかつ問題なく過ごせるよう、いろいろな法令が出されたようだ。ただ、江戸時代の貨幣制度は完全でなく、銀貨の値段、銅銭の値段などに、不明瞭な点が少なくないことも、江戸時代を描いた本を読んでいると、感じられる。京坂は金本位制で、江戸は銀本位制であったとか、わたしも不勉強で把握していないのだが。

●メキシコとの通交

★六月二十日。〔金地院〕崇伝に、濃毘須蛮〔ノビスバン〕に遣わさるる御返簡〔返事の手紙〕を作らしむ。その国の教法〔キリスト教などの宗教〕を、本邦に〔わが国に〕伝うることあるべからず。ただ互市〔交易〕のためのみに、渡海すべしと、仰せ遣わさるべしとなり。その国主へ押金屏風五雙をつかわさる。かの国より、こたび献ぜしは自鳴鐘一、簑一具、巻物一端、南蛮酒双樽、鷹具二、沓〔靴?〕一双、金筋緒一修、鞢《わがけ》二具。蛮国図三枚なり。

ているのを知って、これを利用して、日本も明との交易を進めたい、と希望しているのであろう。尚寧を仲介者にしたてようとしたが、今のところ、まだ進展していない、というのだ。このことは前にも触れたが、足利義満が、日明貿易を始め、これが相当な利益を生んだことを、家康以下、幕府も知っており、属国とした琉球王を利用しようと考えたのだ。

●徳川家との姻戚関係

★四月十三日。松平〔前田〕利常の妻は、御所〔秀忠〕の姫君なり。こたび、その御腹に女子生まれ給いしかば、〔前田〕利常〔の〕家司、奥村永福を駿府〔の家康の居城〕に使いし、銀百枚、時服十領を献ず。

◎戦国時代あたりから、一種の人質作戦として、娘をライバルの武将の嫁にする、とかいったぐあいに、姻戚関係を増やしていく、という慣習が定着した。加賀藩の前田利常は、加賀百万石などといって富裕な外様大名であったが、徳川家では二代将軍秀忠の娘、子々姫を妻として送りこんでいたのだ。だから、公的には、前田家も松平という姓を名乗っていたのだ。前に書いた仙台の伊達政宗もまた、娘が、家康の息子のひとり忠輝と結婚している。こんなことから、松平を名乗っているのであろうか。苗字といっても現在とは違って、正式にサインする時だけ使う苗字もあり、家康も、源家康と書いている。源氏の長者ともいう。そんな姻戚関係を構築することは、ある種の安全装置であった。

●長崎港

★六月五日。駿府にて、長谷川藤広。暹羅、諳吉利亜〔イギリス?〕および、漳州の船六艘、長崎の湊に着た》とあった。つまり、前出のアメリカ大陸の新ノビスバンとの交易は、もとは、伊達政宗のあたりから始まったものかもしれない。伊達政宗の名は、「実紀」では出さずに、この新たな交易国についてのみ、書いているのであるが。

●江戸市中の制度の確立

★この月〔三月〕、市井に令せらるるは、奴婢一年期のこと、厳に制禁せらる。（中略）

◎この法令は前にも出ているが、商店などで使う使用人の年季を、一年単位にしてはいけない、ということだと理解している。喜田川守貞の「近世風俗志（一）（守貞謾稿）」（前出）を紹介しておいたが、とりあえず、同じ法令を何度も出さないと、社会全体に伝わらなかったのだ、江戸時代というのは。

★〔続き〕巾《きれ》もて頬をからげ、そのほか、顔をつつみ蔽《おお》い、または夜中に編み笠、着たる徒は、見るにまかせ、死刑に処せらるべし、となり。

◎とりあえず、不審なようすで街をうろつく人物は、うむを言わさず、死刑にする、と言っている。ある意味では、恐怖の制度とも言いうる。

●琉球国

★三月。この春。また島津龍伯をして、中山王尚寧を介し〔仲介者として〕、明国に勘合の事を議せしむる、といえども、その儀、なお合わず。

◎商魂たくましいというのか、幕府は、琉球の王、尚寧が明と親しい、あるいは琉球の船が、明と交易をしるが、ここでは、どうしようもない不良青少年たちを描出している。こんな事件は、都市における、しばしば現れる犯罪であっただろう。最後の、責任者の息子に家業を継がせたというのは、この結論で、記述を少しだけ明るくまとめたのであろう。

★七月七日。さきに柴山〔芝山〕正次を弑《しい》して〔殺して〕逐電《ちくでん》したる〔逃亡した〕家僕を逐捕し〔ついに逮捕した、か〕、鞠責〔罪を問いただす〕せらるるところ、その党與〔グループ〕若干〔何人か〕、諸方に散在するよし、白状に及ぶにより、厳〔おごそか〕に令せられ、七十余人追捕せらるるといえども、なお逃《に》げ失せし者、六十人ありと聞こゆ。（中略）大御所〔家康〕聞し召し、天下の邪悪を禁断すること、政務の要なり。駿府にも、かかる徒あるまじきにあらず〔この文章、おかしくないか、こんな徒があってはならない、ことはない、と読める。しかし、あってはならない、と言っているのだろう、そう理解しておく〕。厳《おごそか》に査撿すべしと、有司に仰せ下さる。

◎徳川幕府成立以前から、徳川家の御家人、旗本ほか、武家たちの犯罪も並大抵ではなく、家康や秀忠も、これらの事件の続発には頭を悩ましていたであろう。しかし、犯罪はどんな世界でも起こってくる。その最後は殺人で、かつ逃亡であった。これ以前も、武家による犯罪の記事は少なくなかったのであるが、頻出するのもどうか、と考え、控えてきた。また犯罪に至る原因から書き出すので、記事が長くなる。犯罪だけ追っていっても本が一冊できてしまいそうである。しかし、今後も、そのような記事は続出するに違いない。厳選して載せよう。しかし、二代目将軍秀忠としては、父家康が築き、自分が継承している幕府および日本社会を守っていきたい。そのためには、いろいろな法令を出して、民衆や武家自身の安全な生活を、保障していかなければならない、秀忠はだから、冷徹な態度を誇示し続けているようだ。

本列島の南側、太平洋の航路はなかったのか（「実紀」にほとんど出てこないので）、疑問に思っていたのだが、この記事を読むと、これらの船が漁船だったのか、荷物や人を運ぶ船舶だったのか、不明であるが、人を乗せる船なら、死者の数もでていたかもしれない。多分に航路はあったが、詳細はやはり不明である。

●御家人の犯罪

★六月二十八日。大番組頭、芝山正次、その家僕〈使用人〉を誅しけるに〈殺したが〉、その党〈家僕の仲間〉集まり競い来たりて、正次を討ちて逐電す。これは近年、諸国に無頼の悪党あり。その首長、大鳥居逸平、大風嵐之助、大橋摺之助、風吹塵右衛門、天狗魔右衛門などいえる者〈いずれも、苗字にちなんで作った遊び的名まえとなっているのがおかしい、こういう例はあった〉、その党類の悪少年を集め、血誓をなし〈血を出し合って連合するやから〉、もし、その党類の、災難のことあらんには、身命を捨てて、君父といえども恐れず。力を合わせ、その志を遂げんと約〈束〉しければ、悪少年、遊侠の類、幾百人が党を分かち、市中を横行し、人を害し、郷里を騒動せしむること、墟日なし〈何事もない日はない〉。このほど、官よりも厳禁を下され、悪徒を追捕せらる。柴山〈芝山正次〉が家僕にも、その党人ありしを聞きしりて誅せんとせしに、そのほかの家僕も、その党多くありて、主を討ちて、立ち退《の》きしとなり。ここにおいて、ますます、その法を厳〈密〉にし、江戸市中に新関〈新たに設けた関所〉を設けて、鞠捕せらる〈厳しく捕捉した〉。正次、子、正知には、のちに家継がしめらる。

◎長くなったが、悪徳青少年たち、というのはどんな社会にも登場するのだろう。ただ、悪行だけでは、物語にならないので、実は、世を忍ぶ仮の姿で、実は裏で善行をしていたのだ、というのが、痛快な物語であ

●長崎港と外国船

★六月二十六日。この日また、長崎の湊に、唐船数艘着岸の注進あり。また、木屋彌三左衛門、暹羅国より帰り、〔家康の〕駿府〔城〕に参拝す。かの国の風俗、土産を〔家康は〕問わせ給う。僧徒〔仏教の僧〕多くして、黄衣〔黄色の衣服〕を着す、という。

◎暹羅が、シャムであり、後のタイだとすれば、確かに、黄色い僧服を着て、あちこち歩いている光景を、わたしもむかしタイに行った時、街でよく見かけたものだ。

台徳院殿御実紀巻二十三
慶長十八年七月より始まり、九月に終わる

●伏見城戍役の法令

★七月十七日。この日、伏見〔城〕戍役《じゅえき》に参る大番頭に、在番の条目を下さる。

◎まず、戍役であるが、電子辞書の「新漢語林」によると、「国境などの守備の兵として、使われること。またその兵」とある。ここでは、家康の関西における居城である伏見城に詰めている、江戸から来た武士たちを言っている。そして、大番というのは、どこかに出張して、戦争をするか、あるいは城を守るか、そんな仕事をしている武家たちで、頭はかしら、と読んで、その番衆のなかの長官であろう。伏見城は家康にとって、関西の、とりわけ豊臣秀頼を監視すべく、京都の二条城とともに、重要なふたつの城のひとつであっ

た。ここに詰めている江戸から来た武家たちへの法令を、多分、法令好きの秀忠が出したものであろう。以下、項目を箇条書きとすることにした。

★伏見城中、番士のほか、他人と交通すべからず。番所に、武具ならびに、得道具〈得手具足、得意とする道具〉（「広辞苑」）を備え置くべし。

★戍役中、京都において、土人〈街の人々〉をもて僮僕《どうぼく》〈下っ端として使う男の子たち〉とすべからず。

★城中に諸商〈人〉を出入りすべからず。

★戍役の間、厳密に日簿〈日誌〉を記録すべし。

★饗応のこと、一汁三菜、酒は二巡たるべし。

★上下とも、市中の浴室〈風呂屋〉にまかること〈出かけること〉、停禁す。

★火禁の事、厳《おごそか》に令すべし。

★この旨、いささか怠慢すべからずとなり。

◎幕府による禁制は、すべて、こんなふうに微に入り細を穿つ、念を入れたものであった。とりあえず、京都あたりに来て、なれなれしく町の人々と馴染んではいけないし、街の風俗に馴れてはいけない。あくまで、江戸から来た武家としてふるまえ、というわけだ。

●中国人と花火

★八月二日。長崎より、唐商ら駿府に参着す。その中、烟火戯《えんかぎ》たるものありと聞こゆ。

★同月三日。駿〈府〉城にては、蛮人ら〈家康に〉拝謁す。諳吉利斯人は猩々緋、弩、鉄炮、千里鏡を献じ奉る。

★〔続き〕花火の術を得し唐商〔人〕には、六日にその技を御覧ぜらるべしと〔家康は〕仰せ出ださる。

◎この当時、中国は明と言っていたのに、日本人は、中国の古い呼称である「唐」を使っている。それはともかく、中国人は花火が好きで、町の祭りの時は、街中が花火の火と煙と賑やかさでいっぱいになる、そんな光景を映画かなんかで見たことがある。日本のあの大型の、天空に花開かせるといったていのものでなく、子どもの花火のやや大きめのものが使われていたようだ。天空で光の巨大な球となる花火は、日本人の工夫したものではないか。

●海路とイギリス人

★八月三日。この日、西風烈しく吹く。長崎よりの貢船十五艘、沈溺す。よって京、堺の地、にわかに糸価、騰貴せしとぞ〔高くなったという〕。

★同月四日。いんからていら国の《今いう伊伎利須なり》使い初めて、長崎に来たる。その国主より書簡ならびに、方物〔おみやげ〕数種、〔家康に〕捧ぐ。

★〔続き〕この日、伊勢国、大風。

◎陸路も大変だが、大風で人間や荷物が四散し、という情況はないが、海の道はそうではなく、一度に、乗組員や乗客、それから重要な、運ばれる物品が、文字通り、海の藻屑と消え去ることがあった。それを押して、ヨーロッパ人たちは、得られる富のほうを優先して、アジアへと進出してきたのだ。

●盲人たち

★八月六日。さきに大久保長安が事に座して〈関わって〉、瞽者〈盲人〉多く、罪をこうむりしかば、これを謝せんがため〈謝罪しようと〉、惣撿校以下の瞽者六十余人、京より駿府へ参着せり。

◎これは、家康の誠実な面をみせている記事である。前に、盲人たちが、大久保長安の事件に関与したかのように罰せられた記事が出たが、それはまったくの無実であったことが判明し、家康は彼らに謝罪すべく、駿府によんだのである。なお、撿校は盲人組織のトップにいた人々で、盲人たちは、平家琵琶のみならず、按摩とか鍼灸などの技術で生活していたのである。

◎なお、九月十六日の記事に、盲人たちの無罪が補償された話、また、家康の小姓が急に眼が見えなくなり、撿校の位を許された、とあった。家康の、このような配慮は、中山太郎の本には出ていない。

●アジア諸国及びイギリスとの通交

★八月二十二日。また、呂宋国王の使者、召されて〈家康に〉謁《えつ》〈謁見と同じ〉を給う。この時、お羽織、袴を召し、上段にわたらせられ〈上段に家康が座って〉、曲彔《きょくろく》〈法会の時などに、禅僧などが腰かける椅子〉(『広辞苑』)を奉る。国王より書簡、葡萄酒、氷糖を進《まい》らせ〈家康に進上した〉、使者、巻物を献ず。金地院崇伝、御前において、その書簡を読む。(以下略)

★同月二十五日。今日、金地院崇伝に、呂宋国王へ遣わさるる御返簡を製すべし〈返書をかくべし〉と命ぜらる。

◎呂宋、すなわちフィリピンからの国使がやって来た。家康が応対している。日本では、仏教僧のみが用いるような椅子を出して、歓待している。また例によって、金地院崇伝が、返書を書くよう命じられた。

★同月二十八日。いんからていら国主へご返簡ならびに押金屏風五雙、そのほか通商の条例を下さる。その文に言う。いぎりすより本邦へ〔わが国、日本へ〕、今度、初めて渡海の商船。通商、相違あるべからず。渡海するにおいて、諸般〔いろいろ、さまざま〕、免許せらるべし。

◎イギリスとの通商貿易に関して、まずはいろいろ、取り決めてから開始すべきである、幕府の免許を得てから始めるべきだ、と言っているのだろうか。

★〔続き〕船に載《の》せ来る商物は、その目〔項目類や項目名〕をしるして召さるべし。本邦〔わが国〕各浦〔それぞれの港〕、いずかたへなりとも〔わが国のどこへ入港しようと〕、着岸、相違あるべからず。

★〔続き〕もし洋中にて〔海中で〕烈風に帆揖《ほんゆう》〔揖は集まるという意味なので、日本の船に較べると、帆の多いヨーロッパの船を指しているか〕毀損《きそん》せば〔壊れ、帆がだめになれば〕、いずこの浦に漕ぎ寄するとも、異儀あるべからず〔港のほうで文句を言ってはならない〕。その請いにまかせ、府内〔それぞれの藩の主要な都市の中の〕にて、宅地を〔仮住まいする所を〕給わるべし。屋舎構造して〔宅地建物を用意して〕、その地に居住し通商すべし。

★〔続き〕帰国せん事は、イギリス人、心のままたるべし。屋舎もこれに同じ。この邦《くに》にて、いぎりす人、病死せば、その荷物はその国人に〔イギリス人に〕、遣わすべし〔同国人に返してやらねばならない〕。押し買い〔強引な売買、か〕狼籍すべからず。その国人〔イギリス人〕、無頼のふるまいあらば、罪の軽重をはかり、その頭目〔首領、指導者〕の申すままに令し下さるべしとなり。

◎幕府は、イギリスの商船に対して、非常に寛容というのか、最大限に譲歩、あるいは通商に協力しようとしている！　ここには、鎖国のような体制とは無縁に、疑う余地がないほどに、ヨーロッパの国、イギリスに、充分、国交も可能である、と告知しているようでさえあるではないか。ヨーロッパのある国に関する情報量というか、記述がすごく多いのも印象的である。

●家康と豊臣秀頼との関係

★九月三日。大坂の元老、片桐且元、駿府〔城〕に参謁す〔挨拶に来た〕。先に右府〔豊臣〕秀頼公より、一万石増封せらるるといえども〔徳川幕府が、秀頼に一万石、増やそうと言ったのに対して〕、関東〔幕府〕の盛慮を〔考えを〕憚《はばかり》り、辞して〔遠慮して〕受けざるよし〔家康は〕聞こし召して、拝受すべき旨、仰せ下さる。

◎徳川幕府としては、豊臣秀吉の遺児、秀頼を、ともかく手なずけて、幕府に所属する大名の一人に降格させたい、という気持ちで、一万石増やす、とかいろいろ懐柔しようとしているのであろう。秀頼はそれを感知しているのか、辞退し、幕府のほうでは、いやいや、こちらの意図に従え、と強要しているのであろう。

台徳院殿御実紀巻二十四

慶長十八年十月に始まり、十二月に終わる

●家康と農民の出遇い

★十一月二十四日。〔江戸の〕近郊の農民、大御所〔家康〕御狩りの路に出て、訴状をささげ、代官の私曲〔よこしまで、不正が多い〕を訴《うった》う。御旅館に帰らせ給い、秉燭《へいしょく》〔点灯する〕の後、双方を召して、訴訟を聞こし召さるるところ、農民、非據たるにより〔まちがっていたので〕、首謀六人、禁獄せらる。

◎家康は鷹狩りが好きで、暇があると、狩りに出た。江戸近郊の野原などに出かける。その道に、農民が現れて、代官〔幕府の役人で幕府直轄地の管理をしていた〕の、ひどいやり方を非難する訴えを、家康に告げたのだが、家康は、農民より、代官を信用して、農民を獄に入れさせた、というのだが、これは、たぶんに家康の失政であって、農民がわざわざ、無実の代官を訴えるわけはない、と思うのだが……。こんな記事はめったにないので取り上げてみた。

●アジアとの通交

★十二月十日。しんにょろに、柬埔寨渡海の御朱印を下さる。

◎しんにょろ、なる人物が何人か不明。

●キリシタン禁制その後

★十二月十九日。大久保忠隣に、近年、京〔都〕辺に、天主教尊奉の徒、多しと聞こゆ。急に〔急いで〕上洛し〔京都に行き〕、京坂〔京都や大坂〕、堺〔大坂南部の貿易港〕の邪徒〔キリスト教徒〕をことごとく禁断すべし、と命ぜらる。

◎例によって、京都大坂のあたりに、キリスト教徒が増えているらしいが、すぐに上洛して、これらの教徒を捕まえるべし、と、京都所司代の大久保に命じたという。相変わらず、キリシタンへの処罰はハードだった。

★同月二十三日。金地院崇伝をして、天主教禁制の令文〈法令の文章〉をつくらしめ、御朱印をなされ、京職〈古代的な官職で、京の街を取りしきった。ここでは、京都所司代などを指しているのだろう〉のもとへ、伝えしめらる。

◎キリシタンへの法令が文章化された例は、「実紀」では初めて見た。キリシタン禁制に関する本を読みなおさないと、これが初めてかどうか、確認できない。そこで電子辞書を見ると、「広辞苑」その他、秀吉の「伴天連追放令」、江戸時代の「禁教令」「宗門改め制」などが書かれているが、詳しい年代は出ていない。「日本歴史大事典」では、江戸時代の法令として、慶長十七年（一六一二）に出されたとしている。そして、天草、島原の乱以降、その禁令はハードになった、とある。

●江戸の街の行政

★この年。島田利正、江戸町奉行になり、松平重則、歩行頭〈将軍が街を歩く時、護衛する役割か？〉になり、朝倉宣正、大内〈大内裏〉造営巡視、命ぜられ、采邑《さいゆう》〈領地、知行所〉千石くわえて権に〈？　古くは、正式な官職に準ずる役職を言ったので、ここでは、権の歩行頭、という意味か〉、堺政所《さかいまんどころ》〈堺の奉行所か〉の事を沙汰せしめらる。

◎江戸には、北町奉行所と南町奉行所があったが、初期には単に江戸町奉行所、という役職、奉行所を作ったのであろうか。歴史的にはこれが制度化されるのはもう少し後世である。先ほど、新築の内裏が完成したように書いたのだが、それは一部で、天皇の居所である清涼殿などができたのであり、内裏全体の造営はその後も続いているようだ。朝倉宣正にその監視をさせた。そして、その褒賞として堺の町の管理を任せ、役高千石を加えたという。わたしはこの堺を堺市と受け取ったのだが、この大坂湾に臨む都市は、信長の時代の前後から一種の自治都市として、堺の大商人を生み出し、一大交易国として成立した。しかし、信長によって武家に管轄される都市になってしまった。その経緯を勉強したわけではないのだが、家康の時代も、堺の町に対しては管理が厳しかったのでは、と想像したのである。堺政所はのちに堺奉行とよばれた。家康もこの堺奉行を利用していたと大石学編『江戸幕府大事典』（吉川弘文館、二〇〇九）に書かれている。

●盲人ニュース

★〈続き〉この月、惣撿校、圓都は、瞽者ら、大久保長安が事に座して、罪、こうむりし時、その事にあずからざるをもって〈大久保長安と無関係であったこと、か〉、時服、銀、給わり、褒せらる〈褒められた〉。
◎運がよかっただけなのに、褒美をもらっているではないか。まあ、無事でよかった、というところであろう。

台徳院殿御実紀巻二十五
慶長十九年（一六一四）正月に始まり、三月に終わる

●アジアとの交易

★正月十日。この日、唐商〈唐、中国の商人〉計泉けつあんへ、東京《とんきん》渡海の御朱印。小西長左衛門、木津船右衛門、呂宋のしんにょろまると、ろめむいなに、呂宋渡海の御朱印。木屋彌三右衛門に暹羅国渡海の御朱印。

渓斎英泉『江戸百景 日本橋の晴嵐』（国立国会図書館所蔵）
大都市江戸を象徴する日本橋の混雑や、河川交通の繁栄と蔵の林立。そして大きく見える富士の山を描く英泉の浮世絵。

木田理右衛門ならびに、しんにょろへ柬埔寨渡海の御朱印、舟本彌七、三官、四官、五官、六官、まのしるこんさるに、交趾渡海の御朱印を下さる。
◎家康のアジア交易への期待は少しも変わっていないようだ。大きな財源になったのであろう。

●キリスト教禁止と高山右近のこと

★正月十七日。先に大久保忠隣、天主教査検の事、命ぜられ上洛せしが、今日、京にありて邪宗〈キリスト教〉の寺二か所、あるいは焼き払い、あるいは破却す。かの寺の伴天連は西国へ迯《に》げ去る。《世に伝うるところは、邪宗帰依の土人〈キリスト教徒になった地元の人たち、京都人〉は悉《ことごと》く、俵に入れ、四条、五条の河〈賀茂川の河原〉に夥しく出し置きたり。この者ども、はじめのほどは、せんすはり、せんすはりと唱えていたりしが、のちには、後世は誰も見ぬことなれば、とかくこのように飢えて、目くるめきては義も名聞も覚えず〈自分のことは何も考えず〉、みなみなころび申すべし〈改宗します〉。助けたまえといえば、獄吏ども大いに笑い、俵より出し、放ちやりしとなり》。
◎引用が長くなったが、意味のやや不明なところもあり、例によってキリシタン禁制の話と転びバテレン（キリスト教から改宗した人たち）の気の毒な話なので、記事のすべてを再出してみた。
まず、右の記事は京都の話である。京都にもキリスト教の教会があったので（織田信長の頃、できたのである）、その最後（?）の二か所を壊し燃やしたという。この教会にいた神父や信者たちは西国（九州）へ逃亡したとある。カトリックの宣教師たちが、九州の熊本に来たのが初めてとあったから、九州方面に逃げたのであろう。しかし、以下の《　》でくくった長い文章の方が（《　》は原文で使っている記号である）、伝聞

ではあるが、結果を詳細に述べているのであろう。前文は「駿府記」と「慶長見聞録」という文書を参考に書いた幕府の記事だが、《　》の中の文章は、「切支丹物語」という文書から紹介している。

そこで言うには、幕府の公的な記録では神父や信者たちが九州方面に逃亡としか書いていないが、実際はもっと悲惨なできごとがあったのだ、としている。当時のキリシタンの側の人たちによる記録であろう。キリシタンの土人（京都市民を土人！　と表記している。土人に差別的な意味はなく、その地の人たち、土着の人たちの意味だった）たちは、全員が米俵に詰めこまれ、鴨川の四条、五条河原に放置されていたというのだ。この四条河原は、中世は死者の死体が捨てられるところであったのだ。河原は河原者と言って、被差別民が暮らしていたり、出雲のお国らが始めたとされる若衆踊りなどの舞台など、芸能者が小屋掛けするところであった。俵のなかのキリシタンたちが、殺されていたわけでなく、生きたまま詰めこまれていて、ほったらかしになっていたわけだから、いずれは死んだであろうから、置き場所として最適であったのだ。そして信者たちは、「せんすはり、せんすはり」と唱えていたという。意味不明だが、広辞苑によると、「扇子腹　せんすばら」という項目があり、扇腹《おうぎばら》と同じ、とあるので、「扇腹」を見ると、「江戸時代、武士の刑罰の一種、切腹と斬罪（斬首という罪、つまり首を斬られる死刑である）の中間で、三方の上の扇を取って戴くと同時に首を斬る、とあって、首切りによる死刑を意味していたようだ。語感としては、「せんすはり」は、この「扇子腹、せんすばら」と近いように思われる。ああ、殺されるんだ、というつぶやきの言葉に近いのではないか。しかし、飢餓感でいっぱいになった信者たちは、気取っているばあいではなく、改宗しますからお助けください、と哀願するようになる。そこで獄吏、俵の番人、じつはこの人たちも被差別民であったのだが、彼らは笑って、俵から出してやったという。もちろんお役所が、京都所司代が許可したのであろう。改宗者の話は、

日本近代以降の社会主義などからの転向の問題と関わって、いろんな小説が現れていた。まあ、江戸幕府の時代は、民衆の人権などということがたいして問題にならない時代ではあったと思うのだが、悲惨な話である。

★同月二十六日。松平利常より使いもって、その家人、高山右近、内藤如安、邪宗、尊崇するにより、召し捕らえて、京職〔京都所司代であろう〕へ送るよし、注進す。その他、邪教徒の姓名を記して、献ず。邪教を改めざる者は、悉《ことごと》く、奥の〔奥州の〕津軽に配流《はいる》〔流刑〕すべし、と令せらる。

◎高山右近という大名は、キリスト教信奉者として有名で、幕府は彼らを捕らえて、京都に送るよう指示したという。また、改宗といって、キリスト教をやめ、仏教徒に戻った人には、幕府は寛容であったが、キリスト教をあくまで信仰をする人々は、津軽（青森県）へ流刑にされたという。これは遠流《おんる》といって、最も遠い地方への流罪を意味している。

★二月十四日。金地院崇伝より京職板倉勝重がもとへ書簡を送り、邪宗制禁の事を議す。

★同月十六日。さきに邪宗を改めず尊奉し、法令違犯する高山右近、内藤如安らを、長崎に送るべきよし、金地院崇伝より板倉勝重に伝う。

◎金地院崇伝は仏教の僧であり、林羅山とともに、家康の思想的バックボーンの一人で、先に、キリスト教禁教の法令を書かせられた、とあった。高山右近は有名なキリシタン大名で、北九州地方の大名たちが、キリスト教化した時のひとりであった。国外追放になって、最終的に、フィリピンのマニラあたりで死亡したらしいのだが、この段階では、国外に送り出すために、長崎に送ったとある。幕府はキリシタン禁制の方針をますます強固にしていた、というわけだ。のちの記事に高山右近ら、さらに重科の男女百余人を阿媽港に遠流し、その残党七十余人を奥州外ヶ浜に配流したとある。「広辞苑」には阿媽港は中国のマカオとある。

★三月七日。山口直友、先に上洛し、京職板倉勝重とともに、天主教禁断の事を沙汰しけるに〔いろいろ処理したのだが〕、このたび、間宮伊治を遣わされ、〔金沢の〕前田家の臣、高山右近、内藤如安ら、細川家の加賀山隼人ら、そのほか重科の〔重い処罰の〕男女百余人、阿媽港に遠流〔マカオに流された。流刑の中で最も遠くに流される罪科〕し、その残党七十余人をば、奥州、外が浜に配流すべし〔流刑にすべきだ〕と命ぜらる。

◎中国のマカオだの、奥州の外が浜（青森県）だのに、大勢のキリスト教徒たちが流された。もっとも、この人たちは、強い信念の持ち主であり、どこに流されようが、その信念を捨てることはなかったであろう。故郷を追放される悲しみは相当に大きいであろう。しかし、幕府の弾圧はいつまでも終焉しなかった。キリスト教徒と幕府側の、根性の戦いでもあった。と無宗教者の自分などは、冷静に、彼らを見つめるだけなのだが。

●豊臣秀頼のその後

★〔三月〕また、この頃、大坂城中、織田有楽《うらく》入道、大野治長より、ひそかに加賀の国に使いして、〔豊臣派であり、かつ日本一の大大名であった〕前田利長へ密書を送り、右府〔秀頼〕、この程は、年、漸《よう》く長じ給い〔年齢も大きくなり〕、武将の器《うつわ》備《そな》わり給う。〔前田〕利長、早く大坂へ馳せ登りて〔大坂城へやって来て〕、右府〔秀頼〕を輔翼《ほよく》し〔助けて〕、大事を〔大きなことを、豊臣秀吉のごとく日本全体を支配することを〕思い立ち給うべし。〔大坂〕城内、〔兵〕粮米七万石を蓄えしに、〔秀吉の一番の家臣だった〕福島正則、近日三万石を献ず。しかのみならず、城外、商人の廩《りん》〔米倉〕に蓄《たくわえ》しめしも若干なり。

◎織田有楽入道は、「実紀」に既出の人物だが、どういう人か、わたしにはよく理解できていなかった。実はこの人物名を、「ゆうらく」、と読んでいたため、電子辞書の「ニッポニカ」とか、「日本歴史大事典」などを調べたのだが、この名まえを発見できなかった。ところが名まえは「うらく」であった。これを識ってから改めて、辞典などを見ると、彼は織田信長の弟であったのだが、数奇な運命のもとに生まれたので、家康についたり、豊臣家に仕えたり、さまざまな人生を送った人であった。そして最終的に秀頼を救うべく、右のような活動をしたのであった。秀頼は、豊臣秀吉の遺児で、徳川家康が、これから彼をどう処置すべきか、考慮中の人物であったのだが、かつての少年もだんだん成長してきた。彼をいわばシンボルにし、豊臣家と縁の深かった関西以西の諸大名を結集して、反徳川連合を作り、彼らのあいだに、秀頼を中心に家康に対抗し、秀吉の意思を完遂するべきだ、という考えがずっと持続されていたのだ。いよいよ、織田有楽入道から、西国勢、最大の加賀藩の前田家に働きかけて、反徳川連合を立ち上げよう、と誘いをかけたわけだ。

★〔続き〕これ、みな、利長の進退に任せらるべし。そのうえ、黄金千枚、恩貸せらるれば〔黄金千枚を与えた〕、〔前田〕利長、軍備を厳整して〔用意して〕、〔大坂城に〕馳せのぼらるべし、となり。利長はさらに、その答えもなさず、〔前田〕利常をして、大坂よりの密書を、駿府〔の家康〕に献ぜしむ。大御所〔家康〕御覧あり。大坂城中、金銀を積蓄すること〔貯蔵すること〕山のごとしといえども、近年、大社、大寺を興隆し〔盛んにさせ〕、土木の費《あたい》もっぱらなれば、今はその半ばを虚耗〔むなしく使ってしまい、か〕せしなるべしとのみ、仰せありて、敢えてあやしませ給う御気色もみえ給わざりしとなり。されど、かねて大坂、一度は兵革〔戦争のための道具類〕興るべし〔盛んにするべし〕、と、しろしめされ、御心を煩わし給いしが、利常がこの訴えより後は、いよいよ、帷幄《いあく》〔本陣〕の御計略をめぐらされし、となり。

◎文章は難しいが、豊臣秀頼による、家康への抵抗あるいは戦争を、加賀藩の前田利長などは始めたいと思っていた。しかし家康に内通する者もあって、家康は、秀頼方の動静をしっかり、把握していたのであろう。ここから、いわゆる大坂冬の陣、夏の陣が展開されることになる。

5 豊臣秀頼の運命と徳川幕府の永遠性

●「犬追うもの」／追いつめられる子犬、秀頼、かたや獲物を追いつめる騎馬の武士

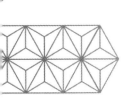

台徳院殿御実紀巻二十六
慶長十九年四月に始まり、六月に終わる

●盲人その他

★四月朔日。この頃、琵琶法師〔盲人、平家琵琶の達人であった〕、棋師〔碁の宗匠〕、象棋師〔将棋の宗匠〕ら、各《おのおの》めして試み給うがゆえ、曲芸の徒、多く駿府に輻湊〔方々から集まること〕すという。

◎こんな項目を取りあげたのは、わたし自身も将棋が好きで、そうか、家康も芸能のほかに碁や将棋も好きだったんだな、と珍しく家康に共感できたからである。碁のことは知らないが、将棋の歴史は戦国時代の頃から盛んになり、当時の将棋の駒などが、城郭遺跡から発掘されているのだ。その話は別にして、幸若舞、琵琶法師（盲人が、「平家物語」などを、琵琶を弾きながら歌った）らの芸能者が家康の城に招かれていたということは、興味深い。彼ら芸能者は多くが社会の最下層に位置づけられていた。彼らにとって、こんな日はハレの日だったのであろう。京都の人形浄瑠璃だったかを江戸で興行しようとしたある人物が、芸能関係の人たちを管轄していた浅草弾左衛門の承諾なしに興行を実行した。弾左衛門は公儀に訴え裁判になったが、結局一座の意思が通ったという話が、塩見鮮一郎氏の諸著作（前出）だったかに詳しく出ていたのを読んだ憶えがある。彼ら芸能者はすべて、穢多、という問題ある名称がついた、穢多頭で関東八州の被差別民を管轄していたのである。

●家康と本

★四月五日。この日、五山僧らに命じ、群書治要、貞観政要、続日本紀、延喜式の中より、公式の法制となるべきことを、撰擇《せんたく》〔選ばせた〕。林道春〔羅山〕、金地院崇伝〔たちを〕、その事、惣裁たらしめらる〔責任者とさせた〕。

◎家康の和漢の古典の中から、今後の公武の法制になるような本の蒐集の作業を、林羅山と金地院崇伝に、責任者にさせた、というわけだ。家康の知的好奇心はとどまるところを知らなかったといえる。かつ、ここでは、それらの本を幕府政治のお手本にしようと考えたのである。

◎江戸時代初期の法制に関して、二代目将軍秀忠の役割か、と思っていたのだが、実は、家康が、さまざまな法令を定める中心人物だったのだ、ということが、この記事で解った。家康は、知的バックボーンである林羅山と金地院崇伝をして、責任者として、今後出していく諸法令の制定を任せたのであった。そこには、家康の読書体験が大きく作用していたのだ。

●不思議な話

★四月五日。また、駿河の浜辺にて、漁夫、異魚を得〔る〕。これを二十四人にて荷《にな》い来たり、〔家康に〕献ず。その魚、背黒くして、亀甲《きっこう》〔亀の甲羅〕のごとく、首は犬に似て、尾、三股にわかれ、腹下、斑紋《はんもん》〔まだらの模様〕、大鰭《おおひれ》あり。諸人、その名を知る者なし。

◎細かい部分は不明だが、鯨のようにも思われる。しかし、鯨は、国芳の浮世絵などで、人はその存在を知っていたと思うので、やはり、巨大な怪魚であったろうか。これは悪い予兆であろうか。鯨の肉は、江戸では食料として出回っていたと思うのだが。

●？　非人か？

★四月九日。この日、〈家康の〉御勘気こうむりながら〈家康の怒りが現れたのだが〉、駿府に、隠れ住〈む〉者を追〈い〉放たしめらる。

◎隠れ住む者とは何であろうか。しかも、記事は、駿府の街に、隠れ住む者を追い放つとあって、駿府から、外に追放したわけではない。よく、理解できないのだが、都市にある種、戸籍のないような人々が住んでおり、これを「非人」とよんだ。こういった住民の存在を肯定した、ということだろうか？　この非人に関しては、前述の浅草弾左衛門配下の、車善七という男が、これら非人を管轄していた、とされる。「実紀」を読みながら、いわゆる「士・農・工・商・穢多・非人」という身分的階層がいつ、確定したのかを知りたいと思っていたのだが、これは、徳川幕府の長い展開の中で、しだいに確定していった、ということであろうか。

●右大臣が二人？

★四月二十日。勅使広橋大納言兼勝卿、三条大納言実条卿、駿〈府〉城にまうのぼり、この十二日、江戸にては〈秀忠に〉従一位右大臣、御昇進の事、聞こえ上る〈報告した〉。今度、大御所〈家康〉にも、太政大臣、御昇進あるべきか、または准三宮〈皇后や皇太后などに準じる位〉宣下せらるべきの旨、仰せ進《まい》らせ給うといえども、〈家康は〉かたく辞し給ひ〈辞退し〉、江戸御所の姫君〈和子〉、女御入内〈天皇の女御として禁裏に入ること〉の事のみ、御領掌〈了承〉ありしとぞ。

◎秀忠の従一位右大臣に続いて、家康を太政大臣にしたいがどうか、と天皇側から言ってきたわけだ。太政大臣とは左右の大臣を超えた位であり、臣下として最高の位置についた、ということなのだが、家康はこれを辞退した。そして話は秀忠の娘、和子《まさこ》を当時の後水尾天皇に嫁入らせるという事だけを了承したという。この話は実現し、ある意味でかつての藤原氏のように、娘を天皇の妻にすることで、みずからの権力を拡大した、その歴史を再現しているわけだ。しかし、それ以後、このように娘を天皇に嫁入りさせることはなかった。そのあたりは、どうしてだったか、たぶん、徳川将軍はかつての藤原氏ほど、天皇を必要としなかった、ということではないだろうか。和子が本名だとすれば、これは藤原道長の妻が倫子、娘が彰子といった、貴族の名まえを踏襲しているのであり、「子」という字がつく名まえは、江戸時代の女性名としては珍しい気がする。秀忠の娘たちは、千姫、勝姫のように、とくに「姫」をつけてよばれていたのだが、これはあとからつけた尊称であったろう。庶民の娘はお絹とか、お久とか、一字（「絹」とか「久」のように）の名が多かった。ちなみに家康の娘は亀姫、松姫など五人、秀忠の娘は千姫、珠姫、勝姫、初姫、和子である。たぶんに姫は尊称としてつけられたもので、もとは亀、松、千、勝、初であったろう。女性名に関しては、古代史の角田文衞の『日本の女性名——歴史的展望』（国書刊行会、二〇〇六）に詳しい。

◎ところで、大坂の豊臣秀頼も右大臣であり、通称、右府であるが、現在、右大臣が二人いる。これは、おかしくないか。大納言などの納言は何人かいたこともありそうだが、右大臣、左大臣は一人ではなかったろうか。この辺、武家に与えられる仮の官職であって、あまり深く考えない、ということであろうか。

●巫女は悪人か？

★四月二十二日。池田重信、巫女の悪事を訴えしに、その巫女は、重信が妻のもとに住むよし、白状せしかば、重信、〔家康の〕御勘気を蒙る〔怒りをかった〕。《重脩譜には、駿府に巫女ありて、諸人をたぶらかし、金銀を借り取り、重信が家士、関弥八郎というものに与えたりしに、貸せし者は、足りければ、巫女はその金銀は、わがもとにあらず、弥八郎が所為なり〔弥八郎がやったことだ〕と言う。よって、貸せし徒〔貸した者〕、重信も知るべきよしをもって、訴え出しかば、〔奉行所などで〕糾明せられしに、重信、知らざるよしの直訴を〔家康に〕ささげしにより〔重信は知らなかったと言って、家康か上司に〕、御勘気こうむりしと、しるせり》

◎なんだか、文意がもうひとつ明解でないのだが、ここでは、かつては神社で働いていた巫女が、市井にあって、金銀を男に貢いだりしているさまがおもしろい、と思って記事を拾ってみた。もちろん、神社にも巫女はいたのであるが、他方、街で、占いなどをするシャーマンとしての巫女がいたのだろう。韓国では、ムーダン〔巫堂〕といい、市井にあって、人々の将来や、結婚の是非やその他を占う女性の職業があった。そのムーダンに、構造的にはよく似ているな、と思ったのである。ムーダンのばあいは、未婚の女性がこれを担当した。現在も存在しているようで、同じような仕事をしている。日本では、このような市井の巫女はいなくなったのではないか。青森県のほうのイタコといわれる女性が、地方を廻って、同じような仕事をしている光景を描いた映画を見たことがあるが、他方、山伏、修験者は男であるが、同じような職種で仕事をしている光景は、近松門左衛門の浄瑠璃を映画化したものに、ちらっと出てきたように思う。彼女たちの多くが、犯罪者ではない。普通の人々と生活様態が違うだけである。

●京都大仏

★五月三日。駿〔府〕城には、片桐且元、大坂より参る。これは、大仏鋳造の事、奉行して〔監督して〕、しばらく在京せしが、四月二十四日、京を発して、今日、参向せしなり。
◎秀頼の念願だった、京都方広寺の大仏の鋳造の監督をしている片桐且元が、報告に来た。
★同月十日。小姓、板倉重宗、京より駿府に帰謁す〔駿府城の家康に拝謁した〕。大仏殿、成功し、この仲秋上旬には、開眼供養あるべき旨、聞こえあぐる。
◎ついに、京都大仏はできあがる寸前になった。

●キリスト教徒への断罪

★六月六日。天主教の徒、獄に下さる。また、蛮船、肥前〔の〕平戸に漂着するよし聞こゆ。
◎蛮船〔ヨーロッパの船〕は、日本の港に漂着しても構わない、という法令をすでに何度か出している。これらの船から上陸した船員から、キリスト教が伝わってくる、といったことは、家康や幕府は考えなかったのであろうか。ひたすら、宣教師とキリスト教徒が、目の敵になっているのだが。
★同月二十一日。山口直友、仰せにより、長崎におもむき、天主教を禁絶せしめらる。《世に伝うるところ、有馬直純は、高橋元種が所領〔領地〕日向国縣（ひゅうがのくにあがた）をたまわり、本領〔もとの領地〕、肥前有馬より移らんとす。有馬の土人ら〔有馬の人々〕、かねて、邪宗に帰依し、領主の命に従わず〔有馬から、日向に移らないと言った〕。よりて〔山口〕直友を遣わされ、〔薩摩の〕島津勢を引き具し〔連れて〕、命令違犯の徒を追捕《ついぶ》〔逮捕する〕せしめられしとぞ。

◎北九州の民衆の多くがキリスト教化し、藩主が領地替えになって移動することになっても、もとの地を離れたくない、とだだをこねたわけだが、結局、捕まって改宗を迫られるか、改宗しなかった者たちは、殺されたのである。

●天皇と猿楽

★六月二十九日。禁廷〈内裏〉にて猿楽催されしに、撃剣をもて業となす憲法〈たぶん、剣法か拳法であろう〉というもの、見物の雑人〈いろんな人びと〉に交じり、警衛の吏〈警固の人〉数人を殺害し、庭上、鮮血をそそぐ。そのとき、天、俄《にわか》にかきくもり、甚雷大雨〈突然の激しい雷と雨〉。諸人みな奇異の想をなせりとぞ〈見物人たちは、なんだこれは、と思った〉。

◎内裏、あるいは天皇の御前で猿楽が催された。これは、家康ら武将も好んだ、ある種、滑稽な芸能でもある。ところが、撃剣という武器を帯びた人たちが見物人のなかに交じっていて、警固の役人に斬りつけ、数人が殺されたという。庭には鮮血が降りそそいだ。「実紀」にめったに表われない陰惨な情況が展開されたのである。しかしながら、なぜこのような事件が起こったかについては、一切書いていない。後半の記事は、天の怒りを象徴的に表現しているのであろう。

台徳院殿御実紀巻二十七
慶長十九年七月に始まり、九月に終わる

●家康の知性と学問

★七月一日。大御所〈家康〉、（中略）冷泉中納言為光卿〈朝廷の貴族〉、〈家康に〉古今集を進講す〈講義した〉。大御所、〈柿本〉人丸の事蹟〈経歴や業績〉を問わせ給う。為光卿、人丸のこと、神秘なれば容易に答え奉りがたし、と言う。その時、御傍に林道春信勝〈羅山〉待座せしかば〈この講義に同席していたので〉、〈家康は、林羅山〉信勝に問わせらる。信勝、万葉集に載せたる人丸、四人あり。歌聖と称するは〈人からもっとも信頼されているのは〉、柿本人丸なり、その答え、明瞭なりしかば、〈羅山は家康の〉御感を蒙る〈感心された〉。

◎「万葉集」で有名な柿本人丸〈人麻呂、あるいは人麿とも表記される〉について、「古今集」を講義していた京都貴族に訊いたのだが、貴族は答えられなかった。しかし、儒学者の林羅山が横から説明したので家康は喜んだという。しかし、「古今集」と人麻呂は関係ないので、この「古今集」は本来ならば「万葉集」でなければならないのである。

★同月十日。冷泉為光卿、江戸〈城〉より、駿〈府〉城にまいり、〈家康に〉謁す〈お会いした〉。大御所〈家康〉、京極黄門定家卿〈藤原定家のこと〉、御真蹟〈定家が自ら書写した〉の歌書〈和歌の本〉を〈冷泉卿に〉見せしめ給い、敷島の道〈日本の和歌の展開〉の御物語、刻をうつし給う〈この話に夢中になって、時間が過ぎていった〉。

◎本居宣長の「敷島の大和心を人問わば朝日ににほふ山桜花」の句が思い出されるが、「敷島の」というのは、日本国の、ということである。日本における和歌の道、和歌の美学、といったところであるが、本居宣長よりずっと前の時代の家康もまた、日本の歌道の流れに、大いに興味があったようだ。定家は、「新古今集」以後の歌人であり、「新古今集」の選者の一人であった日本の代表的歌人であったが、それ以前の歌集の写本なども作った。定家の直筆を、御真蹟、とここでは表記している。わたしは、定家の歌は技巧的に過ぎるのでは、とも考えている。やはり「万葉集」の時代の素朴な歌に好感が持てるという気もするのである。

●角倉了以のこと

★七月十二日。この日、角倉了以、没す〈死んだ〉。〈中略〉〈角倉了以は〉初めは織田家に仕えしが、弟、吉田意安が当家〈徳川家〉に仕え奉りしゆかりによりて、しばしば〈家康、秀忠に〉拝謁し、慶長八年、初めて仰せを受け、安南へ渡海して交易し、同じく十年、また〈家康、秀忠の〉仰せを蒙りて、京〈都〉、大井川〈京都から西南部へ流れ、あちこち迂回しながら、京都南部の淀川に入る川〉より丹波国〈京都北部〉に至るまでの水路を開き、高瀬船を通し、運漕の便事を〈高瀬川の水の交通を〉得せしめ、

◎角倉了以は、家康などの要請もあって、角倉船という船を持つなど、船による海外との交易に熱心な商人であったのだが、家康から示唆もあって、河川の灌漑工事などもやるようになり、今回は、山岳部を含む、広範囲の水路を確立した。続いて、東海道方面にも進出したことが、次に書かれている。

★〈続き〉〈慶長〉十二年、富士川へ、高瀬舟を通じ、〈駿府のある〉駿州岩淵より〈山梨県の〉甲府に通船の道を開き、また信濃国諏訪より遠江国《とおとうみのくに》〈静岡県〉掛塚まで、天龍川通船のことを司どり〈管轄し〉、〈慶

長〕十三年、京〔都〕大仏構造〔建設〕あるをもって、巨材運漕のために、鴨河〔加茂川、とも〕を堰分けて〔工事をして〕、新たに水路を通じ〔水路を通し〕、〔慶長〕十六年、その水路をもて、〔京都の街の〕二条より、伏見〔京都の南部〕まで通航の便を得せしめぬ。

◎家康などの示唆、あるいは命令があったとしても、角倉了以は、日本の主要な道路を水路で結んで、海運を、というか、河川の交通に大きな貢献をなした人物であった。そして、記事は、さらなる通路の開拓の途上で、重病にかかって死亡した、と書かれている。日本の交通に多大な貢献をした人であったといえるだろう。

●秀頼の今後。発端、家康と京大仏の鐘銘の問題

★七月二十一日。この日、大御所〔家康〕、板倉重昌ならびに金地院崇伝を召して、今度、京大仏、新鋳鐘銘〔新たに作った鐘の表面に刻まれた文字〕、関東〔の幕府、ないし家康〕へ対し、大不敬の〔大変無礼な〕文辞〔文章〕あり。その上、上棟の日〔できあがった日〕吉日にあらざるよし、聞こゆ。早く、鐘銘ならびに棟札《むなふだ》の草案を進呈すべきむね、京〔都〕へ申しつかわすべしと御諚〔仰せ〕あり。

◎世に有名な、京都大仏のあったお寺の鐘に刻まれた文字を、家康は激高し、あるいは激高したようにして、結局は豊臣氏滅亡のキーワードにしようとした事件の始まりであった。

★〔続き〕世に伝うるところは、この鐘銘は僧、清韓が作るところにして、その文に、國家安康、四海施化、萬歳傳芳、君臣豊樂、また、東迎素月、西送斜陽など言える句あり。御諱《おんいみな》〔諱は、死者の牛前の名〕を犯すのみならず、豊臣家のために、当家〔徳川家〕を呪咀〔呪詛と同じ意味、妬んで悪く言うの意〕するに似たりという事を、〔僧侶の〕天海ひとり、御閑室〔静かな部屋〕へ〔家康に〕召されたりし時、密密〔ごく密かに〕

告げ奉りしという。この事、いぶかしけれども〔疑わしくもあるけど〕、また、なしとも〔なんでもない、とも〕定めがたし。

◎有名な事件であった。この鐘の文字のなかの、「國家安康」の文章が、家康の「家」と「康」の字を、半分に切っている、これはけしからん、と家康が言ったとされている。しかし、「実紀」をよく調べても、右の記事中に《御諱を犯すのみならず》とあるくらいで具体的には書かれていない。「君臣豊樂」には、豊臣家は安泰で君臣が喜んでいる感じ、「西送斜陽」は、西のほうには斜陽〔薄れていく太陽の光〕のようなイメージがこめられている、という感じも受ける。ともかく、家康の怒りを招き、後の豊臣家討伐のチャンス到来という感じがしているのである。鐘の文字が、意図的作為的な文章か、偶然だったのか、明確ではない。しかし、これが大きなきっかけになって、大坂冬の陣、夏の陣が開始されることになったのは確かである。

★同月二十六日。この日、板倉勝重、片桐且元、書状をもって、このたび、大仏供養は三日。開眼《かいげん》〔最終的に眼を完成することで、大仏は完成する〕は十八日たるべき旨、駿府〔の家康〕よりの御旨なりといえども、十八日は豊国大明神〔豊臣秀吉の霊を祀った神社〕、臨時祭なれば、三日、早天に開眼、次に、供養行わまほしき旨〔供養を行いたい、という趣旨〕、豊臣右府〔秀頼〕請わるる旨、聞こえあげしに、大御所〔家康〕〔その事を〕聞しめし、大仏棟札〔工事成立の年月や工匠（大工の名まえ）などを書いた札〕ならびに、鐘銘御不審〔國家安康、などの文字〕少なからず。開眼、供養ともに延滞せられ、早く、棟札、鐘銘の〔新たな〕草案〔を家康に〕進覧〔見せる〕すべき旨、本多正純、金地院崇伝をもって、〔板倉〕勝重、〔片桐〕且元のもとへ、〔家康から〕仰せくださる。

◎難解な文章であるが、単純化して言えば、とりあえず、家康は、鐘銘の「國家安康」の文字に抱いた不信感を、いつまでも根に持っていた。しかし、これはどう考えても、いちゃもんであり、言いがかりというものだろう。「國家安康」という言葉のなかで、家康の文字が二分されている、というのだが、「國家安康」という文章全体でいえば、国家が安泰である、というふうに意義ある言葉であり、その中に、家康という名まえが、しっかりと埋めこんであるわけだから、文句言うことでもない、と思うのだが。

★八月一日。京都には、この三日、大仏開眼供養有るべしとて、惣奉行片桐且元、〔ほか、一名〕監臨し〔監査し〕、導師、咒願師をはじめ、諸門跡〔いろんな仏教の師〕及び、僧綱《そうごう》〔僧尼の統領〕凡僧〔普通の僧〕、悉《ことごと》く集まり〔寺院の関係者のほとんどが集まり〕、法会の用意、もっぱらに荘厳をなす。よりて都鄙〔都市や田舎〕の貴賤、結縁のためにとて、雲霞のごとく群衆し、七月の初めより近辺市街にも、新たに肆店《してん》〔店〕を設けて、飲食調度をそなえ、その用意、若干にて喧閙《けんどう》〔喧嘩や騒ぎ、か〕限りなかりしに、京職板倉勝重より、〔片桐〕且元のもとへ、鐘銘棟札のことによりて、駿府〔家康〕の御不審あり。供養、延滞すべしと〔家康が〕命じければ、この法会にあずかる門跡はじめ、僧俗〔僧や一般の人たち〕大いに驚き、四方に散乱し、市街に新たに設けたる仮屋を毀棄〔毀損〕などして、その騒擾《そうじょう》〔騒ぎ乱れる〕、大方ならざりしとぞ〔簡単ではなかったという〕。

◎一般庶民からいえば、めでたいできごとであって、大いに賛同して、喜び合ったはずなのに、家康の悲憤によって、騒いでいた庶民はさらに暴動した。

★〔続き〕世に伝うるところは、〔板倉〕勝重、この事を〔片桐〕且元に伝えしかば、且元、人いに驚き、鐘銘、棟札ともに、豊臣右府〔秀頼〕の著作、染筆にもあらず〔秀頼が関っていたわけではまったくなく〕、某らも〔秀頼の関係者たち〕もさらに意を加え、詞〔ことば〕を加えしにてもなし〔秀頼側では何の関係もなかった〕。まったく東福寺の清韓が筆作せしことなれば〔書いたもので〕、たといその文中、大不敬〔家康に対するひどいこと〕を犯すというも、清韓が〔の〕過失にて、豊臣家君臣の知る所にあらず。かほどまで荘厳用意し、衆人も群集せし大会、俄《にわ》かに、延滞せんは然るべからず。ただ、このままに供養を執行し、もし駿府より〔家康から〕重ねて、御咎《とがめ》あらば、我一人切腹して罪を謝すべし、と〔片桐且元が〕答う。

◎ここで、長く豊臣家に仕え、秀頼の後見人でもあった片桐且元は、家康からも信頼され、両者のはざまにたっていたのだが、こんな事態になっては、自分が切腹して責任を取りたい、と言い出したという。

★〔続き〕〔板倉〕勝重、聞きて、〔家康の〕仰せもさることながら、貴殿〔且元〕切腹せられれば、貴殿においてはゆゆしき挙動なるべし。されど、勝重いやしくも関東の〔幕府の〕命を受けて、京都を守護しながら、関東に対して大不敬の事をそのまま執行せしめん事、わが身において、これを抑留せざる事を得ず〔押しとどめないわけにはいかない〕。明日の供養、とにもかくにも、延滞〔延期〕あるべし、と言うにぞ〔言うので〕、且元もせんかたなく〔仕方なく〕、ついに延滞に決しければ〔延期することに決めたので〕、遠近の緇素《しそ》〔僧俗〕、雲霞のごとく集まりたる者ども、興さめて〔面倒くさくなってしまい〕、四方に散乱せしとぞ。

◎結局、板倉勝重と片桐且元が、供養は延期と決めたので、集まっていた群衆もいやになってそれぞれの国や地方に帰ってしまった。「國家安康」という京都大仏の置かれる方広寺の鐘に刻まれた四つの文字は、もともと豊臣家関係者と、なんの関係もなかったのであるが、豊臣大明神の祭祀と、京都大仏の開眼の時期と、この鐘銘の制作発表が時期的に重なり、秀頼側にとっては、非常に不利なことになってきたわけだ。

★同月四日。大御所には、秀頼、大仏供養にて出京あるべしとて、供奉の輩、叙爵せしめながら、〔秀頼の〕出京を延滞せらるる、と御不審あり。

◎秀頼が、大仏供養のため、配下の武家、いっしょに京都に来るはずの彼らに、官位官職を与えながら、出京の日が延びていることを、家康は不審に思っている。

★同月五日。〔秀頼方の〕片桐且元、鐘銘、〔大仏供養を知らせる〕棟札の模本〔模写したもの〕を〔家康に〕奉る。〔京都〕五山の僧徒にその文字を会議せしむべしと〔文字について論議させようと〕、板倉重昌を京〔都〕につかわさる。

◎家康は、ともかく、このことを拡大し、騒動にしたい、と思っているのだ。

★同月六日。この日、大仏、鐘銘、棟札ならびに、天台、真言〔各宗派の〕着座のこと、御不審の旨、片桐且元のもとへ、本多正純、金地院崇伝をもって、仰せ下さる。

◎家康は、この問題を、ともかくも拡大し、大きな問題にしようと図っているかのようだ。そしていろんな人たちが、このため、動員されている。日々、家康のもとに報告が来るのであろう。

★同月十三日。〔大坂の〕片桐且元は、今度の事、陳謝せんがために、大坂を出て、〔家康のいた〕駿府〔城〕に赴く。

◎ついに、大坂方は、鐘銘その他のことで、家康にお詫びをしようと決めたのだろう、片桐且元が代表して、家康のもとへとやって来ることにしたようだ。ともかく、早く謝ったほうがいいと、大坂方では判断したようだ。

★同月十四日。京〔都〕にて、板倉重昌、五山、碩学長老七人を召して、鐘銘を会議す。

◎京都五山は、臨済宗の大寺五つが決められ、知識的、仏教的な領域のトップとして大きな権限を与えられていた。ちなみに、天竜寺、相国寺、建仁寺、東福寺、万寿寺がそうで、『広辞苑』では、南禅寺を五山の上とした、と書いている。ともかく、大きな権威を持った寺院であった。この五山の長老たちに、家康は鐘銘について論議させた、という。

★同月十八日。板倉重昌、〔駿府へ〕帰府して、五山碩学七人〔の〕捧ぐるところの〔論〕議を〔家康の〕御覧に備う〔準備した〕。〔家康の知的背景グループの〕南光坊僧正天海、金地院崇伝、林信勝〔羅山〕をして、読ましめ、聞し召さる。〔その他の知的エリートたちを交えて〕皆、この銘中に國家安康の一句、御諱《おんいみな》を犯す事、尤も不敬とすべし〔となった〕。

◎彼らの決定は、まさに決定的な決め手であり、こうして、不敬であることが確定した。これら、家康の知的背景を固める人たち、しばしば登場する人たちも、家康にお追従している、としか言えないし、ともかく、こじつけの理解であることはまちがいない。また、不敬という言葉は、明治時代以降、戦前まで、天皇、皇族への侮辱であり、不敬罪という死刑に値する罪があった。江戸時代は、天皇でなく、家康ら、徳川将軍への侮辱に対しても使用されていることを、わたしなどは「実紀」によって知った次第である。

★同日。これより先、大坂にては、右府秀頼母子〔秀頼と母、淀君〕、鐘銘のこと、大御所〔家康〕御いきどおりありと聞きて、大いに驚き、〔國家安康の文章を作った〕清韓をば、閉戸〔閉門、蟄居のような処置、か〕せしめたりしが、今度、〔片桐〕且元を駿府にまいらせ、その事、陳謝せしめらるるに及び、清韓を具して〔連れて〕〔駿府城に〕参着せり。大御所〔家康〕御憤り、深くましまし、清韓をば駿府の町奉行、彦坂光正にめしあずけらる。

◎ついに片桐且元は、清韓をともなって、駿府の家康のもとにやって来た。すぐに、清韓は、町奉行に引き渡されたという。日頃、温厚で、学問好きだった家康も、その怒りがいつまでも消えなかったのであろうか。

これも、ひとつの家康の策謀であったのではないだろうか。ゆくゆく、秀頼母子を抹殺するための。

★同月二十日。この日、〔金地院〕崇伝ならびに本多正純に、大坂、もっぱら兵具を購求し〔買い集め〕、無頼の處士〔武士たち〕数百人を新たに、召し置き〔雇った〕、その上、〔京都〕大仏、鐘銘、棟札、〔家康が〕先日仰せ下されし御旨を背くこと、御不審さらに、とけ給わざる旨、仰せあり。両人、〔豊臣方の〕片桐且元〔の〕旅宿に赴き、その由を伝う〔家康の意向を片桐且元に伝えた〕。

◎豊臣方では、事実かどうか、武器を集め、無頼の武士〔浪人たち〕を集めている、という情報は、こんな危機的な状況の時は、必ず出てくることになっている。秀頼の大坂城を軍事的に強化している、と、家康のほうではいつも疑っているのである。そして、家康の、京都大仏開眼の儀礼やお祭り、鐘の、「國家安康」という文字、それらを記した棟札についての疑惑は、次第に強くさえなっているのである。

★〔続き〕《世に伝うる所は、〔片桐〕且元は弟、〔片桐〕貞隆、大野治長を具して〔連れて〕、駿府に下りしかども、〔家康に〕はばかりて、〔駿〕府に入らず、鞠子の誓願寺にありて、（中略）その由、〔駿〕府に訴えしかば、〔家康方の〕本多正純、安藤直次、成瀬正成、その寺〔誓願寺〕にまかりて、鐘銘、ならびに、大坂、異図の〔反抗しようとする〕風説しきりなるをもって、〔家康の〕御不審の旨を伝う〔大坂方に伝えた〕。

◎片桐且元は、大坂方を代表して駿府城に家康を訪ねたのであるが、遠慮して、駿府に近づくことができず、近くの誓願寺に入った。家康の側近である本田正純らが、家康の不審を伝えるにとどまっているのだった。且元は次のように弁解した。

★〔続き〕〔片桐〕且元、大坂にて異心のことはまったく、世上の浮説なり〔単なる噂に過ぎない〕。また、鐘銘のことは、君臣〔秀頼や大坂方の武士たち〕、さらに知るところならず〔そんなことは誰も知らないことである〕。〔清〕韓長老ひとりに任せ置きしを陳謝す。
◎そんなことは大坂方は誰も考えていず、鐘銘については僧の清韓に任せていたのが、悪かったのだ、と謝ったのである。
★〔続き〕〔本多正純ら〕三使、〔駿府に〕帰りて、且元が申すところを〔家康に〕聞こえあげしかば、〔家康は〕その申すところは聞こし召し入れられ、〔片桐〕且元を、府下〔駿府〕に召さる。且元、府〔駿府もしくは駿府城〕に入りしかば、〔且元の〕旅宿へ、〔本多〕正純、〔金地院〕崇伝、御使いし、且元は、文字にうとければ〔無関心であったので〕、〔鐘の〕銘文のこと、さらにわきまえざる旨は、聞こし召し、ひらかれぬ〔理解した〕。
◎片桐且元が、鐘銘の文章をあまり知らなかった、という風に、ここでは書かれているのだが、こんなことはあり得ないと思うのだが。そうでなければ、このように、秀頼と家康のあいだの使者になれたはずはない。
そこで、電子辞書の「ニッポニカ」を改めて読んでみると、まず且元が武将であった、と書かれており、いかにも戦国武将であまり学問的な人間でなかったようだ。そして、彼は、上記のような使者になって駿府城に行ったせいもあって、家康に翻弄され、その後、大坂方からは関東のスパイのように思われたため、大坂冬の陣、夏の陣では、家康側に立って、秀頼を攻撃した、とある。戦国武将は、確かにそのような二面性もあって、当面の敵を後の味方にするようなばあいもあったと思う。つまり、秀頼方の使者としては、信頼できる人物ではなかったのかもしれない。記事はもう少し続く。
★〔続き〕大御所〔家康〕は、秀頼、幼稚より、故太閤〔秀吉〕の顧托〔電子辞書の「新漢語林」には、「顧託」と書いて、君主が臨終のとき、左右の臣下に、後の事をたのむこと、とある。つまり秀吉が家康に、自分の死後は、秀頼をよろしく、と依頼したのであろう〕を思《おぼ》しめし、〔幼なかった〕秀頼を撫育〔何かと面倒を見たのであろう〕せられ、すでに将軍と〔二代目将軍秀忠と〕、婚舅〔秀忠の娘、千姫は秀頼の妻になっていたのだった〕の御縁をも結ばれしうえは、この後、かかる〔このような〕世上雑説おこらざらんことを、且元に計らい聞こえあぐべしと仰せ下されし、と言えり〔このような秀頼と千姫の婚姻があったことから、さまざまな噂が世上を賑わすことがないようにと、且元に念を押したのであろう〕。且元、〔貞隆〕兄弟、大野〔治長〕らは、おおいに恐れ、その御答えにも及ばず、閉戸して〔家に閉じこもって〕、日数《ひかず》〔何日かを〕送る〔閉居してじっとしていた〕。

◎秀頼と家康の間には、複雑な関係があった。秀頼の父、秀吉とは、同盟関係の時期もあり、幼い秀頼の面倒を、家康はなにかと見てきたのであり、家康の息子の秀忠の長女、千姫と秀頼を結婚させるなど、その関係は一様ではなかったのだ。しかし、やはり家康が、天下人として、江戸に幕府を開いて、全国の大名を配下に統括するようになった時代、秀頼はむしろ、もはや、必要ない人物であり、むしろ、地方の一大名のひとりとして、家康の管轄下に入ってくれることが、一番、肝要であった。どうしたら、あまり問題を起こさず、そのような関係になれるか、家康が頭を悩ましていた時、「國家安康」という恰好の出来事が発生したというわけだ。

★〔続き〕しかるにまた、〔本多〕正純、〔片桐〕且元が旅宿に至りて、近日、大御所〔家康の〕仰せに、片桐兄弟、大野〔治長〕らは、大坂において、股肱輔弼《ここうほひつ》〔いろいろと助けになる臣下〕のともがら〔関係〕、一日も秀頼の側を離《はなれ》るべき者ならず〔一日たりとも秀頼から離れることはできなかった〕。しかるに数日、三人とも滞留なし〔とどまらなかった〕。大坂の政務は、いかがなりゆくにや、との御事なりといえば〔これからの大坂城の政治その他はどうなるのか、という問題がある、と言えば〕、三人ますます恐れ、且元ひとり、ここに留まり、〔大野〕治長、〔片桐〕貞隆両人は、ただちに帰坂し〔大坂に帰り〕、駿府にてのことどもを、右府の母子〔秀頼と淀君〕に聞こえあげしかば〔報告したので〕、淀殿、はなはだ気づかわしく思われ、やがて、大蔵卿〔の局《つぼね》〕、二位の局、正栄尼を、淀殿の使いとし、駿府へ下し、〔片桐〕且元とともに〔家康に〕陳謝せられしという。

◎秀頼方の片桐且元、貞隆兄弟や大野治長らは、今後の大坂や、秀頼、大坂城の政務はどうなるか、と案じて、且元ひとりを駿府に残して、ふたりは急遽、大坂に帰って、秀頼と淀君に報告。そこで慌てて、淀君は、その代理の女性三人を駿府に行かせ、家康に陳謝させたという。秀頼方に、なんだか、絶体絶命の危機が迫って来たのである。

●閑話休題

★八月二十四日。長崎の奉行、長谷川藤継ならびに官商〔幕府公認の〕茶屋四郎次郎清次、駿府にのぼり、蛮船入津の事を〔家康に〕聞こえあげしかば、邪徒〔邪教徒、キリスト教徒〕追逐〔国外追放〕の事、御尋問あり。

◎秀頼問題で頭を悩ましている最中であろうと、家康にとっては、蛮船はともかく、キリシタン問題は、いまだに大きな出来事であって、家康の心は休む暇がない。

●また、鐘銘問題と秀頼への処置

★八月二十七日。また、今度、鐘銘をつくりし東福寺長老清韓が紫衣〔僧のもっとも上位者の着る服の色、紫の衣装〕勅許の事。査撿して聞こえあぐべしとの〔家康の〕旨、本多正純、金地院崇伝より、京職板倉勝重に伝う。

◎清韓という、東福寺の長老は、こんなに鐘銘が問題になっているというのに、僧正という仏教僧のもっとも上位者は、紫衣といって紫色の僧服を身に着けたのだが、そんな位を平然と望んだのであろうか。仏教僧といえど、やはり、最高位に上りたいとあくせくしたようである。家康は仏教僧には甘かったのか、これを京職の板倉勝重に伝えさせている。

★同月二十九日。今夕、大坂より、右府母子〔秀頼と淀君〕の使いとして、大蔵卿〔の〕局《つぼね》正栄尼、二位の局《つぼね》ら、駿府に参る。

★〔続き〕《世に伝うるところは、三女、駿府に着きしかば、じきに〔家康のもとに〕もうのぼるべしとありしかど、〔家康にいきなり会うのも〕憚《はばか》りて、七間町の旅宿にて、その由、〔本多〕正純と阿茶〔の〕局〔家康の側室〕にあない〔案内〕しければ〔知らせると〕、〔家康から〕とく〔早く〕召され、大御所〔家康〕懇《ねもころ》に、右府母子の事を言わせ給い、淀殿にはさぞかし何事もうしろめたく心遣いせらるべきこそ〔淀君があれこれ、後悔したりして自分に気を遣ってくれているのこそ〕、いとおしけれ〔気の毒である〕、と仰せられ、〔家康の〕御けしき〔ようす〕常に替わらせたまわず〔淀君を気の毒に思うことに変わりなかった〕。〔大坂から来た〕三女、大いに悦び、そのさまを〔片桐〕且元〔の〕旅宿へも言いけり。大坂へも文〔手紙〕書きて送りしかば、右府母子の心、しばし、おちいしと〔落ちついた〕と言えり。

◎秀頼、淀君の代理として大坂からやって来た三人の女性たちは、家康の対応の意外な優しさに歓び、そのむねを、駿府にいる片桐且元や大坂の秀頼母子にも早速伝え、母子も安心した、という。しかし、それは多分に、家康の本当の気持ちではなかったに違いない。

●閑話休題。邪教徒とオランダ人

★この月〈八月〉。駿〈府〉城、後閤〈江戸城の大奥のような所か、すなわち、家康の側室たちのいる部屋〉の女房、かねて、原主水《もんど》某と姦通せしに、一昨年、原〈主水〉、邪教〈キリスト教〉尊崇する罪によりて追い放たれし〈追放の刑罰〉を怨《うら》み、この女房、大逆〈家康に対する大犯罪をなした〉を企《くわだ》てし事、顕《あらわ》れ、罪せらる。その兄、野尻彦太郎某もこれに座して〈共犯で〉家に押しこめらる〈閉門蟄居という罪罰〉。原〈主水〉は、武蔵〈の〉岩槻に隠れいしよし聞こえ、その領主、高力忠房に命じ、搦《からめ》とらしめらる〈捕まえられた〉。

◎原主水の罪は二重にあって、家康の側室かその世話をする女房かと姦通したことと、キリスト教徒であったことだ。たぶん、閉門蟄居では終わらないに違いない。

★九月一日。当賀〈新年のお祝い、か〉例のごとし。駿〈府〉城も同じ。蘭人〈オランダ人〉御覧あり〈挨拶に来たオランダ人に会った〉。白糸、龍脳、丁子、木綿、緞子を献ず。またいぎりす人、八揚子も拝し奉り、虎子二匹を献ず。江戸の若君〈秀忠の息子、家光か〉へ奉らんとの事とぞ。

◎オランダ人、いぎりす人があいついで、駿府城を訪れ、いろんな貢物をプレゼントしている。三代将軍になる家光への贈答だという。家光の初出。八揚子はイギリス人の名まえ？　オランダ人、ヤン・ヨーステンのことか？

●大坂問題！

★九月七日。本多正純、江戸より駿府〔城〕に帰り、〔家康に〕謁す〔挨拶した〕。よ〔り〕て、〔本多〕正純ならびに〔金地院〕崇伝を、片桐且元が旅宿に遣わされ、両人、〔家康の〕仰せを伝えしは、先に大御所〔家康〕より、且元兄弟に加恩をも、たまわりし事なれば、且元、関東〔家康や幕府〕の御恩を忘るべきにあらず。鐘銘の事は、且元、もとより、不学の武夫〔片桐且元は、武の人であり、学問、知識はあまりなかった〕。忌諱《きい》〔嫌がって避けること〕を犯すの是非をもわきまえざる旨は〔且元が不逞の輩ではない、ということは〕、〔家康も〕聞し召し開〔聞?〕かれぬ〔聞いて知っていた〕。このうえにも、関東、大坂御親睦の事〔大坂の秀頼方と、関東の幕府や家康が親しくしていた、ということ〕、且元、心もちいて〔その事を留意して〕、はからい〔いろんな対応や行動〕あるべしとの事なり。

◎大坂と、幕府および家康の折衝役の片桐且元も、武人であったが、その重要性はよく知悉していたのである。そこで、以後、両者が仲良くつきあっていくことの重要さはよく解っていたのである。

★〔続き〕且元、〔家康の言葉を〕承わり、この十五年前、関東、大坂、異圖〔友情を壊すような事〕あるまじ〔あるべきでない〕との御内書を取り交わせ給えば、こたびは、大坂より盟書〔同盟の約束を書いた文章〕を捧げらるべきや〔捧げるべきだろうか〕と申しければ、〔本多〕正純、〔金地院〕崇伝、こたびの〔家康の〕御憤《いきどおり》、さることにて〔そんな盟書くらいで〕聞し召し開かれるべしとも覚えず〔了解するとは思えない〕。されども、これは駿府より御指揮あるべきならず〔家康側から示すことはないだろう〕、何事も、〔片桐〕且元が胸中にあるべきなり〔且元が自発的に、大坂方を説得するような活動をするべきだ〕という。且元、さては吾〔わが〕一身もて〔みずから〕とかく決行して〔活動を実行して〕、〔大坂方に〕聞こえあげん事〔申し出ること〕かたし〔一番いい〕、大坂へ立ち帰り、直〔じか〕にその旨を、右府〔秀頼〕母子に聞こえ上げてのち〔秀頼母子に申し上げてから〕、〔家康には〕かさねて〔同時的に〕聞こえあぐべし〔申しあげたい〕と申して、御使い〔正純たち〕をば返す〔帰した〕。〔お使いの〕両人、また、〔大坂方の使者〕大蔵卿〔の局〕、正栄尼、二位の局らが旅宿へもまかり〔行って〕、同じく仰せを伝う。

◎片桐且元は、家康側にも、秀頼方にも仕えたことがあっただけに、両者からの信頼を得ているのだろう。家康と秀頼の間に挟まっての労苦は並大抵ではないことが、彼の現在、その活動を見ていると、気の毒になるほど、大変な仕事であった。この活動が悲劇に終わることを知っているだけに、読むものを震撼せしめるところが強い、などと、古い言い方をしてしまったな、と思う。

★〔続き〕《世に伝うるところは、大蔵卿〔の局〕、二位〔の〕局、正栄尼の三人は、駿府に留められ。数日を経ければ、今は、右府〔秀頼〕御母子も待ちわび給うらん。早く、〔家康から〕御暇給わり、帰坂せまほしと〔大坂に帰りたいと〕請いけるに、大御所〔家康このことを〕聞し召して、三女これまで、はるばる〔大坂から駿府へ〕参向せし事なれば、幸〔さいわい〕に江戸へもまかり〔江戸にも行き〕将軍〔秀忠〕にも対面し、右府母子、やすらかなる気色も〔安心した気持ちも〕、〔秀忠に〕物語らば、将軍も、心落ちいべきぞと〔安心するぞと〕仰せける。よりて三女は急ぎ江戸に赴きたり〔江戸に行った〕。

◎駿府に派遣されて、現在も逗留している女性三人に、この際、江戸に行って息子の将軍秀忠に会い、実情を訴えてはどうか、という家康の提案は、一見親切な言葉であったようだが、彼女たちを江戸に去らせてのち、残った使者、片桐且元のもとへ、しっかりと家康の要望を伝えさせたのである。

★〔続き〕その跡《あと》にて〔彼女たちが江戸に出立したあとに〕、〔本多〕正純、〔金地院〕崇伝を、且元が旅宿に御使いし、大坂謀叛の風説〔噂〕、世上もっぱらなり〔世間では大坂謀叛についての噂が飛び交っている〕。

ことさら、大仏鐘銘に、大御所〔家康〕の御諱《おんいみな》を犯し、関東を調伏〔仏教的な、あるいは修験者的な用語で、相手を屈服させ、盲従させる、といった意味〕のためとの聞こえ、もっとも御憤深きところなり。今より後、関東、大坂、異義なく御和睦あらんよう、且元がはからいにあるべし〔幕府と秀頼方の和睦は、すべては片桐且元のやり方にかかっている〕と〔本多正純や金地院崇伝は〕申しける。且元、聞きて、我、ただ今にあたり、そのはからい、いかに〔どうすべきか、簡単に答えは出ず〕とも思いえず。両使〔正純と崇伝〕には、何ぞ、よろしき智計〔計略〕も、そうらわば〔あるなら〕教え給わり候え〔教えてください〕と言いしに、両使、我ら思うところは、右府〔秀頼〕、大坂を出て他所に移らるるか、または諸大名と同じく、駿府、江戸へ参勤〔交代〕せらるるか、または故太閤殿下〔豊臣秀吉〕の時、大政所《おおまんどころ》〔秀吉の母〕を二州〔三河〕岡崎〔家康のもとの居城〕へ、人質に出されしその例もそうらえば、〔秀頼の母の〕淀殿を関東へ下し申さるるか、この三條〔三条〕のほか、あるべからず、と言う。

◎長い引用になったが、ともかく、本多正純らの説得は、家康の狙い通り、秀頼を大坂城から出して、一般の大名と同格にし、参勤交代も行うべきである、ということであった。秀頼母子は、そのあたりはどうしても譲れないところであり、この家康の提案には従いかねたのである。

★〔続き〕且元、〔この提案を〕聞きて、こ〔れ〕は両使、胸中より出《い》だし事には非ざるべし、大御所〔家康〕の御内旨なるべし〔家康の考えであろうと〕と思い、宣《のたま》うところ、いかにもさる事なり〔おっしゃるとおりであると〕。さりながら、三條とも、容易ならざれば〔そんなに簡単ではないので〕、某《それがし》、一心にいずれとも決し難し〔自分には簡単に決められない〕。深く思慮して答え奉るべし、と言いて御使いをば、返しぬ。

◎片桐且元は、彼らの出した三条の条件のいずれとも自分では決められないし、大坂に帰っても、秀頼はじめ、問題は大きい。すぐに答えられないから、と、両使を返した、という。

★〈続き〉九月九日に至り、〈家康より〉且元召せ〈且元を呼べ〉との事にて、且元、駿〈府〉城にもうのぼる〈家康のもとに出向いた〉。大御所〈家康〉とみに〈しきりに、且元と〉御対面ありて、且元、草枕〈旅に〉日重ね〈落ちつかない日々を過ごし〉、旅況〈この使者としての日々は〉さこそ煩《わずら》わしかるべし、と御慰労ありてのち、大坂にて無頼の浪士〈浪人〉を募り集め、兵具用意もっぱらなれば、世上の風説〈噂話〉もっとも騒がしく、その上、大仏鐘銘に我が名を犯し〈例の「國家安康」の文字が諱を傷つけた、という〉、調伏の聞こえあり〈修験道的な強引な終わり方、の噂がある〉。且元には、何と心得たるにや〈且元はどう思っているのか〉、と面命あり〈厳しく問いつめた〉。且元、謹んで承り、諸浪人は大坂繁華〈大坂の賑わいの増加〉の地ゆえ、士官を求めるがため、年々、輻湊《ふくそう》するは〈人々が集まってくるのは〉、古今〈昔から現在まで〉同じ事なり。秀頼、招かるる所にはあらず。

★〈続き〉もしまた、関東調伏の宿願ならんには〈関東を調伏しようという宿願であったとすれば〉、諸寺、諸山〈山岳には寺社がたくさんあった〉の名僧、修験〈者〉に頼み内々、修法すべきを、諸人の耳目に触れ候らわん鐘の銘に、彫刻すべきにあらず。

◎家康は、片桐且元を、駿府城に呼んでおいて、ねちねちと毎日、責めていた。それは、まずは京都大仏の「國家安康」の文字から始まったのであるが、留まるところがない。結局は、秀頼を一般の大名扱いにして、みずからの天下を構築すること、それ以外に、家康の願望はなかったといえる。

★〈続き〉これ皆、世上の浮説〈世の中で言われていた説であった〉。まったく、證〈証し〉とすべき事にあらず。鐘銘に御諱《おんいみな》を犯す事は、まったく清韓が罪、重大といえども、右府母子〈秀頼と淀君〉は、いうまでもなく、且元はじめ、大坂の諸臣〔大坂城の秀頼派の大名、武士たち〕さらに知る所ならず〔彼らの関知しないところであった〕。願わくは、曠世《こうせい》〔世にまれな〕の御寛恕《ごかんじょ》を垂れられ〔広い心でお許しの言葉をかけられて〕、大坂の君臣、意図〔反徳川幕府的考え〕なき条〔ないことを〕、聞こし召しひらかせ給え、と〔家康に〕聞えあぐる〔申しあげた〕。

◎家康を取り囲む人たちも、家康のかたくなさをもてあまし、いろいろと説諭して、秀頼母子に異心のないことを説明したのであった。幕府の重臣たちも、家康のしつこさに、辟易し始めたのではないだろうか。

★〔続き〕大御所〔家康〕聞こし召し、右府〔秀頼〕謀叛の世評、まぎれなしといえども、〔片桐〕且元、かく〔このように〕陳謝するうえは、しばらく〔考えを〕捨て、論ぜず〔黙って聞いていた〕。〔家康は〕我は古稀を超え〔七十歳を超え〕、旦夕もはからぬ身なり〔朝や夕べの、いつ死ぬか解らぬ齢になった、ということか〕、我なからん〔私のいない、つまり死んだ〕あと、関東、大坂と間隙ありては〔不和の関係ができては〕、四海〔世の中全体〕騒乱の基なり。我、この事を思えば、臥しても〔横になっても〕眠る事あたわず。いかにもこの後、天下泰平の計らい〔計画〕あるべきか。汝が計る事〔計画していること〕聞こえあぐべしと、〔片桐且元に〕仰せける。

◎自分がごねていると、なんだか、自分の死後に起こるかもしれない東西の戦争が起こる可能性もありうる、などを考えていると、ゆっくり寝ることもできないし、さて、どうしたものか、家康はいろいろと思案に暮れるようであった。実際には、家康はもっと思慮深く、いろいろと細かく分析し、ともかくも徳川家第一の世界をしっかり確立することを、一番重要視して、将来を展望していたに違いないと、わたしなどは考えるのである。そして家康は、片桐且元の考えを聞こうとする。且元は答える。

★〔続き〕〔片桐〕且元承り、かかる天下の大事、愚昧の某《それがし》〔愚昧な自分などが〕、いかでか計り申すべきならずといえども、竊《ひそか》に考えるに、秀頼、大坂を去りて、他所に移るか、または駿府江戸に参覲〔交替〕〔江戸時代の地方大名が、年ごとに必ず実行した江戸城への出仕と滞在など〕せらるるか。淀殿、江戸に下り住居せらるるか〔江戸時代、各大名の正妻は、ある種、人質として江戸市内に居住することを義務づけられていた〕、この三条のほかは思いよりそうらわず〔という三つの方法以外、考えられません〕。されど、これ、皆、私に〔自分個人で〕決すべからず〔決めるわけにいかない〕。大坂へ帰り、秀頼母子に議しそうらわん上に〔相談してから〕、御答は申しあぐべきなりと申しけるに、〔家康の〕御けしき、ことにうるわしく〔ようすは上機嫌のようで〕早々、帰坂すべし〔大坂へ帰るべきだ〕と、御暇を下され〔お許しになり〕、紅裏の小袖に御紋あるをかずけらる〔与えられた〕。

◎家康は、片桐且元の、かねてより家康の持論である、秀頼母子に対する三つの選択を、彼らに対して実行してくる、という返事に大満足して、立派な服までくれたのであった。しかし、話はやはり簡単ではなく、この結論はすぐに出そうもないのであった。秀頼には、秀吉時代に秀吉に接近していた西国の大名たちもバックの勢力になっていたし、ことはそれほど単純明快ではなかった。とはいえ、よく知られたように大坂冬の陣、夏の陣という、大坂城を巡る最後の戦争が待っていたからである。そして、家康側が勝利し、以下、確固たる「江戸徳川幕府時代」が到来することになるのである。とりあえず、以下、「実紀」の本文をたどりながら、事の推移を見詰めていきたい。

日。やがて、淀殿には江戸にわたらせたまう事と〔江戸に来て、住むことに〕、定まりしようなり。淀殿、給わば、おのおのも〔淀君に仕える人たちも〕定めて、江戸へ参らせ給うべし〔江戸に来るであろう〕。この後は、いよいよ、懇《ねんごろ》に、もの語らうべし〔江戸の生活になじんでくるであろう〕などいうを聞き、三女〔前に派遣された三人の女性か〕はいぶかしく思い〔そんなに簡単に淀殿が江戸に来て、この地に落ち着くのかどうか、と危ぶんで〕、〔駿府城を〕退出て、且元が旅宿をとひてみれば〔且元の旅宿に来てみれば〕、在駿〔駿府にいる〕大、小名〔大名、小名〕、問い寄り〔集まっており、か〕、贈遣山のごとく積み重ね〔？ 人々が集まっており、か〕、内も外も賑わしく、そのうえ、且元は、大御所〔家康〕の御けしきに叶い〔家康から信頼されて〕、紅裏の御小袖まで賜わりしなど聞く〔家康から厚遇されているらしい〕。〔大坂勢は〕且元をかつ疑い、かつ嫉み、急ぎ大坂へ帰り、且元こそ、関東へ一味し〔関東側に立って〕、淀殿を人質に〔駿府へ〕参らせんと〔来させようと〕契約したりけれと、ある事なき事、取り集め〔且元の徳川方への変節をなじるような噂を集めて、大坂の〕淀殿に聞こえあげし〔密告している〕という。

◎家康側では、大坂方の主力、片桐且元を籠絡して、家康になびいている人間として、その、やることなすことを、悪く淀殿たちに伝えているようであった。且元はだから、大坂方からは、だんだん、冷たい眼で見られるようになっていったのではないだろうか。江戸と大坂の離反は、こうしてますます拡大してゆく。大坂城を攻め倒すことが、家康の願いであったのだろうか。平和の裡に成立する、権力の大坂から江戸への移譲が、一番、楽であったのではないだろうか。それとも、家康らは、完膚なきまでに大坂方を壊滅させることが、もっとも至当と考えていたのであろうか。

★同月十一日。諸大名、関東に対し、いよいよ二心あるべからざる旨〔ひたすら、徳川幕府に忠実であること〕、盟書を〔同盟の誓う書〕を江城〔江戸城／徳川幕府〕に捧ぐ。駿〔府〕城には朝鮮より、肉蓰〔芺？〕蓉、牛黄を獻ず。

◎多くの大名たちが、徳川幕府へ、同盟書を提出した。戦争になった時、これらの大名は、この盟書に背くことはできないから、必死の書でもあった。朝鮮関係記事はすぐ、あとに続いていたので載せたのだが、当時の朝鮮の王朝とは、平和な関係を保つことも、幕府や家康の願望であった。

●キリスト教徒弾圧、その後

★九月十三日。また、先に武蔵の岩槻に潜居せる〈隠れていた〉邪徒〈キリスト教徒〉原主水、搦《からめ》とりて、獄に下されしが〈投獄されていたが〉、面《つら》に〈顔のどこかに〉烙印して追い放ちたる〈追放となった〉。

◎確か、犯罪者を釈放する時など、顔や腕《うで》に、犯罪者であることを明示するような焼き印もしくは刺青〈入れ墨〉によって、ある種のマークを入れた時代があった。たぶん、同様にここで面に烙印とあるのは、焼き鏝《ごて》で、顔面に、一生消えないようなマークを焼きこまれるのである。これでは、どこに行っても安住することはできず、無宿人としてなんとか、生きていくしかないが、どんな、残りの人生が待っているのか。あまりに残酷な話である。幕府が禁じているとはいえ、単にキリスト教徒になったというだけで、一生消えない、犯罪者のマークを顔面に入れられたわけだ、原主水は。

●秀頼派の大坂方と徳川幕府の確執。その後の展開は

★九月十六日。松平利常、駿〈府〉城にもうのぼり、〈家康に〉拝謁し、金三百枚、紅染絹《きぬ》二百匹、白絹百匹、守家の太刀、二字國俊の脇差を獻ず。

◎かつての大大名、加賀の前田利家の系譜が、どこかで、松平姓になるのは、仙台の伊達政宗が、松平政宗

として「実紀」に登場するようになるのと同じ意味があるのだろう。この苗字の変更がいつなされたのか、「実紀」本文史料だけでは、不明である。しかし、有力外様大名と縁戚関係を築くことは、家康時代の武家、大名たちの基本方針であった。この松平氏は親藩大名の苗字で、徳川家と血統的に繋がりのある藩主のいる藩の大名を言った。加賀の前田家のように、長く大坂方であった大名が、親藩大名のごとく、関東側についた、ということを世に明確化するための処置であったろうか。徳川家の威光は、もはや揺るがすことのできない大きな事実になってきたことは確かである。

★同日。晩に及んで、〈前田／松平〉利常の新館に、〈本多〉正純、土井利勝、〈家康の〉御使いし、御黒印を給う。その文に言う。加賀、能登、越中〈現在の石川県、富山県〉三か国一円に命ぜられぬ。この旨を守り、いよいよ忠勤を抽《ぬきん》ずべしとなり。かつ、明朝、早く江戸に赴き、謝恩すべしと仰せ下さる。

◎江戸には、諸藩の大名の夫人などが、いわば人質として住んでいた。大名たちは、それぞれ屋敷を作り、参勤交代の折、ここに宿泊、というかここで生活していたのだ。

●キリスト教大名

★九月十九日。先に、罪こうぶりし原主水某を、岡越前守、某が〈の〉子〈ども〉、平内某、朋友の契り捨てがたく思い、竊《ひそか》に扶助せしを〈助けたのを〉もって、士籍〈武士としての席〉を削らる。主水が隠れ住みたる槇谷耕雲寺の住僧も罪せらる。

◎顔面に刻印された原主水を、友情から援助した岡なんとか、という武士は、援助したという理由によって、武士の資格を奪い、主水が隠れて住んでいたお寺の住職も罰せられたという。キリスト教徒及びその関係者

への罰則は徹底していたのである
★同月二十一日。原主水に密通の女房、斬〔殺〕に処せられ〔斬り殺され〕、主水は重罪によ〔り〕て、手足指、悉《ことごと》く斬り落として〔切り落とされ〕、のち首を刎《はね》らる〔首を切られた〕。
◎密通とあるからは、妻ではない女が、原主水と関係をもったために、斬り殺され、原主水もまた、まず手足指を斬られたあと、結局、斬殺された、という。江戸時代、幕府の旗本で、人斬り浅右衛門といった一族がいて、彼は有名人（？）であり、もっぱら、犯罪者の首を斬る仕事を連日やっていた。この人に関して、いろんな史料があると思うが、氏家幹人『大江戸死体考——人斬り浅右衛門の時代』（平凡社新書）などが詳しい。彼らの職業は、その家の家業として、代々、子孫に継承されていったのであろう。首を斬ることは、武家の作法でもあり、それは戦国時代、いや、もっと遡って武士という存在が成立した頃から確立していたのである。われわれ日本人の、とりわけ武士たちは、「首狩り族」であって、戦場では必ず、敵の首を斬り、これを上司の首実検に使うべく、陣地に持ち帰ったのであった。残酷な民であった、われわれ日本人は。いや、外国でもそうかもしれない。

●豊臣方／徳川家の確執

★九月二十五日。大坂より片桐且元、急脚〔飛脚〕を駿府にまいらせ、注進せしその趣《おもむき》は〔報告したその趣旨は〕、この十八日、且元、上坂《じょうはん》して〔大坂に来て〕、右府〔豊臣秀頼〕、江戸へ参観せらるるか、または、淀殿、江戸へ下り、住居せらるるか、また右府、大坂城を出て他国にうつらるるか、この三条〔三つの案〕の内をもて、天下太平、人心〔の〕鎮静せん事をはからはるべし〔考えるべきだ〕と、諌《いさめ》〔忠告〕を入れしかば、右府母子以外〔秀頼母子以外の人々〕、憤り強く、密々〔ひそかに〕、且元を誅戮せん〔片桐且元を殺そうとする〕企てあるよし、告げるものあるをもて、止事《やむこと》を得ず、且元、病に托し〔病気だと偽って〕、蟄居〔家に閉じこもる〕する旨なれば、大御所〔家康〕聞こし召し、驚かせたまひ、御憤《いきどお》り深しとぞ聞こえける。

◎秀頼方の片桐且元が飛脚を遣わして、駿府の家康のもとに、ある報告をした。それによれば、家康側の前に提案した、秀頼無事のための三条件である、①ほかの大名のように江戸に参勤して二年に一度上京するか、②秀頼の母の淀殿、江戸へ来て（つまり人質として）暮らすか、③秀頼が大坂城を出て、他所に移り、一般の大名と同じ格になるか、を選べという条件を、秀頼母子に報告したところ、彼らふたり以外の西国大名たちは猛反対し、且元を敵のスパイであるかのように殺そうとたくらんでいるので、且元は閉門蟄居といって、家に閉じこもる作戦である、と家康は聞き、怒ったという。片桐且元は西国方の武将であったが、家康とのパイプ役にされていた。どうするべきか、答えが出なかったのだろう。「ニッポニカ」によると、参勤交代の初めは最初に秀頼方の藤堂高虎が弟を人質として江戸城に送りこんだ、それによって、みずからの生命を担保したのだという。そして、多くの大名がこれにならって、江戸に大名屋敷を造り、そこに妻などを住まわせることが当時、しばしばあった人質作戦で、江戸幕府が決めたことではない、とある。家康なども子どもの頃、駿河の大名今川義元のもとに人質となって送られ、辛い過去を持っていた。人質がその頃、武将や大名たちの存在を保証する、ひとつの作戦であった。

家康側の出した三条件は、結局、豊臣秀頼を、あの日本統一の先駆者秀吉の子であるという特別優位性を取り払って、一般大名と同じ格にずり落とそうというものだったのだ。秀頼母子はそのどれかを望んだのであろう。しかし秀頼側の西国大名たちは、とんでもないとプライドを傷つけられたかのように猛反対し、且元を裏切り者として誅殺しようと企てたというのである。なお、片桐且元は市正《いちのかみ》とあるが、この「市正」とは、もともと律令制における市の司〔長官〕であった。時代によってその役割に変化が生じたのであろう。戦国時代から江戸初期まで、諸大名たちにとって、価値観、価値意識がさまざまに変化したりした、苦しい時代だったのではないだろうか。怖い記事はこの巻の最後にもあった。

★同日。⸨世に伝うるところは、〔先に大坂方の使者となった女性たち〕大蔵卿の局をはじめ三人の女使、片桐に先立って大坂に帰り、且元、関東に一味し〔関東方になって〕、淀殿を江戸へ人質に下し参らせん事を約したり〔約束した〕。それゆえにこそ、駿府にて〔家康のほうでは〕且元を寵遇《ちょうぐう》〔優待すること〕大方ならず、とある事ない事、取り揃えて、長舌《ちょうぜつ》巧みに〔ぺらぺらと本当のようにしゃべりまくって〕、〔且元を〕讒《そし》しければ〔嘘の報告をして陥れたので〕、秀頼も淀殿も大いに憤られ〔怒って〕、且元〔を〕誅〔戮〕〔殺さ〕せよとて、まず大野治長、木村重成、渡辺糺、三人をもて、織田常眞へこの事を議せらる〔相談させた〕。常眞は承り、且元は故太閤殿下〔秀吉〕以来、忠節無二の功臣〔もっとも忠実な臣下〕。容易にさる事〔そんなこと〕あるべしとも思われず。

◎世に残った伝説をここで述べているのであるが、この三人の女性たちが裏切ったのかどうか、ともかく片桐且元は不運な男で、精一杯努力しているのに、裏目に出てしまっている。それには彼の過去の、豊臣方にも家康方にもついたことがあった、という個人史が、大きく影響していたのかもしれない、という気もする。しかし、こういう人物は少なくなかった。この時代を生き抜くためには、時に大坂方、時に家康方にならざるをえなかったのだ。秀頼を訪れる不幸な結末もまた、このような偶然の過去の積み重ねでもって、決まっていった。方広寺の鐘の文字など、家康を最後まで憤慨させている問題なども、たまたま書かれたのであって、深い怨念のようなものが、働いて作られたものではなかったであろう。ともかく、一度、家康の心証を傷つけた、いくつかの要因が、秀頼の近い未来に大きな影響を及ぼしたのであった。というより、徳川家中心の世界を展開するには、豊臣家は必要なく、むしろ邪魔であった。そういう意味では、家康という人物は、しつこい性格の持ち主で、一筋縄ではいかない、という人物であった、ということになる。しかしこの執念が、江戸幕府という新たな歴史を形成することにもなったのであろう。

★同月二十八日。豊臣右府〔秀頼〕より、丹羽正安、荏原金全、使いとし、片桐且元、〔大坂〕城中を退去せしめらる旨、聞こえあげられ〔大坂城から出ていけ、という命令が伝えられ〕、また、京職〔京都所司代〕板倉勝重へも、黒印〔を〕もて、その旨を告げらる。

◎片桐且元には、秀頼のほうからも、大坂城から出ていくように、と知らせてきたという。且元にとっては、まさに四面楚歌の状態であった。

●キリスト教と犯罪者

★九月二十九日。西洋人清安、獄中にありて、獄徒二人を邪教に導きしをもて、両手の指を切りて追放《おいはな》たれ、瘍医〔傷の手当てをする医者か〕吉庵、巧言を〔巧みな言葉を〕以て、衆人を〔町の人々を〕衒《たぶらか》し、多く医療を誤るをもて、江戸、京、大坂、堺の津〔港町〕を引き渡し、戮せらる〔殺された〕。

◎この文章の後半は、キリシタンうんぬんではなく、一般民衆の命を救うどころか、まちがった医療を実施した藪医者が殺された、とある。殺される前に、江戸、京都、大坂という三大都市を見世物のように引き回された。それは都市民への警告でもあった。また、今やキリスト教関係者と犯罪者は同一であり、幕府に発見されると追放か斬刑であった。西洋人の清安という者とあるが、これは家康や幕府と大いに関係したイギリス人三浦按針の本名が、ウイリアム・アダムズであったように、日本語名を名のっているヨーロッパ人だったのであろう。この人物が獄中にいた時、ふたりの人間にキリスト教の布教を行い、キリスト教徒にしたことが発覚し、両手の指を切られて、追放されたという。どこで起こった事件か、書いてないが、両手の指を切られれば、普通の日常生活はできなくなる。これを追放したというのだから、残酷なうえにさらにひどい仕打ちをしたものである。宣教師やキリスト教徒に対する容赦ない処刑は、留まるところがなかったといえる。日本人とは、あるいは武家とは、かくも残酷な側面を持っていたのだ。

台徳院殿御実紀巻二十八

慶長十九年十月朔日に始まり、同十五日に終わる

●大坂城、籠城のための活動を開始

★十月朔日。先月二十五日、大坂城中、大野、青木、石河、薄田、渡邊はじめ十余輩〔十何人かの武士たち〕、片桐且元を誅せんとて〔殺そうとして〕、その〔且元の〕宅へうち向かわんとす。且元、これを知りて、邸内に引き籠るがゆえ、大坂城中、以てのほか、騒動す。いよいよ、大坂、謀叛まぎれなきよしなり。大御所〔家康〕聞し召し、御憤り甚だしく、じきに御出馬あるべしとて、東海〔道〕、東山〔道〕の国々、御陣触れあり〔戦争の用意をするよう、命令が出された〕。

◎大坂城では、片桐且元を排除しようとする動きが始まり、それを聞いた家康は、いよいよ、大坂城を攻撃する体制を整えるよう指示したのである。

★同日。暮れに及んで、〔板倉〕勝重よりまた、注進しけるは、大坂城には、片桐且元、もし駿府へ下るにおいては、右府〔秀頼〕をも出城せしめ、大坂には織田常眞を惣督として〔指揮者として〕、籠城の備えすべき旨、織田頼長ら評議、専らなりとの風聞なりとぞ〔秀頼以下の武士たちが、大坂城にたてこもって戦闘を待とうとする評議がもっぱら、進行しているとの評判がさかんであった〕。

◎ここに出てくる織田常眞や織田頼長という人物は、日置昌一編の『日本系譜綜覧』にも、『日本歴史人名辞典』にも出てこない人物で、よく解らない武将である。それはともかく、秀頼たちが大坂城籠城作戦を開始したようであった。

★〔続き〕上方にては、〔片桐〕且元、茨木の城に入りたり、と聞きて、大坂城中より多勢をもって、茨木を攻め囲まんとす。よって且元、寡兵《かへい》〔少ない人数の兵隊であるから〕の防戦、〔秀頼軍に〕かない難しと思い、〔徳川方の〕板倉勝重に援兵を請う。

◎片桐且元も、窮地におちいり、風雲急を告げている。つぎの文章に、家康も片桐且元の茨木城、籠城の報せを聞いて、孤立している且元に同情している、とある。同情どころか、救援の方法を考えているようだ。

★同日。《世に伝うる所は、片桐兄弟、織田常眞も、大坂城を出で去りたる事、世上の聞こえ〔風聞〕、包むべきにあらねば〔隠しておくわけにはいかなくなって〕、〔大坂方では〕いよいよ大事を思いたつべしと〔迎え撃つ戦争のために備えるべきだと〕、諸国へ人を廻し、金銀を惜しまず、粮米〔戦争の間の食料〕を買い入れしむ。その時、福島正則が大坂の廩《りん》〔倉庫〕に蓄えし米八万石、その他、大名〔の〕坂邸〔大の字が欠字か。すなわち、大坂方の大名たちの邸宅に〕蓄えし米三万石、市井の売り米、二万石、皆、〔大坂〕城中へ引き取りたり。ここに関東の税米〔関東方面の、大坂方大名の大坂城に納めた米か〕五万石、大坂の地にありしかば、既にこれも〔大坂〕城内へ取り入れんとする風聞を聞く。〔以下略〕》

◎大坂城では、籠城して徳川軍と戦うべく、粮米、すなわち籠城している間の食料〔米その他の〕を、できうる限り城内へと運びこむという活動を始めている。

●徳川軍、大坂攻めのための行動を開始

★十月四日。関東、奥羽の諸大名へ、江戸より〔徳川幕府から〕御陣触れあり〔戦争を開始するので参加すべし、という御触れ〕。この頃、江〔戸〕城石塁《せきるい》〔石積みの築城や城壁の建造〕の役にさされ、在府せし〔江戸にいた〕西国大名ら、速やかに暇《いとま》給い帰国し、御下知次第〔報せや命令がありしだい〕、早く大坂へ出陣すべしと命ぜられ〔幕府から命令され〕、おのおの、急ぎ帰国に赴く。福島正則、黒田長政、加藤嘉明は、江戸〔城〕留守〔番〕に置かれ、藤堂高虎は大坂の先陣命ぜられ、大和の国人〔国の人たち〕ら〔を〕、惣督すべしとて、きょう、府〔江戸〕を発したり。

◎関東のみならず、奥羽地方の大名や、関西以西の大名たち〔そのうち、徳川幕府方についた大名たち〕という、三つの領域の大名たちが動員されて、大坂に向かったわけだ。西国には、大坂方の大名も多かったが、それでも、幕府のほうについた大名もたくさんいたのである。いよいよ、大坂冬の陣、夏の陣という、最後の戦いが開始されようとしていたのである。

★同月五日。京職〔京都所司代の〕板倉伊賀守勝重より、大坂、いよいよ謀叛の兆《きざ》し顕然として〔明確になってきた〕、城郭を修治し、処士〔浪人的な人たち〕多く募り集まるよし、注進す。

◎板倉勝重の報告によると、秀頼方では謀叛、つまり江戸の幕府と戦闘する、という活動のきざしが明確になり、大坂城の城郭の整備や強化に励みだしたこと、浪人たちを集めて戦争の準備に怠りないという。謀叛というのは、むしろ下位のものが上位のものに叛逆する類を言うのであって、「実紀」は、秀頼方がすでに敗北してから書かれたもので、勝利者側が敗者の抵抗を謀叛と言ったわけである。翌十一月から、冬の陣は始まるのである。

★同月六日。本多忠政、大坂謀反のことを江戸へ聞こえあげる。（中略）織田有楽は、大坂城中より、京職板倉勝重のもとへ、片桐且元兄弟、右府〔秀頼〕の勘発〔この熟語は「広辞苑」や「漢和辞典」にも載っていないいのだが、たぶん、怒り、の意味であろう〕を蒙り、居城茨木へ退去せしにより、大坂城中、甚だしく騒動す。然れども、〔織田〕有楽においては、両御所〔家康と秀忠〕に対し奉り、さらに二心を抱かざる旨〔不忠な気持ちは持っていないということを〕、申し送る。よりて〔板倉〕勝重より、その旨、駿府〔の家康〕に注進す〔知らせてきた〕。

◎大坂城方と、江戸と駿府各城方では、雲行きは相当悪くなってきた。片桐且元が悪いわけではもちろんなく、互いに覇を争う勢いと活動が盛んになってきたのだ。

★同日。大御所、この十一日、駿府、御出陣なれば（以下略）。

◎家康は、大坂に向けて出陣することになった。

★同月七日。また、大坂にては、大野治長、布施屋飛驒守某、指揮し、〔片桐〕且元〔の〕所領を没入〔没収〕せしとぞ聞こえし。また、このほど、京職より摂津往来の舟をとどめ、洛中の〔京都の街全体の〕米、豆、ことを、大坂城をとりまく堺や摂津などの街や住民を圧迫しているかのように、報告されているのだ。「実紀」の著者たちは、ここではすでに理性を失って、好き放題に豊臣方の活動を、悪事のように描いている、このあたりが真相ではないか。

台徳院殿御実紀巻二十九
慶長十九年十月十六日に始まり、同二十九日に終わる

●秀忠の法令

★十月十六日。江城〔江戸城、以下同〕にて、御黒印の軍令を下さる〔二代目将軍秀忠のサイン入り、黒印といった、軍令が申し渡された〕。喧嘩口論、停止せらる。もし違犯の徒、あらんには、是非を論ぜず双方ともに誅戮せらるべし。（以下略）

◎秀忠は、法令を出すのが好きだったのか、以下に、いろんな法令が出され、細かく書かれている。しかし、幕府の中央にあって、日本社会を統制してゆくためには、法令は必要で、古代から、「律令」ができたように、社会の安定を意図した時は、必ず、法律が必要になる。初代の将軍、家康は、幕藩体制の基礎を作り、江戸の街の都市整備をさまざまに行った。秀忠の役割は、その家康の作った制度を維持する事であったから、このような法令づくめになるのも、しょうがないとはいえる。そして、多くが、あれをするな、これをするな、と禁制の体制を成立させ、維持することであったのだ。

塩などの商売を停禁す〔ストップさせた〕。
◎大坂では、まず、片桐且元の所領、家、屋敷その他の土地すべてを、没収したという。これでは且元は何もできなくなる。そして、瀬戸内海航路の出発点ともなる摂津の港を往来する船の航行をストップさせ、京都への基本食料である、米や豆や塩などの流通を、これもストップさせたという。京都は、京都所司代をはじめとして、江戸幕府の管轄下にあったからだ。
★同月八日。片桐且元が〔の〕使い、小島庄兵衛、江〔戸〕城に参る。御所〔将軍の秀忠〕、且元が〔の〕挙動〔に〕御感ありて〔使いの報告に思うところがあって〕、〔且元には〕御内書〔連絡の文書〕を給わり、〔小島〕庄兵衛には、時服かずけらる〔必要な着物を与えられた〕。
◎片桐且元は、自分のおちいった窮状を、将軍秀忠に報告した。秀忠からは、任せておけ、といった手紙が与えられたのであろう。時服というのは、朝廷などから与えられた服のことで、まあ。お礼、といったところである。
★〔続き〕藤堂高虎、今度《このたび》、〔徳川方の〕ご先手たるにより、大和辺〔奈良市の近辺あたり〕まで〔幕府の〕軍勢を進め、紀伊〔和歌山県のあたり〕、美濃〔岐阜県〕、尾張〔名古屋〕、伊勢〔三重県の北部〕、遠江《とおとうみ》〔静岡県のあたり〕、三河〔名古屋の東部〕の軍勢一同に、〔大坂の〕天王寺裏に向かうべし、と命ぜられ、出陣す。
◎江戸初期の研究者のなかには、大坂攻めの軍隊を派遣する時、家康は、秀忠がいつも自分より遅く出発し、現地にも遅く到着することに不満を抱いていた、と書いている人もいるのであるが、家康と秀忠の個性は、親子とはいえ、やはり違っていて、秀忠は家康より、やや慎重なタイプだったのであろう。江戸幕府初期の活動のほとんどが、まずは家康の手で開始され、秀忠がそれ補完してゆく、というありようになっていたのだろうと思う。ともかく大坂冬の陣への開始が迫っているのであった。

★〔続き〕江戸より土井利勝、駿府〔の家康〕へお使いし、関東お仕置き〔秀忠のなすべき行動〕の御指揮を請わせ給う〔秀忠は今度の大坂城攻めの指揮を、家康にとってほしいと依頼した〕。大御所〔家康〕には、まず上洛し給いて〔京都に到着し〕、大坂の容躰〔様態、つまりは、大坂城の迎戦の状態はどんなぐあいか、と〕をご覧じ、させるふしもなくば〔それほど切羽詰まった様子でもないようであれば〕、〔大坂の秀頼一派の〕紀綱〔基本的な状況〕を正され〔正しくされ、つまりは謀叛などは考えないように指導し〕、〔駿府へ〕帰らせ給うべし〔駿府に帰ってほしい〕。もしまた、秀頼、彌《いよいよ》、謀叛においては〔江戸幕府と戦うつもりのようであれば〕、江戸へ速《すみ》やかに告げらるべければ〔秀忠のほうに報告してくださったあと〕、急ぎ〔大坂に〕攻め上り給い、大坂城を攻落し給うべし〔攻め落としてください〕。大御所にも、人数十万〔人〕を引き連れ、奥州〔東北の武士たち、あるいは仙台の伊達政宗のような大武将のことか〕以下のこと、沙汰せらるべし〔いろいろと決めてください〕。

◎家康ははやる気持ちを抑えることはできず、早々と京都に着き、大坂城に籠る秀頼の動静をうかがおうとした。こういう時は、忍者のような、スパイのような存在を大坂城に潜入させるのであろうか、などと書いた研究書はさすがになかったようだ。片桐且元は、まさしくそのような位置にあって、自ら好んだわけではなかったのであろうが、この時は、家康に内通する力もなく、自らの窮状を家康に訴えるのみである。話は飛ぶが、李恢成の長編小説『見果てぬ夢』などを読んでいると、北朝鮮からの間諜（スパイ）が、ソウルだのその他の都市などを、必死に探索している光景が浮かんでくる。こんな話題が重要なテーマになる韓国、北朝鮮は、やはり、現在、不幸な国家のひとつであろう。

★同日。この日、竹中重利、江〔戸〕城の役はてて〔江戸城ですべきことを全部やって〕駿府〔の家康〕に参謁す〔挨拶した〕。大御所〔家康〕、汝は福島正則と知音の事なれば〔知り合いだというから〕、江戸へ立ち返り、正則に対面し、今度、大坂〔の〕謀叛、秀頼の本心よりの結構にはあるべからず〔豊臣秀頼自身のたくらみ、あるいは計画ではあるまい〕。〔織田〕有楽をはじめ、大野〔治長〕、渡辺〔助紀〕ら、讒邪の小人〔ずるがしこく、人を讒言するような輩〕、側《かたわら》より扇動する〔あおりたてるような〕所なるべしといえども、〔福島〕正則、故、太閤〔秀吉〕、旧好〔旧交〕深ければ、秀頼にもうとからず、むすぼふれたる身なり〔秀頼とも、親密な仲の関係であろう〕。世の嫌疑〔謀反の企てがあるのじゃないか、という世の疑い〕免るべからず〔噂を晴らすことはできまい〕。よりて、〔福島〕正則は江戸に留まり、家人は〔家族は〕封地〔領地〕に下し、長子〔長男の福島〕正勝、大坂に出陣すべき旨、説諭〔説得〕すべしと、仰せ下され、江戸に帰る。
◎福島正則もまた、もともと豊臣秀吉の配下であったが、関ヶ原の戦いのあたりから、徳川方の武家となっていた。片桐且元や、福島正則のような、両陣営に属したことのある武家は、秀吉の遺児、秀頼と、家康、秀忠らの戦争において、両側の武家たちから、やや白い眼で見られることもあったのだろう。しかし、豊臣、徳川の戦争は、戦国時代の最終期にあった、まさしく天下分けめの闘争であって、江戸の徳川幕府が成立するか、旧勢力が秀吉の大坂城を核とするかの最終戦争のようなありようであったから、多くの地方武士たちが、かつては豊臣方であったのだが、家康についたほうが、今後の大名としての在り方を有利にしてくれるのでは、という期待もあったであろうし、日本全国の大、小名たちが、選択を迫られる戦争であったのだ。そして多くの大名たちが、結局は、家康の徳川幕府の配下になっていったのである。
★同月九日。松平忠義、江戸より駿〔府〕城に参る。じきに大坂に赴くべし、と〔家康より〕命ぜらる。

●大坂城攻撃への道

★同月十四日。京職、板倉勝重、急脚〔飛脚のような人〕もって注進せしは、〔大〕坂城、いよいよ防戦の備〔え〕専〔ら〕にて、財貨を惜しまず、諸国の処士〔武家〕を募りあつむ〔集める〕。高野山に潜居せる眞田幸村は、金二百枚、銀三十貫を聘《へい》〔礼を尽くして招く〕として迎えたり。また、若原右近は、播磨浪人どもを引率し、淀殿のゆかりある浅井政堅〔血縁関係〕、そのほか、根来《ねごろ》の〔和歌山県岩田市、あるいは同所にある根来寺の僧兵のような人たちか〕郷士三百騎をはじめ、日を追って大坂の招〔き〕に応ずるもの、雲霞《うんか》のごとしとなり。

◎京都所司代の長官的板倉勝重が、江戸や駿府に飛脚あるいは早馬によって、大坂の状況を刻々と知らせてくる。わたしが子どもの頃、猿飛佐助などの漫画で有名だった眞田幸村も、家康と確執があって、豊臣方につき、とりわけ冬の陣、夏の陣では、大坂方の指揮官であった。幸村はじめ、諸国の反徳川勢が、この時、大坂城に結集したようだ。大坂城では、秀吉以来の豊臣支持者の大名、武家、浪人などがぞくぞくと集結していたようである。

★〔続き〕《世に伝うるところ、眞田幸村は、父、〔眞田〕昌幸とともに、関〔ケ〕原のとき、石田〔三成〕方なりしかば、所領収公せられしが〔眞田幸村は父、昌幸の時代から、信濃上田城の大名であったが、豊臣方になって戦い、信濃の領地は家康らに奪われていた〕、なお、命助かり、高野山の麓《ふもと》、九土山に蟄居す。慶長の末に至り、父、昌幸は病死し、幸村はその舊廬《きゅうろ》〔信濃の上田城〕を守り、妻子をはごくみ〔育て〕月日を送りける。しかるに、大坂の事、やや起こるに及んで、紀州の領主、浅野長晟より厳しく近郷の土民に令し、もし幸村亡命して大坂へ赴かんもはかりがたし〔大坂に行くかどうか明確ではない〕。よくよく守りを怠るべからずとあり。また高野〔山〕の門主、衆徒らも専ら心もちいて、怠らざりしかば、大坂よりひそかに〔眞田〕幸村を招かるるといえども、幸村、遁亡《とんぼう》〔逃げ出す〕せん、透《とお》を得ず〔遁走することはできないだろう〕。幸村、謀《はかりごと》をめぐらし、ある日、山中の郷民、数百人を招き集め、酒をすすめ沈酔《ちんすい》せしめて〔酔わせて〕、そのすきを伺い、郷民らが乗り来たりし馬を奪い、荷物負〔わ〕せ、妻子を轎《かご》に乗せ、主従百余人にて、紀伊川を渡り、橋本木目峠を経て、河内路をかかり、大坂へ馳せのぼる。この道筋の郷民は、皆、眞田が舊廬〔眞田家のもとの住まい〕に沈酔し〔酒に酔って、？〕、夜明けて、かくと聞き〔こうだったと聞いて〕、大いに驚くといえども、さらにせんかたなし〔今更、どうしようもない〕。〔眞田〕幸村は、薙髪《ちはつ》して〔髪を剃って〕、傳正月叟と名のり、山伏の服を着《ちゃく》し〔着て〕、妻子、家人らをば大坂の市中に残し、ただ一人、大野治長が邸に至り、大峯〔奈良県南部の吉野の険しい山の周辺を言い、山伏、修験者が、この地を聖地として修行の過程を言った〕より、巻数持ち参りし山伏なりとて、〔大野〕治長に対面を乞う。治長は折ふし〔大坂城へ〕登城して家にあらねば、その帰りを待つとて、玄関に侍りしに、（中略）

◎長い文章なので、後半を削ったが、この話の続きはどうなるのか。大野家の若侍たちが、刀剣の鑑定をしていた、というのだが（何のために？）、ともかく、眞田幸村の刀を見ると、刀は正宗、脇差は貞宗、要するに立派な刀剣を携えていたわけだ、幸村は。いったいこの山伏は誰か、と若侍が騒いでいるところに、大野治長が帰ってきた。

★〔続き〕〔大野治長は〕眞田と見ければ大いに悦び、軍師〔眞田幸村のこと〕、早々の来臨、わが君〔秀頼〕のご運、尽きざるところなり、とて、速やかに客殿に請じ、饗応し、その身はふたたび〔大坂城へ〕登城して、かくと〔幸村の来たことを〕披露しければ、秀頼よりも、七組の頭〔？　籠城のため武士たち、浪人たちを何組かにわけて軍隊を作っていたのだろうか〕速水甲斐守を使いとして、金帛《きんはく》〔金糸の布のようなものか〕若干、贈らる。この躰《てい》を見て、若侍ども、さてこそと感じ入りしなり。眞田は滑稽なるおのこにて、この後も大野〔治長〕が従者どもを見る時は、刀剣の鑑定は上達せしかとて、戯れしとぞ。
◎大坂城の軍師とも言うべき存在として迎えられた眞田幸村の挿話としては、なんだか調子はずれの光景であるが、ともかく、大坂城勢にとって、眞田幸村の参戦は、大いなる希望であった。話の続きとしては、片桐且元の衰退が目につく。
★同月十五日。板倉勝重、脚力もて〔早飛脚を送ってきて〕注進せしは、この十二日、大坂の逆徒、堺津〔堺の港〕を放火すと聞こえしかば、堺の郷人ら〔堺の住人たち〕大いに恐れ、たちまちに逆徒に降参し、その地にありあう兵具、玉薬〔大砲の爆薬か〕などを悉く、大坂城中へ輸送す。
◎大坂城を守る側の武家たちは、すでに徳川幕府への「逆徒」と規定され、彼らの籠城のための活動は、すべて悪事のように取りざたされている。当然、戦争のための武器のようなものは、大坂城に数多く収納され、来るべき闘争に備えていたであろう。
★同日。〔世に伝うる所は、堺の豪民ら、塩硝千斤を〔塩硝に似た熟語として「広辞苑」には、煙硝の字が出ているが、爆発すると黒煙の出る火薬とある〕大坂へ獻じ〔差出し〕、降参し、〔豊臣〕秀頼の朱印を請けえたり。よりて大坂より、堺をのっとらんと、大野道犬、赤座内膳、槙島玄蕃ら、人数を引き具し〔兵隊を引き連れて〕、押しよせる。土人〔堺の住人〕ら、さすがに関東より置かるる所の政所、芝山正親を攻め殺さんと憤りあり、とや思いけん。〔以下略〕
◎もはや、徳川幕府の側から見た、反逆者としての大坂城の武家たちや無法者たちが、さまざまにあくどい

◎毛利勝永の、自分が秀頼方に行って戦う決意を、妻にうちあけるという、涙ながらの講談の物語のような一説である。これは、すでに勝敗が決しているという、豊臣方の苦しい心情が現れている「詩」のような一節であろう。そして、このあと、勝永は大坂へと旅立ってゆく。多くの、豊臣方の武家、あるいは大名たちが、同じような悲劇的未来を実感しながらの最後の戦争であったのかもしれない、大坂冬の陣と夏の陣というのは。こんな話がいろいろ出てくるのであるが、一方、キリシタン禁制の記事も忘れてはいない。

●キリスト教徒追放

★十月十三日。長崎代官、長谷川藤廣より、去月二十四日、〈キリシタン大名の〉高山右近、内藤某はじめ、天主教の党、百余人、阿媽港〈マカオ〉に遠流《おんる》せしよし、注進す〈報告した〉。

◎徳川幕府のキリシタンへの処罰は執拗で、終わることがないようだ。文中、遠流とあるのは、古代の「律令」本文中の刑罰のうち、流刑といって地方へと流される罰のなかでも、もっとも重く、遠方へ流されるものだが、ここでは、国外追放、ということになっている。これは、家康のアジア諸国との交易という発想で、遠流の地が国内から、東南アジアへと延長した、ということを意味している。つまり、遠流の地は、やがてヨーロッパにまで、及ぶかもしれない。それはなかったが、流刑もまた、国際的になってきたのだ。古代以来の流刑では、ふつう、流された地方の役人が、この囚人の日常生活を管理しているのであるが、国外のばあい、そんな役人がいたわけではないから、ある種、あとはどうなろうと構わない、といった刑罰だったのであろうか。こんなことを研究した本もあるはずであるが……。

だ。
★同月十二日。京職〈京都所司代の〉板倉勝重より注進せしは〈報告してきたのは〉、京に隠れ住みし処士、長曾我部元親、後藤又兵衛、仙石宗也、明石全登、松浦某、そのほか千余人、大坂の招きに応じ、籠城し、近日、奈良へ打ち出で、大和一国を攻め取り、宇治槙島ならびに、摂州〈摂津、大坂〉茨木を放火し、片桐兄弟を攻伐《せめう》たんと計略するよし。風聞専らなりと聞こえあげる。
◎豊臣秀頼方にも、いろんな大名が応援に駆けつけ、徳川方への反撃が開始された。以下、そのようすがいろいろと描かれている。
★同日。このほか、毛利勝永も関ヶ原〈の戦いの時〉に、〈徳川方への〉逆徒方なりしかば、所領収公ありて〈領地を取られてしまうことがあって〉、山内一豊にあずけられ、土州〈四国の土佐〉に配流されてありしが〈流刑になっていたが〉、ある夜、妻に向かい、我は反徒に与力せし事なり〈徳川方に味方したことがあった〉。罪かかる罪にあうも、もとより期《ご》したる事なれば〈計画したことなのだから〉、さらに恨めしとも思わず。罪なき妻子をして、謫居〈流刑にあって地方に流され、暮らすこと〉の艱難〈苦しさ〉にあわしむる事のうたてさよ〈妻子をこんな目に会わせることの苦しさよ！〉。我、今、思い立つ事ありといえども、詞《ことば》に述難し〈述べがたし〉と言う。妻、聞きて、妻たる身は夫を以て天とし、何事も夫の心に順《したが》うを、道とす。何か苦しかるべき〈ここは儒教精神の発露というか、けなげな妻の言葉であった〉。〈と〉語らせ給えといえば、毛利〈勝永〉大いに喜び、今度《このたび》大坂にて大事を思い立ち給うよしなり〈大坂で豊臣秀頼が、徳川方と戦争しようとしているということだ〉。我、大坂に赴き、一命を秀頼公に奉り、武名を後世の書史に〈後の世の歴史書などに〉とどめんと思う。

仰せらる。
◎街道すじの住民たちを驚かせないように、鷹狩りのような服装で出陣したのか、と思ったのだが、そうではなく、大坂城を攻めるべく旅立ったのであり、最初から重い甲冑、よろいかぶとで出かけるのは疲労の原因になり、戦場に臨んで役に立たないのは困るから、軽装で行くのだ、と家康は考えていたのである。そして奈良から大坂はすぐ近くだったのだが、この行程さえ、軽装で行くべし、と家康は答えている。確かに、江戸や駿府から、京都、大坂まで重い軍装で行くことは無意味であった。このあたり、家康の頭脳は、やはり、普通ではなく、前もってさまざまに思案するタイプの武将であったといえる。一行は秀頼方の立て籠っている大坂城に向かって、今、駿府を出発し、大坂近辺に辿りついている。鎧、兜を身に纏い、刀や鑓を装備すれば、重さが七、八十キロあったと、読んだことがある。武将というのは大変だな、と思ったものだ。東海道を行く江戸、京の旅は、専門家の乗る早馬で八日間くらいかかったと、源頼朝のころの話として読んだことがあるが、騎馬での旅だったとしても、そして所どころに設けられた駅舎で、馬は乗り換えているのである。その事情は頼朝の時代と、それほど変わっていないと思う。
ちなみに「実紀」の記事によれば、十一日出発、十二日、掛川（静岡県西部）、十四日、天竜川（浜松）のあたり、十八日、名古屋、二十二日、永原、二十四日、二条城、とあるので、家康はまずは京都まで行ったようだ。すなわち、十一日、駿府を出発して、京都まで十三日かかっている。ほかの武将の一団はもっとかかったであろう。戦争のときは、武将だけでなく、旅のあいだの武将の世話をする人びと、武具や食糧を運ぶ人たちなど、あるいは女性たち、戦士以外にたくさんの人たちがつきそっていたのだ。大坂冬の陣は、十九日に始まったと年表にはあるので、大坂周辺に集結した徳川方の武将たちはもっと早く戦争を始めていたよう

◎家康は、今や、早急に参戦体制を敷くことを当然と考え、その開始を命じたのである。

●キリスト教徒追放

★〔続き〕寺澤廣高、江戸より〔駿府に来て、家康に〕参謁す。速やかに〔北九州の〕唐津に帰り、長崎の代官、長谷川藤廣と相計《あいはか》りて、伴天連ら、追放すべし。

◎こんな戦争準備の間さえ、キリシタン追放の活動は、それはそれで、途中休憩ということはなかったようだ。

●家康、大坂へ出発

★十月十一日。巳刻、大御所、駿府を御出馬あり。御放鷹〔鷹狩り、鷹を伴い猟をする〕の御装《おんよそおい》にて甲冑を召されず。老臣みな羽折を着《ちゃく》す。

◎十一日、家康は鷹狩りのときの軽装で駿府城を出た。あたかも近隣の山野に鷹狩りにでも出るように装って。おつきの者たちも羽織姿であり、戦争に行くようには見えなかったというのだが、そうではなく、このあと、おつきの人たちの名まえが何百人だか列挙されている。彼らがお供の武士たちであった。すなわち、彼ら一群は総勢、一万余人と書かれており、これは大坂城攻撃のために出陣したわけだ。家康はなぜこのような偽装をしたのであろうか。大坂冬の陣や夏の陣では、家康自身はもはや戦闘の前線に立つことはなかったが、ほかの武士たちは大坂への出征であったのだ。

★同日。御出馬の時にのぞみ、〔本多〕正純、〔家康の〕御馬前に参り、御供の諸士、奈良辺より、甲冑を着せしむべくや、と伺う。〔家康は〕長路〔長い旅〕、甲冑着して疲労し、戦場にのぞみ、物の用に立ち難しと

●大坂城攻撃への道

★同月十七日。〔仙台藩城主の〕松平〔伊達〕政宗、江城〔江戸城〕にのぼり、〔秀忠に〕拝謁す。今度、〔大坂方との戦争の〕一番の先隊たるべしと、面命せらる。

◎伊達政宗は、外様大名中の最大の大名であったが、家康との交友関係は深く、今度の戦争でも、一番の強力な味方であった。ところで、なぜか松平と名乗っている。加賀藩の前田家でも、松平を名乗っていたようだ。変だな、と思っていたのだが、徳川家の娘が伊達政宗の息子だの孫だのと結婚すると、あるいは伊達家の娘が、将軍家に嫁に来る、といったばあい、ある種の血縁関係になり、以後、松平家を名乗ってもよい、といった形式ができたように思われる。戦争と関係がないが、ひとこと。

★〔続き〕大御所〔家康〕は、今日、名古屋城に着せらる。

◎家康はなにかと行動するのが早い。二代目将軍の秀忠はいつでも後塵を拝することになる。家康が名古屋だとすると、秀忠は、まだ小田原のあたりにでもいた、とか、そんなふうに、家康が先行する。家康は密かに不満を持っていたようだが、そんな注意は、口には出さなかった。同じ武家とはいえ、このような、性格の違い、戦争において何を重視するか、人によっていろいろな違いがある。

★同月十九日。大御所〔家康〕は、きょう、岐阜の城に泊まり給う。〔中略〕徳永昌重がもとより、急脚もて〔をもって〕大坂、秀頼より贈られし書簡を、〔家康の〕御覧にそなう。その書には、こたび片桐〔且元〕、不忠の挙動あるにより、罪科を命ぜしをもって、大御所〔家康〕以外、御憤り深く、近日、御出馬あるよし、聞こゆ。もっとも不慮の至りなり〔秀頼の側の失態です〕。秀頼においては、両御所〔家康と秀忠〕に対し、さらに異心をいだかず〔とくに悪意をもって臨もうとしているわけではありません〕。この旨、よろしく愁訴せん事を乞う〔よろしく、御配慮下さるようお願いします〕とぞしるしたり〔と書いてあった〕。大御所、御覧ありて、去春〔去年の春〕加賀〔前田〕利長へ、大野治長が送りし密書に、大坂、異心の赴き、明白なり〔大坂方の謀叛の意思は明確である〕。このたび〔送られてきた〕、秀頼の手書き〔の書〕、まったく織田有楽ならびに、〔大野〕治長らが姦謀〔わるだくみ〕に出る所、さらに信用すべきにあらず、とて聞こし召し入れられず。

◎秀頼の手紙は、多分に真実の訴えであったと思う。しかし、家康の、秀頼に対する処置は、前にも述べたが、三つの結論のうち、どれかを選べ、というもので、今更、少々、謝ってきても、もはや意味がないのであった。要するに、家康の考えは、豊臣秀吉の遺児であろうが、秀頼を、一般の大名のひとりにして、徳川幕府体制を徹底的に完成したかったわけである。

●徳川幕府勢の進軍と、大坂城の勢力と籠城のための労苦

★十月二十日。板倉勝重、急脚をもて注進せしは、大坂より偸人《ぬすびと》数十人に、金銀若干を与え、山伏の躰《てい》〔恰好〕に出で立たしめ、〔徳川方の〕二条城下を放火せしむべきよし、風説あるにより、捜索して搦めとるところ、六十余人。その中に一人、金五百枚を受けて乞丐《こつがい》〔乞食〕に打ち扮し〔乞食の恰好を装って〕、大御所〔家康〕、〔大坂への〕御途中において、うかがい近づき奉り、討ち奉らんとする者ありしが〔殺してしまおうとする者があったが〕、是も同じく生け捕りし旨なり〔結局、つかまったということだ〕。このほか、京、江戸ならびに、諸大名より飛札〔飛脚に持たせた手紙〕もて注進、櫛の歯をひくがごとし〔櫛の歯に挟まって出てくる髪の毛のように、いくらでも出てくるのであった〕。

◎以上のようなおもしろい事件の報告はいろいろあって、いちいち紹介したいところであるが、それは紙数の関係で無理だから、時々紹介することにしよう。この中に出てくる山伏は険しい山中を行く修験者であり、彼らはフリーパスで、どこにでも出現できたから、こんな山伏に似せた男や、乞食のように扮装する者が、ある種、スパイのように活動していたのであろう。結局は、秀頼側にとって空しい抵抗であったのだが。他方、徳川勢の進軍の具合は……。

★同日。越前少将〔松平〕忠直、〔京都の〕六条辺まで着陣せらる。その人数、一万。

★〔続き〕〔加賀の〕松平〔前田〕利常も、〔京都の〕下京まで着陣す。その人数、二万に余れり。

◎それぞれ、松平氏を名乗っているのは、徳川家康、秀忠らとの姻戚関係があったからだ。とりあえず、家康軍が、京都に到着し始めた。京都から大坂へは、すぐ近く！

★同日。大坂より、敵、打ち出でざらんには、御方〔みかた〕より戦いをいどむべからざる旨、板倉勝重より、本多忠政につたう。

◎徳川勢はあくまで、こちらからはしかけない、という体制で臨んでいたようだ。

★同月二十二日。〔家康は〕永原に着御。《一説〔に〕前崎、膳所《ぜぜ》〔琵琶湖南部の大津市のあたり〕》板倉勝重、諸軍勢、京着の日より粮米〔戦争時に携行する兵糧米〕を頒布するよし注進す。

◎永原は現在の地図では場所が不明であるが、近江八幡市の永原のようである。膳所《ぜぜ》というのは、滋賀県大津のあたりなので、やはり大津周辺にあり、京都のすぐ近くであった。武将たちも京都に着くと、兵粮米が配られたとある。これから、当分、戦闘が続くのだよ、という告知でもあったか。あるいは民家を襲って食料を奪うようなことはするな、という、家康などが絶えず気を配っている、非戦闘民衆への被害の及ばぬよう、という配慮であったか。
★同日。また大坂より、前波半入〔人の名まえだと思う〕、御旅館に参り、〔家康に大坂〕城中の事情を〔ようすを〕聞えあぐ〔申しあげた〕。城中には、何事も淀殿の、はからわせ給う事多く〔大坂城中では、淀君が指揮していることが多い〕、将卒みな〔指揮官から一兵卒まで、全員が〕、望みを失うよし、告げ奉る〔戦士でもない一女性がトップで指揮していることに不満があったからか〕。大御所〔家康〕、いささかも大坂を忌み憎むことにあらず。彼〔秀頼自身〕、みずから禍《わざわい》を造り、四海を〔世間を〕騒乱すれば〔騒がしているのだから〕、やむ事を得ず征討に出馬す。秀頼自滅を招く、不便なことよ、と仰せらる。聞くもの、皆、涙を流し、天に代わりて民を救わせ給う王者の師というや〔言うのは〕、これならんと〔家康のことだろうと〕、感歎せざる者なし。
◎後半は、「実紀」の編者たちの、徳川幕府開祖の家康への、限りない憧憬が、そのまま文字になって現れた、という感じであるが、家康は神にもまごう「神君」であったのだから、むしろ当然であったか。一方は戦争などしたこともない女性とその若い息子と、そして他方は幾多の戦争を勝ち抜いてきた大将軍とが対比させられるわけだから、こんな感懐も、編者の大脳のなかで醸成されるのも当然だったろう。家康は、すでに慈悲深い老指揮者になっている。この論法は以後、ずっと変わることがない。
★同月二十三日。御所〔二代目将軍の秀忠〕、江〔戸〕城を御発駕あり〔出発した〕。
◎二代将軍の秀忠は、いつでも、家康よりすることが少し遅れている。これは一種の作戦かな、と思っていたのだが、家康が、どこかで、秀忠のある種ののんびり具合に、不満を漏らしていたことがあり、家康は、息子の秀忠に、頭ごなしに命令するとか、できなかったようである。それがなぜか、解らない。

★同日。大御所には今朝、永原の御旅館を出で立せたまひ、矢橋より御船を召さる。四十八挺立ての早船なり〔漕ぎ手が四十八人の（？）早船であった〕。膳所〔琵琶湖の南部の大津〕の城主戸田氏鉄、船中にて御膳を献ず〔船のなかで、飲食を提供した〕。午の刻、御入洛ありて〔京都について〕、二条の城にいらせ給う。

◎家康は琵琶湖付近の永原の旅館を出て、矢橋という所から船に乗った。四十八人の漕ぎ手のいる早船で、あっという間に、現在の大津にあたる膳所に着き、そこから陸路で京都に向かったのであろう。その日のうちに彼の城である二条城に入った。家康の行動は、ともかく早かった。この時の軍勢は二十万余騎とある。大変な軍勢で、東海道のかなりの距離を一列になって進軍し、長く繋がった巨大な蛇のような行列であっただろう。

★〔続き〕福島正則より、大坂〔城〕へ遣わしたる使者、帰り来たる。城中、さらに返答の旨なし、という。

◎東軍の動静に対して、大坂方では、ひたすら沈黙を守っているようだ。

★〔続き〕〔家康は、片桐〕且元、藤堂高虎ふたりを召して、大坂城、溝〔いわゆる、堀〕の深浅を問わせ給う。また、地図を以て、攻城の計略を議し給う〔作戦を練った〕。

◎家康が、堀の深さなどを、大坂城を知っている片桐且元らに聞いたのは、やがて、大坂城を幾重かに取り囲んでいる堀を埋めていく、という作戦を考えていたからだ。『日本史年表・地図』（吉川弘文館）に、大坂冬の陣、夏の陣の、大坂城を囲む地形図が出ている。この図では明解ではないが、堀を埋められた城郭というのは、もろいもので、当時、城郭を囲む堀がいかに重要だったかは、むしろ、家康が造った江戸城を巡る、外堀、内堀が大きな役割を果たし、江戸城を守っていることからも解る。家康は、堀を埋める、といった面をはじめ、さまざまに作戦を練っていたのであろう。それに対して、秀頼をトップとする西軍は、ひたすら沈黙を守って、敵の攻撃を待って反撃しようとしているのであろう。

●家康の書籍への関心は、戦時にあってやむことがない！

★十月二十四日。また、板倉勝重、ならびに〈金地院〉崇伝より、天竜寺、相国寺、東福寺、建仁寺、万寿寺五山の長老へ、〈家康の〉仰せを伝えしは、本朝の古書ども、新写〈新たな写本制作を〉命ぜらる。一寺より善書の〈写本のうまい〉僧、十人ずつ選《えら》み、南禅寺に参り、この事〈写本制作〉つこうまつらしむべし。写すべき書の員数に従い、なおも書き手を加えらるべければ、それ、こころすべし〈そのあたり、いろいろ考えて進行させよ〉。その書は、日本後紀、続日本後紀、文徳実録、類聚国史、律、令〈いわゆる「律令」〉、弘仁格式、貞観格式、延喜式。御蔵本〈蒐集してある本〉欠巻あれば、全書をもて足成〈即製〉すべし。三代実録、延喜儀式、類聚三代格など、その他、諸家の記録ども、悉《ことごと》く写すべし〈写本を作るべし〉。仙洞〈上皇の御所〉の御蔵書、百錬抄、令、江次第、類聚国史、類聚格。〈貴族の家の〉九条家の蔵本、新儀式、北山抄、壬生《みぶ》家の蔵、西宮抄は、伝奏衆に仰せ遣わされ、かしこに〈あそこに〉輸送して写さしめらるべし、とぞ聞こえける。

◎わたしなどには、読んでないが書名だけは知っている、という本のほうが多いのであるが、家康はすべて把握していたのであろうか。やはり、側近学者の林羅山や金地院崇伝らの知識の領域の本であろう。これらの多くの本が、京都の有名寺に多く収蔵されていたのであろう。

●大坂城攻撃、続き

★十月二十四日、この日、大御所〔家康〕は、二条城に渡らせたまへば〔家康は京都の二条城に到着し、入城したのだが〕、勅使廣橋大納言兼勝卿、西三条大納言実条卿参向せられ御対面あり。

◎家康は京都に着くと自らの城である二条城に行き、早速、勅使ふたりがやって来たので会うことになった。このように、家康が上京すると天皇の使いである勅使〔朝廷の貴族〕がやってきてあいさつするのが慣例になっていた。この日は、大坂城を攻めるべく、駿府、江戸から幕府軍がやって来たことを知らせている。江戸からは、二代目将軍の秀忠が、家康に少し遅れて、大坂に向かっていた。ただし、先に大坂城に向かって陣地を築いたのは秀忠で、家康は、今度の戦争は秀忠に任せた、というふうに後方にいたのだ。もっとも大坂冬の陣と名づけられた戦争の開始はもっと後になり、十一月十九日頃始まった。

★同月二十五日。御所〔秀忠〕、小田原に着かせ給う。

◎まさに、秀忠はのんびりしている、と言うしかない。最初、「実紀」を読んだ時は、先陣を家康、後陣を秀忠、というふうに二段構えの構造を作戦的に採用しているのだろうか、と思ったのだが、それなら、若い秀忠が先陣を受け持つであろう。このあたり、策謀家の家康の胸の内がもうひとつ解らないところでもある。

★〔続き〕大御所〔家康〕は、〔京都の〕二条城に、藤堂高虎、片桐且元を召して、鎮西〔九州〕の軍勢いまだ着陣せずといえども、〔藤堂〕高虎、先鋒としてまず、大坂に軍を進むべし。大和組〔畿内南部〕の諸将、これに属して進発し、〔片桐〕且元は監軍たるべし〔大将のような存在であるべし〕。本多忠政は伊勢組の人数を引率し、これに続き発すべし、と命ぜらる。

◎秀忠がまだ小田原あたりにいる時、すでに二条城にいた家康はやはり健在で、戦闘の実際に関して考えている。基本的作戦はやはり、家康が計画しているようである。ただし、先ほどの大坂城攻めの図を見ると、実際の戦闘では、家康は先頭にいず、やや後方から命令を発していたようだ。もっとも、秀忠も最前線ではなく、やや後方に位置していた。

台徳院殿御実紀巻三十

慶長十九年十一月朔日に始まり、十五日に終わる

●大坂城攻撃、続き

★十一月朔日。御所〔秀忠〕、岡崎〔愛知県中部で、徳川家発祥の地という〕に着かせ給う。

◎すでに京都の二条城に到着している家康から、大軍でもって急に攻めると、人馬ともに乱れ、混乱することもあるので、ゆっくり上洛せよ、と早飛脚が来た。

★同日。大御所〔家康〕には、二条の城に諸将を集会せられ、敵城の攻め口を分かち、命ぜらる。このたび、岡山〔大坂城の南東部の小さな山〕を以て、御所〔秀忠〕の御本陣と定めらる。南方のご先手は、松平〔前田〕利常、大和川辺〔は〕榊原康勝、井伊直孝〔の〕両人、松平康長、丹波長重、成田氏宗は〔榊原〕康勝に属《しょく》せしむ〔榊原の配下とした〕。

◎大坂冬の陣の、こうした東軍の配備は、すべて、家康が決定している。夏の陣も同様で、家康はやや後方から指揮している。戦闘の第一線からは後方にいるが、全軍の指揮は家康がとっていたのであろう。以下、全軍の配地を家康が決めていたようだ。大坂城の周囲、東西南北をしっかりと取り囲むように構成されてい

る。手抜かりはなし、といった感じであった。
★同月二日。御所〔秀忠〕、名古屋城に着かせ給う。
★同日。大坂城より、薄田兼相、山口弘定、出《いで》て、平野辺を侵略す。
◎大坂城からの出撃と反撃である。平野は、大坂城外の東部。
★同日。藤堂高虎、陣を浜辺へ張り出す所、沖の方より船漕ぎ寄する者あり。これは芸州〔広島県西部の安芸郡のあたり〕の福島〔正則〕が家司《けいし》、福島丹波が長子、長門、父の勘発〔怒りか?〕蒙り、籠居してありしが、大坂の事を聞きて、幸いに秀頼に降参し、籠城せんと〔籠城しようと〕、手勢少々引き連れ来たり。この辺に、東軍の備えあらんとは思いもよらず、洲崎に上がる。藤堂が先手の兵、これは何人に候やという。長門らはこれを、大坂の城兵なりと思い、これは秀頼公の御方となり、籠城せんため、馳せ参りしなり。城へ案内せられよ、という。藤堂が兵ども、さては敵なり、すわ漏らすなと、おめき叫んで取り囲み、一人も残さず討ち取りて、住吉の城に梟首す〔切り取った首をさらしものにした〕。
◎この辺、もうひとつ解りにくいのは、武将以外の兵卒になると、敵か味方か、はっきりしなくなり、たがいに味方を討つといった光景が、あちこちに出現したのではないか。そして、当時の武将たちは、東軍優勢とみると東軍に味方し、西軍が有利と見ると、西軍の秀頼方になる、といった戦国時代の武将たちの、合理的な生き方も、そこには加味されていたのかもしれない。戦場の混乱は大坂の街の中にも及ぶことになった。そして攻防戦は、武将たちに慌ただしい様相を帯びさせたのである。
★同月六日。この日、大坂〔城〕よりまた、人数を出し、天王寺を放火す。折節、寒風激しかりければ、堂、塔、伽藍、一時に焦土となる。

◎戦闘のためと言いながら、このような有名、無名の多くの寺院など、本来は戦闘と無縁の世界にも被害は及んだのである。戦国時代だと、民家（農家）などを放火することは、戦術のひとつであり、民衆にとって、武家の戦争は非情な世界が及んでくるのが、戦争であった。この頃、すでに東軍と大坂方の小競り合いは、各地で始まっており、専ら、家康が指令を出しているようだ。その手の記事が、あれこれと毎日のように、書かれているのだ。

●家康の敵兵に対する優しさ、余裕か、それとも家康本来の性分なのだろうか

★同月八日。昨日、〔淀川の？〕堤辺にて討ち取りたる敵兵の屍《かばね》を、〔家康は〕あつく葬りて、法事〔を〕営むべき旨、初め、鹿野昌久、御使いし、知恩院〔京都の浄土宗の総本山〕へ仰せつかわさる。これを見聞する〔東軍の〕諸軍勢、わが君〔家康〕、敵兵すらかく慈憐〔慈悲、敵を憐れむ〕を垂れ給い、仁恩〔優しい恩恵を〕、死骼〔死体〕に及ぼし給えば、まして御方〔味方〕の諸卒〔兵隊〕における、父母の、子を愛するごとく、いとおしみたまうもことわりよ、と感涙を流さざる者なし。
◎家康の、このような敵の敗残兵への優しさは、この戦争を通じて、だんだんと強まってきた。戦国の世、そんなことを願っている余裕は、どの武将にも起こりようがなかった。この戦争では、家康には、心の余裕が充分にあった、それだけ、余裕のあった戦争であったのかもしれない。その気持ちは次の記事にも表れている。
★〔続き〕〔家康の言葉〕我、故太閤〔今は亡き豊臣秀吉との〕旧好〔旧交〕を思えば、大坂の君臣を誅滅するに〔徹底的に殺し、滅ぼしつくすのは〕忍びず〔そういう気持ちになれない〕。和議〔戦争をやめて話

し合いで決める〕を計るものあらんこそ、本意なれ〔誰か、和議を進めてくれる人物がいたらいいのだが〕。汝らは〔家康の話し相手になっている僧か〕先年、南都〔奈良および、そこにある僧院〕に久しく遊学す。もし知音の者あらば、この事はからはしむべし〔僧や寺院を仲介にして、和議を進めてくれるようにすべきだ〕と、密命あり。

◎家康本来の優しさか、年取っての戦争時における優しさの出現か、わたしにも判断がつきかねるが、ともかく優しい心情が現れ始めていることはまちがいない。このような心情は、つぎの記事にも表れる。

★同月九日。また老臣、京職〔京都所司代の長官〕の奉書もて〔家康からの指令を書いた文書であろう〕、本多忠政以下、先手諸備〔攻める武将や兵士たち〕いよいよ、乱防狼藉、放火を厳禁すべしとの命を伝う。

◎家康は、先陣にいる武将たちに、こちらからの積極的な攻撃を一切、するな、と伝えている。ただ、相手から和議を申しこんでくるような情況を作りたかったのだろう。

★同月十日。御所〔秀忠〕、伏見〔城〕に着御。

◎二代目将軍の秀忠は、本当にのんびりしている。今頃やっと伏見城に到着したという。その先手は仙台藩の伊達政宗で、彼はすぐ家康のいる二条城に来て、家康にいろいろと報告して帰っていった。しかしほかの記事などを読むと、家康は、戦争に明け暮れてきた自分と、二代目将軍の秀忠の戦争経験などを考え併せて、むしろ、秀忠を、単なる戦争人間に仕立てるつもりはないかのように、秀忠の周りを固める武将たちに、秀忠をいたわってくれるよう、指示しているようにも見える。しかし次の記事に出会うと、家康の知識欲が、こんな戦場でも決して低下していないことが解るので、おもしろい。

●家康と本と天皇

★十一月十日。昨日、天海〔慈眼大師、家康の知的バックボーンのひとり〕もって〔天皇に〕奏請せられし、仙院〔天皇の御所〕の御蔵本、類聚三代格、年代略、類聚国史、古語拾遺、名法要集、神皇系図などを、公卿三人さしそいて〔同伴で〕、二条〔城〕に遣わさる〔持ってこさせた〕。天海も同じく参る。夜に入りて、林道春信勝〔林羅山〕、御前に召して、これを読ましめ、聞し召さる〔林羅山に購読させた〕。

◎前述したように、このような戦争のさなかであろうと、家康の知識欲は減退することなく、京都といえば、皇族、貴族の持つ、日本および中国の古典的文書がたくさんあり、家康としては、これを無視するわけにはいかなかったのであろう。家康のこの知識欲に関しては、感服するしかない！

★同月十三日。〔家康〕伏見にて、今日、軍令を下さる〔命令した〕。軍勢、甲乙人ら〔すべての武士たち〕、乱防狼藉、放火および田畠、作毛〔農作物〕刈り取り、竹、木、伐《き》り取る事、かたく禁制せらる。もし、違犯の輩《やから》あらば、速《すみやか》に厳科〔厳しい咎めと罰〕に処せらるべき旨を、酒井忠世、土井利勝、安藤重信、連署し〔三人でサインして〕、摂州〔摂津〕、〔中略〕へ高札を建てる。

◎ここでも、家康が、かつての戦国時代であれば、当然のように行われていた、農家などの民家や田畑、竹林、樹木その他への乱暴狼藉の限りを、一切、厳禁して、高札に書いて張り出したことが描かれている。他方、大坂城攻撃は開始される。

★同月十四日、明日、両御所〔家康と秀忠連名の〕御出陣の旨を、本多正純より先手へ〔先陣の武将たちに〕令す。

◎いよいよ、大坂城攻撃が始まる。ただし、秀忠はまだ、伏見を出発したばかりで、伏見というのは京都のかなりの南部にある地域で、大坂まではまだ遠いのである。先手のトップは仙台の、伊達政宗軍であった。「実

紀」には、松平政宗、と書かれている。これについては後述するつもりである。続いて、上杉景勝、佐竹義信ら、外様大名の名が書かれている。吉川弘文館の『日本史年表・地図』によれば、大坂冬の陣、夏の陣の陣形図が載せられている。冬の陣では、東軍は、大坂城をぐるりと取り囲むように、各大名の陣地が描かれており、夏の陣では、大坂城を南方から、どっと攻撃する、という図になっていて、その戦法は少し、違っていた。夏の陣では、西軍の大名の数もぐっと少なくなり、戦争のようすが、よく解る。つまり、夏の陣では、戦争というより、もはや、豊臣軍の敗北宣言を待つのみ、といった様相であった。
★同月十五日。大御所には〔家康は〕、今朝卯刻、〔京都の〕二条城を出でたたせ給う。御旗七本、持ち筒〔鉄砲〕三挺、弓二挺、鎗《やり》百本、対の鎗二本、十文字鎗一本、長刀一振り、供奉の輩、小具足ばかりにて、甲冑は帯せず〔鎧かぶとは着ていなかった〕。
◎要するに、家康は指揮官というより、さらに戦場監察官として、恰好だけ武将のように装っているが、まあ、単なる、監察官の服装、武装であった。そして、本格的な戦争の始まる前に、早々に引き上げ、側近とともに大坂南部の奈良へ行ったという。
★この夜、観世宗雪、延命喜四郎入道ら、〔家康の〕御けしき伺いとして参る。御佳例とて、謡曲を奏せしめらる。高砂、老松、三輪〔の〕三番なり。
◎家康のこの日は、観光旅行のようなもので、能役者が来て、能を三曲披露して、家康のご機嫌を伺っている。この記事のあと、世に伝うるところは、と書きだした文章があり、家康の奈良への退却時、豊臣方の中心的存在になった眞田幸村の放った刺客が、奈良へ行く途中の家康を襲った、という記事があった。味方は少数、敵は急激に襲い掛かったが、家康の周囲にはまた、強者《つわもの》の一団がいて、これを撃退したという。この記事のあとに、〈供奉記、横田家譜〉とあって文献名が出ているのだが、こういった風評というのは、無事だった勝利者についてまわる伝承のひとつであったろうか。

台徳院殿御実紀巻三十一

慶長十九年十一月十六日に始まり、三十日に終わる

●大坂冬の陣始まる！

★十一月十六日。御所〈徳川二代将軍、秀忠〉、枚方《ひらかた》より、河内国平岡に御陣を移さる。

◎のんびり屋の秀忠も、大坂城近辺に接近してきた。東軍の布陣はまだ完成しているようではない。というのは、この記事の後半にも、多くの武将たちが、あちこち、少しずつ移動しながら、大坂城を取り囲んでいるように観察される。そして、あった、最終的な陣地が、つぎの記事に。

★同月十七日。御所〈秀忠〉、平野に御動座。松平〈伊達〉政宗、平岡に陣す。

★同月十八日。大御所〈家康〉、住吉より茶臼山へならせらる〈茶臼山、とよばれる地域に、家康の陣地が築かれた〉。御所〈秀忠〉、これに先立ちて、平野より渡らせ給い〈移動し〉、待ち迎え給いて、ともに〈茶臼山の〉山上より、大坂城を見渡し給う。〈家康らは〉藤堂高虎、本多正信〈を〉御前に召して、御軍議あり。平岡、木津、そのほか所々に附城〈基地になるような仮の城か〉をかまえ、堀を穿《うが》ち、堤を築き、四方の通路を塞《ふさ》ぎ、番兵を付置す〈兵隊をあちこちにおいて守らせる〉。御所〈秀忠〉には、伏見城にて人馬を休め

らるべし。大御所〔家康〕は、摂河〔摂津、河内〕の地に、御放鷹《ごほうよう》〔鷹狩〕あるべしと仰せ出ださる。

◎家康のなんという余裕ぶりであろうか。この最後の戦場とでもいうところに来て、趣味の鷹狩をやるとは。摂津や河内は、現在の大阪府を構成する大きなふたつの領域で、「実紀」に出てくる、このあたりの地名はすべて、この領域に含まれている。ほかには、江戸時代以前から栄えた堺市などが含まれる。といっても筆者も詳しいわけではまったくないのであるが。ともかく、冬の陣における東軍の各大名の位置が確定されてくる、ここ二、三日であったろう。そして、家康の側近の武将たちが、茶臼山の周辺をしっかりと守るように鉄砲ほかの武器などを配備している。そして、この日は、茶臼山周辺の探索が中心で、家康たちは、それぞれ、安全地帯の宿舎へと戻っている。

★同月十九日。御所〔秀忠〕、平野より住吉の御陣にわたらせられ、御軍議あり。藤堂高虎、本多正信、同じく〔本多〕正純、安藤直次、成瀬正成ら、大坂地図を開きて、とりどり評議す。大御所〔家康〕の仰せには、淀川の流れを鳥養《とりかい》の辺へ切り落とし、上流を塞《ふさ》ぎ、天満〔大阪市北区〕の水を乾かし、天満口、仙波口、天王寺口より、惣軍〔総軍、全軍〕一同に攻《せめ》べし。よって土俵、萱《かや》、蘆《あし》など、取り集むべしと命ぜられ、急に、摂河二か国に土俵二十万を課せらる。敵城、力を以て攻めんとせば、士卒を損ぜん事〔敵兵を殺したり、することと〕憐れむべし。各、竹束を用意し進みより、また金堀夫をもって、門櫓《もんやぐら》を掘り崩すべしと令せられ。〔以下、略〕

◎家康は、河川に注目し、淀川の流れを分断し、河原を平地のようにして、周辺から大坂城を攻めるよう命令した。そのため土俵を集めさせ、河原を埋めさせようという作戦なのだろう。ところで、このあたりの地名に、「穢多が崎」というのが、時々出てくるのが気になるっているのである。大坂湾に面した渡辺村は、被差別部落であり、この地名は、渡辺村の大坂湾沿いのどこかにあった地域なのだろうか。「実紀」の書かれた頃、こんな差別用語に気を遣う人はいなかったのであろうか。本文と関係ないのだが、気になったので書いておく。たとえば、

★同日。これよりさき、穢多崎という地は、仙波口、新堀辺にて、大河〔木津川という川か〕を四方に受け、もっとも要害の地なれば、敵、ここに砦《とりで》を構え、大野治房、薄田正兼、相将とし陣屋をかけ、大船二十余艘、繋ぎ置き、淀、尼崎の舟路を塞《ふさ》ぎ、防戦の用意をしたるに、この日、払暁に〔明け方に〕蜂須賀至〔を〕鎮先として、敵の番船、ことごとく追い払い、穢多ケ崎を乗っ取れば、敵、敗走し、船波の町へ入る。蜂須賀勢、進みて仙波を攻めて、首、数級を得たり〔斬った首を首級というので、ここでは、敵兵の首を数個かいくつか手に入れた〕。（以下略）。

◎関西や、大阪に地名に詳しい人が読めば、戦争の進行が、リアルにイメージできたに違いないが、わたしなども、大きな川、淀川とか木津川などは解るが、それ以上は無理である。まあ、ここでは穢多が崎のような、リアルな差別的地名があっさりと出ている、江戸時代という時代の、非文化、非文明的様相をそこに垣間見るだけである。もっとも、差別に対する一般社会の批判が現れたのも現代なのであるが。

◎この、大坂城を攻める、という基本的戦争以前に、ゲリラ戦ともいいうる戦いが、大坂方と東軍方の兵たちによって、さまざまに展開していた、ということが理解できる。そして、そのゲリラ戦のひとつが、地図で見ると木津川河口から、大坂湾のあたりで繰り広げられていた海戦であった、ということだ。大坂湾は瀬戸内海の一番東側、ということになるし、瀬戸内海には、海賊を含む多くの船団があって、活動を続けてきたのである。記事中に、《今日未明、大小の軍船四十余艘、一様に卍字の旗を立て漕ぎ渡り、敵船四五艘乗っ

取り、乱杭抜き取り，岸近く攻め寄せたり》などという文章が、海戦の模様を伝えている。
★同日。これより先、秀頼の御座船、安宅丸《あたかまる》をば、福島に繋ぎ置きて、大野治長が組士に命じ、警衛せしむ。しかるに今夜、九鬼守隆〔か〕が家人《けにん》、水練の達者、水底《みなそこ》をくぐり、安宅丸に飛び移り、舟印〔船の名を書いた標識、旗を〕奪い取りて番人どもを切り殺す。守隆かねて期《ご》したる〔予想していた〕事ゆえ、かくと見るより、兵船を乗り出して、野田、福島の間にある敵船若干《じゃっかん》〔何艘か〕奪い取る。〔以下略〕
◎海戦は、豊臣秀頼が乗り船であった安宅丸も出動していたようで、早速、東軍の武将によって、旗印を奪われている。源平の、最終戦になった壇ノ浦の戦いが、やはり海戦で源義経の「八艘飛び」のような伝承が生まれたのであったが、ここでは、秀頼の、大坂城での敗戦が予想されるかのように、旗印を奪われる、という残念な伝承を残してしまった。そして、省略した記事の中では、舟そのものも奪われてしまっている。
★同月二十日。大御所〔家康〕は、とにかく、秀頼、逆心をひるがえし、和睦せんにおいては、今度の罪を宥《なだめ》らるべしとて〔許すべき、と思って〕、本多正純より、織田有楽、大野治長がもとへその事、申し送らしめらるるといえども、〔大坂〕城中にては、衆議一同せず〔一致せず〕、いまだその返答なし、とぞ聞こえける。
◎家康は、とりあえず、秀頼が、家康の出した三条のいずれかに従い、戦争なくして、家康の天下を確定したかったのであろう。しかし、なかなか、そう簡単には進まなかったのである。
★同日。今度、秀頼謀反の罪、天誅《てんちゅう》〔天のくだす天罰〕の許さざる所。御所〔二代目将軍の秀忠〕、もっとも御憤《いかり》深しといえども、大御所〔家康〕、故太閤〔豊臣秀吉〕の旧好〔旧交〕を思し召され、かつは御孫姫君にそわれし事〔家康の孫娘が、豊臣秀頼と結婚したことをいう〕、かたがた誅せらるるに忍び給わず〔誅殺することが、容易にできずに〕、秀頼みずから罪を知りて、過ちを悔《くやむ》においては、講和の御はからいあるべきなり〈殺すといった解決ではなく、家康の出した三条件のどれかを選んでくれれば、後の処置も平和のうちにすませられるのだが、と家康は考えるのであった〉。

◎とりあえず、家康は、平和のうちに、国家の主権者の位置を、豊臣家から、家康率いる徳川家に移譲してくれることが一番である、と考えていたのだ。戦争は多大な経済的負担となるし、講和がなんといっても一番なのだ。

★〈続き〉いよいよ和議に及ばんには〈和議にもってゆくには〉、互いに、盟書〈同盟の書にサインすること〉、質子取り交わし〈互いに、人質になる人物を出して、交換し〉、城の要害を破却して〈これは、一方的に大坂城を部分的に壊すこと〉、志をあらわすべし、との御諚《ごじょう》なり〈そういう決まりである、と〉。

◎家康の方では、やはり、すでに勝者のごとき押しつけ的な、講和の条件である。秀頼に、一般大名と同じようになって、母の淀君を人質として、江戸に住まわせ、秀頼自身は参勤交代で、一年ごとに江戸城にやってくる。これは、ともかく、早く徳川家の支配下に入れよ、という命令に近かった。そして、そのくらいの実力、世間の信用度に明確に差があったのだ、と秀頼に納得させようとしたのだ。その中に、大坂城を取り巻く堀を少しずつ埋めていく、という件があり、これは、当時の城郭というものの機能を、どんどん低下させるものであって、秀頼側からは容認できないことであった。

●決して美しくない戦争の実態

★十一月二十三日。この日、〈池田〉忠雄〈の〉陣へ、大野治長より密書もて申し送りし趣は、諸大名、密かに大坂〈城〉へ内通し、秀頼公に忠志〈忠実な気持ち〉を運ぶ者、少なからず。〈池田〉忠雄にも、旧好を思い、早く〔大坂城へ〕内通あらば、豊臣家〔へ〕の大幸、これに過ぎずとなり〔これ以上のことはない〕。

また〔池田〕忠雄が所領〔領地の〕淡路〔島〕の国〔の〕民ら、大坂に内通し、一揆を催す旨、〔池田〕忠雄が家司〔部下〕へも申し通ずる書簡、数通を送りたり。よって〔池田〕忠雄、その使い六人をからめとり、住吉の〔家康の〕御陣へ注進し、福島正勝が陣所へも、城中より送る密書、数通をもて〔家康の〕御覧に備う。
◎とりわけ、劣勢の大坂城からの密使のような存在が、しばしば、徳川方に送りこまれ、秘密めいた文書を示したり、といった情報がさまざまに、このあたりで報告されている。このようなスパイ的な存在は、豊臣方のみならず、徳川方からも、大坂に対して、いろいろと画策されていたのではないだろうか。

●こんな時にもキリシタンの話もあり

★十一月二十四日。間宮伊治、長崎より帰り、住吉の御陣に参謁し、〔家康か秀忠に〕天主教の徒、悉く《ことごと》、西洋へ追逐せしよし、聞こえあぐる。
◎短い記事で、詳細は解らないが、長崎奉行から、長崎あるいは九州へ現れた宣教師たちを、すべてヨーロッパへ送り返した、とある。

●再び、大坂城攻撃の話

★同月二十五日。このほど、諸大名に課して〔言いつけて〕、春日井の堤を切り落とし、蘆荻を刈りて、水を中津川に押し流し、天満川を涸さしめられければ、寄せ手〔徳川方〕、大いに、便をえたり。これより先、松平忠利も仁名堤を築き、川水を湛《たた》えしとぞ。

◎この時代の戦争が、このような、戦闘の地のありようを利用し、時に川を埋めたり、あるいは水を流し、自在に地形を利用し、かつ、地形を変化させるという、まさしく「地上」戦であった、ということだ。第二次世界大戦のことなども、地方で育ったせいもあって実態はまったく知らず、米軍の空襲のハードさ、そこにおける人々の困苦、というのは、ある時期、まとめて読もうと考え、戦後の日本社会を描いた映画をよく見たことがある。そんなふうにして、わずかに実態の一部を知るのみの自分には、初めて戦争の実態はこういう感じだったのだ、と理解できたのだ。しかし、「実紀」の記事は、しだいに、この冬の戦争の、その実態をさまざまに描いていく。そのようすを知りたい方は、「実紀」の原文を、時間をかけて、しっかり読んでいただきたいと思う。わたしの文章は恣意的に、そこから選んだ記事を載せているだけだからだ。

★同月二十六日。〔大坂方の必死の戦いのさなか〕この時、秀頼、〔大坂城の〕櫓《やぐら》に登り、この戦いを遠見し〔やや遠くから眺めて〕、木村〔重成〕討たすな、加勢せよ、とあれば、後藤又兵衛基次、畏《おそれいり》て櫓を下り、京橋にて具足を着《ちゃく》し、馳せ来たり。木村〔重成〕にかわり、戦わんといえども、木村、ここにて討ち死にするとも、この場を引き退《の》くべからずと言えば、後藤〔基次〕は鴫野《しぎの》へかかり、上杉〔景勝?〕が備えの横より、銃〔を〕打ちかくれば、上杉方にも須田、大炊、下知して〔察知して〕、突きて出で、芝居を取り敷き、後藤は立ちかえり、木村、堀田と同じく、今福に働く。

◎人名、地名がさまざまに出てきて、よく理解できないが、後藤又兵衛の名を残したのは、この戦争の指揮官でもあった眞田幸村配下の武将を、眞田十勇士と言い、後藤又兵衛がそのひとりである、という漫画を幼少の頃、読んだ記憶があったからだが、しかし、いろいろ調べてみると、筆者の幼少時代の漫画の影響と記憶に過ぎなかったのかもしれない。ともかく、大坂城を囲む周辺の領域で、熾烈な戦いが繰り広げられていたのだ、この頃。

★同日。また、柵《さく》ぎわにて半時ばかり、鉄炮撃ちあう。この時、城の本丸櫓よりも、大筒数挺《おおづつすうちょう》、打ち立たしかば、敵、味方の銃、山川に響きわたり、御本陣に聞こえければ、平野御陣より佐久間実勝、住吉御陣より久世廣宣、御使いし、急に取り詰めなば味方、損ずべし〈味方の側に傷を負った兵士がたくさん出るだろう〉。早く〈上杉〉景勝は、もとの陣所へ引き取り、その場を堀尾忠晴にゆずるべし、と仰せくだされ、その後、五字指物の使い番、馳せ来たり。

◎この戦争のもうひとつの特徴は、この戦いの主なる武器が、銃器であったことだ。そして大砲という、第二次世界大戦でも大きな戦力であった武器が登場している。どかん、とやられれば、一度に何人かの犠牲者が出る。こんな戦争では、鎧、兜など、ないよりましだが、もはや、古い防御服でしかなかったのである。最後に、五字指物、とあったが、だれかの名まえの書かれた旗印で、騎馬の武将が個人名か、軍勢全体銘を表示したもので、これは鉄砲に比べると、古色蒼然としているではないか。

◐この銃という武器に関して、深谷克己氏の『大系 日本の歴史9 士農工商の世』（小学館、一九八八）には、つぎのような記述がある。

《家康の武将としての声価を高めたのは、（中略）家康が先端兵器の入手や使用にたいへん熱心だったということである。／これが遺憾《いかん》なく発揮されたのは大坂の陣で、側近の豪商をつうじて、イギリス、オランダの商人から一貫目（三・七五キロ）弾を撃てるような大砲（射石砲）・火薬・鉛《なまり》などを買いつけ、鎗《やり》よりも鉄砲をふやす軍役令をだした。また家康はそうとうな読書家で武術にもひろく修練をつみ、砲術は稲富《いなとみ》流の奥義《おうぎ》をきわめたと言われる》

《大坂の陣で、オランダから大砲を購入したことは先に触れたが、鉄砲の国産体制においても幕府は優位にあった。そのとき、日本最大といわれる「太郎筒・二郎筒《づつ》」という大砲がすえられたが、これは日本製であったし、高度な手工芸技術をもつ京都を後方基地とし、そこの職人たちが武器を製造しては前線に送りこんでいたのである》と書いている。家康の日頃の読書の範疇には、軍事、戦争、といったイメージもいつでも去来していたようである。まさに日本近世の担い手の旗手であった、といえる。

●キリシタン禁制プラスα

★十一月二十七日。長谷川藤廣、同藤継、長崎より帰謁し〔帰ってきて、家康か秀忠に会い〕、天主教徒〔の〕放逐〔国の内外への流刑〕、ならびに阿蘭〔オランダ〕、仏良機〔?〕近日、到着のこと、聞こえあげる〔申しあげた〕。

◎と書いてきて、この「仏良機」には、なんとなく見憶えがあるな、と思ったのだが、筆者が関っている読書会で読んでいる、新井白石の『西洋紀聞』(前出)であった。この本は、キリシタン禁制の長く続いた江戸時代の半ばよりやや上の時代にやってきたイタリア人の宣教師シドチを、江戸に連れてきて、オランダ通詞(通訳)を挟んで、白石がシドチにいろいろと尋問する、その白石自身による記録といった本であり、ヨーロッパその他の国々の国名が、耳で聞いた音を、万葉仮名ふうに漢字化して書かれているのである。ある字は、カタカナで書かれている。読者は、それらを読みながら、う—む、これはイギリスのことかな、と推測する。地名や人名がさまざまに出てくるのだが、その中に、「払郎機人」とあって「フランキイ」とルビを振ってある。そこから、この本を読んでいるわれわれは、払郎機人とは、フランス人だな、と推測するのである。この例は解りやすいが、半分は推測だけで特定できないばあいも少なくない。そういうおもしろさ（?）を味わいながら、『西洋紀聞』を読んだわけだが、ここで、そんな経験と再び、出遇ったわけだ。「仏」の字は「佛」と、旧漢字で書かれているのだが。ともかく、「実紀」の記事中に、「佛良機」とあったから、最初は、大砲のような銃器の名まえか、と思ったのだ。先の大砲の記事を思い出して。『西洋紀聞』中に、フランス人が登場したことはなく、しかし、江戸時代初期は、フランス人も日本に来ることがあったのだろうか。あるいは上陸できずに、追い返されたのかもしれないが。

★同日。また、佐竹義宣、青屋口の陣、斥候〔スパイ的活動をする武士〕として、平野より島田重次を遣わされしに、古田織部正重然も見舞いとてまかり、敵の鉄炮に、右の眼上を討たれたり。

◎ここは、古田織部が茶人、文化人として有名だから、織部正《おりべのしょう》という官職名を出して、こんな文化人もまた、戦役の犠牲になっている記事を拾ったのだ。秀吉のお伽衆とよばれた側近のうちに、こういった文化人は多く、とすれば、この斥候になった茶人は、秀頼方となって従軍していたのかもしれない。ただし、これらの文化人たちを、のちに家康が同様に親しく交友したのであるから、上記の記事がわたしには、もう一つ明確ではないが、たぶん、この時点で古田織部は、東軍の側にいたのではないだろうか。続いて次のような文章があった。

★〔続き〕《世に伝うる所、古田〔織部正〕は、茶事の宗匠にて、極めての数寄者《すきしゃ》〔その道の達人、茶匠のような人〕なりしかば、佐竹〔義宣〕が陣所に見舞い、茶など飲みながら、竹束の竹、多きを見て、この中に茶杓になる竹はあるやと、楯《たて》〔鎗や矢などから身を守るための防具〕のかげより頭差し出したるところ、流れ玉〔弾〕来て、頭にあたりしかば、大いに驚きしが、紫の服紗《ふくさ》〔茶道で使う布〕取り出し、その血をぬぐう。さすがに茶博士の進退よ〈茶道の達人の立ち居振る舞いか、と感心して〉、その頃、笑柄《しょうへい》〈笑い草〉とす。

◎最後は笑い話、と締めくくっているが、頭に銃弾を受けて血を流しているのだから、笑い話にはならない話であろう。また、「茶杓」とあるところ、原文では、「茶扱抄」とあり、漢和辞典類を見ても載っていない。校閲者が生きていれば、確認したいところだ。ともかく、本格的戦争以前の、さまざまな小物語が書かれている。勝者の余裕であろう。

★同月二十八日。大御所〈家康〉、穢多村、新家辺、御巡視ましまさんとて、銃手三百つかわされ、敵船の来る方にむかい、打〈撃〉たせらる。されど、親巡は〈自分自身での巡検は、か〉とどまらせ給い、本多正純、成瀬正成、安藤直次して、巡察せしめられしに、新家、中島の間道、造り、成功し、通路を得たる由、帰参して聞こえあぐる。今日、親巡し給うと聞きて、諸軍みな着甲せしかば〈軍装していたので〉、本営の令〈家康たちの命令〉も待たず、さる挙動以外〈決められた行動以外は〉、曲事《くせごと》とて、大御所〈家康〉御けしきあしし〈機嫌が悪かった〉。

◎家康は、さまざまに巡検、巡察していたのだが、部下の将兵たちが許可なく活動することは、あまり好きでなかったようだ。ともかく、このあたりの記事は、戦争が銃や大砲などの西洋式兵器となっていること、大坂城周辺が、海や大河やその他の水路で囲まれていて、船による戦闘が少なくなかったことが解る。

●家康を気遣う天皇、という構図

★十一月二十九日。勅使、廣橋兼勝卿、西三条実条卿、住吉の御陣へ参向あり〈家康のもとに出向いて来た。勅使、とは、天皇の使いであるが、これは、天皇が自分で出て来たのと等価値であり、天皇が来た、というのとほぼ、同じなのである〕。大御所〔家康〕、老躰〔老体と同じ〕にて厳寒を犯し〔もの凄く寒い時期なのに、これを構わず外出して〕、数旬の永陣〔長い期間の陣での日々、のことを心配して〕、宸襟を悩まさる〔天皇が苦しんだ、という常套文句。まあ、憂慮していたのであろう、ヒューマニズム的に考えても〕。軍事をば、先手、諸将に指揮し、しばらく、帰洛ありて〔京都、二条城に帰って〕、保護ましませ、との勅諚。大御所、厚く天眷の忝を謝し給う〔天皇の温情を感謝した〕。

◎久しぶりに天皇が出現した。勅使となって。当時、勅使は天皇の代理であり、一般人から見れば、天皇と等価であった。いつも考えることは、日本社会が「武」の世界になった時、なぜ、天皇制と決別しなかったのか、ということだが、こうして、武家の時代を「武」の時代として捉えると、天皇は「文」の世界の象徴、シンボルとして、やはり、武の対極にあるものとして、武人たちには必要だったのか、とも思われる。韓国は、日本の最も近い隣国であったが、長く「文」の世界、儒教的精神を核とする「文」の世界を保守してきた国で、隣国といいながら、まったく違った国家になった。このあたり、不思議でもある。この両国の関係は、豊臣秀吉の朝鮮侵攻によって一度は崩壊したが、家康になると、二、三年に一度、朝鮮通信使という一隊がやってくるようになって、友好的関係になったのだ。もっとも、近代化というテーマが科せられた時代になると、「文」の世界はもろくも、この近代化の波に、すぐには乗れなかった。と、「実紀」とあまり関係ない話になったので、また戻すことにする。

●年末近し、戦況は?

★同月晦日。〔大坂〕城兵、昨夜より、天満、仙波を焼きたてる〔町家などに火を放った〕、その火煙を物の数とせず、〔東軍の〕天満口の寄せ手、蜂須賀至鎮、松平忠雄、松平忠義（以下、武将名、略す）ら、仙波口に乱入す。城兵はみな、旗指物、武具、兵具を捨て、城中へ逃げいる。その時、焼音烈しく聞こえければ、〔家康は〕本多正純、成瀬正成（以下、略）をして、巡視せしめられ、また、春日井堤、切り落とすこと、急ぐべしと、松平忠利に命ぜられ、毛利秀就、福島正勝が人夫を催促せられ、先日、伊奈忠政にこの事命ぜられしに、今日に至り遅緩せしめしとて〔遅れているではないか、と家康は怒って〕、御けしきよからず。急ぎ、堤を衝き切りて、水を北へ落とし、天満を涸らすべし〔水の流れを止めてしまうべし〕と仰せつけられ、また、仙波口、敵より自焼せば、その時、藤堂高虎、寄せ口より城に向けて鉄炮をつるべ放つべし〔鉄砲を間断なくガンガン撃ちこむべし〕と下知せらる。

◎この年最後の戦も、大坂城の将兵たちは、もう、やぶれかぶれのように、出てきて大坂町衆の家に火をつけたり、かと思うと鉄砲の一撃を食らうとあわてて、具足の類いを捨てて、城内に逃げこむ。こんなことを繰り返すうちに、大坂城の周辺は堀を埋められ、防御体制はしだいに崩壊しつつあるように、この記事は受け取れる。家康は、側近の武将たちを指揮して、ひとり汗だくになっているが、これが、家康という人物の集中力なのであろう。しかし、現在、戦争は鉄砲時代である。家康がそのあたりを歩いている時、流れ玉に当たって死んだ、などという事も起こりえた時代である。まあ、そんなことは起きなかったわけであるが。ともかく、今年は終わるが、大坂城や秀頼、淀君たちは、来年のいつまで、存続できるのだろうか。

台徳院殿御実紀巻三十二

慶長十九年十二月朔日に始まり、十五日に終わる

●大坂城攻撃、今年もあと一か月

★十二月朔日。この日、城兵一人を生擒《いけどり》して、城中の事情を鞫問《きくもん》するところ〈尋問した結果〉、後藤又兵衛基次、今福の戦いに鉄炮にあたり、すこぶる痛手なりとて、城兵おおいに膽《きも》〈肝〉を消す〈ヒヤリとした〉。

◎先に家康が流れ弾に当たって、と書いたが、この記事を読んで、そう思ったのだ。流れ弾など、人間にとって不可抗力のしろものであり、後藤又兵衛くらいの強者《つわもの》でさえ、鉄砲玉にはかなわなかったのである。話は飛ぶが、筆者は、平凡社の『日本・架空伝承・人物事典』（一九八六）という本を持っており、日頃、実際にいたかどうか解らない人物について調べてみるのが好きであった。後藤又兵衛の名まえから、ふと、「眞田十勇士」という、眞田幸村を崇拝する十人の武者たちを、ある漫画家が漫画にし、子どもたちはなかでも、猿飛佐助などが、中国の「西遊記」の主人公、孫悟空を思わせ、夢中になって、この漫画を読んだものだ。そこで、この架空伝承の人をも載せる事典を引いてみると、眞田十勇士は載っており、懐かしい猿飛佐助、霧隠才蔵、三好青海入道らの名まえがあったが、肝心の後藤又兵衛は載っていないではないか。むしろ、根津甚八、という役者で有名になった男は、その名を眞田十勇士から取っているのが解った。そこで、後藤又兵衛を引いてみると、これもしっかり記載されており、眞田十勇士のひとりと考えたのは、わたしの単なる記憶違いであった。なんだか、残念。

★同日。鍋島勝茂も生擒一人を〈家康に、あるいは東軍に〉献ず。この者、いうところ審《つよびらか》ならず〈はっき

りしなかった〕。鼻をそぎ、足を斬りて、城内へ追い返す。
◎やはり、残酷な刑罰が行われている。こういうところを読むと、日本的「武」の世界がたちまち、嫌な存在になるのだ。単なる首狩り族ではない、サディスティック動物になっている。
★同月二日。大御所〔家康〕、茶臼山〔臼の字に、磨の字が使われているが、校閲者の指示に従う。また、ほかの歴史書も、茶臼山としている〕にならせられ、明後日、ここへ御動座あるべしと仰せ出だされ〔茶臼山を、家康の陣地の場所とした〕、御一騎にて敵城近く見めぐり給う。〔秀忠の〕平野の御陣にもかくと聞し召し、俄《にわか》に御出馬ありて、両御所〔家康と秀忠と〕駒〔馬を〕並べて、御巡視あり。
◎大坂城攻めの、各武将たちの陣地が決まっていく。家康は茶臼山という所に、秀忠は岡山という小さな山〔丘か〕を陣地にした。両方とも大坂城の南側にあった。吉川弘文館の児玉幸多編「日本史年表・地図」に詳しい陣形図（冬の陣と夏の陣の）があって便利である。
★同日。《世に伝うるところ、〔大坂〕城中にては、大御所〔家康〕、城廻り御巡見ありと見知りければ、城兵、矢狭間《やはざま》〔矢を打ちかけるための窓〕を開き、あるいは塀上へ上がり、頻《しき》りに鉄炮を放つ。その玉、〔家康の〕御馬前近く、雨の如く来る。本多、成瀬、安藤らすべて十人ばかり〔皆、側近の武将たち〕、御跡より馳せ来たり、御馬の口にすがりて、かかる御軽がるしき御挙動、もったいなき儀に候《そうろう》。早く、ここを立ち退かせ給えと申しあぐれども、御耳にもふれ給わず〔聞き入れなかった〕。しずかに〔大坂〕城を御覧じ給えば、御供のやから、各手に汗を握るところへ、横田尹松《ただまつ》、馳せ来たり、この殿様は元来、鉄炮激しきところがお好きなり。みなみな、そこ、のかせ給えと、御馬の口に取りつき、ここより仙波の方は、なお、大筒〔大砲〕の玉、多く来たり候。ちと御覧ぜらるべしと申しながら、御馬を仙波町の方へ引きまわし、蜂須賀が陣屋へ御供したるに、その方には城兵の鉄炮も来たらざりしかば、衆人《もろびと》、横田が挙動、さすがに老練なりしと、感称せしとぞ。

◎家康のこのような不用意な巡視は、軽挙妄動としておつきの武士たちをはらはらさせたであろう。わたしも、家康の行動は、やはり、鉄砲の時代にはそぐわない、子供っぽいものだった、と思う。ここに、家康の少年のような好奇心をよし、と見ている眼もあったのだろうか。

★同日。また、〔大坂〕城中にては、後藤又兵衛基次、城兵しきりに鉄炮を放すを制して、あのようなる名将〔家康〕を鉄炮にては打たぬものぞと申しけるとなり。これを聞きて、城兵は、〔後藤又兵衛が〕関東に二心あるかと疑う者もありしという。

◎後藤又兵衛が、城兵の鉄砲を止めたのは、どういうことだったのだろうか。彼は、家康をかばったのではなく、あのような名将が、流れ弾にあたって死んだ、というのでは、あまりに無残である、と「武士道」のような精神的領域からの発言だったのであろうか。

★同月四日。《世に伝うるところは、〔大坂〕城中、先月十七日、会議せしに、眞田〔幸村〕、後藤〔又兵衛基次〕らは、〔家康らの〕住吉御着陣の夜、御陣へ逆寄《さかよせ》して、〔家康の〕不意を討ちて、その備え、定まらざる間に勝利を得んという。大野〔治長〕ら、それは田舎漢〔いなかもん、か〕が一揆争いの計略というものぞ。このたび、天下分け目の一戦。日本の大軍〔東軍〕を引き受け、左様なる軽率なる計略を用《もち》ゆるべからずとて、用いず。木村は、眞田、後藤が謀《はかりごと》を用ゆべしといさめ〔諌め〕、七組の徒もこれに同意すといえども、大野〔治長〕さらに従わず。

◎以下に、大坂城に集まった西軍の武将たち、大小名たちの間でも、ひとつの戦術を巡って、容易に決まらない、という情況が展開していたことが報告せられている。眞田幸村が、指揮官として号令しているのかとも思っていたのだが。しかし、家康、秀忠という指揮官のもとに一体化している東軍と、秀頼、という頼りにならない青年をトップにしている西軍は、やはり結束力が、やや弱いようであった。こんな情況はさらに続いている。一方、家康は、といえば。

★同日。〔家康は〕また、先手、御巡視あるべしとて、〔本多〕正純、帯刀直次、成瀬正成、そのほか、使い番六人、籠二人、中間一人ばかりを御供にて、藤堂高虎が陣所までおはします〔でかけてきた〕。この御道へ城より、銕〔鉄〕炮、烈しく打ちかくるといえども、御甲冑もめさず、さらに平常にかわらせ給わず、しずしずと御巡視ましまし、薄暮に住吉へかえらせ給う。

◎まるで、敵兵をいたぶっている、とでもいったふてぶてしい家康の態度である。その心情は、理解できない。この記事の前には、激しい銃撃戦が描かれているのだ。

●短慮な秀忠、老獪の父、家康

★十二月五日。岡山よりは〔岡山に陣地を作っている秀忠から〕、土井利勝を御使いとして、住吉御陣へ〔の家康に〕、仰せまいらせられしは、大坂城、たとい金城鉄壁たりとも、日本の惣軍をもって〔東軍のことを自慢的に言っている〕攻め抜かんに、何の難事《かたきこと》あらんや。城中より、講和のこと、聞こえあぐるとも、ゆめゆめ、用い給うべからず〔お聞きになってはいけません〕。日時を定め、惣責《そうぜめ》して、〔城を〕抜き取るべきなりとぞ、聞こえたまう。大御所〔家康〕聞し召し、仰せ、さることながら〔もっともであるが〕、戦わずして勝《かつ》を良将の謀《はかりごと》とすれば〔良き武将の作戦だとするなら〕、何事も、老父〔父、家康〕がはからい〔計画、計略〕にまかせたもうべしと答え給う。〔土井〕利勝、立ち返り、その旨〔秀忠に〕聞えあぐる。御所〔秀忠〕、大いに御気色、損じ〔機嫌が悪くなって〕、何事も、父上の御庭訓〔教え〕に違うべきにあらずといえども〔世間では父の教えに従うのが道理であると言っているが〕、このことさらに心得られず〔このことは納得できない〕と、仰せらる。本多正信、御そばにありて、何事もしばらく、御父君の御旨にまかせ給えと、いさめたてまつる。

◎親子と言いながら、息子秀忠の気性と、父親、家康の発想では、ずいぶんと違っていた。ただし、儒教的精神、朱子学的精神の世界であった。秀忠も、父、家康の言葉を肯定するしかなかったろう。

●予兆

★十二月六日。今日、午刻《うまのとき》、兜山辺、深叢《くさむら》の間、南北より、蛙、数千万、出て闘う事、一時ばかり。北蛙、戦い負けて、多く、喰い伏せられ、引き退く。極寒のおりから、もっとも奇異なりという。

◎これは、東軍の勝利を予兆する幻影のひとつで、北の蛙が敗走するのは、大坂城の兵たちの敗戦を暗示している。

★同日。《世に伝うる所、今日、〔家康の?〕城辺御巡視の時、〔藤堂〕高虎、〔伊達/松平〕政宗、馳せつけて、騎従し奉る〔騎馬で家康のお供をした〕。そのところへ、摂〔津〕州、武庫郡兜山村の庄屋参り、蛙合戦の事、申しあぐる。大御所〔家康〕聞し召し、蛙合戦は、先年、三〔河〕州岡崎にても見し事あり。怪しむにたらずといえども、時、今、三冬閉蟄《へいちつ》の節といい〔三方がふさがった困難な時、とでも言っているのか〕方角にとりては、北方、旺気なり〔元気のあるところである〕。しかるに、北方の蛙、負けしは、御方〔味方〕勝

利の徴《しるし》なり、と仰せられければ、〔藤堂〕高虎、〔伊達〕政宗、承りて賀し奉る。諸軍、これを聞きて、勇気一倍なりとぞ》

◎これで悦んでいるのだとすれば、この人たちは、小学生か、とあほくさくなってしまう。そうではなく、家康の言葉だったから、皆で盛り立て、盛り上がったのだ。家康は老人でもあり、ともかく、まわりの武将たちからは、好かれていたのであろう。

★同月九日。〔家康の〕茶臼山御陣に、藤堂高虎を召して、〔大坂城〕惣責めの軍議あり。山城忠久、瀧川忠征、今日、長柄堤、落成して、河水悉《ことごと》く、尼崎に流れ入りて、天満の水、はなはだ浅くなり、近日には皆、乾涸すべし〔乾いてしまうでしょう〕と注進す。

◎家康の、一方の作戦では、大坂城の周辺部の水路をすべて埋めて、東軍の諸兵が徒歩で城攻めに集中できるようにすることだった。その作戦はしだいに現実化している。大坂城を取り巻く堀も同様に埋められていく。そして次の記事のような効果を生んでいく。

★同月十日。〔西軍支援の〕島津家久〔九州最大の、薩摩藩の大名〕、〔薩摩を、か〕出船せしかど、海上風荒く、延引するよし〔遅れるという〕聞えければ、細川、加藤〔清正か〕、田中など〔西軍の諸将、大名ら〕もいまだ、着陣に及ばず。

◎西軍の大坂城への集合が、海路の調子で、遅れているという。

★同日。《世に伝うるところ、同月十日。眞田讃岐守信昌〔眞田幸村の甥〕は、城中の眞田幸村が叔父なれば、この度、一乱のはじめ、幸村もし志をひるがえし、御方へ〔家康の方に〕降参せば、十万石を賜《たまわ》るべしと、内旨を仰せつかわさる。幸村、承り、冥加至極、忝《かたじけ》なくは候えども、幸村、久しく〔長い間〕高野山に乞食して〔修行して〕露命をつなぎ、月日を送る所〔何年か生きてきたのだが〕、秀頼公に抜擢せられ、〔大坂〕城中一方の将を命ぜらる。この恩に感じ、〔自分の〕一命は、秀頼公に献じ奉る志《こころざし》なれば、台命に〔家康からの命令〕に、従い難しと申し切りたり。この頃また、本多正純より、〔家康方につけば〕信州〔長野県のあたり〕一国を賜うべし、天命に応じ、〔家康方に〕帰順すべしと、申し贈りしが、幸村、更に返答もせず。信昌に対面もせざりし、という。

◎眞田家は、もともと、信州のほうの武将、大名であったから、問題なければ、東軍側で戦ったはずであった。しかし、当時、戦国時代の武将たちは、周辺の武将たちの動勢によって、自分の立場をさまざまに変更することもあった。ともかく、幸村は早く、豊臣秀吉に臣従して、以降、西軍側にあったが、高野山に入って、戦乱の場から遠ざかっていたのだが、結局、秀吉の遺児、秀頼側に立つことになって、冬の陣、夏の陣を戦って、最終的に、家康側に敗れて、死亡した。このような人生が、よかったのかどうか、当時の武将たちが、どちらかを選ばざるを得ない、負けの側を選んでしまうと、もはや、回復することはできなかった。そんな悲劇的な終焉を迎えた幸村には、彼の死後もファンはたくさんいたのではないだろうか。

★同月十四日。これより先、阿茶局《あちゃのつぼね》は、二条城に留めおかれしが、きょう召されて、〔家康の〕茶臼山の御営に参る。これ、京極宰相高次の後室《こうしつ》〔未亡人〕、常高尼《じょうこうに》ともに、〔秀頼方との〕講和の事、はからわせ〔いろいろと画策させ、実際に活動させるため〕給うべしとの、〔家康の〕御旨とぞ、聞こえし。

◎阿茶の局は、家康の侍女で、若い頃から、家康の面倒を見てきた女性である。家康の息子の秀忠の娘と秀頼を結婚させた時なども、いろいろ面倒をみて、大坂方の秀頼母子とも知り合いなのであろう。家康は全面的戦争より、秀頼の講和を願っているようで、阿茶の局もそのための一助たるべく、大坂城へ派遣されようとしているのだろう。

★同月十五日。今日も風なおやまず。（中略）〔大坂〕城中、織田有楽、大野治長より、〔徳川方の〕本多正純ならびに後藤光次へ、和議の事、申し送るにより、〔家康は後藤〕光次を召して、その使い〔織田と大野〕に、〔大坂〕城中の形勢を問わしめ給う。〔後藤〕光次、かれ〔織田や大野ら〕が申すところを〔家康に〕聞こえ上げし〔その内容〕は、城中は悉《ことごと》く、淀殿の政務たるがゆへ〔秀頼の母淀殿が管轄しているので〕、諸事、遅引して〔いろいろと遅くなって〕、急にとゝのわず。

◎ついに大坂城から和議のことが申し送られてきたようだ。大坂城を守る武将たちがついに根をあげ、和睦を申しこんできたというわけだ。つまり基本的には降参したのだ。家康、秀忠側から、敗北を早く認め、降参するように勧告してきた。しかし、女性である淀殿が城中をまとめているので、さまざまな敗戦後の処理などが進んでいないのが実情であろう。

★〔続き〕またその書簡にて申し送りしは、淀殿、江戸にまかられ〔淀殿は江戸に来て〕、城塁〔大坂城の建造物〕をこぼち〔破壊し〕、城を埋むべきにより、今度新入りの処士どもは、いよいよ秀頼より召し抱えて扶助すべければ、彼らに宛て行わんがため、大坂の所領を増加せられれば〔秀頼の領地を増やして、武士たちを援助すべきである。その上で〕、和議に及ぶべきよしなり。大御所〔家康〕聞し召し、新入りの処士ら、何の忠節ありて所領を宛て行わんや、畢竟《ひっきょう》は〔結局は〕かかる事にて。〔講和への〕時日を遅緩し〔するずると延ばして〕、寄せ手〔攻撃する側、すなわち徳川方〕を疲労せしめ、城郭、溝塁〔城そのものや内堀、外堀など〕を堅固にせんためにや、との仰せあり。また明年、乙卯《〔来年を旧暦で言ったもの〕は秀頼がため大吉なるよし。陰陽術数〔陰陽道のはかりごと〕の雑説ありと聞こゆれば、衆人〔まわりの人たちは〕いよいよ詾々《きょうきょう》たり〈大騒ぎした、か〉。
◎また、その大坂城からの使者の齎した書簡には、城郭や内堀や外堀などを破却するのは、新たに雇った兵士たちで、彼らに支払うため、秀頼の所領を増やしてほしい、と書かれている。家康のつもりでは、もっと簡単に、先に出した講和の条件を、秀頼方が早く了承してくれればすむことなのだ。
★同日。《世に伝ふる所、秀頼は四国のうち二ヶ国を賜わらば、大坂を出で退《しりぞ》くべしと請ふ。此方〈徳川方〉よりは、上総《かずさ》、安房《あわ》両国〈千葉県のふたつの国〉を遣わされんとの御旨なり。この議論にて和平、延引すという》
◎実際には、豊臣方と徳川方の和議への方向はかなりの程度に進んでいたようだ。秀頼は大坂に近い、四国のふたつの国が欲しい、それなら、大坂城から出てゆく、と要請していたように読める。これに対し、徳川方では意地悪く、関東の、最も江戸に近い千葉の北部〈上総〉と南部〈安房〉の二国を与えると言っている。千葉に来れば、幕府の監視もらくになる。そんな取引のため、和議が延び延びになっていたという風評があったという。
★同日。この日、また〈大坂〉城中より村田吉蔵、米村権右衛門を使いとし、淀殿いよいよ江戸へ参らるべければ、新入の処士に宛て行うべき所領を賜わるべし。この儀、しかるべきにおいては〈よい、と思われたならば〉、この後、相違あらざらんため、両御所〈家康と秀忠〉、御盟書を賜わるべき旨、申し送るといへども、〈家康からの〉御許容なし。
◎この日、また大坂城から二人の武将が使いとしてやって来て、淀君がいよいよ江戸に行きます。そのため新入りの武士たちに与えるべく所領を早く欲しい、家康と秀忠の約束手形のようなものを欲しい、と秀頼方の要望を伝えたのだが、家康らはこれを許さなかったという。なぜだろう。所領の地をやはり四国にしてほしいと秀頼方は言ったのだろうか。このような面倒なやりとりをいつまでもやっているなら、講和などと言わず、大坂城を攻め落とした方が早い。そう、家康は考えたのであろうか。

台徳院殿御実紀巻三十三
慶長十九年十二月十六日に始まり、二十九日に終わる

●大坂城攻撃の最後の軍議？

★十二月十六日。〔秀忠の陣地〕岡山より、〔秀忠は家康のいる〕茶臼山の御陣にならせられ〔やって来て、家康と〕御対面あり。〔御三家のうち〕義直〔尾張〕、頼宣〔紀伊〕両卿も参らる。本多正信、〔本多〕正純、藤堂高虎、伺候す。阿茶〔の〕局を召して、密《ひそ》に議せらるる旨あり。

◎まるで、東軍にとっての最終的な軍議が行われたかのようすである。

★同日。この日、大工〔の〕中井正次に命ぜられし、仏郎機の架《たな》成功す。

◎すでに述べたが、この仏郎機なる言葉は、新井白石の「西洋紀聞」において、払郎機人とあって、フランス人をこうよんでいるように思われたのである。「実紀」のほうでは、「人」はなく、「仏郎機」として出現する。この「機」は、後文によると、大砲を意味しているようで、当時、ヨーロッパからもたらされた大砲を、フランスから輸入されたために「ふらんす砲」とでもよんでいたのであろうか。そして、その大砲をどこかにしっかりと固定できたようなのだ。ともかく、記事は次のように続く。

★〔続き〕よりて松平正綱を監使とせられ、〔秀忠のいる〕岡山に供奉せし御家人の中より、井上正継、稲富重次、牧野正成らの輩《やから》、〔大砲を撃つ〕妙手を選ばれ、天王寺口越前、藤堂、井伊の攻め口、備前島、菅沼定芳が攻め口より、大筒、小筒一堂に〔一斉に〕、〔大坂〕城に打ちかけ、櫓、塀以下、打ち崩さしむ。城中、ここにおいて騒動、おびただし。

◎東軍は、仏郎機＝大筒、小筒なのかどうか、詳細は不明だが、ともかく、大砲や小砲でもって、大坂城をガンガン撃ちだしたのである。城というのは、たいてい堀割りで何重か取り囲んで、敵兵が容易に侵入できないようにしている。また入り口には、櫓《やぐら》といってやや背の高い搭のような建物を建てて、上から四方を監視し、弓矢や鉄砲で敵兵を撃つ、という構造になっている。城門は固く閉ざされて、敵兵も容易に侵入できない。これらの施設を、東軍は大砲、小砲でもって吹っ飛ばそうと攻撃を始めたわけだ。

★同日。《世に伝うる所は、御所〔秀忠〕、牧野、稲富両人を召して、備前島〔の〕片桐〔且元〕が陣所は城に近く、その上、片桐、城内の案内なれば〔片桐且元は、大坂城内のことも詳しいから〕、〔豊臣〕秀頼母堂〔淀殿〕の居間のあたりへ、大筒を打ち入れしむべしと仰せつけらる。両人、銃手の妙を得たるもの〔砲術にたけた者〕数十人を撰み、先手前〔攻め手の一番、前のあたり〕に櫓をあげ〔櫓を建てて〕、大筒三百挺、国崩し〔?・五つを放たしめしに、稲富が放ちし大筒、あやまたず、淀殿の居間の櫓を打ち崩《くず》したり。

◎秀忠は大坂城に詳しい武将に命じて、大筒の名手を呼んで、大坂城内の淀殿の居間を撃てと命じる。大砲は当時でも飛距離が大きかったとみえて、大坂城の外から、堀や塀を飛び超えて、淀殿の居間の櫓をぶち壊したのである。ひどいことをしたものだが、戦争の最中だから、情け容赦は無用とばかりの攻撃である。若い秀頼よりもその母親である淀殿が、城内を取り仕切っていたので、彼女を直接攻撃したというのであろうか。あるいは、こんな衝撃的な話が、作られていったのかもしれない。世に伝うる話（伝聞）とあるので。

★〔続き〕その響き、百千の雷の落ちるがごとく、側《かたわら》に侍りし女房七、八人、忽《たちまち》に打ち殺され、女童《おんなわらわ》の啼《な》き叫ぶ事おびたゞし。日頃は猛《たけ》かりし〔男のようにたけだけしい〕淀殿、大いに恐れ、弱りはて、これより和議の事を専ら秀頼にすすめらる。〔織田〕有楽、〔大野〕治長、その意を受け、寄せて〔東軍〕より和議のあつかい〔準備〕あるを幸いにし、いずれも和平あるべしと〔和議を結ぶべきだと〕諫《いさめ》れども、秀頼、承諾なし〔賛成しなかった〕。

◎その大筒の鳴り響く音響は一度に雷がたくさん落ちたかのようで、女房七、八人が即死し、淀殿の世話をする女たち、童女たちが泣き叫んだ。日頃は男に負けない強気の女性であった淀殿もさすがに、秀頼に和議に応じるよう説得したという。そこで秀頼の家臣たちが和議に応じるよう画策したのだが、今度は秀頼が首をたてに振らなかった。しかし、秀頼の信頼する家臣たちは、ほとんどが、《畢竟、秀頼公、御運の末と歎息する外なし》と秀頼に諫言した。もはや終わりです、と。しかし、秀頼もまた即答せず、大坂城内の大名、小名、武将たち全員が煩悶した。誰もが思ったろう、ここまで頑張って来たのに、むざむざ和議に応じるとは……。そこで後藤又兵衛にあとを託すことになった、という。それから、後藤又兵衛をはじめ、武将たち全員が、秀頼を説得しようと躍起となっていた。どう考えても、西軍に、東軍を破る手だてはない。そこで秀頼も折れた。

★同日。秀頼もせん方なく、和議の事、思い立たれ、然らば、各《おのおの》の意見にまかすべし。しかし最初、片桐〔且元〕が諫《いさめ》をあながちに拒み、今かくなりゆく事、且元が思わん所、恥ずかしとて落涙ありければ、近侍の輩も〔側近の家臣たちも〉、ことわり過ぎて、哀れさに〈理屈を超えてただ、秀頼が哀れで〉、ともに涙にむせびしとぞ》。
◎結局、秀頼もこの戦争の成り行きを考えれば、和議に応じるほかないことに気がつかざるをえなかった。最初、側近の片桐且元の諫言を拒んだのに、今度はこちらから敗北を認めることを且元はどう思うだろうか、と考えるだけで羞恥の思いにさいなまれて、落涙した。それをみた側近たちも全員で涙にむせぶしかなかったのだ。敗軍の将、その悲しさをかつては豊臣秀吉の息子として華やかな日々を展開したはずの秀頼も、悲痛の思いに浸る「時」がやってこようとは。しかし、かれらの栄光がここで完全に終焉したわけではなかった。残骸に近くなった大坂城の一郭で生き延び、もう一度、家康、秀忠軍とあいまみえることになる。
◎ただし、秀頼側と家康側において、すぐに和議のための交渉が始まったわけではなかった。なぜか、戦争の小競り合いは、二、三日は続いたように受け取れる記事が続くのだ。たとえば、つぎのような記事がある。
★同月十七日。蜂須賀至鎮、昨夜、〈大坂〉城兵、夜討ちをかけ、家人、防戦せし委細を、〈家康の〉茶臼山御陣へ注進する。よりて、使番、小栗忠政を遣わされて、諸士、軍功を聞し召さる。この時また、〈小栗〉忠政、指揮して、蜂須賀が陣まえの柵を取りはらわしむ。
◎小競り合い的戦闘は、あちこちで展開していた。そこで、ここは我々の役割だ、と両者を引き分けるように登場するのが、朝廷なのである。

●天皇の介入

★十二月十七日。この日、勅使、廣橋兼勝卿、三条実條卿、〈家康の〉御陣に参向ありて、〈老人の家康のここ何日かの、やまない諸活動が〉厳寒の折から、老躰久しく野陣に日を送らるる事、宸襟《しんきん》〈天皇の心情〉を悩まさる。暫く、軍事をば諸将に令し〈命じて〉、その身は〈あなたご自身は〉京都へ帰り、保護せらるべし。また双方和平の事、内勅〈内密の天皇のお言葉〉あるべきにやと〈和議は、天皇にまかせたらいいんじゃないか、という天皇の言葉を〉仰せを伝ふ。大御所〈家康〉、聞し召され、天恩〈天皇の同情〉忝《かたじけな》し。叡慮〈天皇の気配り〉、謝するに〈感謝するのに〉詞《ことば》及ばずといえども〈言葉もありませんが〉。某《それがし》〈家康〉は諸軍の指揮をつかさどりて、当地〈この、大坂〉に在陣せざる事をえず〈在陣しないわけにはいきません〉。和平の事は、もし仰せあらんに、秀頼、その旨に〈天皇のお考えに〉応じせざる時は、天威を〈天の恐れを、天皇のお言葉を〉軽《かろ》しむるに似たり〈軽く聞いているのです〉。この事〈天皇の仲裁〉しかるべからざる旨、答え給う。

◎要するに、天皇の言葉でさえ、若き秀頼が聞かないこともあるし、まあ、仲裁は無用です、と家康は、やんわりと否定的に答えている。まあ、そのうち、秀頼母子も自分の言うことを聞く。時間の問題だ、と家康は考えていたに違いない。

◎いつもの天皇の使いが二人やって来て、天皇の言葉を伝えた。天皇にとっても自分を保護するものであるふたりの戦争がとりあえず早く終結してほしかったであろう。戦中慰問のようなお言葉であった。暫く京都に戻って、ひとやすみしたらどうか、と。そのためには、天皇から秀頼に勅書を出そうかと、家康に訊いたという。天皇は自分の言葉に、まだ意味と価値があると信じていたようだ。「勅」という言葉が生きている限り、それは確かにあったと思う。しかし家康は、必要はない、と無情に答えている。冷徹なる返事であった。

★同月十八日。片桐且元が備え〈攻める側の陣〉は京橋口なりしが、此の日は豊国明神の忌辰なれば〈縁起の悪い東南の方向にあったので〉、秀頼公、城内祠堂〈豊国大明神の文社の祠〉へ参詣あるべしとて、田付景澄に命じ、大仏郎機〈大砲〉を放ちけるが、雷霆《らいてい》〈激しい雷〉のごとく響きて、折ふし淀殿のおられたる天主〔天守閣〕の二重目の柱にあたり、柱折れてその下に侍りし女房二人、粉のごとく打ちくだかる。淀殿、大いに恐怖して、いよいよ城内、和平の事おこりしとぞ。

◎この前日の大筒は、徳川方からの発砲であったことが、十七日条に書かれていた。ここに書かれた伝承では、秀頼が打たせた大砲らしきものが、淀殿のいた天守閣の柱にあたったことになっている。どちらが正しいのか。「実紀」の著者は公平にふたつの伝承を記録したものとみえる。この記述のあとに、《いずれか、是《ぜ》〔正しい〕なるをしらず》、と「実紀」の著者もまた、どちらが正しいか不明だ、としているのである。戦乱の時、さまざまな情報が飛び交ったであろうことは、想像に難くない。

★同日。また、〔大坂〕城中には、眞田〔幸村〕、後藤〔又兵衛〕ら相談し、寄せ手には、両御所〔家康と秀忠〕常々、陣中御巡見あるように見うけたり。秀頼公にも、城内御巡見あるべしと命令はあれども〔この命令を出したのは誰だろう？　眞田幸村あたりか〕、いまだ一度も巡視したまわず。諸軍勢、勇気を増し候わんため、御巡視然るべしと申す〔この文章も主語がない〕。淀殿、もっともなりとて、前夜より、美酒、佳肴〔酒を飲むための、良き肴、か〕をおびただしく積み出し、諸軍〔勢〕を慰労せられ、（中略）秀頼、巡見せらるれば、淀殿も跡より巡見あり。

◎講和を決定してから、こんなことをやっているのである。講和の前に、西軍の陣容をしっかり把握しておきたかったのかもしれないが、すぐに理解できない秀頼母子である。

★〔続き〕淀殿、本丸〔一の丸、天守閣のある建物〕の天守にのぼり、四方を眺望せらる。唯今までも城内の軍勢五、六万、兜《かぶと》の星を〔頭にかぶる兜の後ろ側中央にある星型、正面には獅子頭、とか、龍頭、などという目印がついていた〕かがやかし、なみいたる有様〔大勢が並んでいるようす〕、げに頼もしと思はれしかど、城外の寄せ手、山川のへだてもなく〔まんべんなく〕幾百万騎、数もかぎらず。

◎淀殿が本丸の天守閣から見下ろすと、味方の武将たちが兜の白星をきらきらさせながら、五、六万人が蠢いていた。しかし、城外を見ると、家康側の兵士たちが、幾百万騎ともしれないくらいひしめいているのであった。

★〔続き〕〔淀殿がこの徳川軍を見て思うには〕我は織田殿〔信長〕の姪にて、浅井長政が女《むすめ》なり。軍《いくさ》に臨み、討ち死にせんは、かねて覚悟するといえども、この大軍を引き受けては、秀頼、運〔を〕開き給うべきにあらず〔秀頼の運が、ここで開けるはずがない〕、いかにも和議をはからうべしと、〔織田〕有楽、〔大野〕治長らに申し含められしと見ゆ。

◎淀殿は、城外に群がる巨大な敵軍勢を見て考えたのだが、彼女は本名を於茶々といい、秀頼の父、秀吉の側室であったが、母は織田信長の妹、お市の方、父は近江の大名であった浅井長政であり、武将の系統に属する女性であった。だから、いざ戦争という時、男と同じように討ち死にすることもありうる、と覚悟していたのだ。しかし、この敵の大軍を見ると、息子秀頼の運勢が好転するとは夢にも思われない。そこで、心の底から、和議の方向に行くべきだと側近の武士たちに語られたという。

★同月十九日。〔大坂〕城より、織田有楽、大野治長の使い来たり、常高院尼〔淀君の姉の尼〕、即刻、出城のよしを告げる。よって、本多正純、後藤光次、この旨を〔家康に〕聞えあぐれば、〔本多〕正純をして、阿茶局を伴い、京極〔政成〕が陣所に至り、常高院尼に対面せしめらる。秀頼母子の〔講和の〕旨を述ぶ。本城〔大坂城〕を残し、二、三の郭の堀を埋め、〔織田〕有楽、大野治長が子弟を人質にし参らせ、新入りの処士ら一統今度の〔やってきたすべての〕罪を許され、その上、両御所〔家康と秀忠〕自今以後〔今後〕御天主〔天守閣〕の二重目の柱にあたり、柱折れてその下に侍りし女房二人、粉のごとく打ちくだかる。淀殿、大いに恐怖して、いよいよ城内、和平の事おこりしとぞ。

◎この前日の大筒は、徳川方からの発砲であったことが、十七日条に書かれていた。ここに書かれた伝承では、秀頼が打たせた大砲らしきものが、淀殿のいた天守閣の柱にあたったことになっている。どちらが正しいのか。「実紀」の著者は公平にふたつの伝承を記録したものとみえる。この記述のあとに、《いずれか、是《ぜ》〔正しい〕なるをしらず》、と「実紀」の著者もまた、どちらが正しいか不明だ、としているのである。戦乱の時、さまざまな情報が飛び交ったであろうことは、想像に難くない。

★同日。また、〔大坂〕城中には、眞田〔幸村〕、後藤〔又兵衛〕ら相談し、寄せ手には、両御所〔家康と秀忠〕常々、陣中御巡見あるように見うけたり。秀頼公にも、城内御巡見あるべしと命令はあれども〔この命令を出したのは誰だろう？　眞田幸村あたりか〕、いまだ一度も巡視したまわず。諸軍勢、勇気を増し候わんため、御巡視然るべしと申す〔この文章も主語がない〕。淀殿、もっともなりとて、前夜より、美酒、佳肴〔酒を飲むための、良き肴、か〕をおびただしく積み出し、諸軍〔勢〕を慰労せられ、（中略）秀頼、巡見せらるれば、淀殿も跡より巡見あり。

◎講和を決定してから、こんなことをやっているのである。講和の前に、西軍の陣容をしっかり把握しておきたかったのかもしれないが、すぐに理解できない秀頼母子である。

★〔続き〕淀殿、本丸〔一の丸、天守閣のある建物〕の天守にのぼり、四方を眺望せらる。唯今までも城内の軍勢五、六万、兜《かぶと》の星を〔頭にかぶる兜の後ろ側中央にある星型、正面には獅子頭、とか、龍頭、などという目印がついていた〕かがやかし、なみいたる有様〔大勢が並んでいるようす〕、げに頼もしと思はれ

◎続々と、大坂城支援のため集まってきた、九州の大名たちが、大坂湾のあちこちに入港してきたのを、そのまま帰るよう、指令した。しかし、島津家に関しては、書簡で伝えるなど、おろそかに扱っていない。それだけ、強力な軍勢と捉えていたのであろう。ただ、当時は現代と違って、情報が、トップから下位まで、一直線に伝わる、という時代ではなく、ある決定が、一瞬のうちに全体を覆う、といった情況ではなく、疑心暗鬼で情報を理解する中間の領域があった。だから、ぐずぐずしているのである、事の展開は。

★同月二十日。この日、片桐且元、〈弟〉貞隆は、家人小島庄兵衛、重田惣右衛門を本多正信、正純がもとへ送り、先に御懇《ねんごろ》の密命を蒙るがゆえに、軍令背きがたく、虎口《ここう》を守り、一方の寄せ手に備うといえども、御和議、整うにおいては、かくてあるべきにあらず〈こうして、今のままではいられない〉、所領〈領地〉へ赴き、閉戸して、籠居せんと乞う〈自分の領地に帰って、閉門蟄居していたいと願った〉。大御所〈家康〉聞し召し、〈片桐〉且元兄弟、関ヶ原以来の挙動、皆、先々の命令を守り、残ることなき事どもなれば、何の憚《はばかり》あらんや。ことさら、忠勤と感じ、おぼし〈思い〉召さるるところなり。いよいよ、丹精を抽《ぬき》んでて、〈自分に、つまり家康に〉仕えまつるべしと、仰せ下されしかば、且元兄弟、忝《かたじけなし》と答え奉る。

◎長い、解りにくい文章の引用となったが、ここで書かれているように、家康の腹心の部下である片桐且元でさえ、この冬の陣の戦争を通して、家康の疑念をよぶようなことはしなかったろうか、と疑心暗鬼になっている。当時は、そんなひどい戦乱の時代であったのだ。

★同日。《武徳大成記に〈という本に〉、常高院、阿茶〈の〉局〈ふたりは、和議のために働いた豊臣方の女性であった〉、〈大坂〉城中にて、淀殿に謁し〈淀君に会い〉、和平の議を説諭せしとしるす。家忠日記、金地院〈崇伝の〉日記などには、今日は和平、すでに整い、常高院ら、〈家康の〉御陣に参りしよしに記す。この説、是なる疎意〔秀頼母子をうとんじること〕あるまじとの、盟書をたまわらんとの旨なりとぞ。

◎秀頼母子のほうで提言できる、今後の、最大のありようを希望したのである。しかし、これでは家康は不満であったろう。

★〔続き〕この日より、東西、御和議の事起こるをもて、双方、矢炮〔弓矢や鉄砲、大砲など〕を止む。

◎和議のための交渉が始まるのであろう。家康は、ただちに大坂城の柵や塀を、すぐ撤去させるよう、大坂城諸士に命じている。

★同月十九日。両御所、はるばる御出馬の印《しるし》に、惣搆え〔大坂城の外郭〕をば、東勢〔徳川軍〕を以て、取り払はるべし。二、三丸の〔二の丸、三の丸の〕柵、塀はすぐに、城内の人数をもて取り払はるべしと仰せ遣はされ、御和議の事におよばれしとぞ。

◎十九日は織田有楽入道、大野修理亮治長の使いが徳川方に来て、秀頼母子の和議への希望を伝えた。そこで、家康は承諾し、両御所が出発するべく、大坂城の外側の建物や堀や塀などを両軍の手で破却するよう申し渡した。これが成立したことで、やっと和議の段階に進んだのである。

●和議成立後の家康と秀頼、および西軍の諸将たちの動向

★十二月二十一日。この日、九州大名の軍勢、室、兵庫の津〔港〕に着岸せしとの注進あり。本多正純をして、大坂、すでに和平に及べば、諸軍、その地〔港のある地〕より、帰帆すべき旨を伝えらる。

★同日。また、島津家久〔薩摩藩主、九州最大の大名〕へは、本多正純、山口直友、書簡をもって、御和平により、いずかたまで出船ありとも、そこより直に帰国あるべしと伝う。

がごとし〔この説が、正しいようだ、「実紀」の著者の見解であろう〕。
◎当時、戦争の現場に立ちあったかどうかは不明だが、戦争の間近にいた、この「実紀」の文章の著者たちでさえ、正確な情報は、同時的にも、時間がたっても、正確な理解はできていなかったのだ。このあたりに、この時代の、「情報」の限界を感じるのである。といって、まちがった情報が流されたわけではないに違いない。
★同月二十二日。東西、御和議すでに整いければ、今日、双方、御盟書を取りかわせ給うとて、城中よりは木村重成、郡主馬首良列〔よく解らないが、朝廷に属する地方官か。軍領、という官職は古代的にあった。なぜ、こんな古い用語が出てくるのか、不明。あるいは、うまくび、よしつら、とでもいう名まえの武将か。まあ、それはあり得ないか〕、〔家康の〕茶臼山御陣に参り、大御所〔家康〕の御盟書を拝受して帰る。〔大坂〕城中へは茶臼山よりの御使、板倉重昌、岡山〔秀忠の陣地〕よりの御使、阿部正次をつかわされ、秀頼公盟書を請け取りて帰り参る。
◎徳川家康と秀頼の両者からの和議のための同意書が交わされ、こうして和議が成立した。一説には、淀殿が指に針をさして、血判書のようなものを作ったともある。

●大坂冬の陣は終わり、それ以後の家康と秀頼

★十二月二十三日。〔大坂城の〕城溝〔堀〕を埋め、塀、柵をこぼつべしとて〔壊すべきだと〕、その奉行を本多正純に命ぜらる。今日より、諸勢をして、塀、柵をこぼち、堀を埋ずむ。
◎江戸城も同じ構造だが、城を囲むように、外堀、内堀など二重に、堀が掘られている。堀がなくなれば、城を攻めやすい。敵が来ると、橋が上に引き上げられて、交通が不可能になる。

★同月二十五日。大御所〔家康〕には、辰刻〔午前八時頃〕、茶臼山御本陣を出でて、京都へ帰らせ給う。京より板倉勝重、御迎えに参り、申刻〔午後四時頃〕、二条城へ入らせらる。

◎まずは家康が、京都の二条城に帰ってきた。そして、わたしの読んでいる「実紀」の校訂者、黒板勝美氏が書いている、欄外の小見出し様の文章に、《家康、約に背いて、内堀を埋む》とある（原、漢文）。家康は、大坂城の内堀は埋めないと、約束していたらしいのだが、部下の武将の判断か、家康の命令かで、内堀を埋める作業が始まったようだ。

★同日。また、〔家康の〕御発輿〔はつよ、と読むべきか、輿《こし》を出発させることであろう〕以前、本多正純を召して、総堀はいうまでもなし。二、三丸をも寄せ手人数にて破却し、堀は三歳の子、上り下りの心ままなるほどに〔小さな子どもでも、自由自在に歩けるように〕、埋めしめよと仰せらる。

◎家康の発想は、和議といいながらも、大坂城を見る影もなくなるくらい、ぶち壊し、大坂城そのものをなくしてしまうことであったか。とりあえず、堀は全面的に埋めてしまおうという魂胆であったようだ。そして、残った武将たちは、家康の狙いどおりだったか、本当に全滅すれすれの破壊作業を行ったようで、これを疑問視する重臣もいたようだ。二代目将軍秀忠は、全面破却主義だったようで、つぎのような記事がある。

★同月二十七日。〔秀忠の〕岡山の御陣より、土井利勝、二条城へ〔にいた家康に〕お使いし、大坂〔城〕二、三丸、櫓、塀破却、惣堀埋め終りし事を、聞こえ上げ給う。

◎そして、

★同日。また、従軍の諸大名、おのおの、帰国の暇《いとま》給い〔帰国の許可を得て〕、今度〔このたび〕在陣の労を慰《なぐさめ》せられ、三年の間、土木、人夫、助役の事、免許の旨、命ぜらる〔作業が終了したことを告げられた〕。

★同月二十九日。〔秀忠の〕岡山御本営より、在陣の諸大名、悉く暇《いとま》給うといえども、五万石以上は、〔一〕万石に二十人ずつ残し、明年正月二日より、大坂〔城〕の外郭を破却すべし。五万石以下は、人数を残すに及ばず、明春、歳首の〔家康への〕拝賀も心にまかせ、陣役にいとまなき徒は〔忙しい人たちは〕、まうのぼる〔上京する〕に及ばず、と触れしめらる。

◎諸大名は、この戦役から解放されたわけでなく、大坂城破却のための人数を、それぞれの石高に応じて、残しておくこと、などを命令されている。上京とは、江戸ではなく、二条城であったか。明確ではない。

◎大坂冬の陣がめでたく終わり、家康は二十八日、天皇のもとに参上する。武家として正式な服装で、御供の者たちもそれにふさわしい恰好であった。天皇は家康と対面し、冬の陣が終わり、平和が戻ってきたことを祝福する言葉があった。やはり天皇は、戦争や社会を観察しているだけで、その結果が報告されるのを聞いて、安心した、とか発言するのみである。このあと、酒宴になり、家康からまた、金銀が天皇や上皇、その他女官たちにも配られる。天皇には銀千両、とあるが、これが現在のお金にしていくらくらいなのかは、わたしにはまったく解らないが、家康にはいくらでもあったのであろう。

◉ここで「実紀」第一篇は終わる。ただし、大坂夏の陣はまだ終わっていない。豊臣家の悲劇的な滅亡が淡々と報告されているので、その記事はなるべく残して、読者の皆さんにもその滅亡に向かう悲惨な情況を感じ取ってほしいと考え、しっかりと記事を抽出してみた。「実紀」第二篇では秀忠が将軍となり、徳川家を核とする武家社会の組織と制度の確立に向かって、しっかりと努力し、彼の役割を勤めている、と感じたしだいである。

台徳院殿御実紀巻三十四

元和元年〔一六一五〕正月に始まり、三月に終わる

●戦争は終わった?

★一月一日。〔秀忠の〕岡山御営〔陣地〕に〔大坂城周辺に〕、在陣の諸大名、装束にて出仕し、新年を賀し奉る。〔家康のいる〕二条城へは、在京の諸大名ならびに諸出家〔仏教僧〕もうのぼり、拝賀す。大坂より、右大臣秀頼公名代として伊東長次参る。（中略）大御所〔家康〕には、明後三日、御出京あるべしと令せらる。

★同月八日。〔秀忠のいる〕岡山の御営より、大坂城、諸勢を以て堀を埋めるといえども、二の丸の堀濶、四十間あるいは、五十間。水底の石垣、三間、四間。浅い所も二間。急に成功えがたきよし、〔家康に〕聞こえあぐる。

★同月十八日。岡山御営より御使、青山重長、〔家康のいる〕岡崎に至り、大坂城二の丸まで堀を埋め終われば、御所〔秀忠〕には、この十九日、伏見〔城〕へ御帰陣あるべし。

◎大坂城の堀を埋める作業は進行中だが、なかなか堅固に作られているようだ。終わりしだい、秀忠は伏見城へ帰る、とある。伏見城は、大坂と京都の間にあり、秀頼や、京都の天皇や朝廷の監視のため重要な城であった。

●アジア貿易

★一月十六日。この日、唐商はうへ交趾国渡船の御朱印を下さる。舟本彌七、唐商三官にも同じく下され、

船右衛門へ呂宋国渡船の御朱印を下さる。
◎これらの御朱印を出しているのは、やはり、家康であろう。

●東軍諸大名の帰還

★一月二十八日。御所〔秀忠〕、二条の城、御首途《ごしゅと》〔出発した〕。関東へ赴かせ給う。在京諸大名も皆、いとま給わり、各〔それぞれ〕封地〔領地〕へかえる。
◎秀忠および各大名たちも、それぞれの領地〔藩〕へと帰って行った。
★二月十四日。大御所〔家康〕は、今日、駿府に帰らせ給う。
★同月十六日。御所〔秀忠〕、江戸城に帰らせ給う。猿楽、幸若舞あり。
◎家康も秀忠も、それぞれ、駿府城、江戸城に帰って来た。

●大坂城、再び反撃ムード？

★三月五日。京職〔京都所司代〕板倉勝重より、大坂城中、再叛〔再び謀叛〕の企《くわだて》ありとしられ、近郊、米、豆〔などの食料〕を買い入れ、去る冬、埋めたる城溝〔堀〕を疏鑿《そさく》し〔堀を穿って水を混える？〕、浅い所は人の腰に至り、深い所は、肩に至る。そのほか、處士〔武士たち〕おびただしく新入すること、去年に超え、處士二、三百人ずつ、毎度、京にのぼり、都を焼き払わんとする風説あり。また、近日、大仏殿再興のため、積み蓄《たくわ》えたる巨材を、城中に引き取らんとするゆえ、淀の木村勝清、これを抑留せしよし〔貯めておこうとするよし〕」、〔家康、秀忠に〕注進す。

◎いやはや、つい前年の冬に成立した和議のことを考えると、いったいこの情報はなんだ？　ということになってしまう。続いて、世に伝うるところ、と書く伝聞記事を読んでみよう。
★〔続き〕《世に伝うるところは、大坂、去年、軍士五万を集む。和議の後、この軍士に割与うべき地〔領地〕なし。その上、城溝、悉《ことごと》く埋められ、君臣、憤り〔怒りの気持ち〕を含む。去年、関東の大軍、五十万人、城を巡り、攻めて功なく〔結局、攻めきれず〕、兵を解く〔和議に持ちこんだ〕。
◎関東勢は、大坂城兵士の十倍の軍隊を送りこんだが、攻めきれず、講和になったではないか。
★〔続き〕たとい、楼〔閣〕、櫓、破却し、溝渠〔堀割〕皆埋めらるるといえども、関東勢を引き受け、一戦に勝敗を決せんは〔勝利するのは〕、いながら〔何もしないで〕餓死せんには、はるかに勝《まさ》るべし、とすすめしかば、秀頼、これを然《しか》りとし〔もっともだとして〕、また、再叛を用意あれば、山林、潜蔵する〔山や村その他に隠れひそんでいる〕無頼の徒を募り集む。〔以下略〕》。
◎この伝承もまた、「武徳大成記」などの文書からとられて書かれているので、単なる伝承ではないのだが、この伝承の後半では、大坂城にくすぶっている浪士たちやその他の、反東軍派の人たちの流説であったようだ。秀頼はもう少し落ちついていたという気がする。
★同月十三日。大坂より、秀頼公の使い、青木一重、淀殿の使い、常高院尼〔淀君の妹〕、二位尼、大蔵卿局、正栄尼、駿府に参着す。
◎大坂方からは、すぐに、秀頼母子の関係者のおもだった女性たちが使者として、駿府の家康のもとにやってきた。以下、たがいの交渉は続く。秀頼側の謀叛といったわけでもなかったが、家康、秀忠のほうでも、京、大坂を戦乱の中にまきこもうなどとは思っていず、ひたすら慎重に交渉は続いたようである。たとえば、つぎのような記事もあった。
★同月十六日。京職、板倉勝重より、大坂、ひそかに、京に出勢し、大内、仙院以下を〔内裏や仙洞御所などを〕焼き払う風説しきりなるゆえ、京中、上下〔上層民も下層民も〕大いに騒動するよし、注進す。
◎このような噂はどこから発生するのか。京都に住む人々から発生する可能性もあるだろう。噂話が好きな人々も少なくないからだ。

●家康と本、再び……

★三月十九日。林道春〔羅山〕、金地院崇伝、京より駿府に帰参し、去年命ぜれらし、古書謄写〔写本を作ることとか〕のこと、成功せしよし、聞こえあぐる。
★同月二十日。金地院崇伝、大内ならびに親王〔内裏や親王たち〕、摂家〔摂政、関白をする貴族〕及び、門跡〔寺院〕より、〔家康に〕捧げられし典籍〔本〕を御覧にそなう。大御所〔家康〕、御気色大方ならず。
★同月二十一日。林道春〔羅山〕、金地院崇伝に、群書治要、大蔵〔経?〕一覧、開板のこと〔木版印刷か〕を命ぜらる。
◎家康が、古典の書籍を見る時は、眼も細くなって、好々爺然とするのであろう。

●芸能の徒、あるいは民衆の芸能好き

★三月二十五日。去年九月より、伊勢にて風流踊りとなづけ、諸人、風流の衣裳を飾り、市街、村里を踏哥す〔歌って踊って廻った〕。その風、十一月ごろより畿内近国に及びしが、今日、〔家康のいる〕駿府にて土

人〔街や村の人々〕、この踊りをなす。やがて日を経ず〔短い期間に〕、奥羽までも風習大いに盛んになる。

◎この芸能の流行は、出雲のお国の伝承とも重なっておもしろい。記事はさらに続く。

★〔続き〕《これは伊勢の〔伊勢神宮に集まる〕巫祝ら〔巫女などのシャーマン〕、帰化の唐人を〔中国から日本に来た人々を〕たのみ、〔伊勢〕大神宮、飛行し給うとて、所々に花火を飛ばす。国々、この神幸を〔神の出現を〕、迎うるとて、かく、踏哥をなせしが〔踊りながら歌ったが、か〕やがて厳制せられたりしなりとぞ〔禁止されたという〕。

◎これらの民衆的激情の噴出は、社会の、ひとつのはけ口であって、必要不可欠の存在ではないか、と思っているのだが、家康は、どこかで、民衆のこのような瞬間の解放をさえ、禁止してしまうのだ。のちに定期的な歌舞伎の興行などが、このはけ口になるのであるが。出雲の阿国の伝承なども、このような民衆の激情のはけ口としても意味があるはずである。

●高野山行者

★三月晦日。大坂〔城〕に籠城せし、高野山行人〔行者〕十二人、その党百十人、その坊跡、没入すべしと令せらる〔この令したのは、だれか、家康であろうか、それとも大坂城の人?〕。

◎高野山は、隠遁者などがこもる山であったが、この山の行者が仲間を連れて、大坂城にいたのだろうか。豊臣方の人間として。それを家康の側が禁止したのであろうか、不明。

●大坂城内不満分子

★この月〔三月〕、大坂〔城〕の再〔謀〕叛の聞こえ、既に定かなれば、板倉勝重、江戸、駿府の令を待たずして、京都諸口の警衛を厳〔密〕にし、後に、〔家康の〕御感をこうむる。

◎本当かどうか、大坂城では、早くも謀叛の雰囲気が漂うようになってきた。講和に対する不満分子が、大勢いたであろうことは、充分省察できよう。

台徳院殿御実紀巻三十五

元和元年四月

●大坂城内不穏分子と家康の上洛

★四月一日。酒井忠世、土井利勝、奉書をもって五畿内の大名へ令しけるは、大坂城の落人あらば、男女、老幼を分かたず、搦め取りて、〔幕府に〕進《まい》らすべし。隠し置く者は、曲事たるべし。各、怠慢あるべからずとなり。

◎負けた大坂城からの落人は、少なくなかったと想像されるが、幕府の側では、これをすべて捕まえて、幕府に差し出せ、と言っている。ここまで徹底するのが、普通であったのかな、当時は。

★同月二日。大坂より進らせられたる女使三人ならびに青木一重は、尾州〔尾張〕名古屋に赴き、〔家康の〕着御を待つべしと命ぜられ、今日、駿府を発程す。

◎家康は、大坂城の不穏なさまを見て、上洛を始め、大坂方の使者は名古屋で、家康を待つことになったという。一時の平和も、たちまちのうちに暗転しているではないか。この女性の使者たちは、名まえが出ていないが、常行院尼、二位尼、大蔵卿局たちであろうか。

●大坂城内のこと

★四月五日。大坂より大野治長を以て、大坂城を出て他に移らん事は、秀頼公母子、更に同意なし。幾度も陳謝せらるべき旨、常高院尼をもって申さるるよしなり。大御所〔家康〕、聞し召し、もし然らんにおいては〔大坂城を出ないというなら〕、やむことを得ず、と答え給う〔最後の手段に出るしかない、といった心境であろう〕。

★同月十日。大御所〔家康〕は名古屋に至らせられ、平岩親吉が旧宅にやどらせらる。

★同月十一日。大坂の使い、常高院尼、二位局、大蔵卿局、正栄尼、ならびに青木一重を召して、聞し召すところのごときは、大坂、今において、烏合の處士〔烏合の衆的な武士たち〕どもを追い放たず。秀頼母子の憤り、なお解けず。兵具を集め、軍勢を手分けして、京都を焼き払わんとするよし。世上の風説、専らなるがゆえ、人心大いに安からず。都下〔京都の町では〕、もってのほか、騒擾する〔噂などでざわめいている〕よし聞こえたり。〔家康が〕我、不日に上洛し〔近日中に京都に入り〕、その虚実を糾明して沙汰すべければ〔処置するので〕、常高院〔尼〕、二位の局は大坂に帰り、秀頼母子にこの旨を告げべし。

◎秀頼母子は、とりあえず、講和の儀に立ち会ったものの、家康の出した三条件のひとつである、大坂城を出ること、に関してはまったく同意していなかったのだ。これではなんのための講和だったのか。もはや、最悪の結果が待っているというしかないのでは。

★同月十二日。織田有楽、使いもって、入道父子〔有楽と息子〕は、秀頼母子をはじめ、城中の将士、その諫《いさ》めを用いず、とて、城を出で去るよし申す。
◎秀頼の大きな味方であった織田有楽父子は、ついに秀頼母子を見限るべく、最後通牒をつきつけたのだが。
★同月十八日。大御所〔家康〕は、〔中略〕未刻、ご入洛ありて、二条城に入り給う。〔御三家の〕〔松平〕義尚卿、〔松平〕頼宣卿も先立ちて入洛せらる。〔中略〕秀頼の使い、青木一重ならびに女使らも、ともに入洛す。
★同月十九日。山陰、西海両道の軍勢、神崎中島より入る。南海道の軍勢は、泉州〔和泉のあたり〕より大坂へ入るべしとなり。
◎この連中は、西軍方、つまり、秀頼方の軍勢で、家康の動きを注視し、いつでも臨戦態勢にのぞめる大勢で控えているのであろう。その全体数は少しずつ減ってはいるが、西軍再興の余力あり、と誇示している。二十日の記事では、仙台の伊達政宗ほか、黒田長政、加藤嘉明らが東軍方として参加している。また、九州の大藩島津家も登場。これ東軍方であったな、確か。
★同月二十二日。〔秀忠は〕伏見より、二条〔城〕にわたらせられ、〔家康と〕御対面あり。大御所〔家康〕には、二十八日、大坂へ御発行あるべしとの御事なりしに、加賀、越前、奥羽の軍勢いまだ全く、上着せず。
★同日。大御所〔家康〕、我すでに、古稀の齢に至る打ち留めの軍《いくさ》なれば、〔自分〕自身、先陣すべしと仰せらる。御所〔秀忠〕、聞し召して、それがし、かくてあらんに、御父上〔家康〕先手し給わんこと、勿躰なし。かつは、諸大名の聞くところもいかがなり。是非に、それがしに先手を命ぜられるべし、と仰せけれども、大御所〔家康〕うけひかせ給わず。
◎家康は、自分の年齢を考えると、最後の戦いになる、と感じたのか、先陣をつとめることを主張したという。秀忠も譲らず、といったところに、本多正信が分け入って、家康は京都の二条城に、秀忠は、大坂寄りの伏見城に、と陣地を決めたらどうか、と提案し、家康が喜んだ、とある。もはや、勝つか負けるか、の戦いではなくなっているのだ。秀頼側の自滅を、願っているのであろう。つぎの記事などは、大坂城からの軍勢が、周辺の町や村に乱暴し、こどもからおとなまでの女性たちを殺したり、といった、大坂城内の混乱が外にもはみ出しているかの様相を伝えている。家康は、この頃は無駄な戦争はやめて、とりあえず、秀頼母子の自滅への道を探っているかのようであった。

★同月二十四日。常高院尼、二位局を以て、大坂に和議を仰せつかわさる。よりて〔大坂方の〕大蔵卿局、正栄尼をも〔大坂〕城中へかえされ、青木一重はなお、返されず。（中略）常高院尼、二位局、〔大坂〕城中に入りて、秀頼母子に仰せを伝えしは、去年、大坂の兵乱にて、摂河両州〔摂津、河内の両州〕の農民逃散《ちょうさん》し〔逃げ去り〕、賦税収納を得ざること〔年貢を取り立てることができなかった〕はさることとなりといえども、和儀すでになりて、たがいに盟書、取り交わしたるうえは、速やかに烏合の人数を〔役にも立たぬ浪士どもを〕、放ち遣わす〔追い払う〕べきところ、今において、處士、ひとりも放ち去らず、あまつさえ、日々に山林に潜蔵する凶徒〔野武士たち〕を募り集め、これがために、城中、儲蓄《ちょちく》〔貯めこんだ金銭や食料などなど〕、日々に虚耗《きょもう》にいたる。もっとも、さもあるべき理なり〔当然のなりゆきだ〕。そのうえ、城中、常に攻戦の調練し、武具を繕修〔修繕〕する由、四方に伝聞し、大坂、再〔謀〕叛の風説、専らなり。秀頼、盟誓の血、いまだ乾かず。決して異図《いと》〔異なった気持ち〕あるにはあるべからずといえども、世上の雑説、詾々《きょうきょう》たれば、しばらく人心のしずまらんため、五、七年の間には、大坂〔城〕の城溝〔堀〕以下、旧貫に復して〔も和州〔大和の〕郡山に引き移られれば、摂河両州を引き替えて、大和国を遣わさるべし。大坂城を出で、とのように戻って〕、〔家康に〕遣わさるべし。その間、〔秀頼公の〕所領の事は、西尾光教、伊奈忠政に沙

汰せしめ、欠乏に至らしむべからず。新入の處士も心任せ、抱え置くべし、との御事なり。
◎ある意味では、大坂城内において、秀頼母子も、新旧の武士たちを扱いかね、むしろ行き場のない浪士たちも集まって来る、こんな情況は、和議以前とほとんど変わっていなかったのだ。これはひとえに、若い秀頼の統率力と、淀君の政治力不足があいまって、彼ら自身、身動きのとれぬありさまになっていたのかもしれない。しかし、あくまで、幕府側が要求する、大坂城からの撤退という最後通牒からは、逃れようとしているのであった、この二人の母と子は。
★同月二十七日。〔家康、秀忠からの指令で、大坂城を出て各地で幕府勢と小競り合いを続けている浪士たちを対象に〕よってその地に高札を立てらる。大坂籠城の者、妻子、いずこに潜蔵するとも〔隠れひそんでいようとも〕、捜索有りて、斬〔刑〕に処せらるべし。もし、その城を出る者は、罪を赦《ゆる》され、帰欸《きかん》して忠ある者は、所領〔領地〕あるは、褒賞たまわるべしとなり。
◎幕府は、大坂方浪士対策も大変である。

台徳院殿御実紀巻三十六
元和元年五月一日に始まり、六日に終わる

●大坂城攻撃開始?
★五月一日。諸大名、〔家康と秀忠のそれぞれいる〕二条、伏見両城へ出仕す。この三日、大坂へ御進発あ

るべしと仰せ出さる。
★同月三日。両御所、御出馬、御延引なり。（中略）これは、京職板倉勝重へ、先に岡崎喜左衛門《もと江戸に仕えしが、今は處士となり、今度、大坂へ籠城し、城中の間者〔スパイ〕となり、敵の情実を常に注進すという》、ひそかに、大坂より、偸人あまた、京師に潜居せしめ〔そっと生活させ〕、御出陣あらば、禁裏、仙洞をはじめ、京師悉く焼き払うべし、と計策をめぐらすよし、告げたりしが。（以下略）
◎こんな理由もあって、家康らの進発は延期になったのである。家康にとって、天皇が大事だったのか、民衆が大事だったのか、今となっては解らないが、ともかく静観することになった。家康は常高院尼その他の女性使者を絶えず大坂城に送って講和をよびかけていたことは確からしい。そして、秀頼母子が耳を傾けなかったことも。

台徳院殿御実紀巻三十七

元和元年五月七日に始まり、二十九日に終わる

●大坂城の兵隊は子どもであった？

★五月七日。大御所は卯刻《うのこく》、御輿にて御進発《御進発に先立ち、藤堂高虎参り、今日は御具足を召さるべきやと申しけるに、〔家康〕大坂の豎子《じゅし》〔子ども〕を討たんに、我、具足を着るに及ばずとおおせられしとぞ》茶色の羽織に下括りの袴を召され、御旗《おんはた》、長柄は住吉の方を指しておさせらる。

◎子ども相手の戦争に、軍装はいらぬ、というなら、子ども相手の戦争も、いかがであろうか。しかし、現実の戦争はしだいに深刻な様相を帯びてゆく。当然のことだが、たがいの陣から、死者も増加していった。そのひとりは――

★同日。茶臼山より庚申堂まで備えたる眞田が、備えひと支えも支えず、幸村をば、西尾仁左衛門、討ち取り。

◎大坂軍の主将格であった眞田幸村が、あっさりと討たれている。この早い死は、大坂城の命運を象徴しているに違いない。そして、まさしく西軍の敗戦は始まり、滅亡へと戦況は進んでいった!

★同日。速水守之は、大野治長とともに秀頼母子を守護し、山里の土庫に火をさくる。

★同日。また、秀頼の北の方《千姫君》は、秀頼母子助命を請わせ給わんとて、〔大坂城を?〕出で給いしを、坂崎成政、道にて行きあいまいらせて、〔家康のいる〕茶臼山に護送し奉る。

◎ずっと昔、少年時代の秀頼と結婚させられた秀忠の娘、当時子どもだった千姫は、ここまでの「実紀」の記事に現れること一度もなく、いったいどうしたのだろうか、と気になっていたのだが、こんなところで出現した! 正妻であるはずなのに、今では、淀君が息子を守るように連れ添っていて、千姫登場のチャンスがなかった、かのように扱われてきたのだ。これに対し、家康、秀忠が、秀頼母子に文句を言った話も、聞いたことがない。哀れな女性であったようだ。

★〔続き〕〔大坂方〕大野治長も、家士米村権右衛門を以て、右府〔秀頼〕母子、助命のことを願う。将軍家の御旨にまかせらるべしとて、米村をば、後藤光次にあずけらる。

◎大坂方では、絶えず、秀頼母子の延命を願っていたようだが、危機一髪のシーンが出てきたわけではない。彼ら母子への心配だけが、大坂城の「共同幻想」となっていたか。

★同日。秀頼も出馬し、城外にて討ち死にせんとありしを、速水守之、乱軍の中へ御出馬、そのせんなし。もし、城、陥らば、その時、御自殺あるべしと諫めしかば、秀頼も桜門より引き返さる。
◎秀頼は、大坂城から出なかった。
★同月八日。辰の刻、片桐且元、使いもて茶臼山御営に、秀頼母子ならびに大野治長ら股肱の徒〈昔ながらの人々〉、二丸帯曲輪《おびくるわ》に籠居するよし告げ奉る。
◎秀頼も戦闘意識をなくし、淀君などと帯曲輪と称されるあたりに、じっとたたずむように、敗戦の時を待っているのであろう。そして！
★同日。御所〈秀忠〉より、安藤重信、御使いして、帯曲輪にこもるところの秀頼母子、ならびに扈従《こじゅう》〈従う人々〉の男女、悉く自殺を命ぜられしよし、茶臼山御営へ告げられ、午の刻、〈家康は〉井伊直孝を以て、秀頼母子以下、自殺すべしと仰せ遣わさる。この日、帯曲輪、土庫中にて、従一位前右大臣秀頼《二十三歳》、生母、浅井氏《淀殿》、大野治長、その子治徳、速水守之、その子、傳吉（以下略）みな、自殺し、女房和期の局、（中略）右京太夫の局（中略）も同じく自害せり。二位の局は召されて、茶臼山にありしかば、ついに、助命せらる。
◎こうして、長い長い講和のための時間は、急速に終焉の時を迎え、秀頼母子はあっけなく自殺への道を辿った、としている。このあっさりとした終焉に関して、かえって「実紀」の編者のほうが、家康がまだ、秀頼母子の延命を願っていたのだ、という挿話を、「世に伝うるところは」といった伝聞のかたちで残そうとしている。確かに短慮の秀忠の自殺への命令は、あまりにあっけなく、これまで講和の道を探ってきた家康の考えとは、まるで違っていたであろう。しかし、案外という以上に粘っこい秀頼母子の精神構造に家康もまた、閉口していたでもあろう。秀忠の決断に、まあ、この辺で幕を下ろすしかないか、と家康も考えたのではな

いかな。
★同日。この日、御所〔秀忠〕、〔御三家の〕義直、頼宣両卿ともに、茶臼山にならせられ、〔家康と〕ご対面あり。昨今、連年、大御所〔家康〕御老躰にて、御みずから御出馬ありしゆえ、凶賊、速やかに平均し、天下一統の大慶、これに過ず、と謝し給えば、大御所〔家康〕は、今よりのち、政道、公平に、仁恩をほどこされ、諸大名、三年があいだは、傜役をゆるさるべし、と宣《のたま》う。
◎秀頼母子は死亡し、戦争は終わった。秀忠に向かって言う家康の言葉は、あまりに無情というのか、戦役の疲れを慰撫するわけでもなく、諸大名にやらせている傜役を、三年はストップしていい、というクールなものであって、家康の、昨今の優しさは表れていないように思われる。ただ、つぎのような挿話も載っているので紹介しておこう。
★同月十二日。京極忠高は、秀頼息女八歳なるを捕らえて、獻ず。これは秀頼の妾、成田氏《助直、女《むすめ》》の腹に設けしを、北方〔秀忠の娘、千姫か〕養い給いしなり。助命せられ、後年、比丘尼となり、鎌倉、松岡、東慶寺に住持して、天秀和尚といえるはこれなり。また、秀頼妾腹に男子あるよし聞こえければ、厳〔密〕に捜索すべしと触らる。
◎秀頼は絶えず、母、淀君と一体化したかのように語られることが多かったのであるが、当然、普通の男と同様、娘や息子は作っていたようだ。息子に関するニュースはまだ、あった。
★同月二十一日。伏見の農人〔農民〕、秀頼の男子、国松丸が橋下に忍びいたりとて、捕らえて訴え出る。
◎ほかにも、秀頼の息子の話はあったのだ。一般に橋の下に忍んでいるのは、非人、河原者、すなわち被差別民であったが、そんな哀れな生活をしながら、秀頼の息子は、社会に復帰する機会を探っていたのであろうか。以下に、国松丸に関する情報がわずかに残っていたことを示す記事があるが、次の記事で終わりにしよう。

★同月二十三日。この日、秀頼の男子国松丸を、六条河原において首を刎《はね》らる。

◎まさか、この稿を、秀頼の息子の死をもって閉じることになるとは、夢にも思っていなかった。栄華というものは、いつか幕を閉じるものなのか、あるいはそうでもないのか、わたしには結論できない。幕末には、徳川家にも終わりが来たように、すべて、栄枯盛衰という四文字熟語の呪縛の外に逃げることはできないのか。これでは、あまりに淋しい終焉ではないか。そうでない命運もある。つぎの新たな時代や文化の中へ、そっと忍びこんで、へへへ、と苦笑しつつ生き延びている多くの先人がいるに違いない。といった人の運命について書く領域ではなかったのだが、とりあえず、この巻は、豊臣氏の終焉を淋しく見送るかたちになったが、つぎの物語が待っているに違いない。

●参考文献一覧（本文中に掲出）

『朝鮮幽囚記』（ヘンドリック・ハメル、東洋文庫、一九六九）
『江戸参府紀行』（シーボルト、東洋文庫、一九八九）
『海游録――朝鮮通信使の日本紀行』（申維翰、姜在彦訳注、東洋文庫、一九七五）
『太閤記』（新日本古典文学大系、岩波書店、一九九六）
『近世風俗志　守貞謾稿』全五巻（喜田川守貞、岩波文庫、一九九六―二〇〇二）
『異国日記抄』（村上直次郎校註、島連太郎発行、一九一一）
『嬉遊笑覧』一～五（喜多村筠庭、岩波書店、二〇〇二）
『藩翰譜』上、下（新井白石、吉川弘文館、一九二五）
『近世日本国民史　徳川家康』一～三（徳富蘇峰、講談社学術文庫、一九八二）
『吾妻鏡の謎』歴史文化ライブラリー277（奥富敬之、吉川弘文館、二〇〇九）
『日本思想大系』26「三河物語　葉隠」（岩波書店、一九七四）
『日本系譜綜覧』（日置昌一編、講談社学術文庫、一九九〇）
「歴史読本」徳川15代将軍家と天皇家（新人物往来社、一九九九年六月号）
『幕藩制社会と石高制』（松下志朗、塙書房、一九八四）
『江戸時代用語考証事典』（池田正一郎著、新人物往来社、一九八四）
『新訂　官職要解』（和田英松、所功校訂、講談社学術文庫、一九八三）
『出雲の阿国』（有吉佐和子、中央公論社、一九六九）
『出雲のおくに――その時代と芸能』（小笠原恭子、中公新書、一九八四）

『死火山系』（水上勉、光文社文庫、二〇〇八）
『新訂　西洋紀聞』（新井白石、東洋文庫、一九六八）
『シュマリ』上、下（手塚治虫、角川書店、二〇〇六）
『中世民衆の生活文化』（横井清、東京大学出版会、一九七五）
『小説　浅草弾左衛門』（小学館文庫）、『弾左衛門とその時代』（河出文庫）、『車善七』（筑摩書房）、以上、
塩見鮮一郎
『橋のない川』（住井すえ、新潮社、一九九二）
『日本の聖と賤　中世編』、『アジアの聖と賤』（野間宏、沖浦和光、河出文庫）
『図説　徳川家康』（小和田哲男・宮上茂隆編、河出書房新社、一九九九）
『琉球王国と戦国大名――島津侵入までの半世紀』（黒嶋敏、吉川弘文館・歴史文化ライブラリー、二〇一六）
『日本史――キリシタン伝来のころ』（ルイス・フロイス、柳谷武夫訳、東洋文庫、一九五三）
『日本歴史人名辭典』（日置昌一編、講談社学術文庫）
『列藩騒動録』（海音寺潮五郎、講談社文庫、一九七六）
『図説　韓国の歴史』（金両基監修、河出書房新社、一九八八）
『漢民族とはだれか――古代中国と日本列島をめぐる民族・社会学的視点』（安達史人、右文書院、二〇〇六）
『日本盲人史』正・続（中山太郎、パルトス社、一九八五）
『新琉球史　古琉球編』（琉球新報社、一九九一）
『朱印船』（永積洋子、吉川弘文館、二〇〇一）
『流人と非人――続・長崎奉行の記録』（森永種夫、岩波新書、一九六三）
『鎖国――日本の悲劇』（和辻哲郎、筑摩書房、一九六一）

『江戸幕府大事典』（大石学編、吉川弘文館、二〇〇九）
『日本の女性名――歴史的展望』（角田文衞、国書刊行会、二〇〇六）
『大江戸死体考――人斬り浅右衛門の時代』（氏家幹人、平凡社新書）
『大系　日本の歴史9　士農工商の世』（深谷克己、小学館、一九八八）
『日本・架空伝承・人物事典』（平凡社、一九八六）

〈以下、本文中に掲出なし〉
『図説　織田信長』（小和田哲男・宮上茂隆編、河出書房新社、一九九一）
河出人物読本『豊臣秀吉』（河出書房新社、一九八三）
『民族と歴史』特殊部落研究（喜田貞吉主筆、古藤田喜助・発行兼印刷人、一九二〇）
『徳川家康のすべて』（北島正元編、新人物往来社、一九八三）
『彩色事典　将軍と江戸の武士』（双葉社、二〇一二）
『江戸城　その歴史と構造』（小松和博、名著出版、一九八五）
『東京の歴史1』（樋口清之、長谷川書房、一九五五）
『紅塵三百五十年――続・東京の歴史』（樋口清之、弥生書房、一九六一）
＊樋口清之の二冊は、一と二を出す予定だったものが、何かの事情でいったん中断され、改めて、別の題名を付し、別の出版社から出されたように思われる。また、東京の歴史は、まず江戸の歴史を述べ、次に東京に移行する予定だったらしく、実際には江戸の歴史、として描かれている。次の本も同じ。

『東京の歴史』（樋口清之、弥生書房、一九六一）
『江戸時代　部落民の生活』生活史叢書24（高柳金芳、雄山閣、一九七三）
『江戸町奉行』江戸時代選書6（横倉辰次、雄山閣、二〇〇三）
『近世事件史年表』（明田鉄男、雄山閣、一九九三）
『御家人制の研究』（御家人制研究会編、吉川弘文館、一九八一）
『旗本の経済学』（小松重男、新潮選書、一九九一）
『江戸異端文学ノート』（松田修、青土社、一九九三）
『江戸の町かど』（伊藤好一、平凡社、一九八七）
『鎖国とキリスト教』（福島勲、私家版、二〇〇〇）
『特殊部落一千年史』部落問題資料文献叢書　第一巻（高橋貞樹、世界文庫、一九七一）
『部落史の研究―前近代編』（部落問題研究所編、部落問題研究所出版部、一九七八）
『岡田章雄著作集Ⅴ　三浦按針』（思文閣、一九八四）
『江戸から東京へ』全九巻（矢田挿雲、中央公論社、一九七五）
『三田村鳶魚全集』（中央公論社、一九七六）
『日本随筆大成』第二期（吉川弘文館、一九七三）

あとがき

「徳川実紀」は徳川幕府がみずから作った幕府関係の歴史書であり、そういう意味では、鎌倉幕府が作った「吾妻鏡」と同じ性格の本である。しかし「吾妻鏡」は、ややのちの何度かの編纂作業によって記事の順番が変わったり、内容に変化や散逸があったり、書かれた当初の、いわば原型がどのくらい確保されているのか、鎌倉幕府の実態をどの程度正確に伝えているのか、疑問視もされているようであり、ある歴史学者の証言もある（矢代國治『吾妻鏡の研究』藝林舍、一九三四。奥富敬之『吾妻鏡の謎』吉川弘文館、二〇〇九など）。

たとえば源頼朝は落馬が原因で死んだという伝承があるが、現在、定本となっている「吾妻鏡」には、頼朝の死の記述はなかった。むしろ源氏の血統が二代三人（頼朝とその長子、次男の頼家、実朝）で消滅し、その後は、頼朝を中心に鎌倉幕府が展開した時から、頼朝を支援した関東の豪族たちが、二代目将軍の頼家の時代から始めた合議制的な幕府のありようが長く踏襲されたが（評定衆《ひょうじょうしゅう》による合議制的決断によって治世のすべてが決定される）、やがて、評定衆のひとり、北条氏が執権となって展開する治世の方向性になった。

しかし、北条氏は、なぜか彼ら自身は征夷大将軍という官職を要求することなく、「執権」と称して、京都から、もともと天皇の息子のひとりを征夷大将軍として鎌倉におよび、幕府活動を展開しようとしたのだが、当時の後鳥羽天皇からはその要請を断られ、摂関家の幼い男子を将軍として関東に招聘して展開した。そして、「吾妻鏡」はそんな経緯には触れずに頼朝をある意味では美化し、以後、幕府の中心勢力になった北条家の方針の正当性が強調されていくようになったと思われる。

「徳川実紀」（以下、「実紀」と略称する）はその点である程度信用できる本ではないだろうか。多くの文献史料（吉川弘文館本）では最初に「引用書目」と題して、全部で六百六十冊近い文書名を掲出しており、本文中には、記事の終わりに、「慶長日記」とか、「慶長見聞録」とか、それらの記事の出典の文書名が明記されている。ところどころ、《世に伝うるところ、うんぬん》として伝聞めいた記事によって、本文を補捉しているところもあるが、そんなばあいも、引用書名は出している。そしてつぎつぎに登場する将軍たちを正確に復元しているのである。各記事にも作為はないと考えられ、この「実紀」以前に、戦国時代から江戸時代初期の時代の早い文献として、大久保彦左衛門が徳川家康の出現から、家康が成長していく過程を、戦闘家でもあった著者が剛腕を振るうように書いた「三河物語」（寛永三年〔一六二五〕成立か）という本もあり、家康の戦国時代を捕捉しているのである。

わたしは「三河物語」を読んでから「実紀」の初期の記事を合わせて、徳川家康という稀代の武家を分析し、それらの作業を通して、日本近世社会の出発を、自分の眼で視てみたいと考えたのだ。「実紀」は、江戸幕府初代の将軍、徳川家康から十代将軍家治までをまず書いている。十一代家斉の項は、未定稿のままにとどまった、と電子辞書の「日本歴史大事典」には書かれているが、続けて、「続徳川実紀」という本が近代になって刊行されたとある。

もともと、わたしは『天皇学入門』（批評社、二〇二二）を書くため、徳川幕府や江戸時代の町民の捉えていた天皇像や天皇観を探るために「実紀」を読むことになったので、「実紀」もまた、将軍でいえば、徳川家康とその子、二代目将軍秀忠の項しか読んでいなかったのである。今回、もう少し丁寧に全体を読み直そうと、吉川弘文館の『新訂増補　國史大系』の『徳川實紀』と『續徳川實紀』（全十五巻）を新たに買い需めたようなわけである。

徳川幕府末期、欧米諸国から開国を迫られた幕府は、それを幕府だけで決定できなかったためか、京都朝廷にお伺いをたて、天皇の位層は、この鎖国ニッポンにとっては国難の時代に、天皇制の政治的意味とともに大きく変わったのである。つまり平安時代後期以降、無力だった天皇から、強力な指導者（？）へと。明治維新以後の天皇は、古代の天皇以上に、その権限や財産を拡大したのである。いや、させられたのである。天皇一族は、日本の歴史の中を、不思議な運命のもと、浮上と落下と再浮上を体験してきたのであった。要するに、苦しい時の神頼み、であって、神ではないが、ともかく、時の政治勢力に利用されることで生き延びてきたのであった。

徳川幕府初代の将軍、徳川家康は、多くの正統な系譜を持たなかった武家たちが、いずれも源氏の後裔であることを誇りのようにしていたのと同様に、公式文書には源家康、とサインした。このような傾向は室町幕府時代から戦国時代を通して、連綿として継承されていたのである。家康の戦国時代での活動を描いている、先述の「三河物語」では、武人としての源氏の大まかな流れから、初期の家康の紹介へと展開している。そして、三河の徳川氏に関して、ちらっと、荒っぽく紹介している。三河は、現在の名古屋市のある愛知県の東南部にあった。すなわち織田信長の登場した地域、尾張の東側のあたりに、徳川家康の出生地、居住地があり、家康は信長とは早く同盟し、ともに戦ってきた。

岩波書店発行の「日本思想大系」本の『三河物語　葉隠』の補注には、本文中の「徳の御代」について（徳川の「川」の字が欠落しているか）、《徳河郷に居住の時代。この説話によれば、徳川氏の本貫〔徳川氏族の興った地〕は上野国新田郡徳河郷で、その先祖は新田義貞の配下に属していたが、義貞の敗死後、本貫を離れて諸国を流浪し、時宗の僧となった約十代目の徳阿弥が西三河の松平郷に至ってここに定住し、還俗して初代松平親氏と称したということになっている。但し、説話であって史実と見ることはできない》、とある。つまり徳川時代は三河から始まったのであるが、その源を尋ねると新田義貞の生まれ育った上野国の徳河郷から出発している、という。これは、徳川家がまごうことなく源氏の子孫であることを証明すべく、同じく源氏を名乗った新田氏と本貫を同じくするのだ、という大久保彦左衛門一流の系譜論的説法であった、と思う。

当時の新興の武家たちの多くが、もともとは、名も知れぬ農民やその他の雑民あり、あるいは地方豪族ともいうべきいろいろな人間たちあり、であったろうから、多くは、少し名まえが出てくると、その家系の純粋さや正統性を証明しようと、系図を作ったのである。そういう意味では、家康も信長も少々過去に遡りうる武家の生まれであったのに対し、秀吉は完全な雑民の生まれであったとされている。

講談社学術文庫の日置昌一編『日本系譜綜覧』の徳川家系図によれば、遠い祖先を新田義重とし、十六代として家康は登場している。「実紀」では、祖父の清康、父の廣忠を簡単にさりげなく紹介し、その子として、家康が誕生するのだが、烈祖東照宮とよばれ、誕生にまつわる奇瑞がさまざまあるが、薬師十二神将の寅神を授けられたという夢をみて母は身ごもったとある。竹千代となづけられた、とあり、その誕生譚は案外あっさりしていた。

徳川幕府の各将軍と各天皇の関係早分かり事典のような本があった。「歴史読本」一九九九年六月号で、「徳川15代将軍家と天皇家」という特集号である。これには平井誠二「特集セミナー、近世　朝幕関係の基礎知識」という特集ページがあり、冒頭に「朝幕関係用語・役職事典」があった。そして、「院政」から始まって、「改元」「行幸」「禁中並公家諸法度」「禁裏」などの用語が解りやすく解説してある。「禁裏御料」という用語があるのだが、禁裏は禁中と同様、皇居というのか、天皇の領域を言うのだが、その禁裏経営のために幕府がどの程度の補助費を出していたのか、簡単に触れている。

それによると、「禁裏御料」とは、《皇室の所領のこと、江戸時代の天皇・公家衆は幕府からすべての所領を支給されていた》とある。所領とは、領地の事かと思ったのだが、ここでは特別な用語らしく、領地からあがる石高、米の取れ高のような、収入に関わる概念のようだ。だいたい、大名などに与えられる何万石という単位は、それに見合う領地を指しているのだろう、と思っていたのだが、もし、〈石〉というのが、ある農地から収穫される米の量であるとするならば、加賀百万石とよくいわれるが、加賀（石川県）はすぐ南に位置する越前（福井県）などと較べて特別に土地が広いわけでもなく、むしろ水田用の農地は、越前より狭かったであろう。越前は徳川家の親藩大名で、新井白石の「藩翰譜」によると、家康の長男だが、豊臣秀吉の養子になった秀康が、慶長六年に、家康によって福井藩の城に入った時、「六十七万石を領し給う」と書かれている。その後、いろいろと変動はあったと思う。

ところで、わたしはこの石高の正確な意味が識りたいのであるが、江戸時代経済学のような本でもあたらない限り、解らないのである。松下志朗『幕藩制社会と石高制』という本を買ったのだが、石高制はさっぱり解らないので、読みやめている。歴史の本では簡単に大名や御家人の石高が何万石などと書かれているのだ。いわば、江戸幕府から出ている給料のように。

話が飛んでしまったが、そのような所領なるものを、右の文章に続けて、《家康が一六〇一年（慶長六）に献上した一万石を本御料《ほんごりょう》といい、秀忠（家康の子、二代目将軍）が一六二三年（元和九）に皇女誕生祝いとして献上した一万石を新御料、綱吉（五代目将軍）が一七〇五年（宝永二）に献上した一万石を増御料《ましごりょう》と書いている。この三万石の外に、公家領四万石、その他が三万石、合計十万石（のち十二万石）であった》。引用文中の家康に関しては、「実紀」にはこのような記述はなかった。しかし、単純化していうと、この十万石が天皇・朝廷の総年収ということになるのだろうか。十万石の大名と同じくらいの経済的レヴェルである。現在の天皇家も国家から年間、巨額の生活費その他の費用が提供されていると思う（この天皇に提供される金額は、結局、国民の税金ということになるのだろう）。

しかし、この江戸時代の石高というものの構造やすべてがはっきりと、現在の自分には解らない、というのがわたしの実感である。拙著『天皇学入門』は、古代から現代までのさまざまな文献に、天皇がどんなふうに描かれているか、を探っていこうとした本であったが、その近世の部に、「信長記」、「信長公記」、「太閤記」、そして「徳川実紀」を選んだわけだ。そして、家康以下の各将軍たちの辿った彼らと彼らの時代の様相を描きながら、あまりない天皇に関する記事や、変わったできごとの記述などを抽出していくつもりで始めた作業であったが、天皇関係記事はまったく少なく、そこで結局、同書からは除外することにしたのだった。そして、今回、もっと別の視点から徳川幕府や江戸時代を捉えた、新たな本として書き直してみたい、と考えたのである。近世日本のさまざまなありようを細かく再現してみるのはどうか、と考えたのだ。

たとえば徳川時代の鎖国主義以前の、諸外国との交流、キリシタン禁制のハードな実際、さまざまに出されている法令あるいは法度《はっと》、あるいは武士、町民たちの犯罪など、それからごく最初には、家康と二代目将軍秀忠らの、関ヶ原から大坂冬の陣、夏の陣など、豊臣秀頼との抗争についても簡単に記事を拾っていったのである。おもしろかった、その作業は、と言うしかない。ただし、現在、家康から秀忠へ、という徳川幕府の出発点に立っているにすぎないのであるが。

なお「実紀」は、以下にその名まえを出すように、家康の記録を「東照宮御実紀」とし、息子で二代目将軍秀忠を「台徳院殿御実紀」のように書いている。これらは、諡号といって死後に与えられた名まえを題名にしている。本章でも引用文の旧漢字はほぼ新漢字に改め、読点や送り仮名、人名にルビなどを、必要に応じて補った。漢字を平仮名にした箇所もある。ただし、原典を離れたわけでは決してない。「徳川実紀」を利用して、近世日本社会の実態を抉りだそうと考えたわけである。そしてそれなりに、まずはその狙いは実現できたのでは、と自負している。まずは、そんな作業の出発点での報告としたいと考えている。

二〇二四年九月　　安達史人

安達 史人（あだち ふみと）

1943年生まれ
東京藝術大学美術学部芸術学科卒業

◉雑誌編集歴
「武蔵野美術」（武蔵野美術大学季刊誌）編集主幹
「游魚」（木の聲舎）編集・発行人
◉著書（研究書）
『神々の悲劇―ギリシア神話世界の光と闇』（北宋社）、『日本文化論の方法―異人と文学』、『漢民族とはだれか―古代中国と日本列島をめぐる民族・社会学的視点』（右文書院）、『東国武士政権――日記「玉葉」が伝えた鎌倉幕府の展開と、悲劇の武士たち』、『天皇学入門――われわれ日本人は、天皇をどう捉えてきたのか』（批評社）
◉著書（小説）
『偽装恋愛★ある痴人の告白』、『処女幻想譚★続・ある痴人の告白』（彩流社）、『鷹の台の黄昏』（静人舎）
◉共著
『言葉空間の遠近法―安達史人インタビュー集』、『金石範《火山島》小説世界を語る！』（右文書院）、『大衆としての現在』、『吉本隆明ヴァリアント』（北宋社）

「徳川実紀」を読む◉近世日本の光と影①

2024年11月2日　初版第1刷発行

著　者　安達史人
装　釘　安達史人
本文デザイン　小林茂男
発行者　馬場先智明
発行所　株式会社 静人舎
〒157-0066　東京都世田谷区成城4-4-14
Tel & Fax　03-6314-5326
印刷所　株式会社 エーヴィスシステムズ

ISBN978-4-909299-27-7